高等教育管理科学与工程类专业

GAODENG JIAOYU GUANLI KEXUE
YU GONGCHENG LEI ZHUANYE　系列教材

房地产数据分析与应用

FANGDICHAN SHUJU FENXI YU YINGYONG

主　编／顾渐萍　周　滔

副主编／黄珺仪

重庆大学出版社

内容提要

本书是一部系统讲解房地产领域数据分析方法及决策模型的专业教材,旨在为高校学生、研究人员以及行业从业者提供全面的数据分析工具和理论指导。本书以案例为导向,结合统计方法、回归模型、时空分析和政策评估四大模块,为读者提供理论与实践相结合的学习体验。

本书第一篇聚焦房地产价格的因素相关性分析,详细介绍了统计检验的基本原理和应用;第二篇重点讲解房地产决策的离散选择分析;第三篇关注房地产数据的时空分析;第四篇探讨房地产市场的政策效应评估。

本书内容体系完备,案例丰富,理论与实践并重,为读者提供从数据分析到决策支持的全方位指导,是房地产相关课程教学和行业数据分析工作的理想参考书。

图书在版编目(CIP)数据

房地产数据分析与应用 / 顾渐萍,周滔主编.
重庆 : 重庆大学出版社,2025. 1. --(高等教育管理科学与工程类专业系列教材). -- ISBN 978-7-5689-5150-0

Ⅰ. F293. 35

中国国家版本馆 CIP 数据核字第 2025CQ1423 号

房地产数据分析与应用

主 编 顾渐萍 周 滔
策划编辑:林青山

责任编辑:杨育彪　　版式设计:林青山
责任校对:邹 忌　　责任印制:赵 晟

*

重庆大学出版社出版发行
出版人:陈晓阳
社址:重庆市沙坪坝区大学城西路 21 号
邮编:401331
电话:(023)88617190　88617185(中小学)
传真:(023)88617186　88617166
网址:http://www.cqup.com.cn
邮箱:fxk@ cqup.com.cn(营销中心)
全国新华书店经销
重庆紫石东南印务有限公司印刷

*

开本:787mm×1092mm　1/16　印张:20　字数:526 千
2025 年 1 月第 1 版　　2025 年 1 月第 1 次印刷
ISBN 978-7-5689-5150-0　定价:56. 00 元

本书从理论和实践两个方面详细讲解了房地产数据分析的方法和应用。我们全面覆盖了房地产市场数据分析的各种主要技术手段，从统计检验到回归分析，从离散选择模型到时间序列分析，从空间计量模型到政策效应评估，每章内容循序渐进，旨在为读者构建一个全面而扎实的知识体系。力求使读者能够系统、全面地掌握这些技术，并应用于实际的房地产数据分析中。

在第一篇中，我们介绍了房地产价格的因素相关性分析。第 1 章详细讲解了统计检验的原理，具体包括 z 检验、t 检验、F 检验和卡方检验，并提供了在 Stata 中的实现方法。这些统计检验方法为后续分析提供了基础，例如，z 检验用于分析刚需和改善产品之间的定价差异，t 检验用于分析改善产品和均价之间的差异，F 检验和卡方检验分别用于分析不同开发商和房地产商产品定价的差异性。第 2 章讨论了单因素线性回归分析，介绍了一元线性回归模型的参数估计、基本假设及检验，并通过具体案例展示了如何应用这些方法分析房地产资本资产投资定价理论和实践。第 3 章探讨了多因素线性回归分析，介绍了多元线性回归模型的参数估计、多重共线性检验及其在面板数据中的应用，利用具体案例如享乐价格模型和房地产面板数据的回归分析，展示了这些方法在实际中的应用价值。这一篇章的内容帮助读者理解如何通过统计和回归分析，揭示房地产价格的影响因素及其相关性，从而为实际工作中的数据处理和分析提供具体的操作指南。

第二篇重点介绍了房地产决策的离散选择分析。这一部分通过详细讨论二元和多元离散选择模型，如 Logit 和 Probit 模型，使读者能够理解和应用这些模型来分析房地产租售选择、购房区位选择等决策问题。第 4 章介绍了二元离散选择模型的原理、最大似然估计方法及其在 Stata 中的实现，利用具体案例如房地产租售选择理论和实践，展示了这些模型的应用。第 5 章探讨了多元离散选择模型，介绍了多项 Logit、Probit 模型、条件 Logit 模型和混合 Logit 模型，结合家庭购房区位选择和企业选址决策的具体案例，展示了这些模型的实用性和操作方法。第 6 章进一步讨论了嵌套离散选择模型的原理及应用，通过房地产选址与租售的多层次决策分析，帮助读者理解复杂决策情境下模型的应用。这一篇章内容通过具体的案例和详尽的模型解释，帮助读者掌握如何利用离散选择模型进行房地产市场的决策分析，提高数据分析和决策支持能力。

第三篇则关注于房地产数据的时空分析。第 7 章介绍了 ARIMA 时间序列分析的原理，详细讲解了时间序列的预处理、模型估计与检验，并通过具体案例展示了如何利用 ARIMA 模型进行房地产收益预测、季节性与周期性分析。第 8 章讨论了波动风险分析的原理，介绍了 ARCH 和 GARCH 模型的构建与检验，并结合实际案例如房地产价格波动的 ARCH 和 GARCH 模型分析，展示了这些方法在风险评估中的应用。第 9 章则深入探讨了空间计量模型的原理及应用，介绍了空间权重矩阵、空间自相关的检验及面板空间计量模型的建模与检验，结合景观的空间溢出效应对房价影响的空间计量模型分析案例，展示了空间分析在实际研究中的重要性和应用价值。这一篇章的内容为读者提供了理解和预测房地产市场价格波动和风险的工具，同时帮助他们掌握空间分析的方法，以更全面地理解房地产市场的动态和区域差异。

在第四篇中,我们讨论了房地产市场的政策效应评估。第10章介绍了倾向得分匹配的原理、模型构建及检验方法,结合高速铁路开通对房价影响的实际案例,展示了倾向得分匹配在政策效应评估中的应用。第11章探讨了双重差分法的原理及应用,结合限购限贷、房地产税试点和学区房政策效应分析的具体案例,展示了双重差分法在政策评估中的应用。第12章介绍了合成控制法的原理及应用,结合房地产税试点和国际旅游岛政策对房价影响的实际案例,展示了合成控制法在政策效应评估中的应用。第13章则深入探讨了断点回归的原理、模型构建及检验方法,通过限购政策对房价影响的具体案例,展示了断点回归在政策分析中的实用性。这一篇章内容通过详细的理论讲解和丰富的实际案例,帮助读者掌握政策评估的多种方法和技术,为科学合理地衡量政策效果提供了有力的工具。

通过本书的系统学习,读者应已全面掌握房地产数据分析的基础理论和实用技能。从基因素相关性分析、离散选择分析、时空分析以及政策效应评估,每一部分内容都旨在帮助读者理解和应对房地产市场的各种动态和挑战。通过详细的理论讲解和实际案例操作,读者不仅能够独立进行数据分析,还能将分析结果应用于实际决策,提高业务效率和市场竞争力。

展望未来,随着房地产行业面临的转型升级趋势和数字经济的发展,房地产市场将迎来新的发展机遇和挑战。数字技术的进步将继续推动房地产行业的创新和变革。大数据、人工智能、物联网等技术的应用,将进一步提升房地产市场的智能化和高效化水平。例如,智能建筑和智慧社区的发展,将为居民提供更舒适和便捷的生活环境。线上房地产交易平台和虚拟看房技术的发展,使得买卖房屋更加便捷和透明。房地产企业需要积极拥抱数字经济,探索新的业务模式和市场机会。随着数字经济的发展和政策调控的深化,房地产市场将更加注重智能化、可持续发展和多元化投资。通过持续学习和应用先进的房地产数据分析方法,从业人员和研究者能够更好地应对市场变化,抓住发展机遇,为推动房地产行业的转型升级和健康发展做出贡献。

本书的内容虽然覆盖了当前房地产数据计量分析的一些基础方法,但也存在一些不足。本书以基础的计量统计方法为主,但当面对海量数据的复杂房地产问题的时候,可能需要读者运用新技术和新方法去解决。房地产数据分析领域将随着技术的进步和市场的变化不断发展。在信息技术迅猛发展的背景下,大数据和机器学习将在房地产数据分析中发挥越来越重要的作用。通过对海量数据的处理和分析,机器学习算法可以更精准地预测市场趋势和价格波动,提供智能化的决策支持。例如,利用深度学习网络对历史房地产交易数据进行分析,可以显著提高价格预测的准确性和精度。此外,未来的研究将致力于开发和应用更复杂、更精细的统计和计量模型,例如混合模型、贝叶斯统计方法和深度学习网络,这些先进模型能够更好地捕捉和解释房地产市场的复杂动态,提升数据分析的准确性和解释力。跨学科的综合研究也将成为趋势,将经济学、社会学、环境科学等领域的理论和方法融入房地产数据分析中,以获得更全面和深入的理解。例如,结合社会学理论分析人口流动对房地产市场的影响,可以为市场预测提供新的视角和洞见。

在本书的编写过程中,我们得到了许多人的帮助与支持。感谢重庆大学管理科学与房地产学院对本书出版的支持。感谢黄珺仪博士对资料的整体梳理和校对,杨宇同学在实验设计方面的帮助,丁张健、杜雅菲、沈畅、周泽海、刘诗涵、曹楷、任月盈、张子航、许亚雨、顾梓轩和孙葛凌同学对各章节资料整理中的辛勤工作。没有他们的无私奉献与支持,本书的编写和出版将无法顺利进行。再次向所有参与和支持本项目的朋友们表示最诚挚的感谢。

最后,感谢读者对本书的关注和学习,希望本书能够成为您职业发展道路上的有力助手,并祝愿您在未来的工作和学习中取得更大的成功。

目 录

Contents

绪　论

　　在全球范围内,房地产行业始终是经济发展的重要支撑产业之一,房地产市场的波动能显著影响国民经济的稳定。近年来,全球房地产市场受经济周期、政策调整、科技进步等多重因素的影响,呈现出复杂多变的特点。我国的房地产行业为推动"中国奇迹"的高速城镇化做出了卓越贡献。随着国家战略从高速发展向高质量发展转型,作为经济支柱的房地产行业的转型发展尤为引人关注。近几年,中国的房地产市场进入了调整期,房价涨幅趋缓,部分城市出现了价格回调。房地产行业开始进行多元化探索,如投资长租公寓、养老地产和产业地产等新兴领域,以应对市场变化和满足不同群体的需求。多元异构数据的积累和数据分析挖掘技术的进步,为房地产市场注入了新的活力,推动其从野蛮生长向精准化决策、智能高效的方向发展。未来,随着数字经济的发展和政策调控的深化,面对如此庞大、复杂、动态变化的市场,传统的经验判断已无法满足行业需求。科学的数据分析方法为理解市场趋势、评估风险、优化投资决策提供了有力支持。

　　房地产行业涉及多种类型的数据,如销售数据、租赁数据、市场调研数据、宏观经济数据和地理空间数据等,每种数据都有其独特的来源和用途。销售数据包括房地产销售价格、成交量、销售周期等,这类数据通常来源于房地产交易平台、政府统计部门和开发商的销售记录。租赁数据涵盖租金水平、空置率、租赁周期等,主要来源于租赁平台、物业管理公司和市场调研机构。市场调研数据则涉及消费者偏好、市场需求、满意度调查等,通常通过问卷调查、访谈等方式获取。宏观经济数据如 GDP 增长率、利率水平、通货膨胀率、失业率等,这些数据通常来源于政府统计部门和经济研究机构。地理空间数据包括地块位置、土地使用情况、周边配套设施等,主要通过地图服务提供商获取。对这些数据的深入挖掘和分析,可帮助行业从业者或研究人员更准确地把握市场脉搏,做出更为理性的决策。它不仅能够预测市场走势、评估价格,还能进行需求分析,优化资源配置,提高市场效率。随着数字经济的发展,房地产数据来源更加多样化,数据的规模也在不断扩大,海量复杂数据的处理和分析成为做出正确决策的前提。因此,掌握房地产数据分析的基本理论和技术,对房地产从业人员来说显得尤为重要。

　　本书的学习目标涵盖了知识目标、能力目标、素质目标和思想目标四个维度。知识目标旨在深入理解房地产市场的价格形成机制、决策模型及其应用,通过系统地学习统计检验方法、回归分析技术和政策效应评估手段等,掌握房地产数据分析的理论基础。能力目标则是培养学生或研究人员运用统计工具和经济模型进行实证分析的能力,提升数据处理、模型构建与验证以及结果解释的综合能力。素质目标在于培养科学严谨的研究态度和批判性思维,强调在数据分析中保持客观、公正的原则,增强解决复杂问题的综合素质。思想目标则致力于引导研究者树立正确的市场观和政策观,理解房地产市场转型在我国经济发展中的重要性,认识到科学调控和合理引导对社会稳定与经济健康发展的重大意义,从而为促进我国房地产市场的规范发展贡献智慧和力量。

在房地产数据分析中,常用的分析方法包括数据可视化、统计分析、统计检验、回归分析、离散选择模型、时间序列分析、因果推断等。数据可视化通过图表和地图等方式将数据直观展示,帮助理解和解释分析结果。统计分析利用描述性统计和推断统计方法,对数据进行汇总、描述和推断,如平均值、中位数、标准差等。统计检验利用 z 检验、t 检验、F 检验和卡方检验分别检验样本均值、方差和关联性的差异。回归分析则通过建立回归模型,分析变量之间的关系,常用于分析价格的影响因素预测。离散选择模型则是分析各类因素对方案决策的影响,常用于房地产消费和投资需求分析。时间序列分析对时间序列数据进行分析,预测未来的房地产市场走势和价格变化。因果推断则常用于房地产市场调控政策的效益评估。本书将主要详细讲解房地产数据分析中常用的统计检验、单因素和多因素线性回归、二元和多元离散选择模型、时间序列分析、空间计量模型以及政策效应评估等。

房地产数据分析常用的软件包括 Excel、R、Python、Stata 和 GIS 等。Stata 在计量统计方面表现出色,特别适用于社会经济相关行业和学科的研究。Stata 的优点包括其强大的数据处理能力、广泛的统计分析功能以及用户友好的界面,能够处理大规模数据集,并提供多种回归分析模型及相关检验,如线性回归、逻辑回归、面板数据回归等,非常适合复杂的房地产数据分析。本书的应用实践部分都基于 Stata 软件来进行演示实验。在每章原理章节中展示了使用该软件分析需要用到的 Stata 命令,以及在每章实验章节中清晰展示了每种分析方法的详细步骤和应用代码,可以帮助读者进一步掌握分析方法。

本书从微观层面房地产产品定价与个体消费投资决策分析,到中观层面房地产市场时空波动分析,再到宏观层面政策调控效应分析,分为四大篇。每一篇所涉及主题基于由易到难的原则从基础分析到进阶模型分为三个或四个章节内容,并从不同维度对该主题进行深入分析。第一篇为房地产价格的因素相关性分析,内容包括房地产数据分析的统计检验基础、单因素线性回归分析、多因素线性回归分析;第二篇为房地产决策的离散选择分析,内容包括房地产二元离散选择模型、多元离散选择模型和嵌套离散选择模型;第三篇为房地产数据的时空分析,内容包括房地产市场的 ARIMA 时间序列预测分析、基于 ARCH 模型和GARCH 模型的波动风险分析,以及房地产市场的空间溢出分析;第四篇为房地产市场的政策效应评估,内容包括基于倾向得分匹配、双重差分法、合成控制法和断点回归的房地产政策效应评估。每一章由理论和实验两大板块构成:理论板块详细讲解每种数据分析方法的计量原理和应用场景对应的房地产经济相关理论;实验板块详细解析了 Stata 相关命令、数据分析检验步骤、实验算例和实践应用拓展案例。

在学习房地产数据分析过程中,要注重理论知识与实际操作的结合。读者通过阅读本书理论部分,可以了解各类房地产数据分析方法的基本原理和应用场景;通过学习本书实验操作和实际案例,亲自动手实践,可以加深对所学知识的理解。建议读者利用随书附带的示例数据集或从公开的数据源获取数据进行练习,尝试使用 Stata 软件进行数据处理和分析。

　　综上所述,房地产行业作为全球经济的重要组成部分,其市场变化深刻影响着社会各个层面。在当前数据驱动的时代,掌握房地产数据分析方法已成为应对行业市场动态、提升决策质量的关键手段。希望读者在学习过程中,积极探索,善于思考,真正将数据分析应用到实际工作中,提升自身的专业能力和竞争力。

第一篇

房地产价格的因素相关性分析

  房地产价格是一个复杂且动态的变量,其变化受微观层面的房屋产权和形态特征、中观层面的区位和城市发展特征、宏观层面的政策和经济周期等多种因素的影响。理解这些因素对房地产价格的影响规律,对于投资者、政策制定者和研究人员来说至关重要。本篇将围绕统计检验基础、单因素线性回归分析和多因素线性回归分析三个章节,系统地探讨影响房地产价格的因素相关性分析所涉及的计量统计原理、房地产经济相关原理与数据分析实验。第1章通过统计检验可以确定哪些因素对房地产价格有显著的相关性。第2章所介绍的单因素线性回归分析,让我们能够研究单一因素与房地产价格之间的关系,比如在资本资产定价模型中量化房地产产品与其他投资品的风险溢价关系。第3章所介绍的多因素线性回归分析,允许我们同时考虑多个因素对房地产价格的综合影响,解释和预测价格变化。

  综上所述,理解房地产价格的影响因素需要综合运用统计检验、单因素线性回归分析和多因素线性回归分析的方法,这些方法不仅能帮助我们识别和量化影响因素,还为有效预测和决策提供科学依据。

1

房地产数据分析的统计检验基础

统计检验在房地产数据分析中发挥着至关重要的作用,它提供了一套方法论,能够帮助分析师、开发商、投资者和政策制定者从数据中提取有意义的信息,做出基于实践证据的决策。比如房地产价格会受到多方面的影响,包括开发成本、供求关系、经济发展水平、房屋自身情况等。在对房价及其影响因素分析时,难以获取总体样本数据,可以采用参数检验的方法进行分析,搜集数据并进行假设,利用多种检验方法验证假设是否成立。应用适当的统计方法,可以确保从数据中得出的结论是准确的,从而最大化投资回报,降低不确定性和风险。然而,正确应用统计检验需要对数据的性质和分布以及各种检验方法的适用条件有深入的理解。此外,对结果的解释应当考虑到统计检验的局限性,如样本大小、数据质量和潜在的偏差等因素。

本章旨在介绍房地产数据分析中常用的统计检验方法。具体而言:本章第 1 节将详细讲解 z 检验、t 检验、F 检验和卡方检验的原理,帮助读者掌握这些基本的统计工具。本章第 2 节则着重于这些检验方法在房地产数据分析中的具体应用,通过分析刚需和改善产品的定价差异、不同开发商产品的定价差异等实例,帮助读者理解如何在实际中利用统计检验进行房地产数据分析。

1.1 统计检验的原理

统计检验是推断统计的基础。推断统计方法是根据样本数据推断总体特征的方法,它在对样本数据描述的基础上,以概率的形式对统计总体的未知数量特征(如均值、方差等)进行表述。利用样本数据对总体特征的推断通常有以下两种情况。

第一,当总体分布已知(如总体为正态分布)的情况下,根据样本数据对总体分布的统计参数(如均值、方差等)进行推断。此时,总体的分布形式是给定的或是假定的,只是其中的一些参数的取值或范围未知,分析的主要目的是估计参数的取值,或对其进行某种统计检验。如正态总体的均值是否与某个值存在显著差异,两个总体的均值是否有显著差异等。这类统计推断问题通常采用参数检验的方法来实现。它不仅能够对总体特征参数进行推断,而且能够实现对两个或多个总体的参数比较。最常用的参数检验的方法有:z 检验、t 检验、F 检验、卡方检验等。

第二,当总体分布未知的情况下,根据样本数据对总体的分布形式或特征进行推断。事实上,大多数的情况下,人们事前很难对总体的分布做出较为准确的假设,或者由于数据类型所限使其不符合假定分布的要求。尽管如此,人们仍然希望探索出数据中隐含的规律,此时通常采用的统计推断方法是非参数检验的方法。最常用的非参数检验的方法有单样本的卡方检验、二项分布检验等。

统计检验可以总结成以下四大基本步骤。

(1)提出原假设(记为 H_0)和备择假设(记为 H_1)

根据推断检验的目标,对待推断的总体参数或分布提出一个基本假设,即原假设。与原假设完全对立的假设为备择假设。通常我们将希望证实和支持的假设放在备择假设上,将希望推翻的假设放在原假设上。

(2)确定显著性水平 α

显著性水平 α 是指原假设正确但被错误地拒绝了的概率或风险,一般人为确定为 0.1、0.05 或 0.01,意味着拒绝原假设不犯错误的把握程度(概率)为 90%、95% 或 99%。事实上,虽然小概率事件在一次实验中是几乎不会发生的,但这并不意味着小概率事件就一定不会发生。由于抽样的随机性,在一次实验中观察到小概率事件的可能性是存在的,如果遵循小概率原理而拒绝了原本正确的原假设,该错误发生的概率便是 α。

(3)选择、计算检验统计量和对应的 p 值

在假设检验中,原假设成立的情况下,样本值(或更极端值)发生的概率是通过计算检验统计量观测值发生的概率而间接得到的。这些检验统计量服从或近似服从某种已知的理论分布。

选定检验统计量之后,在认为原假设成立的条件下,利用样本数据便可计算出检验统计量观测值发生的概率,即概率 p 值或称相伴概率(即该检验统计量在某个特定的极端区域取值在 H_0 成立时的概率),该概率值间接地给出了样本值(或更极端值)在原假设成立条件下发生的概率。对此可以依据一定的标准来判定其发生的概率是否为小概率,是否为一个小概率事件。

(4)做出统计决策

得到检验统计量的概率 p 值后的决策就是要判定应拒绝原假设还是不应拒绝原假设。如果检验统计量的概率 p 值小于显著性水平 α,则认为此时拒绝原假设犯错误的可能性小于显著性水平 α,其概率低于预先控制的水平,不太可能犯错误,可以拒绝原假设;反之,如果检验统计量的概率 p 值大于显著性水平 α,则认为此时拒绝原假设犯错误的可能性大于显著性水平 α,其概率比预先控制的水平高,很有可能犯错误,不应拒绝原假设。

下面将介绍 z 检验、t 检验、F 检验与卡方检验的基本原理及案例。

1.1.1 z 检验

z 检验是用于确定两个比率或两个均值之间的差异是否具有统计学意义,特别是在样本量较大时或总体方差已知的情况下。在分析房地产数据时,z 检验可以被用于多种统计分析场景中。比如比较两个不同地区或不同时间段的平均房价是否存在显著差异,而这两个总

体的标准差已知,那么可以使用两个样本的 z 检验来进行分析。使用单样本 z 检验来评估特定时间点或地区的平均房价是否显著高于或低于已知的总体平均水平,有助于了解市场趋势和变化。如果有政策或市场干预措施被实施(例如,贷款利率变化、税收优惠等),则通过 z 检验可以评估这些措施前后在房地产市场上的效果,如比较干预前后的平均销售价格或成交量。z 检验可以用来比较不同市场细分(如商业地产与住宅地产、不同价格段房产)之间的均值差异,以识别表现显著不同的细分市场。当分析不同地区的房地产市场表现时,z 检验能够帮助确定某一区域的房价、租金收益率或其他关键指标是否与总体或其他区域存在显著的差异。

值得注意的是,z 检验的适用性要求样本量较大且总体标准差已知,这在实际的房地产市场分析中可能是一个限制条件。在总体标准差未知或样本量较小的情况下,可能需要采用 t 检验或其他统计方法。下面将讲解 z 分布,z 检验的前提条件、原理、类型。

1)z 分布

正态分布是由均值 μ 和标准差 σ 定义的一种概率分布;若一个连续随机变量 X 符合均值 μ 和标准差 σ 的正态分布,则写为 $X \sim N(\mu, \sigma^2)$。

如果均值 $\mu = 0$,标准差 $\sigma = 1$,则 $X \sim N(0,1)$ 符合标准正态分布。实际上,对于一个正态分布,可以通过标准化转化为标准正态分布,转化方法是 $z = \dfrac{x - \mu}{\sigma}$,可通过概率分布函数证明。因此标准正态分布又称为 z 分布,是正态分布的一种。如图 1.1 所示,曲线 1 代表标准正态分布的概率密度函数(PDF),曲线 2 代表累积分布函数(CDF)。PDF 展现了在任意点的数据密度,而 CDF 则表示所有小于或等于该点值的概率累积。

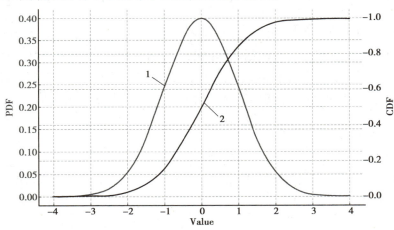

图 1.1　标准正态分布图

2)z 检验的前提条件

①服从正态分布。
②总体标准差已知。
③样本量足够大($n > 30$)。

3）z 检验的原理

z 检验是用来判断样本均值是否与总体均值具有显著性差异的方法。正态分布理论可以用来推断差异发生的概率，从而比较两个均值的差异是否显著。

4）z 检验的类型

（1）单样本 z 检验

单样本 z 检验（One-Sample z test）用于检验一个样本平均数与一个已知的总体平均数的差异是否显著。在房地产数据分析中，单样本 z 检验可以应用于评估某个地区的平均房价是否与全国有显著差异，或者判断某项房地产投资的平均回报率是否超过行业标准等情况。

检验统计量 $z = \dfrac{\overline{X} - \mu}{\sigma / \sqrt{n}}$。$\overline{X}$ 为样本均值；μ 为总体均值；σ 为总体标准差；n 为样本容量。

（2）双独立样本 z 检验

双独立样本 z 检验（Two-Sample unpaired z test）用于检验来自两个独立样本平均数的差异性，从而判断它们各自代表的总体差异是否显著。在房地产数据分析中，双独立样本 z 检验可以应用于确定两个不同地区、时间段或房产类型的平均房价、租金、投资回报率等指标是否存在显著差异等情况。

检验统计量 $z = \dfrac{\overline{X}_1 - \overline{X}_2}{\sqrt{\dfrac{\sigma_1^2}{n_1} + \dfrac{\sigma_2^2}{n_2}}}$。$\overline{X}_1, \overline{X}_2$ 为两个样本数据的平均值；σ_1, σ_2 为总体标准差；n_1, n_2 为样本量。

（3）双匹配 z 检验

双匹配 z 检验（Paired z test）用于比较两个相关样本或配对观测的均值是否存在显著差异。在房地产数据分析中，双匹配 z 检验可以应用于同一地区或房产类型的不同时间段的平均房价、租金、投资回报率等指标是否存在差异等情况。

一些实验具有配对观测值［也称为匹配观测值（Matched Observations）、相关对（Correlated Pairs）或永久性组件（Permanent Components）］。考虑用 x_{ij} 表示个体的 n 对观察序列（$i = 1, 2, \cdots, n$）和组（$j = 1, 2$）。单个观测值对应于一对（x_{i1}, x_{i2}），并且对这些差异进行推断。让 μ_j 是 j 组的总体均值，并且让 $\mu_d = \mu_2 - \mu_1$ 表示均值差，让 $D_i = x_{i2} - x_{i1}$ 表示个体之间的差异。D_i 服从均值 $\mu_2 - \mu_1$ 和标准差 σ_d 的正态分布，其中 $\sigma_d = \sqrt{\sigma_1^2 + \sigma_2^2 - 2\rho_{\text{pair}}\sigma_1\sigma_2}$，$\sigma_j$ 是 j 组的总体标准差，ρ_{pair} 是成对观测值之间的相关性。

检验统计量为

$$z = \frac{\dfrac{\sum\limits_{i=1}^{n}(x_{i2} - x_{i1})}{n}}{\sqrt{\dfrac{\sigma_1^2 + \sigma_2^2 - 2\rho_{\text{pair}}\sigma_1\sigma_2}{n}}}$$

1.1.2　t 检验

t 检验又称 Student t 检验,主要用于样本含量较小(例如 $n<30$),总体标准差 σ 未知的正态分布。t 检验是用 t 分布理论来推断差异发生的概率,从而比较两个平均数的差异是否显著。

在分析房地产数据时,t 检验的应用场景与 z 检验相似,由于 t 检验在小样本且总体标准差未知情况下的统计推断中准确性更好,因此应用范围比 z 检验更为广泛。例如,如果你想比较两个不同地区的房地产市场在平均销售价格上是否存在显著差异,而这两个样本独立且样本量较小,则可以采用独立样本 t 检验。配对样本 t 检验可以通过比较政策实施前后的数据进行来评估特定政策措施(如减税、补贴等)对特定地区或类型房地产市场平均价格或租金的影响。进一步地,使用 t 检验可以帮助分析和比较同一地区在不同时间段(如季度、年度)的房价变化,以判断价格趋势是否有统计学上的显著差异。

使用 t 检验时,需要注意其前提假设,包括数据的正态分布性(尤其是样本量较小时)和方差齐性(对于独立样本 t 检验)。在实际应用中,可能需要先进行这些假设的检验或选择适当的 t 检验版本(如 Welch t 检验用于方差不齐的情况)。下面将讲解 t 分布,t 检验的前提条件和类型。

1)t 分布

t 分布是一种概率分布,用于在样本量较小且总体标准差未知时,估计正态总体的均值。t 分布的形状取决于自由度(df),随着自由度的增加,其形状越来越接近正态分布。自由度通常与样本量有关,$df=n-1$,其中 n 是样本大小。

在图 1.2 中,我们展示了不同自由度(df)下 t 分布的概率密度函数和累积分布函数。从图 1.2 中可以看出,t 分布是关于其均值对称的,且其均值为 0(假设数据已根据总体均值中心化)。相比于正态分布,t 分布具有更重的尾部。t 分布的标准差总是大于 1,且随着自由度的增加,标准差趋近于 1,即越接近正态分布的标准差。随着自由度的增加,t 分布的 PDF 逐渐接近于标准正态分布的形状。同时,CDF 图显示了随着自由度的增加,分布的累积概率趋向于更加平滑且接近标准正态分布的累积概率分布。特别地,当自由度很低时,t 分布的 PDF 具有明显的厚尾特性,而随着自由度的增加,其形状趋于对称且尾部越来越薄。这些特性体现了 t 分布在小样本情况下估计正态总体均值的能力,尤其是在处理具有更高极端值概率的数据集时的适用性。

2)t 检验的前提条件

①小样本($n<30$)。

②随机样本。

③样本服从正态分布或近似正态分布。若不满足则可以利用一些变换(对数、开根号、倒数等)将其转换为服从正态分布的数据。

④判断方差同质性检验,即两个均值比较时,要两个样本总体方差相等。

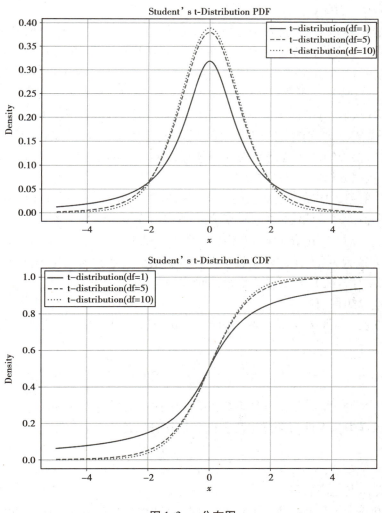

图1.2　t 分布图

3）t 检验的类型

（1）单样本 t 检验

单样本 t 检验用于检验一个样本平均数与一个已知的总体平均数的差异是否显著。在房地产数据分析中，单样本 t 检验可以应用评估特定地区的房价、租金水平或投资回报率是否与行业标准或预期目标有显著差异等情况。与 z 检验不同的是，t 检验可以应用于总体标准差 σ 未知的情况，即用样本标准差 s 替代总体标准差 σ 进行参数统计。

根据 t 分布的抽样分布定理：设 $X_1, X_2, \cdots, X_n$ 是来自正态分布 $N(\mu, \sigma^2)$ 的一个样本，样本平均数 $\bar{x} = \dfrac{\sum\limits_{i=1}^{n} x_i}{n}$，样本方差 $S^2 = \dfrac{\sum\limits_{i=1}^{n} (x_i - \bar{x})^2}{n-1}$，则有 $\dfrac{\bar{X} - \mu}{S/\sqrt{n}} \sim t(n-1)$，可知单样本对于 $\mu = \mu_0$ 的 t 检验统计量 $t = \dfrac{\bar{X} - \mu}{S/\sqrt{n}}$。

（2）双独立样本 t 检验

双独立样本 t 检验利用来自两个总体的独立样本,推断两个总体的均值是否存在显著差异。双独立样本 t 检验在房地产数据分析中可以帮助分析师、投资者和开发商理解不同地区、不同类型的房产的市场表现之间的差异。例如,对比两个不同城市或邻里的平均房价,以评估哪个地区的房产可能提供更好的投资回报,双独立样本 t 检验可以用来确定这两个地区的平均房价是否有统计学上的显著差异。与 z 检验不同的是, t 检验可以应用于总体标准差 σ 未知的情况,即用样本标准差 s 替代总体标准差 σ 进行参数统计。在房地产数据分析中,我们通常很难知道所有房屋交易总体形成的分布的标准差。因此, t 检验相较于 z 检验,在房地产数据分析中的应用更为广泛。

对两总体均值差的推断是建立在两个样本均值差的基础之上的,也就是希望利用两个样本均值的差去估计两总体均值的差。因此应关注两样本均值差的抽样分布。当两总体分布分别为 $N(\mu_1,\sigma_1^2)$ 和 $N(\mu_2,\sigma_2^2)$ 时,两样本均值差的抽样分布仍为正态分布,该正态分布的均值为 $\mu_1-\mu_2$,方差为 σ_{12}^2 。在进行双独立样本 t 检验之前,通常需要先进行方差齐次性检验(也称为方差同质性检验),判定方差是否相同,以采取不同的处理手段。

①总体方差未知且相等。

当两总体方差 σ_1^2 和 σ_2^2 未知且相等,即 $\sigma_1^2=\sigma_2^2$ 时,采用合并的方差作为两个总体方差的估计,定义为

$$S_p^2 = \frac{(n_1-1)S_1^2+(n_2-1)S_2^2}{n_1+n_2-2} \tag{1.1}$$

式（1.1）中, S_1^2 、 S_2^2 分别为第一个样本和第二个样本的样本方差, n_1 、 n_2 分别为第一样本和第二个样本的样本量。此时两样本均值差的抽样分布的方差 σ_{12}^2 估计为

$$\sigma_{12}^2 = \frac{S_p^2}{n_1}+\frac{S_p^2}{n_2} \tag{1.2}$$

②总体方差未知但不相等。

当两总体方差未知且不相等,即 $\sigma_1^2 \neq \sigma_2^2$ 时,分别用各自的样本方差作为各自总体方差的估计,此时两样本均值差的抽样分布的方差 σ_{12}^2 估计为

$$\sigma_{12}^2 = \frac{S_1^2}{n_1}+\frac{S_2^2}{n_2} \tag{1.3}$$

于是,两总体均值差检验（ $\mu_1=\mu_2$ ）的检验统计量为 t 统计量,定义为

$$t = \frac{\overline{X}_1-\overline{X}_2-(\mu_1-\mu_2)}{\sqrt{\sigma_{12}^2}} \tag{1.4}$$

式（1.4）中,由于 $\mu_1-\mu_2=0$ （原假设）,所以可略去。在上述第一种情况下, t 统计量服从 n_1+n_2-2 个自由度的 t 分布;在第二种情况下,服从修正自由度的 t 分布,修正自由度定义为

$$\mathrm{df} = \frac{\left(\frac{S_1^2}{n_1}+\frac{S_2^2}{n_2}\right)^2}{\frac{\left(\frac{S_1^2}{n_1}\right)^2}{n_1-1}+\frac{\left(\frac{S_2^2}{n_2}\right)^2}{n_2-1}}\left(\text{或 } \mathrm{df}=-2+\frac{\left(\frac{S_1^2}{n_1}+\frac{S_2^2}{n_2}\right)^2}{\frac{\left(\frac{S_1^2}{n_1}\right)^2}{n_1+1}+\frac{\left(\frac{S_2^2}{n_2}\right)^2}{n_2+1}}\right) \tag{1.5}$$

其中括号外的公式是 Satterthwaite 在 1946 年提出的[1]，而括号中的公式是 Welch 在 1947 年提出的[2]。

（3）双匹配样本 t 检验

双匹配样本 t 检验（也称为两配对样本 t 检验或依赖样本 t 检验）的目的：利用来自两个总体的配对样本，推断两个总体的均值是否存在显著差异。匹配样本 t 检验与独立样本 t 检验的差别之一是要求样本是配对的。配对样本可以是个案在"前""后"两种状态下某属性的两个不同状态，也可以是对某事物两个不同侧面或方面的描述。其差别在于抽样不是相互独立，而是互相关联的。在房地产数据分析中，这种检验可以应用于评估特定干预或变化前后对房地产指标（如房价、租金、占用率等）的影响。如果你想分析某个特定地区房产价格在两个不同时间点（如前后两年）的变化情况，可以采用双匹配样本 t 检验。这里，每个房产的两次价格作为一对配对样本。当分析某项政策或重大事件（如利率调整、自然灾害等）对特定地区房价的影响时，可以将实施政策前后的房价作为配对样本进行 t 检验。这对于理解市场动态、评估政策效果或衡量开发项目对地区价值的影响至关重要。

双匹配样本 t 检验所采用的检验统计量与单样本 t 检验完全相同，也采用 t 统计量。双匹配样本 t 检验是间接通过单样本 t 检验实现的。其思路是：首先，对两个样本分别计算出每对观测值的差值，得到差值样本；然后，利用差值样本，通过对其总体均值是否与 0 有显著差异的检验，推断两总体均值的差是否显著为 0。显而易见，如果差值样本的总体均值与 0 有显著差异，则可以认为两总体均值有显著差异；反之，如果差值样本的总体均值与 0 无显著差异，则可以认为两总体均值不存在显著差异。

从双匹配样本 t 检验的实现思路不难看出，双匹配样本 t 检验是通过转化成单样本 t 检验来实现的，即最终转化成对差值样本总体均值是否与 0 有显著差异做检验。正是如此，它必须要求样本配对，样本量相同且观测次序不可随意更改。

对于双匹配样本 t 检验的检验统计量 $t = \dfrac{\bar{d}}{s_d / \sqrt{n}}$，其中 $\bar{d} = X_1 - X_2$ 是配对测量值之差的样本均值，而 s_d 是标准误差。该统计量遵循自由度等于 $n-1$ 的 t 分布。双匹配样本 t 检验的基本假设是差值的分布在总体中是正态的。如果差值的平均值显著不为零，我们可以拒绝零假设，这表明两个处理（或条件）之间有显著差异。

1.1.3　F 检验

F 检验是一种统计方法，用于比较两个或多个样本的方差是否存在显著差异，进而推断这些样本所代表的总体是否具有相同的方差。在房地产数据分析中，F 检验可以用来检验不同地区、不同类型的房产（例如，住宅、商业地产）或不同价格段房产的销售价格或租金的方差是否相等。相比于 z 检验或 t 检验适用于两组数据的均值比较，F 检验可用于比较三个或更多组的平均数或方差是否存在显著差异。例如，分析不同地区、不同开发商或不同设计

---

①　SATTERTHWAITE F E. An approximate distribution of estimates of variance components[J]. Biometrics Bulletin,1946,2(6):110-114.

②　WELCH B L. The generalization of "STUDENT"S' problem when several different population varlances are involved[J]. Biometrika,1947,34(1-2):28-35.

类型的房产价格是否有显著差异。在回归模型中，F 检验用于检验模型中的解释变量集合是否对因变量（如房价、租金收益率）有显著的整体影响。通过比较模型的总体解释能力与无解释变量模型（只有常数项）的差异，F 检验帮助确定模型是否有效。

应用 F 检验需要注意其前提条件，比如样本的独立性、数据的正态分布性（尤其是在小样本情况下），以及在进行 ANOVA 时方差的齐性。在实际操作中，可能需要对数据进行转换或采用非参数统计方法来满足这些假设条件。下面将讲解 F 分布，F 检验的前提条件、原理和类型。

1）F 分布

若总体 $X \sim N(0,1)$，$(X_1, X_2, \cdots, X_n)$ 和 $(Y_1, Y_2, \cdots, Y_n)$ 为来自 X 的两个独立样本，设统计量 F 服从自由度 $\mathrm{d}fa$ 和 $\mathrm{d}fe$ 的 F 分布，即为 $F \sim F(\mathrm{d}fa, \mathrm{d}fe)$。

$$F = \frac{\dfrac{\sum\limits_{i=1}^{\mathrm{d}fa} x_i^2}{\mathrm{d}fa}}{\dfrac{\sum\limits_{i=1}^{\mathrm{d}fe} x_i^2}{\mathrm{d}fe}} \tag{1.6}$$

若总体 $X \sim N(0,1)$ 与 $Y \sim N(\mu, 1)$，而 $(X_1, X_2, \cdots, X_n)$ 来自 X 的一个独立样本，$(Y_1, Y_2, \cdots, Y_n)$ 来自 Y 的一个独立样本，设统计量

$$F = \frac{\dfrac{\sum\limits_{i=1}^{\mathrm{d}fa} x_i^2}{\mathrm{d}fa}}{\dfrac{\sum\limits_{i=1}^{\mathrm{d}fe} Y_i^2}{\mathrm{d}fe}} \tag{1.7}$$

称统计量 F 服从自由度 $\mathrm{d}fa$ 和 $\mathrm{d}fe$、非中心参数 $\delta = \mathrm{d}fe\mu^2$ 的非中心 F 分布，即为 $F \sim F(\mathrm{d}fa, \mathrm{d}fe, \delta)$。

在图 1.3 中，为了简化，我们假设了两组自由度相同（即 $\mathrm{d}fa = \mathrm{d}fe$）。然而，在实际应用中，两个样本的观测数（或自由度）往往是不同的。F 分布的精确形状取决于两个自由度参数。自由度的变化会影响分布的宽度和峰值的位置。由于 F 分布基于两个卡方分布的比率，F 统计量为从 0 到正无穷的正数。F 分布是非对称的，其形状偏向于右侧（正偏态），这意味着它的尾部向右延伸较远。随着自由度的增加，F 分布趋近于对称，形状逼近正态分布。F 分布的尾部特性对于统计检验尤为重要，因为在进行假设检验时，研究人员常常关注分布的极端值（尾部）。

2）F 检验的前提条件

①总体均值未知。
②样本来自正态总体。

3）F 检验的原理

F 检验又称方差比率检验、方差齐性检验、方差分析 ANOVA，用于判断两个及两个以上的样本的方差是否有差别的显著性检验。t 检验就需要 F 检验来验证是否齐方差，在齐方差

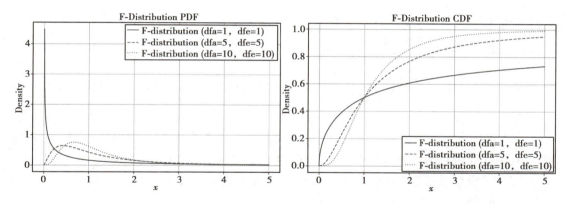

图 1.3 F 分布图

情况下，t 检验的结果才反映两组数据是否有差异；否则，会将组内差异也考虑进去。同时，t 检验只适合一个或两个样本的检验，而 F 检验适用于两个或多个样本的检验。

F 检验的原理认为不同处理组的均数间的差别来源有两个：一是不同的处理造成的差异，称为组间差异，用变量在各组的均值与总均值之差的平方和的总和表示，即为 SSA，其中组间自由度 $\text{df}a$ = 组数 -1；二是随机误差，如个体间的差异等，称为组内差异，用变量在各组的均值与该组内变量值之差的平方和的总和表示，记为 SSE，其中组内自由度 $\text{df}e$ = 样本总数 $-$ 组数。

同时，用均方（离差平方和除以自由度）代替离差平方和以消除各组样本数不同的影响，方差分析就是用组间均方除以组内均方的差，再与 F 检验标准值比较；若 F 接近标准值则说明各组均值间差异没有统计学意义，若 F 远大于标准值，则说明各组均值间的差异有统计学意义。F 检验统计量为：

$$F = \frac{\text{组间均方}}{\text{组内均方}} = \frac{\dfrac{\text{组间离差平方和}}{\text{组间自由度}}}{\dfrac{\text{组内离差平方和}}{\text{组内自由度}}} = \frac{\dfrac{\text{SSA}}{\text{df}a}}{\dfrac{\text{SSE}}{\text{df}e}} \tag{1.8}$$

4）F 检验的类型

（1）单因素方差分析

单因素方差分析（ANOVA）是一种统计技术，用于比较三个或更多群组的平均值以确定至少一个群组平均值或方差是否显著不同于其他群组。在房地产数据分析中，使用单因素方差分析比较不同地区或城市的平均房价或租金，以确定地理位置对房地产价值的影响是否显著，例如分析不同城市的平均房价是否存在显著差异。单因素方差分析可以揭示不同房产类型的价格是否有显著差异，例如分析不同类型的房产（如公寓、独立屋、联排别墅等）的平均售价或租金，以评估房产类型对价格的影响。将政策区域的房价与其他未受影响区域的房价进行比较后，用单因素方差分析来确定特定政策是否对房价有显著影响。

单因素方差分析的原假设与备注假设如下：

$H_0 : \mu_1 = \mu_2 = \cdots = \mu_i = \cdots = \mu_k$（自变量对因变量没有显著影响）

$H_1 : \mu_i (i = 1 \sim k)$ 不全相等（自变量对因变量有显著影响）

检验统计量值 $F = \dfrac{\text{MSA}}{\text{MSE}} \sim F(k-1, n-k)$，其中，$k$ 表示组数，n 表示全部观测值个数，$k-1$

表示组间自由度,$n-k$ 表示组内自由度;

组间均方 $\text{MSA} = \dfrac{\text{组间离差平方和}}{\text{组间自由度}} = \dfrac{\text{SSA}}{k-1}$;

组内均方 $\text{MSE} = \dfrac{\text{组内离差平方和}}{\text{组内自由度}} = \dfrac{\text{SSE}}{n-k}$,注意这里的组内离差平方和,是所有组的所有离差平方和的总和。

总平方和 $\text{SST} = \text{SSA} + \text{SSE}$。SSE 是对随机误差大小的度量,反映了除自变量对因变量的影响外,其他因素对因变量的总影响,也称残差变量;SSA 是对随机误差和系统误差大小的度量,反映了自变量对因变量的影响;SST 是对全部数据总误差程度的度量,反映了自变量和残差变量的共同影响,SST 自由度为 $n-1$。

R 反映自变量和因变量之间的关系强度,而 $R^2 = \dfrac{\text{SSA}}{\text{SST}}$。

通过自由度 $k-1$ 和 $n-k$ 可以查找 F 分布表得到临界值 $F_\alpha(k-1, n-k)$。若 $F > F_\alpha$ 则拒绝原假设,否则不能拒绝原假设。

通过最小显著差异方法 LSD,可用来判断结论中的差异是变量中哪些水平的差异造成的。最小显著差异方法(Least Significant Difference,LSD)是一种事后检验方法,用于在方差分析(ANOVA)之后进一步比较各个组之间的均值差异。当 ANOVA 显示至少两个组之间存在显著差异时,LSD 方法可以用来确定具体哪些组别之间的差异是显著的。n_i 和 n_j 为第 i 个水平样本和第 j 个水平样本的样本量(个数)。

$$\text{LSD} = t_{\alpha/2} \times \sqrt{\left(\text{MSE}\left(\frac{1}{n_i} + \frac{1}{n_j} \right) \right)} \qquad (1.9)$$

检验统计量是相互间的均值之差 $\bar{x}_i - \bar{x}_j$;如果 $|\bar{x}_i - \bar{x}_j| > \text{LSD}$ 则拒绝原假设,否则不拒绝原假设。

(2)双因素方差分析

双因素方差分析分为无重复双因素方差分析和重复双因素方差分析。

无重复双因素方差分析(Two-Way ANOVA without Replication)是一种统计方法,用于评估两个不同因素(独立变量)及其交互作用对一个连续结果变量(依赖变量)的影响,而每个因素组合的情况下只有一个观测值。在房地产数据分析中,无重复双因素方差分析可以揭示两个不同市场因素如何单独及共同影响房产价格、租金、投资回报率等。比如分析不同地理位置(如城市区域)和房产类型(如公寓、独立屋等)对房价的影响,通过同时评估这两个因素以及它们的交互作用对房价的影响,从而提供更全面的市场分析。该方法也可以用于研究房地产政策变化(如税收优惠、限购令等)在不同市场段(如高端市场、中端市场、经济型市场)的影响,政策和市场段如何单独及共同影响房价或租金水平。

无重复双因素方差分析,是每一个组合因素只进行一次独立试验,每个格子只有一个值;有两个影响因素且两个因素对因变量的影响是独立的,即无交互作用。两个因素分别称为行因素和列因素,行因素有 k 个水平,列因素有 r 个水平,共有 $k \times r$ 个观察数据。

对行因素做假设,$H_0: \mu_1 = \mu_2 = \cdots = \mu_i = \cdots = \mu_k$(行因素自变量对因变量没有显著影响),$H_1: \mu_i (i = 1 \sim k)$ 不全相等(行因素自变量对因变量有显著影响);

对列因素做假设,$H_0: \mu_1 = \mu_2 = \cdots = \mu_j = \cdots = \mu_r$(列因素自变量对因变量没有显著影响),

$H_1:\mu_j(j=1\sim r)$ 不全相等（列因素自变量对因变量有显著影响）。

下一步要构造检验统计量。需要分别确定检验行因素和列因素的统计量，与单因素方差构造统计量方法一样。

SST 表示总误差平方和，自由度为 $kr-1$；

SSR 表示行因素误差平方和，自由度为 $k-1$；

SSC 表示列因素误差平方和，自由度为 $r-1$；

SSE 是随机误差平方和，自由度为 $(k-1)(r-1)$；

$\text{SST}=\text{SSR}+\text{SSC}+\text{SSE},\ \text{MSR}=\dfrac{\text{SSR}}{k-1},\ \text{MSC}=\dfrac{\text{SSC}}{r-1},\ \text{MSE}=\dfrac{\text{SSE}}{(k-1)(r-1)}$。

行因素和列因素两个自变量对因变量的联合效应为 SSR+SSC；联合效应与总平方和的比重定义为 $R^2=\dfrac{\text{SSR}+\text{SSC}}{\text{SST}}$，反映了两个自变量合起来与因变量之间的关系强度。

行因素检验统计量 $F_R=\dfrac{\text{MSR}}{\text{MSE}}\sim F(k-1,(k-1)(r-1))$，

列因素检验统计量 $F_C=\dfrac{\text{MSC}}{\text{MSE}}\sim F(r-1,(k-1)(r-1))$，

通过显著性水平和两个自由度查 F 分布表得到临界值 F_α，如果 $F_R>F_\alpha$ 或 $F_C>F_\alpha$ 则拒绝原假设。

另外，还存在两个影响因素存在交互作用的情况。如果每种水平组合重复测量的次数相同，那么将重复次数记为 $n(n\geqslant2)$，这时两个影响因素的 kr 种不同水平组合共有 krn 个观测值。对于行因素的 k 种水平和列因素的 r 种水平，要检验行因素的效应，列因素的效应、两个影响因素的交互效应，也就是检验下面的假设：

对行因素做假设，$H_0:\mu_1=\mu_2=\cdots=\mu_i=\cdots=\mu_k$（行因素自变量对因变量没有显著影响），$H_1:\mu_i(i=1\sim k)$ 不全相等（行因素自变量对因变量有显著影响）；

对列因素做假设，$H_0:\mu_1=\mu_2=\cdots=\mu_j=\cdots=\mu_r$（列因素自变量对因变量没有显著影响），$H_1:\mu_j(j=1\sim r)$ 不全相等（列因素自变量对因变量有显著影响）；

对交互效应的假设，$H_0:\mu_{11}=\mu_{12}=\cdots=\mu_{ij}=\cdots=\mu_{kr}$（交互效应自变量对因变量没有显著影响），$H_1:\mu_{ij}(i=1\sim k,j=1\sim r)$ 不全相等（交互效应对因变量有显著影响）。

下一步要构建检验统计量，与重复双因素方差分析类似，但需要多构建一个交互误差平方和 SSRC。SST 的自由度为 $krn-1$，SSR 的自由度为 $k-1$，SSC 的自由度为 $r-1$，SSE 的自由度为 $kr(n-1)$，SSRC 的自由度为 $(k-1)(r-1)$。总误差平方和为 $\text{SST}=\text{SSR}+\text{SSC}+\text{SSE}+\text{SSRC},\ \text{MSR}=\dfrac{\text{SSR}}{k-1},\ \text{MSC}=\dfrac{\text{SSC}}{r-1},\ \text{MSE}=\dfrac{\text{SSE}}{kr(n-1)},\ \text{MSRC}=\dfrac{\text{SSRC}}{(k-1)(r-1)}$。

行因素和列因素两个自变量对因变量的联合效应为 SSR+SSC+SSRC；联合效应与总平方和的比重定义为 $R^2=\dfrac{\text{SSR}+\text{SSC}+\text{SSRC}}{\text{SST}}$，反映了两个自变量合起来与因变量之间的关系强度。

行因素检验统计量 $F_R=\dfrac{\text{MSR}}{\text{MSE}}\sim F(k-1,kr(n-1))$，

列因素检验统计量 $F_C=\dfrac{\text{MSC}}{\text{MSE}}\sim F(r-1,kr(n-1))$，

行列交互作用因素检验统计量 $F_{RC} = \dfrac{MSRC}{MSE} \sim F((k-1)(r-1), kr(n-1))$,

通过显著性水平和两个自由度查 F 分布表得到临界值 F_α,如果 $F_R > F_\alpha$ 或 $F_C > F_\alpha$ 或 $F_{RC} > F_\alpha$ 则分别拒绝三个原假设。

1.1.4 卡方检验

总体分布的卡方检验(Chi-Square Test)是一种极为典型的对总体分布进行检验的非参数检验方法,当变量是分类型的变量时,往往采用卡方检验方法。前面章节的 z 检验、t 检验和 F 检验的参数检验,主要用于连续数据(区间尺度或比率尺度的数据),假定数据遵循某种特定的分布(通常是正态分布)。卡方检验主要用于分类数据(名义尺度或序数尺度的数据),适用于对频数(计数数据)进行分析。它是一种非参数检验方法,不假定数据来自特定的分布。卡方检验常用于检验两个变量之间的独立性(卡方独立性检验),或者检验一个样本的分布是否符合特定的理论分布(卡方拟合优度检验)。

在房地产数据分析中,卡方检验主要用于研究分类变量之间的关系,评估两个或多个类别变量之间的独立性或者某个类别变量的分布是否符合特定的预期分布。使用卡方检验可以分析购房者偏好与房屋特征(如户型、楼层、朝向等)之间的关联性,例如,判断购房者对不同户型的偏好是否存在统计学上的显著差异。卡方检验也可以用来分析不同区域的房产销售情况是否符合预期分布,或者比较不同区域内的销售分布是否存在显著差异等情况。

需要注意的是,卡方检验的适用条件包括观察频数的独立性,以及所有预期频数大于 5 的规则(对于较小的预期频数,使用修正卡方检验或者 Fisher 精确检验可能更为合适)。此外,卡方检验不提供变量之间关系的方向性或强度信息,仅能用于判断它们之间是否独立或分布是否符合预期。下面将讲解卡方分布和卡方检验的基本思想。

1)卡方分布

卡方分布(Chi-square Distribution)是统计学中的一种概率分布,常用于假设检验和置信区间的估计中。它是一种特殊的伽马分布,通常用于研究独立随机变量的平方和。卡方分布是基于自由度(df)的一个连续概率分布。自由度通常是指独立观测值的数量减去被估计参数的数量。当多个独立标准正态分布的随机变量的平方和被累加时,其结果遵循卡方分布。具体地,如果 $Z_1, Z_2, \cdots, Z_k$ 是独立的标准正态分布变量(均值为 0,方差为 1),那么这些变量的平方和 $Q = \sum\limits_{i=1}^{k} X_i^2$ 遵循自由度为 $df(df=k)$ 的卡方分布,记作 $Q \sim \chi^2(df)$。如图 1.4 所示,我们绘制了自由度(df)为 2、5、10 的卡方分布的概率密度函数(PDF)和累积分布函数(CDF)。这些图形直观展示了不同自由度下卡方分布的特性,有助于在实际应用中(如假设检验)理解和使用卡方分布。

因为卡方分布是由一个或多个独立正态分布变量的平方和构成的,所以卡方分布的取值范围从 0 到正无穷。卡方分布是右偏的(正偏态),这意味着其分布的尾部向右延伸较长。卡方分布的形状由其自由度决定,自由度的增加会使分布的峰度降低并向右移动,分布的偏态性随着自由度的增加而减少,当自由度增加到一定程度时,卡方分布趋近于对称。

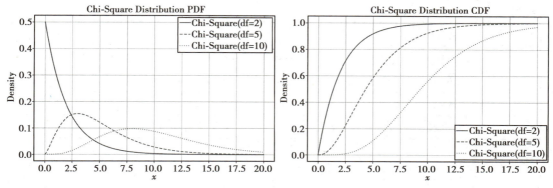

图 1.4　卡方分布图

2）卡方检验的基本思想

卡方检验方法可以根据样本数据,推断总体分布与期望分布或某一理论分布是否存在显著差异,是一种吻合性检验,通常适合对有多个分类值的分类型变量总体分布的分析。它的原假设 H_0 是样本来自的总体分布与期望分布或某一理论分布无显著差异。

如果从一个随机变量 X 中随机抽取若干个观测值,这些观测值落在 X 的 k 个互不相交的子集中的观测频数服从一个多项分布,当 k 趋于无穷时,这个多项分布近似服从卡方分布。基于这一卡方检验的基本思想,对变量 X 总体分布的检验可从对各个观测步数的分析入手。

在原假设成立的条件下,如果变量值落在第 i 子集中的理论概率值为 p_i,则相应的期望频数为 np_i(n 为样本容量)。由此计算出的期望频数分布代表了原假设成立时的理论分布。为检验实际分布与理论分布(期望分布)之间是否存在显著差异,可采用卡方检验统计量。典型的卡方统计量是 Pearson 卡方,其数学定义为:

$$\chi^2 = \sum_{i=1}^{k} \frac{(f_i^o - f_i^e)^2}{f_i^e} \tag{1.10}$$

式(1.10)中,k 为子集个数,f_i^o 为第 i 个子集的观测频数,f_i^e 为期望频数,χ^2 服从 $k-1$ 个自由度的卡方分布。可见,如果 χ^2 值较大,则说明观测频数分布与期望频数分布差距较大;反之,如果 χ^2 值较小,则说明观测频数分布与期望频数分布较接近。

依据卡方分布表计算观测值对应的概率 p 值,如果概率 p 值小于显著性水平 α,则应拒绝原假设,认为样本来自的总体分布与期望分布或某一理论分布存在显著差异;反之,如果概率 p 值大于显著性水平 α,则不能拒绝原假设,可以认为样本来自的总体分布与期望分布或某一理论分布无显著差异。

1.1.5　假设检验的 Stata 命令

在实际操作中,经常用到各种软件进行假设检验,本节中列出了在 Stata 软件中进行假设检验的基本命令,见表1.1。

表 1.1　假设检验的基本命令

命令	含义
ztest	单样本、双独立样本、双匹配样本均值 z 检验

续表

命令	含义
ttest	单样本、双独立样本、双匹配样本均值 t 检验
sdtest	方差齐次性检验
anova	F 检验
tabulate	卡方检验

1）z 检验的 Stata 命令

在 Stata 中使用 ztest 命令进行单样本 z 检验，你首先需要确保这个命令已经安装在你的 Stata 环境中。"ztest"不是 Stata 的标准命令，因此，如果你尚未安装，你需要先通过 Stata 的 "ssc install"命令来安装。安装命令：

. ssc install ztest。

（1）单样本均值 z 检验的 Stata 命令：

. ztest x ＝＝# [if] [in] [, onesampleopts]

其中，"x"是要检验的变量名称；"#"是假设的总体均值，将这个值和样本均值进行比较，以检验样本均值是否显著不同于这个假设的总体均值；"[if]"是一个可选条件，允许基于某些条件选择分析的子集，例如，可能只想分析某个特定区域的观察值；"[in]"是一个可选项，它允许指定分析的观察值范围，比如只分析数据集中的第 10 到第 50 个观察值；"[, onesampleopts]"这个部分，你可以添加其他选项来定制你的分析，具体的选项依赖于"ztest"命令的实现细节，但通常可能包括设置显著性水平"alpha＝#"、总体标准差"sd(#)"、置信水平"level(#)"等。

这个命令用于检验样本均值是否显著地不等于给定的总体均值或值。它基于 z 统计量，并返回 z 值、p 值等统计量，帮助你判断样本均值与给定值之间是否存在显著差异。如果 p 值小于预设的显著性水平（如 0.05），则可以拒绝原假设，认为样本均值与给定值存在显著差异；否则，无法拒绝原假设，认为样本均值与给定值无显著差异。

（2）双独立样本均值 z 检验的 Stata 命令：

. ztest x [if] [in], by(groupvar) [twosampleopts]

其中，"x"是要比较的变量名称；"[if]"是可选条件，用于指定分组变量，通过指定分组变量，可以对每个不同的分组值分别进行 z 检验；"[if]"和"[in]"是可选项，用于选择条件和分析范围；"by(groupvar)"指定用于分组的变量，这个变量应该能将数据划分为两组，以进行两个独立样本之间的比较；"[twosampleopts]"是两个样本 z 检验的特定选项，如指定双总体共同标准差"sd(#)"、第一个总体标准差"sd1(#)"、第二个总体标准差"sd2(#)"、置信水平"level(#)"等。

（3）双匹配样本均值 z 检验的 Stata 命令：

. ztest x1 ＝＝x2 [if] [in], corr(#) [pairedopts]

其中，"x1"和"x2"是要比较的两个变量的名称，这里假设来自互相关联的观察单位的两次测量，因此样本是配对的；"[if]"和"[in]"选项与前面相同，用于筛选数据或指定数据范围。"corr(#)"的"#"代表两个变量之间的相关系数假设值，在配对样本测试中，这个参数用来考虑两个变量之间的相关性，对于完全匹配的配对数据，通常这个值接近 1；"[pairedopts]"是配对样本检验的其他可选参数，如指定双总体共同标准差"sd(#)"等。

2)t 检验的 Stata 命令

（1）单样本 t 检验的 Stata 命令：

. ttest x ＝＝# ［if］［in］［,level(#)］

其中，"x"是需要进行 t 检验的变量的名称；"#"是代表要检验的值，如想检验"x"的均值是否等于 10，此处应该写为"x＝＝10"；"［if］"是可选参数，条件语句，如只想对某个特定的子集进行 t 检验，此时可以使用"［if］"条件来筛选数据；"［in］"是可选参数，范围语句，但主要用于循环和程序中；"［,level(#)］"是可选参数，用于指定检验的置信水平。

（2）双独立样本 t 检验的 Stata 命令

①首先进行方差齐次性检验。

. sdtest x by(groupvar)

其中，"by(groupvar)"是可选参数，用于指定分组变量。

②进行分组的均值检验。

齐次方差时，命令为：

. ttest x ［if］［in］,by(groupvar)

其中，"by(groupvar)"同方差齐次性检验类似，也是可选参数，用于指定分组变量，通过指定分组变量，可以对每个不同的分组值分别进行 t 检验；"［if］"和"［in］"选项与前面相同，用于筛选数据或指定数据范围。

非齐次方差时，命令为：

. ttest x1 ＝＝x2 ［if］［in］,unpaired ［unequal］［welch］［level(#)］

其中，"x1"和"x2"是需要进行 t 检验的两个变量的名称；"＝＝"用于指定想要检验的假设，即两个变量的均值是否相等；"［if］"和"［in］"是可选项，用于选择条件和分析范围；"unpaired"是可选参数，指定进行两样本独立 t 检验（如果没有指定这个参数，Stata 将默认进行配对样本 t 检验）；"［unequal］"是可选参数，用于允许方差不等的情况（如果不指定这个参数，Stata 将默认假设两个样本的方差相等）；"［welch］"是可选参数，用于指定使用 Welch t 检验（不需要假设两个样本的方差相等）而不是 Student t 检验。

（3）两配对样本 t 检验的 Stata 命令：

. ttest x1 ＝＝x2 ［if］［in］［,level(#)］

其中，"x1"和"x2"指定了进行比较的两个变量（或数据组）；"［if］"和"［in］"是可选项，用法与前面命令相同；"［,level(#)］"是可选项，用于指定置信水平。默认情况下，许多统计软件采用的置信水平为 95%，但可以通过这个选项自定义置信水平，如 90%、99% 等。

3)F 检验的 Stata 命令：

. anova y x ［if］［in］［weight］［,options］

其中，"y"是方差分析中因变量；"x"是因变量；"［if］"和"［in］"是可选项，用法与前面命令相同；"［weight］"是可选参数，用于指定权重变量；"［,options］"是其他可选参数，用于指定分析的特定选项。

4)卡方检验的 Stata 命令：

. tabulate x1 x2 ［if］［in］［weight］

其中，"x1"和"x2"是需要进行卡方检验的变量；"［if］"和"［in］"是可选项，用法与前面命令相同；"［weight］"是可选参数，用于指定权重变量。

1.2 基于统计检验的房地产数据分析应用

在统计检验基础的探讨中,前文已经对不同类型的检验方法进行了介绍,包括 z 检验、t 检验、F 检验和卡方检验,以及如何在 Stata 中执行这些假设检验的操作命令。这些方法为我们提供了一套强大的工具,以量化的方式去分析和解释数据。本节将这些理论应用于房地产价格的分析中,以实践的方式展示这些统计检验方法在现实数据分析中的具体应用。

首先,我们将通过 z 检验来分析房地产定价中的差异性,特别是在不同消费者群体(如刚需和改善型住房购买者)之间的价格差异。然后,通过 z 检验来分析特定消费群体和整体消费群体之间的价格差异。这不仅有助于我们理解市场需求的不同面向,还能揭示市场定价策略的有效性。随后,F 检验将被用来分析不同开发商之间住房定价的差异性,这有助于我们了解市场竞争格局和开发商定价策略的多样性。最后,卡方检验的应用将让我们能够比较房地产定价的期望值和实际值,从而评估市场定价是否存在偏高或偏低的情况。

通过这些具体的统计检验应用实例,我们能够深入了解房地产市场的定价机制,以及各种外部因素对房价的影响。这不仅为房地产开发商提供了重要的市场洞察,也为购房者提供了有价值的信息,帮助他们做出更加明智的购买决策。本节内容将围绕这些统计检验方法的实际应用展开,通过案例分析,向读者展示如何运用这些方法来解析复杂的房地产数据,从而获得关于市场动态和价格形成机制的深入理解。

1.2.1 基于 z 检验和 t 检验分析刚需产品和改善产品之间的定价差异性

本节基于刚需和改善型住房定价的差异性,讲述 z 检验与 t 检验在房地产分析中的应用实践。

在房地产市场中,刚需客户(首次购房者或寻求满足基本居住需求的购房者)和改善型客户(寻求通过购买更高质量或更大面积的房产来提高居住条件的购房者)常被视为两个相对独立的子市场,因此在产品设计和产品定价上存在相对显著的差异性。从需求动因分析,刚需客户的购房动机主要是满足基本居住需求,通常寻求性价比高的住房。他们的选择往往受限于预算,偏好入门级或经济型房产;改善型客户则寻求更好的居住环境,如更大的空间、更优的地理位置或更高的生活品质,他们的购买决策更多受个人偏好和生活质量考量的影响。从购买能力分析,刚需客户的购买能力相对较低,对价格非常敏感,贷款比例可能更高;改善型客户通常具有更高的经济实力和更强的购买能力,对贷款的依赖程度较低。从价格敏感性分析,刚需客户对价格变动更为敏感,市场利率变化或政策调整可能直接影响其购买决策;改善型客户在考虑价格因素时可能更加注重价值和品质,对价格的敏感度相对较低。从产品供给特性分析,针对刚需客户的房产往往注重功能性和成本效益;针对改善型客户的房产通常注重设计、品质和附加服务。因此房地产市场的这种细分反映了不同消费群体的需求和偏好差异,促使开发商和营销策略针对特定细分市场进行优化。从经济学的角度看,这种市场细分有助于提高资源分配的效率,使供给能更好地匹配需求,同时为不同的消费者群体提供更加专业化和个性化的服务。而通过 z 检验与 t 检验可以揭示房地产细分市场之间的差异性,为房地产开发商、投资者和政策制定者提供科学依据。

本节通过获取重庆市九个主城区（渝中区、大渡口区、江北区、沙坪坝区、九龙坡区、南岸区、北碚区、渝北区、巴南区）部分二手房交易数据，利用 z 检验和 t 检验对重庆市刚需和改善型二手房价格差异进行分析。根据房屋面积分类，房屋面积不超过 90 m^2 的为刚需型住房，房屋面积超过 90 m^2 不超过 144 m^2 的为改善型住房。数据符合正态分布，来源为链家二手房网站。

1）基于 z 检验分析刚需和改善产品之间的定价差异性

（1）单样本均值 z 检验

假设我们需要确定刚需住房价格是否与重庆市二手房平均价格 12 074 元/m^2 有差异。基于我们的研究问题，提出以下假设：

原假设 H_0：刚需住房均价等于 12 074 元/m^2，即 $H_0:\mu=12\ 074$；

备择假设 H_1：刚需住房价格不等于 12 074 元/m^2，即 $H_1:\mu\neq12\ 074$。

假设我们已知重庆市刚需房价格分布的标准差为 2 920.6。从网站中随机抽样得到的 416 个刚需房的价格，整理为数据集"1_z 检验_单样本.dta"，样本量为 416，刚需房的均价是 11 672.51/m^2（样本平均值）。采用单样本均值 z 检验，以检验以上假设，结果见表 1.2。Stata 命令：

```
. ztest price = =12074,sd(2920.6)
```

表 1.2　单样本 z 检验运行结果

Variable	Obs	Mean	Std. err.	Std. dev.	[95% conf. interval]	
price	416	11 672.51	143.194 2	2 920.6	11 391.86	11 953.17

mean = mean(price)		$z=-2.803\ 8$
H_0:mean = 12 074		
H_a:mean<12 074	H_a:mean！= 12 074	H_a:mean>12 074
Pr($Z<z$) = 0.002 5	Pr($|Z|>|z|$) = 0.005 1	Pr($Z>z$) = 0.997 5

根据表 1.2 显示的结果，z 检验统计量为 $-2.803\ 8$，p 值为 0.005 1。因此我们有统计证据在 5% 显著性水平下，拒绝原假设，接受备择假设，即刚需住房价格不同于重庆市二手房平均价格 12 074 元/m^2。

（2）双独立样本均值 z 检验

假设我们需要确定刚需和改善两类住房价格均值是否存在显著差异。基于我们的研究问题，提出以下假设：

原假设 H_0：刚需和改善两类住房价格均值相等，即 $H_0:\mu_1-\mu_2=0$；

备择假设 H_1：刚需和改善两类住房价格均值不相等，即 $H_1:\mu_1-\mu_2\neq0$。

假设我们已知重庆市刚需房和改善型住房价格分布的标准差均为 3 074.6。从网站中随机抽样得到的 416 个刚需房和 422 个改善型住房的价格，整理为数据集"1_z 检验_双样本.dta"，刚需房的样本均价是 11 672.51 元/m^2，改善型住房的样本均价是 12 841.35 元/m^2。我们采用双独立样本均值 z 检验，以检验以上假设，运行结果见表 1.3。Stata 命令：

```
. ztest price,by(type)sd(3074.6)
```

表 1.3　双样本 z 检验运行结果

Group	Obs	Mean	Std. err.	Std. dev.	[95% conf. interval]	
刚需房	416	11 672.51	150.744 7	3 074.6	11 377.06	11 967.97
改善型	422	12 841.35	149.669 2	3 074.6	12 548.01	13 134.7
diff		−1 168.841	212.426		−1 585.188	−752.493 7
diff=mean(刚需房)−mean(改善型)						$z=-5.502\,3$
H_0:diff=0						
H_a:diff<0			H_a:diff！=0			H_a:diff>0
Pr(Z<z)=0.000 0			Pr($\vert Z \vert$>$\vert z \vert$)=0.000 0			Pr(Z>z)=1.000 0

根据表 1.3 显示的结果，z 检验统计量为−5.502 3，p 值远小于 0.05。因此我们有统计证据在 5% 显著性水平下，拒绝原假设，接受备择假设，即刚需和改善两类住房价格均值不相等。

在上述研究中，我们假设两组有相同的标准差为 3 074。如果两组的标准差不同，我们可以在选项"sd1(#)"和"sd2(#)"中指定特定于组的标准差。假设刚需与改善价格分布的标准差分别为 2 920.6 与 3 115.4，运行结果见表 1.4。Stata 命令：

. ztest price,by(type)sd1(2920.6)sd2(3115.4)

表 1.4　双样本 z 检验运行结果

Group	Obs	Mean	Std. err.	Std. dev.	[95% conf. interval]	
刚需房	416	11 672.51	143.194 2	2 920.6	11 391.86	11 953.17
改善型	422	12 841.35	151.655 3	3 115.4	12 544.11	13 138.59
diff		−1 168.841	208.575 9		−1 577.642	−760.039 8
diff=mean(刚需房)−mean(改善型)						$z=-5.603\,9$
H_0:diff=0						
H_a:diff<0			H_a:diff！=0			H_a:diff>0
Pr(Z<z)=0.000 0			Pr($\vert Z \vert$>$\vert z \vert$)=0.000 0			Pr(Z>z)=1.000 0

根据 z 检验结果−5.603 9，p 值远小于 0.05。因此，我们可以在置信度为 95% 的水平下，拒绝原假设，接受备择假设即刚需房和改善型的平均价格确实存在显著差异。

（3）双匹配样本 z 检验

本案例分析 2011 年 1 月重庆试点房地产税前后一年内商品房平均销售价格是否存在变化。基于我们的研究问题，提出以下假设：

原假设 H_0：政策前后房价差值总体均值无显著差异，即 H_0：$\mu_1-\mu_2=0$；

备择假设 H_1：政策前后房价差值总体均值有显著差异，即 H_1：$\mu_1-\mu_2\neq0$。

采用数据集"1_z 检验_双匹配"，数据源于安居客网站。运行结果见表 1.5。Stata 命令：

. ztest trade_before_p＝＝trade_after_p,sd(898.9)corr(0.8)

表 1.5　两配对样本 z 检验运行结果

Variable	Obs	Mean	Std. err.	Std. dev.	[95% conf. interval]	
trade_before_p	108	5 181.935	86.496 7	898.9	5 012.405	5 351.466
trade_after_p	108	6 568.889	86.496 7	898.9	6 399.358	6 738.419
diff	108	−1 386.954	54.705 3	568.514 3	−1 494.174	−1 279.733

mean(diff) = mean(trade_before_p−trade_after_p)		$z = -25.353\ 2$
$H_0 : \text{mean(diff)} = 0$		
$H_a : \text{mean(diff)} < 0$	$H_a : \text{mean(diff)} ! = 0$	$H_a : \text{mean(diff)} > 0$
$\Pr(Z < z) = 0.000\ 0$	$\Pr(\,|Z| > |z|\,) = 0.000\ 0$	$\Pr(Z > z) = 1.000\ 0$

根据表 1.5 中结果，z 值为 −25.353 2，p 值小于 0.05。那么我们在 95% 置信水平下，拒绝原假设。得出结论，政策前后房价差值总体均值存在显著差异，征收房地产税政策对房价造成一定影响。

2）基于 t 检验分析改善产品定价与均价之间的差异性

（1）单样本 t 检验

假设我们需要确定改善型住房价格是否与重庆市二手房平均价格 12 074 元/m² 有所差异。基于我们的研究问题，提出以下假设：

原假设 H_0：改善型住房价格总体均值为 12 074 元/m²，即 $H_0 : \mu = \mu_0$；

备择假设 H_1：改善型住房价格总体均值不为 12 074 元/m²，即 $H_1 : \mu \neq \mu_0$。

假设改善型住房的方差未知。因此从网站中随机得到的 29 个改善房的价格，整理为数据集"1_t 检验_单样本.dta"，样本量为 29，改善房的均价是 12 884.03/m²（样本平均值）。最后，将显著性水平设置为 0.05。样本量小于 30，我们采用单样本均值 t 检验，以检验以上假设。运行结果见表 1.6。Stata 命令：

. ttest price = = 12074

表 1.6　单样本 t 检验运行结果

Variable	Obs	Mean	Std. err.	Std. dev.	[95% conf. interval]	
price	29	12 884.03	618.883 7	3 332.791	11 616.31	14 151.76

mean = mean(price)		$t = 1.308\ 9$
$H_0 : \text{mean} = 12\ 074$		Degrees of freedom = 28
$H_a : \text{mean} < 12\ 074$	$H_a : \text{mean} ! = 12\ 074$	$H_a : \text{mean} > 12\ 074$
$\Pr(T < t) = 0.899\ 4$	$\Pr(\,|T| > |t|\,) = 0.201\ 2$	$\Pr(T > t) = 0.100\ 6$

表 1.6 中 t 检验统计量为 1.308 9，未超过双侧检验的临界值 ±1.96，p 值都为 0.201 2，p 值大于 0.05。因此我们接受原假设，即改善型住房价格总体均价与重庆市二手房平均价格 12 074 元/m² 无显著差异。

（2）双独立样本 t 检验

假设我们需要确定刚需和改善两类住房价格均值是否存在显著差异。基于我们的研究

问题,提出以下假设:

原假设 H_0:两类型二手房价格总体均值无显著差异,即 $H_0:\mu_1-\mu_2=0$。

备择假设 H_1:两类型二手房价格总体均值有差异,即 $H_1:\mu_1-\mu_2\neq0$。

假设刚需房和改善型住房价格的标准差未知。因此从网站中随机抽样得到的 29 个刚需房和 29 个改善型住房的价格,整理为数据集"1_t 检验_双样本.dta",刚需房的均价是 11 672.51 元/m^2,改善型住房的均价是 12 841.35 元/m^2。最后,将显著性水平设置为 0.05。

首先,在做双独立样本 t 检验前,首先要判断方差是否齐次,运行结果见表 1.7。Stata 命令:

. sdtest price,by(type)

表 1.7　方差齐次性检验结果

Group	Obs	Mean	Std. err.	Std. dev.	[95% conf. interval]	
刚需房	29	11 961.97	471.524 3	2 539.236	10 996.09	12 927.84
改善型	29	12 884.03	618.883 7	3 332.791	11 616.31	14 151.76
Combined	58	12 423	390.399 8	2 973.196	11 641.24	13 204.76
ratio = sd(刚需房)/ sd(改善型)						$f=0.580\ 5$
H_0 : ratio = 1						Degrees of freedom = 28,28
H_a : ratio<1			H_a : ratio ! = 1			H_a : ratio>1
$Pr(F<f)=0.078\ 1$			$2*Pr(\mid F\mid>\mid f\mid)=0.156\ 3$			$Pr(F>f)=0.921\ 9$

该检验下,F 检验统计量的观测值为 0.580 5,概率 p 值为 0.156 3。因此,我们接受原假设,认为两总体方差不存在显著性差异。

然后,选择齐次方差条件下的双独立样本 t 检验,运行结果见表 1.8。Stata 命令:

. ttest price,by(type)

表 1.8　双样本 t 检验运行结果

Group	Obs	Mean	Std. err.	Std. dev.	[95% conf. interval]	
刚需房	29	11 961.97	471.524 3	2 539.236	10 996.09	12 927.84
改善型	29	12 884.03	618.883 7	3 332.791	11 616.31	14 151.76
Combined	58	12 423	390.399 8	2 973.196	11 641.24	13 204.76
diff		−922.069	778.043 9		−2 480.678	636.540 2
diff = mean(刚需房)−mean(改善型)						$t=-1.185\ 1$
H_0 : diff = 0						Satterthwaite's degrees of freedom = 58
H_a : diff<0			H_a : diff ! = 0			H_a : diff>0
$Pr(T<t)=0.120\ 5$			$Pr(\mid T\mid>\mid t\mid)=0.241\ 0$			$Pr(T>t)=0.879\ 5$

其中,t 检验统计量的观测值为−1.185 1,p 值为 0.241 0。因此,我们接受原假设,认为两总体均值不存在显著差异,即刚需房和改善型住房房价总体均值没有显著差别。然而,t 检验由于样本量较小,结果可能会存在一定的误差。

（3）双匹配样本 t 检验

双匹配样本 t 检验与独立样本 t 检验的差别之一是要求样本是相关联的。本案例分析 2011 年 1 月重庆试点房地产税前后住宅商品房平均销售价格是否存在变化。为减弱时间效应对结果的影响,采用试点前后重庆与四川房价差值进行分析,采用数据集"1_t 检验_双匹配",数据源于国家统计局。基于研究问题,假设如下：

原假设 H_0：政策前后房价差值总体均值无显著差异,即 $H_0 : \mu_1 - \mu_2 = 0$；

备择假设 H_1：政策前后房价差值总体均值有显著差异,即 $H_1 : \mu_1 - \mu_2 \neq 0$。运行结果见表 1.9。Stata 命令：

. ttest trade_before = = trade_after

表 1.9 两配对样本 t 检验运行结果

Variable	Obs	Mean	Std. err.	Std. dev.	[95% conf. interval]	
trade_before	7	−44.561 43	87.646 89	231.891 9	−259.025 6	169.902 8
trade_after	7	43.682 86	125.925 1	333.166 6	−264.444 9	351.810 6
diff	7	−88.244 29	142.134 7	376.053 1	−436.035 4	259.546 9
mean(diff) = mean(trade_before-trade_after)						$t = -0.620\ 8$
H_0 : mean(diff) = 0						Degrees of freedom = 6
H_a : mean(diff) < 0		H_a : mean(diff)！ = 0				H_a : mean(diff) > 0
$\Pr(T < t) = 0.278\ 8$		$\Pr(\lvert T \rvert > \lvert t \rvert) = 0.557\ 5$				$\Pr(T > t) = 0.721\ 2$

根据表 1.9 中结果,t 检验统计量为 −0.620 8,p 值为 0.557 5。因此,我们接受原假设,即政策前后房价差值总体均值无显著差异。但这一结论受到样本数量和时间效应的影响,具有一定误差。

1.2.2 基于 F 检验分析不同开发商产品的定价差异性

本节基于不同开发商住房定价的差异性,讲述 F 检验在房地产分析中的应用实践。

在房地产市场中,不同开发商的产品定价存在显著差异,这可以通过房地产经济学的多个原理来解释,包括地段价值、产品差异化、品牌效应、供需关系以及成本结构等因素。不同开发商的产品差异化是影响定价的一个重要因素。这包括房产的设计、规模、建筑质量、环境配套设施以及附加服务等。开发商根据目标市场的需求,提供不同程度的产品差异化,以满足特定消费者群体的需求,这种差异化在定价时会得到体现。知名度高、信誉好的开发商通常能够为其项目定出更高的价格。品牌效应在房地产市场中体现为消费者对品牌信任度的体现,包括项目完成的质量、售后服务以及项目管理等方面。强大的品牌能够为消费者提供一种信心保证,因而开发商可以通过品牌溢价来实现更高的销售价格。开发商制定出的定价策略旨在最大化其利润,同时满足市场需求和竞争策略。通过 F 检验可以揭示不同开发商的房地产产品的定价差异性,辅助投资者在差异化的产品类型中的投资决策。

1) 单因素方差分析

以数据集"1_F 检验_单因素. dta"为例,选取重庆市龙湖、保利、融景、金科四个房地产集团下户型为三室一厅的楼盘 2023 年房屋销售定价均价进行分析。

F 检验要求数据满足正态性、方差齐次性和独立性假设。我们假设收集到的数据之间是不受彼此影响的,假设它满足独立性假设。然后,对房地产公司的房价分别进行检验正态性假设,原假设为数据符合正态分布,备择假设为数据不符合正态分布。运行结果见表 1.10。Stata 命令:

. by name_dichan:swilk price

表 1.10 房价正态检验结果

Variable	Obs	W	V	z	Prob>z
price(保利)	133	0.985 2	1.553	0.992	0.160 6
price(融景)	50	0.959 2	1.918	1.389	0.082 5
price(金科)	407	0.977 6	6.254	4.366	0.000 0
price(龙湖)	92	0.975 4	1.895	1.412	0.079 0

注:数据源于安居客网站。

正态性检验的结果显示,金科集团 p 值为 0.000 0,小于 0.05,不符合正态性假设的要求,保利、融景与龙湖集团数据 p 值均大于 0.05,满足正态性假设。因此选取保利、融景与龙湖集团数据进行房价差异性分析,提出原假设与备择假设如下:

原假设 H_0:不同房地产商的三室一厅房价不会有所差异,即 $H_0:\mu_1=\mu_2=\mu_3$;

备择假设 H_1:不同房地产商的三室一厅房价有所差异,即 $H_1:\mu_1,\mu_2,\mu_3$ 不完全相等。

运行结果见表 1.11。Stata 命令:

. anova price code_dichan if name_dichan ! ="金科"

表 1.11 房屋定价方差分析

Source	Partial SS	df	MS	F	Prob>F
Model	9.610e+08	2	4.805e+08	56.14	0.000 0
code_dichan	9.610e+08	2	4.805e+08	56.14	0.000 0
Residual	2.328e+09	272	8 559 779.1		
Total	3.289e+09	274	12 004 648		
Number of obs=275				R-squared=0.292 2	
Root MSE=2 925.71				Adj R-squared=0.287 0	

表 1.11 为方差分析表,F 值为 56.14,p 值为 0.000 0,小于 0.05,说明拒绝原假设,认为不同房地产商房屋定价有所差异。目标人群不同、建筑成本差异、楼盘位置差异等因素都会对房屋定价产生影响,从而导致不同房地产商房屋定价有所差异。

2) 双因素方差分析

进一步地,为分析高、中、低楼层和房地产商对二手房房屋定价的联合影响,以数据集"1_F 检验_双因素"为例,选取重庆市龙湖、保利、融景三个房地产集团下楼层不同的楼盘 2023 年二手房屋销售定价均价进行分析,数据源于安居客网站。对于研究问题,提出如下假设:

原假设 H_0:楼层和房地产商对房价没有显著影响,即 $H_0:\mu_{1,1}=\mu_{1,2}=\cdots=\mu_{i,j}$ ($i=1,2,3$; $j=1,2,3$);

备择假设 H_1:楼层和房地产商对房价没有显著影响,即 $H_1:\mu_{i,j}$ ($i=1,2,3$; $j=1,2,3$)不完全相等。

首先对房价分别进行正态检验,原假设为数据符合正态分布,备择假设为数据不符合正态分布。运行结果见表 1.12。Stata 命令:

. bysort name_dichan louceng:swilk price

表 1.12　保利集团低楼层二手房价正态检验结果

Variable	Obs	W	V	z	Prob>z
price（保利-低楼层）	32	0.969 1	1.030	0.061	0.475 7
price（保利-中楼层）	28	0.941 5	1.766	1.171	0.120 9
price（保利-高楼层）	21	0.900 8	2.430	1.795	0.036 3
price（融景-低楼层）	6	0.868 2	1.633	0.775	0.219 0
price（融景-中楼层）	4	0.986 3	0.157	−1.537	0.937 8
price（融景-高楼层）	10	0.945 3	0.842	−0.289	0.613 8
price（龙湖-低楼层）	10	0.881 6	1.824	1.098	0.136 2
price（龙湖-中楼层）	27	0.964 2	1.054	0.108	0.457 0
price（龙湖-高楼层）	20	0.960 2	0.942	−0.120	0.547 8

正态性检验的结果显示,保利集团高楼层数据 p 值小于 0.05,不满足正态性假设,因此去掉该数据后进行差异性分析。运行结果见表 1.13。Stata 命令:

. drop if name_dichan ="保利" & louceng ="高楼层"

. anova price code_dichan code_louceng code_dichan#code_louceng

表 1.13　二手房屋不同楼层定价双因素方差分析

Source	Partial SS	df	MS	F	Prob>F
Model	6.288e+08	7	89 830 072	10.35	0.000 0
code_dichan	5.347e+08	2	2.674e+08	30.81	0.000 0
code_louceng	22 345 045	2	11 172 522	1.29	0.279 5
code_dichan#code_louceng	49 671 062	3	16 557 021	1.91	0.131 5
Residual	1.119e+09	129	8 677 959.7		
Total	1.748e+09	136	12 854 907		

Number of obs =137　　　　　　　　　　　　　　　　　R-squared =0.359 7

Root MSE =2 945.84　　　　　　　　　　　　　　　Adj R-squared =0.324 9

表 1.13 中,"Prob>F Model =0.0000"说明模型整体显著;"Prob>F code_dichan =0.0000"说明变量房地产商的主效应是显著的;"Prob>F louceng =0.279 5"说明楼层对价格

的影响并不显著;同理变量楼层与房地产商的交互作用并不显著。根据结果可以认为,楼房地产商对价格有显著影响,而楼层与两者的交乘项对房价没有显著影响。

1.2.3　基于卡方检验分析不同房地产商产品定价的差异性

本节主要讲述卡方检验的应用实践。在房地产市场中,品牌效应(Brand Effect)指的是开发商或物业管理公司的品牌影响力对房产价格的影响。品牌效应通常表现为知名品牌开发的房地产项目在市场上能够获得更高的定价,相较于非品牌或小型开发商的项目,具有一定的价格溢价(Price Premium)。这一效应的存在和强度受到多个因素的影响,包括消费者认知、市场供需、物业管理质量以及开发商的历史信誉等。

分析不同房地产商二手房房屋定价高低(高于均价为1,否则为0)是否与房地产商品牌有关联性,以数据集"1_卡方检验. dta"为例,选取重庆市龙湖、保利、融景、华润置地四个房地产集团下户型为三室二厅 2022 年二手房房屋销售定价进行分析,其中高于均价 15 187 元/m² 为偏高。针对研究问题,提出如下假设:

原假设 H_0:房地产定价与房地产品牌不存在显著关联;

备择假设 H_1:房地产定价与房地产品牌存在显著关联;

运行结果见表 1. 14。Stata 命令:

. tabulate name_dichan price_type, chi2

表 1.14　卡方检验结果

price_type	name_dichan				Total
	保利	华润置地	融景	龙湖	
0	86	45	4	49	184
1	47	16	46	43	152
Total	133	61	50	92	336
Pearson chi2(3) = 58.3761			Pr = 0.000		

卡方检验结果显示,p 值为 0. 000,小于 0. 05,拒绝原假设,房屋定价高低与房地产商品牌存在显著关联。

1.3　本章小结

本章主要介绍了几种常见的统计检验方法,包括 z 检验、t 检验、F 检验以及卡方检验,并详细讨论了这些方法的统计检验原理、适用条件与具体操作步骤。此外,还介绍了假设检验在 Stata 中的操作命令。通过这些内容的学习,读者能够理解和掌握各种统计检验方法在房地产数据分析中的应用。在实验部分,本章展示了如何利用这些检验方法对房地产数据进行分析,例如分析刚需和改善型住房的定价差异、不同开发商之间的房屋定价差异,以及不同开发商的房屋定价偏高或偏低的情况是否一致等。通过这些实例,读者可以更深入地了解各种统计检验方法在房地产数据分析中的实践应用,从而为后续的数据分析提供坚实的基础。下一章将重点讲解房地产数据的单因素线性回归分析,这种方法在资本资产定价模型中有广泛的应用。

习　题

1. 在利用小样本房地产价格数据构建数理模型并进行统计检验时,应如何在样本量有限的情况下确保检验有效性?

2. 在构建房地产定价数理模型的统计分析过程中,为什么通常假设数据服从正态分布?若实际房地产交易数据不满足正态性假设,该如何调整检验方法?

3. 在房地产定价差异的数理模型分析中,卡方检验适用于哪些类型的分类数据和问题?请结合房价水平(高/低)与购房者偏好类型等分类变量,说明卡方检验在房地产数据实践中的应用场景与优势。

房地产数据的单因素线性回归分析

单因素线性回归分析是一种统计方法,用于研究两个连续变量之间的线性关系。在房地产数据分析中,单因素线性回归常被应用在资本资产定价模型(CAPM)中,在这个模型中,市场组合的超额收益(市场组合收益率减无风险利率)被视为唯一的风险源。CAPM 认为,某一资产的预期超额收益与其系统性风险(用 β 系数衡量)成正比,β 系数通过单因素回归模型计算得出。

应用单因素线性回归分析时,重要的是要认识到这种方法只考虑了一个自变量对因变量的影响。虽然单因素线性回归分析提供了有用的洞见,但它可能无法完全解释房价变动。

本章重点在于单因素线性回归模型在房地产数据分析中的应用。具体而言:第 1 节介绍单因素线性回归的基本原理,包括一元线性回归模型的参数估计、假设检验等内容。第 2 节则展示了单因素线性回归在房地产数据分析中的实际应用,通过探讨房地产资本资产投资定价理论和实际应用案例,帮助读者掌握如何运用单因素线性回归方法进行分析。

2.1　一元线性回归的原理

如果 Y_i 为房价,而 X_i 为影响房价的某因素(比如离城市 CBD 的距离),我们感兴趣的是"用来解释 Y_i"或"研究 Y_i 如何随 X_i 而变"。在写出"用来解释 Y_i"的模型时,要面临三个问题。第一,既然两个变量之间没有一个确切的关系,那么应该如何考虑其他影响 Y_i 的因素呢?第二,Y_i 和 X_i 的函数关系是怎样的呢?第三,何以确定在其他条件不变的情况下刻画了 Y_i 和 X_i 之间的关系(如果这是一个理想目标的话)呢?

我们可以通过写出关于 Y_i 和 X_i 的一个方程来消除这些疑惑。一个简单的方程为

$$Y_i = \beta_0 + \beta_1 X_i + u_i \tag{2.1}$$

假定方程在我们所关注的总体中成立,它便定义了一个简单线性回归模型(Simple Linear Regression Model)。因为它把两个变量 X_i 和 Y_i 联系起来了,所以又把它叫做两变量或者双变量线性回归模型。

现在讨论等式中每个变量的含义。Y_i 被称为因变量(Dependent Variable)、被解释变量(Explained Variable)、响应变量(Response Variable)、被预测变量(Predicted Variable)或者回归子(Regressand)。X_i 则被称为自变量(Independent Variable)、解释变量(Explanatory Variable)、控制变量(Control Variable)、预测变量(Predictor Variable)或者回归元(Regressor)。

"被解释"和"解释"变量这两个词可能是最具叙述性的。"响应"和"控制"在实验性科学中运用最多,其中变量在实验者的控制之下。我们不使用"被预测变量"和"预测变量"这样的字眼,尽管有时候在一些纯粹预测而非因果推断的应用研究中会看到它们。

变量 u_i 被称为关系式中的误差项(Error Term)或者干扰项(Disturbance),表示除 X_i 之外其他影响 Y_i 的因素。一元线性回归分析有效地把除 X_i 之外其他所有影响 Y_i 的因素都看成无法观测的因素。你也可以把 u_i 看作"观测不到的"因素。

方程还表现出 Y_i 和 X_i 之间的函数关系。若 u_i 中的其他因素都保持不变,于是 u_i 的变化为零,即 $\Delta u_i = 0$,则 X_i 对 Y_i 具有线性影响,表示为

$$\text{若 } \Delta u_i = 0, \text{则 } \Delta Y_i = \beta_1 \Delta X_i \tag{2.2}$$

因此,Y_i 的变化量无非就是 β_1 与 X_i 的变化量之积。这就是说,保持 u_i 中其他因素不变,β_1 就是 Y_i 和 X_i 的关系式中的斜率参数(Slope Parameter)。

对于线性回归模型,模型估计的任务是用回归分析的方法估计模型的参数。

2.1.1 一元线性回归模型的参数估计

最小二乘法(Ordinary Least Squares,OLS)估计是一种在统计学和经济学中广泛使用的线性回归分析方法。其核心目标是找到一组参数估计值,使得模型预测值与实际观测值之间的差异(即残差的平方和)最小。OLS 估计量选择使估计的回归线与观测数据尽可能接近的回归系数,其中近似程度用给定 X 时预测 Y 的误差平方和度量,即在所有可能的估计量中 $\hat{Y}$ 使估计误差总平方和 $\sum_{i=1}^{n}(Y_i - \hat{Y})^2$ 最小。

OLS 估计量将这种思想推广到了线性回归模型中,令 $\hat{\beta}_0$ 和 $\hat{\beta}_1$ 分别表示 β_0 和 β_1 的某个估计量,则基于这些估计量的回归线为 $\hat{\beta}_0 + \hat{\beta}_1 X$,于是由这条直线得到的 Y_i 预测值为 $\hat{\beta}_0 + \hat{\beta}_1 X_i$,第 i 个观测的预测误差为 $Y_i - (\hat{\beta}_0 + \hat{\beta}_1 X_i) = Y_i - \hat{\beta}_0 - \hat{\beta}_1 X_i$,故所有 n 个观测的预测误差平方和为

$$\sum_{i=1}^{n}(Y_i - \hat{\beta}_0 - \hat{\beta}_1 X_i)^2 \tag{2.3}$$

我们称最小化式中误差平方和的截距和斜率估计量为令 $\hat{\beta}_0$ 和 $\hat{\beta}_1$ 的普通最小二乘(OLS)估计量。

OLS 中有其特殊的符号和术语。如 β_0 的估计量记为 $\hat{\beta}_0$,β_1 的 OLS 估计量记为 $\hat{\beta}_1$。OLS 回归线(OLS Regression Line)是由 OLS 估计量构造的直线 $\hat{\beta}_0 + \hat{\beta}_1 X$。给定 X_i 时基于 OLS 回归线 Y_i 的预测值(Predicted Value)为 $\hat{Y}_i = \hat{\beta}_0 + \hat{\beta}_1 X_i$,而第 i 个观测的残差(Residual)为 Y_i 与其预测值之差 $\hat{u}_i = Y_i - \hat{Y}_i$。

下面利用微积分给出 OLS 估计量的推导过程,根据目标函数可以写为

$$\min_{\hat{\beta}_0, \hat{\beta}_1} \sum_{i=1}^{n} u_i^2 = \sum_{i=1}^{n} (Y_i - \hat{\beta}_0 - \hat{\beta}_1 X_i)^2 \qquad (2.4)$$

根据微积分知识,此目标函数最小化问题的一阶条件为

$$\begin{cases} \dfrac{\partial}{\partial \hat{\beta}_0} \sum_{i=1}^{n} u_i^2 = -2 \sum_{i=1}^{n} (Y_i - \hat{\beta}_0 - \hat{\beta}_1 X_i) = 0 \\[3mm] \dfrac{\partial}{\partial \hat{\beta}_1} \sum_{i=1}^{n} u_i^2 = -2 \sum_{i=1}^{n} (Y_i - \hat{\beta}_0 - \hat{\beta}_1 X_i) X_i = 0 \end{cases} \qquad (2.5)$$

消去方程左边的"−2"可得

$$\begin{cases} \sum_{i=1}^{n} (Y_i - \hat{\beta}_0 - \hat{\beta}_1 X_i) = 0 \\[3mm] \sum_{i=1}^{n} (Y_i - \hat{\beta}_0 - \hat{\beta}_1 X_i) X_i = 0 \end{cases} \qquad (2.6)$$

对上式各项分别求和,并移项可得

$$\begin{cases} n\hat{\beta}_0 + \hat{\beta}_1 \sum_{i=1}^{n} X_i = \sum_{i=1}^{n} Y_i \\[3mm] \hat{\beta}_0 \sum_{i=1}^{n} X_i + \hat{\beta}_1 \sum_{i=1}^{n} X_i^2 = \sum_{i=1}^{n} X_i Y_i \end{cases} \qquad (2.7)$$

这是一个关于有关估计量 $\hat{\beta}_0$,$\hat{\beta}_1$ 的二元一次线性方程组,称为"正规方程组"(Normal Equations)。从方程组(2.7)的第 1 个方程可得

$$\hat{\beta}_0 = \overline{Y} + \hat{\beta}_1 \overline{X} \qquad (2.8)$$

其中 $\overline{Y} = \dfrac{1}{n} \sum_{i=1}^{n} Y_i$ 为 Y 的样本均值,而 $\overline{X} = \dfrac{1}{n} \sum_{i=1}^{n} X_i$ 为 X 的样本均值,将表达式(2.8)代入方程组(2.7)的第 2 个方程可得

$$(\overline{Y} - \hat{\beta}_1 \overline{X}) \sum_{i=1}^{n} X_i + \hat{\beta}_1 \sum_{i=1}^{n} X_i^2 = \sum_{i=1}^{n} X_i Y_i \qquad (2.9)$$

在式(2.9)中,$\hat{\beta}_1$ 出现在两处。合并同类项,并移项可得

$$\hat{\beta}_1 \left(\sum_{i=1}^{n} X_i^2 - \overline{X} \sum_{i=1}^{n} X_i \right) = \sum_{i=1}^{n} X_i Y_i - \overline{Y} \sum_{i=1}^{n} X_i \qquad (2.10)$$

使用 $\sum_{i=1}^{n} X_i = n\overline{X}$,求解 $\hat{\beta}_1$ 可得

$$\hat{\beta}_1 = \frac{\sum_{i=1}^{n} X_i Y_i - n\overline{X}\overline{Y}}{\sum_{i=1}^{n} X_i^2 - n\overline{X}^2} \qquad (2.11)$$

式(2.11)可写为更直观的离差形式:

$$\hat{\beta}_1 = \frac{\sum_{i=1}^{n} (X_i - \overline{X})(Y_i - \overline{Y})}{\sum_{i=1}^{n} (X_i - \overline{X})^2} \qquad (2.12)$$

显然，OLS 估计量要有定义，必须使上式的分母 $\sum_{i=1}^{n}(X_i-\bar{X})^2\neq0$，这意味着解释变量 X_i 应有所变动，而不能是常数，这是对数据的最基本要求。如果 X_i 没有任何变化，则相同的 X_i 取值将对应于不同的 Y_i 取值，故无法估计 X 对 Y 的作用。

根据方程可求解 OLS 估计量 $\hat{\beta}_0,\hat{\beta}_1$。另外，从方程可知，$\bar{Y}=\hat{\beta}_0+\hat{\beta}_1\bar{X}$，即样本回归线一定会经过 $(\bar{X},\bar{Y})$。

2.1.2 经典线性回归模型的基本假设

单因素线性回归模型，作为经典线性回归模型的最基本形式，随机解释变量需要满足以下基本假设。

假设 SLR.1（参数线性） 模型形式可以表示为 $Y=\beta_0+\beta X+e$。

假设 SLR.2（随机抽样） 自变量 X 是随机抽样的结果或固定混合的结果，样本量为 n 时，上述方程可写为 $Y_{i\in n}=\beta_0+\beta X_{i\in n}+e$。

假设 SLR.3（自变量有变差） X 的样本结果即 Xi 的数值不完全相同；（多元回归略有不同）。

假设 SLR.4（零条件均值） 在给定自变量 X 的条件下，残差 e 的期望是零，即 $E[e|X]=0$。

假设 SLR.5（同方差性） $E(ee'|X)=\sigma^2I$。残差 e 在给定自变量 X 的条件下具有常数方差 $\sigma^2[\mathrm{Var}(e_i|X)=\sigma^2]$，且不同观测值的误差项之间不相关 $[$协方差为零，$\mathrm{Cov}(e_i,e_j|X)=0]$。

正态性假定 在给定自变量 X 的条件下，残差 e 遵循均值为 0 且方差 σ^2 为的（$e|X\sim N(0,\sigma^2I)$）正态分布。

假设 SLR.1—5 被称为高斯-马尔科夫假定。这些假定加上正态性假定，合起来被称为经典线性模型假定（CLM）。

高斯-马尔科夫假设确保了在经典线性回归模型中，OLS 估计量在有限样本下具有"BLUE"性质，即"最优线性无偏估计"（Best Linear Unbiased Estimator）。线性（Linear）是指 OLS 估计量是自变量的线性函数，即它是通过将自变量 X 的线性组合与因变量 Y 的实际观测值进行比较而得出的。无偏（Unbiased）是指 OLS 估计量的期望值等于实际的参数值。换句话说，OLS 估计不会系统地高估或低估参数值。无偏性意味着从同一个总体中抽取大量样本并计算 OLS 估计值的平均值时，这个平均值将等于真实的参数值，即 $E(\hat{\beta})=\beta$。最优（Best）是指在所有线性且无偏的估计量中，OLS 估计量具有最小的方差，或者说，在所有满足线性和无偏性条件的估计量中，OLS 估计量提供了最小的标准误。这意味着 OLS 提供了对未知参数的最精确的估计，估计波动性最小。

以上是在有限样本情况下的 OLS 的重要性质，但在大样本的时候有所不同。当样本量趋于无穷大时，OLS 估计量还具有一致性（Consistency）和渐进正态性（Asymptotic Normality）。一致性是指当样本量无限增加时，OLS 估计量趋近于真实的参数值，这意味着随着样本量的增加，OLS 估计量变得越来越准确。渐进正态性是指当样本量足够大时，OLS 估计量服从于正态分布，即使在有限样本下也可能不服从正态分布。

这些性质对于正确应用 OLS 估计法并解释其结果至关重要。如果其中的某些假设不成立，可能需要采用其他估计技术或对数据进行转换。

2.1.3 一元线性回归模型的检验

对于经典的线性回归模型,利用样本观测数据求出参数的最小二乘估计值,建立样本回归模型之后,还需要进行假设检验。假设检验的基本任务是根据样本所提供的信息,对未知总体分布的某些方面的假设作出合理的判断。

1)t 检验

对于一元线性回归模型而言,通常最关心的问题是:X_i 是否可以解释 Y_i 的变化,即解释变量对被解释变量是否有显著影响? 具体检验步骤如下。

(1)提出原假设和备择假设

原假设 $H_0 : \beta_1 = 0$

备择假设 $H_1 : \beta_1 \neq 0$

(2)构造检验统计量

$$t = \frac{\hat{\beta}_1 - \beta_1}{s(\hat{\beta}_1)} = \frac{\hat{\beta}_1}{s(\hat{\beta}_1)} \sim t(n - 2) \tag{2.13}$$

其中,$s(\hat{\beta}_1)$ 为回归系数的标准差,n 为样本量。

(3)比较检验

对给定的显著性水平 α,查自由度为 $n-2$ 的 t 分布表,得临界值 $t_{\alpha/2}(n-2)$,如果 $-t_{\alpha/2} \leq t \leq t_{\alpha/2}$,就接受 H_0,可以认为 H_0 成立的概率很大,即解释变量对因变量没有显著影响;当 $|t| > t_{\alpha/2}$ 时,就拒绝 H_0,而接受 H_1,可以认为 H_0 成立的概率很小,即解释变量对因变量有显著影响,表明回归模型中因变量与自变量之间确实存在线性关系。

对于参数 β_0 的显著性检验,我们可以用类似的方法进行。

在实际应用中,显著性水平 α 通常取 0.05,在 t 分布表中我们可以看到,当 $n-2 \geq 13$ 时,临界值 $t_{\alpha/2}(n-2)$ 大体保持在 2 附近,而且非常接近于 2。由此我们得到一个十分简便的检验方法:若 t 的绝对值远大于 2,则在 0.05 的显著性水平下,可以认为回归系数显著不为零。

2)拟合优度检验

顾名思义,是检验模型对样本观测值的拟合程度。检验的方法是构造一个可以表征拟合程度的指标,在这里称为统计量,它是样本的函数。从检验对象中计算出该统计量的数值,然后与某一标准进行比较,得出检验结论。

(1)总离差平方和的分解

已知一组样本观测值 $(X_i, Y_i)(i = 1, 2, \cdots, n)$ 得到如下样本回归直线:

$$\hat{Y}_i = \hat{\beta}_0 + \hat{\beta}_1 X_i \tag{2.14}$$

Y 的第 i 个观测值与样本均值的离差 $y_i = Y_i - \bar{Y}$ 可分解为两部分之和

$$y_i = Y_i - \bar{Y} = (Y_i - \hat{Y}_i) + (\hat{Y} - \bar{Y}) = u_i + \hat{y}_i \tag{2.15}$$

$y_i = Y_i - \bar{Y}$ 是样本回归线理论值(回归拟合值)与观测值 Y_i 的平均值之差,可认为是由回归线解释的部分;$u_i = Y_i - \hat{Y}_i$ 是实际观测值与回归拟合值之差,是回归线不能解释的部分。显然,

如果 Y_i 落在样本回归线上,则 Y 的第 i 个观测值与样本均值的离差,全部来自样本回归拟合值与样本均值的离差,即完全可由样本回归线解释,表明在该点处实现完全拟合。

对于所有样本点,则需考虑这些点与样本均值离差的平方和。由于

$$\sum y_i^2 = \sum \hat{y}_i^2 + \sum u_i^2 + 2 \sum \hat{y}_i u_i \tag{2.16}$$

可以证明 $\sum \hat{y}_i u_i = 0$,所以有

$$\sum y_i^2 = \sum \hat{y}_i^2 + \sum u_i^2 \tag{2.17}$$

记

$$\sum y_i^2 = \sum (Y_i - \bar{Y})^2 = \text{TSS} \tag{2.18}$$

式(2.18)称为总离差平方和(Total Sum of Squares),反映样本观测值总体离差的大小。

$$\sum \hat{y}_i^2 = \sum (\hat{Y}_i - \bar{Y})^2 = \text{ESS} \tag{2.19}$$

称为回归平方和(Explained Sum of Squares),反映由模型中解释变量所解释的那部分离差的大小。

$$\sum u_i^2 = \sum (Y_i - \hat{Y}_i)^2 = \text{RSS} \tag{2.20}$$

称为残差平方和(Residual Sum Of Squares),反映样本观测值与估计值偏离的大小,也是模型中解释变量未解释的那部分离差的大小。

式(2.17)表明 Y 的观测值围绕其均值的总离差平方和可分解为两部分:一部分来自回归线,另一部分则来自随机势力。因此,可用来自回归线的回归平方和占 Y 的总离差平方和的比例来判断样本回归线与样本观测值的拟合优度。

读者也许会问,既然 RSS 反映样本观测值与估计值偏离的大小,可否直接用它作为拟合优度检验的统计量呢?这里提出了一个普遍的问题,即作为检验统计量的一般应该是相对量,而不能用绝对量。因为用绝对量作为检验统计量,无法设置标准。在这里,残差平方和与样本容量关系很大,当 n 比较小时,它的值也较小,但不能因此而判断模型的拟合优度就好。

(2)可决系数 R^2 统计量

根据上述关系,可以用

$$R^2 = \frac{\text{ESS}}{\text{TSS}} = 1 - \frac{\text{RSS}}{\text{TSS}} \tag{2.21}$$

检验模型的拟合优度,称 R^2 为可决系数(Coefficient of Determination)。显然,在总离差平方和中,回归平方和所占的比重越大,残差平方和所占的比重越小,回归直线与样本点拟合得越好。如果模型与样本观测值完全拟合,则有 $R^2 = 1$。当然,模型与样本观测值完全拟合的情况很少发生,但毫无疑问的是该统计量越接近于 1,模型的拟合优度越高。

实际计算可决系数时,在 $\hat{\beta}_1$ 已经有估计值后,一个较为简单的计算公式为

$$R^2 = \hat{\beta}_1^2 \left(\frac{\sum x_i^2}{\sum y_i^2} \right) \tag{2.22}$$

这里用到了样本回归函数的离差形式来计算回归平方和:

$$\text{ESS} = \sum \hat{y}_i^2 = \sum (\hat{\beta}_1 x_i)^2 = \hat{\beta}_1^2 \sum x_i^2 \tag{2.23}$$

由式(2.21)可知,可决系数的取值范围为 $0 \leqslant R^2 \leqslant 1$,它是一个非负的统计量,随着抽样的不同而不同,即是随抽样而变动的统计量。

3)参数检验的置信区间估计

假设检验可以通过一次抽样的结果检验总体参数可能值的范围(最常用的假设为总体参数值为零),但它并没有指出在一次抽样中样本参数值到底离总体参数的真值有多"近"。要判断样本参数的估计值在多大程度上可以"近似"地替代总体参数的真值,往往需要通过构造一个以样本参数的估计值为中心的"区间"来考查它以多大的可能性(概率)包含着真实的参数值。这种方法就是参数检验的置信区间估计。

要判断估计的参数值 $\hat{\beta}_j$ 离真实的参数值 β_j 有多"近"($j=0,1$),可预先选择一个概率 α($0<\alpha<1$),并求一个正数 δ,使得随机区间(Random Interval)$(\hat{\beta}_j-\delta,\hat{\beta}_j+\delta)$ 包含参数 β_j 的真值的概率为 $1-\alpha$,即

$$P(\hat{\beta}_j - \delta \leq \beta_j \leq \hat{\beta}_j + \delta) = 1 - \alpha \tag{2.24}$$

如果存在如上述这样的一个区间,称为置信区间(Confidence Interval);$1-\alpha$ 称为置信系数(置信度)(Confidence Coefficient),α 称为显著性水平(Level of Significance);置信区间的端点称为置信限(Confidence Limit)或临界值(Critical Values)。

在变量的显著性检验中已经知道

$$t = \frac{\hat{\beta}_j - \beta_j}{S_{\hat{\beta}_j}} \sim t(n-2), j = 0,1 \tag{2.25}$$

这就是说,如果给定置信区间 $1-\alpha$,从 t 分布表中查得自由度为 $n-2$ 的临界值 $t_{\frac{\alpha}{2}}$,那么 t 值处在 $(-t_{\frac{\alpha}{2}}, t_{\frac{\alpha}{2}})$ 的概率是 $1-\alpha$,表示为

$$P(-t_{\frac{\alpha}{2}} < t < t_{\frac{\alpha}{2}}) = 1 - \alpha \tag{2.26}$$

即

$$P\left(-t_{\frac{\alpha}{2}} < \frac{\hat{\beta}_j - \beta_j}{S_{\hat{\beta}_j}} < t_{\frac{\alpha}{2}}\right) = 1 - \alpha \tag{2.27}$$

$$P(\hat{\beta}_j - t_{\frac{\alpha}{2}} \times S_{\hat{\beta}_j} < \beta_j < \hat{\beta}_j + t_{\frac{\alpha}{2}} \times S_{\hat{\beta}_j}) = 1 - \alpha \tag{2.28}$$

在置信水平 $1-\alpha$ 下,β_j 的置信区间为

$$(\hat{\beta}_j - t_{\frac{\alpha}{2}} \times S_{\hat{\beta}_j}, \hat{\beta}_j + t_{\frac{\alpha}{2}} \times S_{\hat{\beta}_j}) \tag{2.29}$$

由于置信区间在一定程度上给出了样本参数估计值与总体参数真值的"接近"程度,因此置信区间越小越好。缩小置信区间的方法有:

①增大样本容量 n。样本容量变大,可使样本参数估计量的标准差减小;同时,在同样的显著性水平下,n 越大,t 分布表中的临界值越小。

②提高模型的拟合优度。因为样本参数估计量的标准差与残差平方和成正比,模型的拟合优度越高,残差平方和应越小。

2.1.4　一元线性回归模型的 Stata 命令

在实际操作中,经常用到各种软件进行一元线性回归,本节中列出了在 Stata 软件中进行一元线性回归的基本命令,见表2.1。

表 2.1　一元线性回归的基本命令

命令	含义
regress	进行一元线性回归分析
twoway scatter	绘制散点图和拟合图

1）一元线性回归模型的构建与估计

命令：

. regress y x

其中，"y"为被解释变量，"x"为解释变量。

2）绘制散点图和拟合图

命令：

. twoway(scatter y x)(lfit y x)

其中，"scatter y x"部分绘制了 y 和 x 的散点图，而"lfit y x"部分绘制了 y 对 x 的线性拟合（回归线）。

2.2　基于单因素统计的房地产数据分析应用

虽然房地产通常受多种因素影响，包括宏观经济条件、利率、供需关系等，在实际应用中，可能需要考虑使用多因素回归分析来同时考虑多个因素的影响，因此单因素线性回归模型并不适用于以上场景。但在房地产资本资产定价模型（CAPM）的应用中，单因素回归模型就提供了恰当的分析工具。单因素回归分析通常用于估计房地产投资的系统性风险，即其 β 系数。β 系数衡量的是投资相对于市场整体波动的敏感性，是 CAPM 中的核心参数之一。在房地产投资领域，这种方法有助于分析特定房地产投资［如房产、房地产投资信托（REITs）等］的市场风险敞口，以及预期回报率。

2.2.1　房地产资本资产投资定价理论

在证券市场里，通常采用资本资产定价模型（Capital Asset Pricing Model，CAPM）来确定一项投资的收益率。但是，由于房地产资产的位置固定性、难于迅速变现等特点，并不完全适用于 CAPM。但是 REITS 的兴起，将不动产转化成了金融流动资产，使得 CAPM 对房地产市场具有指导意义。这里简单介绍证券市场中的 CAPM 定价模型，可以为大家理解风险与收益率的关系提供思路。

资本资产定价模型是基于风险资产的期望收益均衡基础上的定价模型。马克维茨（Markowitz）于 1952 年建立现代资产组合管理理论，12 年后，夏普（Sharpe）与莫辛（Mossin）将其发展成为资本资产定价模型，并提出了证券市场线（Security Market Line，SML）。

CAPM 理论有若干假设，主要包括：

①市场上存在大量的投资者,每个投资者的财富相对于所有投资者的财富总和而言是微不足道的。投资者是价格的接受者,单个投资者的交易行为对证券价格不产生影响。这个假设与微观经济学中对于完全竞争市场的假定是一样的。

②投资者的投资范围仅限于公开金融市场上的资产,例如股票、债券、借入或贷出无风险的资产等。投资者可以在固定的无风险利率基础上借入或贷出任何额度的资产。

③不存在证券交易费用(佣金和服务费用等)及税赋。

④所有的投资人都是理性的,均追求资产投资组合的风险最小化。

⑤所有投资者对证券的评价和经济局势的看法都一致,也就是说,投资者关于证券收益率的概率分布预期是一致的。

显然,以上这些假设忽略了现实生活中的诸多复杂现象,但利用这些假定,可以更加深入地分析证券市场均衡的许多重要特征。

CAPM 模型主要描述资产的期望收益与风险之间的关系,即

$$r_i = r_f + \beta_i(r_m - r_f) \qquad (2.30)$$

式中"r_i"为资产 i 的期望收益率;"r_f"为无风险收益率,例如国债利率或短期银行存款利率;"r_m"为市场平均收益率;"β_i"为资产 i 的系统风险水平,"$\beta_i(r_m - r_f)$"称为风险补偿或风险溢价(Risk Premium)。因此,式(2.30)可以表述为,一项投资所能够获得的期望收益率,由无风险收益率(Riskless Rate of Return)和风险补偿构成。

这里的市场,是指包含所有可交易资产的市场资产组合(Market Portfolio)。例如,当以股票市场为研究对象时,是指股市中所有股票的整体市值之和。市场平均收益率则是指各个股票收益率的加权平均,其权重就是每支股票在市场资产组合中所占的比例,即该支股票的市值占所有股票市值的比例。如果是研究更为广泛的资产市场,则市场资产组合还会包含债券、房地产及其他投资工具。

具体而言,β_i 被定义为资产 i 的收益率与市场收益率的协方差,除以市场收益率的方差,即

$$\beta_i = \frac{\mathrm{Cov}(r_i, r_m)}{\sigma_m^2} = \rho_{im}\frac{\sigma_m\sigma_i}{\sigma_m^2} = \rho_{im}\frac{\sigma_i}{\sigma_m} \qquad (2.31)$$

因此,β_i 反映了该项投资的风险与市场风险的相关性程度。相关性越大,β_i 的值就越大。计算这一相关性是因为只有系统风险能够得到收益的补偿,所以某项投资所具有的系统风险水平越高(也就是与市场风险的相关性越高),其 β_i 值就越大,其预期收益也就越高。这里,每项投资的非系统风险不会得到收益的补偿。

式(2.31)反映了资本市场中收益和风险的均衡关系。如果一项投资的系统风险是市场平均风险的 β 倍,则其所获得的风险补偿也是市场平均风险补偿的 β 倍。

CAPM 模型和证券市场线在资本市场里得到了非常广泛的应用。以 β 值测度投资风险,证券市场线就能够得出投资者为补偿投资风险所要求的期望收益率水平。由于证券市场线是期望收益与 β 之间关系的理论描述,所以被"合理定价"的资产一定都位于证券市场线上。也就是说,它们的期望收益与风险是相匹配的。在实际的资本市场中,如果观察许多资产的期望收益——β 关系,就可以通过统计分析的方法得到一个 SML 的估计。

这时,可能有一些资产并不准确位于 SML 线上。在 SML 线之上的点所对应的资产,在相同的风险水平下其收益率高于合理的收益率水平,其价值被低估了。而在 SML 线之下的点所对应的资产,在相同的风险水平下其收益率低于合理的收益率水平,其价值被高估了。

市场上的投资者都愿意购买被低估的资产(SML 线以上的资产),而希望卖掉被高估的资产,这是很简单的"低买高卖"的道理。如果市场上有很多的投资者,而且交易非常频繁,那么在长期,这些不在 SML 线上的资产都会逐渐向线上移动,最后收敛在这条线上,也就是达到了市场均衡。例如,如果有大量的投资者都买入市场上被低估的资产,需求量的增加会逐渐抬高该资产的价值,缩小其收益率水平,这项资产在 SML 上所对应的点就会逐渐向下移动,直到 SML 线上,这时该资产相对于市场上的其他资产,已经没有超额收益率存在,交易也就停止了。

2.2.2 基于单因素线性回归分析房地产资产投资定价

随着我国金融业的发展,股票证券市场、基金证券市场、股指期货市场的不断增加,房地产信托基金投资也逐渐成为主要的投资方式。在房地产市场投资中,由于可选择的资产较多,不同的资产所对应的市场风险也是不一样的,可以通过不同资产的组合方式达到增加收益,控制风险的目的。本节在实证分析的过程中考虑到我国投资者是倾向于保守型的,即是想通过规避自己的风险来达到收益最大化,因此,实证分析中只采用了风险厌恶者投资最优组合模型。采用市场模式中常用的方式,通过对目前经济发展的大环境的分析度量出整个房地产市场的风险。再选择在上海证券交易所和深圳证券交易所的主要房地产类 A 股股票为研究对象,运用资本资产定价 CAPM 模型计算出投资不同房地产企业的风险,通过比较投资单个房地产企业的风险与整个房地产市场运行的风险,得出投资不同房地产项目的比重;通过系统分析,寻求达到收益规避风险的行业内投资组合。

1) 变量选择与数据准备

在投资市场和金融市场比较发达的经济环境中,基于 CAPM 模型的 β 系数计算可以依托有效的股市和证券市场中的股价指数来测算。但是由于我国的资本市场离这种完善的市场还是存在很多明显的缺陷,所以不能直接得出 β 系数,要实现找到房地产行业的 β 系数关键是要确定无风险投资收益率、市场平均投资收益率和具体房地产市场的投资收益率。下面将使用数据集"2_单因素线性回归.dta"来演示单因素线性回归分析的操作。

(1)现阶段无风险投资收益率的计算

无风险收益率就是进行无风险投资带来的收益,它是通过分析市场、政府等行为完全可以预见的收益率,与资产本身和投资组合的持有期有关。无风险收益率可以通过银行利率或者短期国债来衡量,再分析我国目前市场环境,利率由中央银行控制,还没有市场化;短期国债比较缺乏,要想通过利率和短期国债来准确衡量我国的无风险收益率很难。但是,由于房地产投资市场自有的特点,固定资产流动性较低,持有期一般都比较长,房地产开发周期大概两到三年。因此,可以用目前三年期政府债券的到期利率来代替房地产市场的无风险投资收益率。

房地产开发过程的最主要的环节就是资金的使用,资金链在整个开发过程中是循环使用的,最大限度地利用资金创造效益。目前政府公布的国债利率是使用单利 i 表示的,这显然不能体现房地产开发过程中资金高效率的使用情况。要对国债利率进行复利修正,让修正后的复利客观地体现资金的时间价值,作为房地产投资的无风险投资收益率。单利转化为复利就是要体现资金的时间价值,利息参与计息。无风险投资收益率应是自评估基准日即期的中长期国债利率换算为一年期一次付息利率,加入复利计算的时间因素,由基础经济

金融知识,三年期国库券的单利转化为复利 r 的换算公式为

$$r = (1 + 3i)^{\frac{1}{3}} - 1 \tag{2.32}$$

根据 2003 年到 2020 年的国债利率变动图来看,这一时期内国债利率的变化反映了中国宏观经济政策的调整及全球经济环境的影响。2003 年之后,随着中国经济的持续增长和房地产市场的繁荣,国债利率维持在较高水平以平衡通胀压力和吸引资金。进入 2008 年全球金融危机后,为了对冲经济下行风险,中国政府采取了一系列刺激经济的措施,包括降低国债利率以刺激投资和消费。2010—2015 年,随着中国经济逐渐回稳,国债利率有所回升,反映出市场对经济前景的乐观预期。然而,自 2015 年开始,面对经济增长放缓的挑战,加之全球经济不确定性的增加,中国政府再次采取降息政策以支持经济增长。国债利率进一步下降,表明政府通过降低借贷成本来激励更多的投资和消费。此外,此时期内,随着金融市场的进一步开放和完善,国债市场也更为活跃,吸引了更多国内外投资者。到了 2020 年,受疫情影响,全球经济受到重创,中国政府为了稳定经济,维持或稍微降低国债利率,以确保经济流动性充足,从而抵抗疫情带来的负面影响。这一系列利率变动从一个侧面映射了中国经济政策的灵活调整和对外部环境变化的响应。收集到的 2003—2020 年三年期国债利率数据见表 2.2。

表 2.2　2003—2020 年三年期国债利率统计表

年份	三年期凭证式国债实际付息利率/%
2003	3.32
2004	2.30
2005	2.58
2006	3.56
2007	2.47
2008	3.24
2009	2.07
2010	2.52
2011	3.40
2012	2.92
2013	3.55
2014	3.75
2015	2.96
2016	2.52
2017	3.44
2018	3.29
2019	2.84
2020	2.50

数据来源:通过 2020 年国债市场分析报告加权计算得到。

通过单利换算复利的 $r=(1+3i)^{\frac{1}{3}}-1$ 公式并加权平均处理数据得到各年的平均利率,即为各年的无风险投资收益率。

(2)房地产市场与 A 股市场 β 系数的计算

房地产市场与 A 股市场之间存在复杂的互动关系,它们共同构成了我国经济体系的重要组成部分。房地产市场作为资本密集型行业,在推动经济增长、促进就业、增加居民财富等方面起到了不可忽视的作用。同时,A 股市场作为资本市场的重要组成部分,不仅为企业提供融资渠道,还直接影响着居民的投资选择和消费行为。房地产市场的波动会通过多种渠道影响 A 股市场的表现,如房地产企业股价、房地产相关行业的供需关系以及房地产投资对经济增长预期的影响等。此外,A 股市场的波动也会对房地产市场产生重要影响。市场资金流向的变化会直接影响到房地产开发投资、房产销售等方面。在资本市场表现良好时,投资者的财富效应增强,可能会增加对房地产的投资需求,反之亦然。因此,房地产市场与 A 股市场的互动关系是双向的,两者相互影响,相互制约。

为了深入分析房地产市场与 A 股市场之间的关联性,本节选取了 2003 年到 2020 年的房价和 A 股上证指数作为研究对象(表 2.3)。之所以选择 2003 年为起始数据是因为 2003 年是中国房地产市场政策的一个重要转折点。在这一年,中国政府颁布了《城市房地产管理法的修改》,进一步放宽了房地产市场,鼓励私人投资进入。这一政策的变化标志着中国房地产市场开始进入快速发展期,房价开始在全国范围内快速上涨,同时,自 2002 年中国加入 WTO,2003 年中国的金融市场,特别是股票市场进入了新的发展阶段。A 股市场吸引了更多的国内外投资者,上证指数开始体现出更大的波动性和增长潜力。

表 2.3　2003—2020 年商品房销售价格及 A 股上证综合指数

年份	商品房销售价格/(元·m^{-2})	商品房销售价格变动率/%	A 股上证综合指数	A 股上证综合指数变动率/%
2003	2 359	4.84	1 497.04	10.27
2004	2 778	17.76	1 266.5	−15.40
2005	3 168	14.04	1 161.06	−8.33
2006	3 367	6.28	2 675.47	130.43
2007	3 864	14.76	5 261.56	96.66
2008	3 800	−1.66	1 820.81	−65.39
2009	4 681	23.18	3 277.14	79.98
2010	5 032	7.50	2 808.08	−14.31
2011	5 357	6.46	2 199.42	−21.68
2012	5 791	8.10	2 269.13	3.17
2013	6 237	7.70	2 115.98	−6.75
2014	6 324	1.39	3 234.68	52.87
2015	6 793	7.42	3 539.18	9.41

续表

年份	商品房 销售价格/(元·m⁻²)	商品房 销售价格变动率/%	A股 上证综合指数	A股 上证综合指数变动率/%
2016	7 476	10.05	3 103.64	−12.31
2017	7 892	5.56	3 307.17	6.56
2018	8 726	10.57	2 493.9	−24.59
2019	9 310	6.69	3 050.12	22.30
2020	9 860	5.91	3 473.07	13.87

数据来源:《中国统计年鉴》。

我们可以通过 CAPM 模型来计算 β_i 系数。

$$R_i = \alpha + \beta_i R_a + \varepsilon \tag{2.33}$$

其中,"R_i"是房地产投资收益,"R_a"是 A 股市场预期收益率,"α"是无风险时的投资收益,"β_i"是不可分散风险度量,"ε"是单个资产项目 i 自身的变动。

计算的时候,用三年期凭证式国债实际付息利率代替"α",A 股上证指数增长率代替"R_a",商品房销售价格变动率代替"R_i"。各参数回归计算结果见表 2.4。

表 2.4　回归计算结果

年份	2003	2004	2005	2006	2007
α	3.32%	2.30%	2.58%	3.56%	2.47%
R_a	10.27%	−15.40%	−8.33%	130.43%	96.66%
R_i	4.84%	17.76%	14.04%	6.28%	14.76%
$Y=R_i-\alpha$	1.53%	15.46%	11.46%	2.72%	12.29%
$X=R_a-\alpha$	6.95%	−17.70%	−10.91%	126.87%	94.18%
年份	2008	2009	2010	2011	2012
α	3.24%	2.07%	2.52%	3.40%	2.92%
R_a	−65.39%	79.98%	−14.31%	−21.68%	3.17%
R_i	−1.66%	23.18%	7.50%	6.46%	8.10%
$Y=R_i-\alpha$	−4.90%	21.11%	4.98%	3.06%	5.18%
$X=R_a-\alpha$	−68.64%	77.91	−16.83	−25.08	0.25
年份	2013	2014	2015	2016	2017
α	3.55%	3.75%	2.96%	2.52%	3.44%
R_a	−6.75%	52.87%	9.41%	−12.31%	6.56%

续表

年份	2003	2004	2005	2006	2007
R_i	7.70%	1.39%	7.42%	10.05%	5.56%
$Y=R_i-\alpha$	4.15%	-2.35%	4.46%	7.53%	2.13%
$X=R_a-\alpha$	-10.30%	49.12%	6.46%	-14.83%	3.12%
年份	2018	2019	2020		
α	3.29%	2.84%	2.50%		
R_a	-24.59%	22.30%	13.87%		
R_i	10.57%	6.69%	5.91%		
$Y=R_i-\alpha$	7.28%	3.85%	3.41%		
$X=R_a-\alpha$	-27.88%	19.46%	11.36%		

数据来源:通过前面数据整理和计算得到(α是三年期凭证式国债实际付息利率,R_a是A股上证指数增长率,R_i是商品房销售价格变动率,Y是单个房地产投资的风险溢价,X是A股市场的风险溢价,表中只显示小数点后两位)

2)模型构建与估计

首先构建模型,把房地产市场的房地产投资的风险溢价对A股市场的风险溢价进行一元线性回归,回归线的斜率就是房地产行业的β值。模型如下

$$Y = \beta_0 + \beta X \tag{2.34}$$

其中,"Y"表示房地产市场的房地产投资的风险溢价;"X"表示A股市场的风险溢价。

在Stata中使用回归命令:

. regress Y X,得到结果见表2.5。

绘制散点图和回归线,命令:

. twoway(scatter Y X)(lfit Y X),得到图2.1。

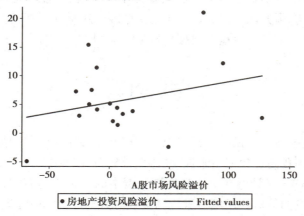

图2.1 房地产市场对A股市场回归分析散点图

表 2.5 Y 对 X 的回归结果

Source	SS	df	MS	Number of obs = 18	
Model	53.555 1	1	53.555 1	$F(1,7) = 1.43$	
Residual	598.298 7	16	37.393 7	Prob > F = 0.248 8	
Total	651.853 9	17	38.344 3	R-squared = 0.082 2	
Root MSE = 6.115				Adj R-squared = 0.024 8	
Y	Coefficient	Std. err	t	$p > \lvert t \rvert$	[95% conf. interval]
X	0.037 1	0.031 0	1.20	0.249	−0.028 6 0.102 8
_cons	5.321 8	1.483 3	3.59	0.002	2.177 3 8.466 4

回归的结果显示,历年 A 股市场对房地产市场的影响是呈一个线性发展的趋势,但是在回归结果中 p 值大于 0.05,这通常意味着在 5% 的显著性水平下,我们不能拒绝原假设,即不能认为"X"对"Y"有显著影响。这意味着在统计学上,该 A 股市场对房地产市场的影响不显著。R 平方值为 0.082 2,表示模型只能解释 8.22% 的总变异,说明模型拟合度较低。模型的解释力较低,这可能意味着需要更多的变量或更复杂的模型来更好地解释因变量的变异。

2.3 本章小结

本章主要介绍了单因素线性回归模型的五个基本假设、参数估计以及假设检验的方法与步骤,并对单因素线性回归模型的 Stata 操作命令进行了详细介绍。在实战部分,本章以房地产资产投资定价模型为例,详细探讨了单因素线性回归模型在房地产数据分析中的具体应用。通过分析 2002—2020 年 A 股市场对房地产的定价模型,读者可以深入了解房地产定价的影响因素。单因素线性回归模型作为一种基础的统计分析工具,广泛应用于各种经济和金融数据的分析中。本章通过理论和实践的结合,使读者能够全面掌握单因素线性回归模型的基本原理和应用方法,为后续更加复杂的数据分析打下基础。下一章将进一步探讨多因素线性回归模型及其在房地产数据分析中的应用。

习 题

1. 在利用单因素线性回归模型分析房地产价格与单一宏观经济变量(如利率)关系的数理模型构建中,为何需要满足数据正态性、同方差性以及无自相关性等基本假设条件? 若这些假设不成立,将对 OLS 估计器在房地产价格分析中的无偏性与有效性产生何种影响? 面对这一问题,研究者应如何对数理模型进行调整或对数据进行相应处理?

2. 当通过单因素线性回归模型发现某一宏观经济变量(如利率)对房地产价格具有显著

影响时,这在政策实践层面意味着什么? 地方政府或金融监管机构可据此对市场干预与政策调整做出何种决策,以稳定房地产市场价格或引导市场预期?

3. 在利用单因素线性回归模型研究房地产价格时,如果所使用的数据存在测量误差、缺失值或受到特定时期政策干预导致价格扭曲等问题,这将对模型估计结果与解释产生何种影响? 研究者应采用何种数理模型调整策略或数据处理方法(如数据清洗、补充额外数据来源、使用截面数据替代时间序列数据等)以提高分析结果的准确性与可靠性?

3

房地产数据的多因素线性回归分析

在房地产数据分析中,相较于第 2 章的单因素线性回归分析只能讨论一个自变量对一个因变量之间的关系,多因素线性回归(也称多元线性回归)允许分析师同时考虑多个自变量对一个因变量(如房价、租金等)的影响。房地产通常受多种因素影响,包括宏观经济条件、利率、供需关系等,在实际应用中,可能需要考虑使用多因素回归分析来同时考虑多个因素的影响,这种方法能够揭示房地产市场中多种因素如何共同作用于房产的价值或其他重要指标。通过分析多个变量对房地产销售价格或租金的综合影响,多元线性回归能帮助分析师和投资者理解市场趋势和消费者偏好。投资者可以利用多元线性回归模型评估不同地区、不同类型的房产投资回报率,通过考虑诸如地理位置、交通便利性、社区设施等因素,来决定最佳投资方向等决策情景。

值得注意的是,正确应用多元线性回归需要满足一定的前提条件,除满足前面章节讲到的包括变量之间的线性关系、残差的正态性和方差齐性等因素,多元线性回归还要关注变量之间的多重共线性问题。因此,选择合适的变量和理解它们之间的关系对构建有效的回归模型至关重要。在实践中,可能还需要采用模型诊断和验证方法,以确保模型的可靠性和准确性。

本章探讨多因素线性回归模型及其在房地产数据分析中的应用。具体而言:第 1 节将介绍多元线性回归模型的原理,包括参数估计、面板数据分析、多重共线性检验等内容。第 2 节则结合实际案例,讨论多因素线性回归在房地产享乐价格分析中的应用,通过理论和实际案例相结合的方法,帮助读者理解多因素线性回归在房地产市场分析中的重要性和实用性。

3.1 多元线性回归的原理

一般的多元线性回归模型可写为

$$y_i = \beta_1 x_{i1} + \beta_2 x_{i2} + \cdots + \beta_K x_{iK} + \varepsilon_i, (i = 1, \cdots, n) \qquad (3.1)$$

其中，x_{i1} 为个体 i 的第 1 个解释变量，x_{i2} 为个体 i 的第 2 个解释变量，以此类推。一般地，x_{i1} 的第一个下标表示个体 i（共有 n 位个体，即样本容量为 n），而第二个下标表示第 K 个解释变量（共有 K 个解释变量）。

在绝大多数情况下，回归方程都有常数项，故通常令 $x_{i1}=1$（恒等于 1），则方程（3.1）可简化为

$$y_i = \beta_1 + \beta_2 x_{i2} + \cdots + \beta_K x_{iK} + \varepsilon_i \tag{3.2}$$

多元线性回归模型可以更方便地以矩阵表示。如果不考虑扰动项 ε_i，此方程右边的主体部分为乘积之和，即 $\sum\limits_{k=1}^{K} \beta_k x_{iK}$，其中 $x=1$。根据线性代数知识，乘积之和可写为两个向量的内积。定义列向量 $\boldsymbol{x}_i = (1 x_{i2} \cdots x_{iK})'$（包含个体 i 的全部解释变量）；而参数向量 $\boldsymbol{\beta} = (\beta_1 \beta_2 \cdots \beta_K)'$（包含全部回归系数），则 $\sum\limits_{k=1}^{K} \beta_k x_{iK} = \boldsymbol{x}_i' \boldsymbol{\beta}$。故可将原模型（3.2）写为

$$\boldsymbol{y}_i = (1 x_{i2} \cdots x_{iK}) \begin{pmatrix} \beta_1 \\ \beta_2 \\ \cdots \\ \beta_K \end{pmatrix} + \varepsilon_i = \boldsymbol{x}_i' \boldsymbol{\beta} + \boldsymbol{\varepsilon}_i \tag{3.3}$$

上式对所有个体 i 都成立（$i=1,\cdots,n$），故有 n 个形如（3.3）的方程。将所有这 n 个方程都叠放在一起可得

$$\begin{pmatrix} y_1 = \boldsymbol{x}_1' \boldsymbol{\beta} + \varepsilon_1 \\ y_2 = \boldsymbol{x}_2' \boldsymbol{\beta} + \varepsilon_2 \\ \vdots \\ y_n = \boldsymbol{x}_n' \boldsymbol{\beta} + \varepsilon_n \end{pmatrix} \tag{3.4}$$

将共同的参数向量 $\boldsymbol{\beta}$ 向右边提出，经整理可得

$$\boldsymbol{y} = \begin{pmatrix} y_1 \\ y_2 \\ \vdots \\ y_n \end{pmatrix} = \begin{pmatrix} \boldsymbol{x}_1' \\ \boldsymbol{x}_2' \\ \vdots \\ \boldsymbol{x}_n' \end{pmatrix} \boldsymbol{\beta} + \begin{pmatrix} \varepsilon_1 \\ \varepsilon_2 \\ \vdots \\ \varepsilon_n \end{pmatrix} = \boldsymbol{X}\boldsymbol{\beta} + \boldsymbol{\varepsilon} \tag{3.5}$$

其中，$\boldsymbol{y} = (y_1 y_2 \cdots y_n)'$ 为被解释变量构成的列向量，$\boldsymbol{\varepsilon} = (\varepsilon_1 \varepsilon_2 \cdots \varepsilon_n)'$ 为所有扰动项构成的列向量，$\boldsymbol{X}$ 为 $n \times K$ 数据矩阵（Data Matrix），其第 i 行包含个体 i 的全部解释变量，而第 K 列包含第 K 个解释变量的全部观测值，即

$$\boldsymbol{X} = \begin{pmatrix} 1 & x_{12} & \cdots & x_{1K} \\ 1 & x_{22} & \cdots & x_{2K} \\ \vdots & \vdots & & \vdots \\ 1 & x_{n2} & \cdots & x_{nK} \end{pmatrix}_{n \times K} \tag{3.6}$$

3.1.1 多元线性回归模型的参数估计

普通最小二乘法（OLS）是一种用于估计线性回归模型参数的方法。对于多元线性回归，OLS 通过最小化实际观测值与模型预测值之间的残差平方和来确定模型的系数。

与一元线性回归参数估计方法相同，令 $\hat{\beta}_1, \cdots, \hat{\beta}_K$ 分别表示 $\beta_1, \cdots, \beta_K$ 的估计量。这些估

计量可得 y_i 的预测值为 $\hat{\beta}_1+\hat{\beta}_2 x_{i2}+\cdots+\hat{\beta}_K x_{iK}$，于是所有 n 个观测的预测误差平方和为

$$\sum_{i=1}^{n}(y_i-\hat{\beta}_1-\hat{\beta}_2 x_{i2}-\cdots-\hat{\beta}_K x_{iK})^2 \tag{3.7}$$

我们称使式(3.7)中误差平方和达到最小的 $\hat{\beta}_1,\cdots,\hat{\beta}_K$ 为 $\beta_1,\cdots,\beta_K$ 的 OLS 估计量。

多元线性回归模型中的 OLS 术语同一元回归模型的一样。对于给定 $x_{i2},x_{i3},\cdots,x_{iK}$ 时，y_i 基于 OLS 回归线的预测值(Predicted Value)为 $\hat{y}_i=\hat{\beta}_1+\hat{\beta}_2 x_{i2}+\cdots+\hat{\beta}_K x_{iK}$。第 i 个观测的 OLS 残差(OLS Residual)为 y_i 与其 OLS 预测值之差，即 OLS 残差为 $\hat{u}_i=y_i-\hat{y}_i$。

可以通过反复尝试和修正的方法计算 OLS 估计量，也就是重复不同的 $\hat{\beta}_1,\cdots,\hat{\beta}_K$ 取值直至使式(3.7)中的总平方和达到最小为止，也可利用微积分推导 OLS 估计量，计算要简单得多，即

$$\min_{\hat{\beta}_1,\cdots,\hat{\beta}_k}\sum_{i=1}^{n}e_i^2=\sum_{i=1}^{n}(y_i-\hat{\beta}_1-\hat{\beta}_2 x_{i2}-\cdots-\hat{\beta}_k x_{iK})^2 \tag{3.8}$$

几何上，一元回归寻找最佳拟合的回归直线，使得观测值 y_i 到该回归直线的距离的平方和最小;二元回归寻找最佳拟合的回归平面，而多元回归则寻找最佳拟合的回归超平面(Super Plane)。

此最小化问题的一阶条件为

$$\begin{cases}\dfrac{\partial}{\partial\hat{\beta}_1}\sum_{i=1}^{n}e_i^2=-2\sum_{i=1}^{n}(y_i-\hat{\beta}_1-\hat{\beta}_2 x_{i2}-\cdots-\hat{\beta}_K x_{iK})=0\\[3mm]\dfrac{\partial}{\partial\hat{\beta}_2}\sum_{i=1}^{n}e_i^2=-2\sum_{i=1}^{n}(y_i-\hat{\beta}_1-\hat{\beta}_2 x_{i2}-\cdots-\hat{\beta}_K x_{iK})x_{i2}=0\\[3mm]\qquad\qquad\qquad\cdots\cdots\\[3mm]\dfrac{\partial}{\partial\hat{\beta}_K}\sum_{i=1}^{n}e_i^2=-2\sum_{i=1}^{n}(y_i-\hat{\beta}_1-\hat{\beta}_2 x_{i2}-\cdots-\hat{\beta}_K x_{iK})x_{iK}=0\end{cases} \tag{3.9}$$

这是一个包含 K 个未知数($\hat{\beta}_1,\hat{\beta}_2,\cdots,\hat{\beta}_K$)与 K 个方程的联立方程组，称为正规方程组(Normal Equation)，满足此正规方程组的 $\hat{\beta}=(\hat{\beta}_1,\hat{\beta}_2,\cdots,\hat{\beta}_K)$ 称为 OLS 估计量(OLS estimator)。可求解 OLS 估计量：

$$\hat{\beta}=(X'X)^{-1}X'y \tag{3.10}$$

这就是多元线性回归的 OLS 估计量。

3.1.2　面板数据的多元线性回归分析

在房地产数据分析中，除了前面章节我们用到的截面数据(只有一个时间观测点、多个观测个体的数据集，比如2024年成交的重庆市各个二手房的交易价格)，我们还用到面板数据集(多个时间观测点、多个观测个体的数据集。比如2010年至2024年，全国各个城市的住宅交易年均价)。所谓面板数据(Panel Data)是指由变量 y 关于 N 个不同个体的 T 个观测点所得到二维结构数据，记为 y_{it}。本节将第 i 个对象的 T 期观测时间序列 $\{y_{it}\}_{t=1}^{T}$ 称为面板数据的第 i 个纵剖面时间序列;将第 t 期 N 个个体的截面数据 $\{y_{it}\}_{i=1}^{N}$ 称为面板数据的第 t 期横截面。面板数据提供了个体内随时间变化的信息。面板数据的多元线性回归处理方式与

截面数据的处理方式有所不同,因此本节介绍了面板数据的多元线性回归分析。

1) 面板数据的多元线性回归

在应用多元线性回归分析建立计量经济模型时,如果所建的回归模型中缺失了某些不可观测的重要解释变量,使得回归模型随机误差项与自变量之间存在相关性,即自变量为内生变量。于是,对于该内生变量的 OLS 估计量不再是无偏估计。运用面板数据建立计量经济模型时,对于一些遗漏或不可观测的解释变量可以不需要其实际观察值,而通过固定效应的方式控制该变量,从而得到模型参数的无偏估计。例如,当缺失的不可观测变量对房地产价格的影响不随时间变化,但该影响对于不同的个体有所区别时(比如不同的房地产开发商带来的品牌效应),则可以在模型中设定个体固定效应,并采用组内估计方法,这样可以控制只随个体变化而不随时间变化的不可观测变量的影响。由此可见,面板数据的多元线性回归对于房地产数据分析而言,能更好地控制不可观测因素对模型估计的影响。

面板数据的静态多元线性模型通常有三大类,即混合截面模型、固定效应模型和随机效应模型。

（1）面板数据的一般形式

面板数据的一般形式如下

$$y_{it} = \sum_{k=1}^{K} \beta_{ki} x_{kit} + u_{it} \tag{3.11}$$

其中,$i=1,2,\cdots,N$,表示 N 个个体;$t=1,2,\cdots,T$,表示已知的 T 个时点。y_{it} 是被解释变量对个体 i 在 t 时的观测值;x 是第 k 个非随机解释变量对于个体 i 在 t 时的观测值;x_{kit} 是待估计的参数;u_{it} 是随机误差项。用矩阵表示为

$$\boldsymbol{Y}_i = \boldsymbol{X}_i \boldsymbol{\beta}_i + \boldsymbol{U}_i \tag{3.12}$$

其中,$\boldsymbol{Y}_i = \begin{bmatrix} y_{i1} \\ y_{i2} \\ \vdots \\ y_{iT} \end{bmatrix}_{T \times 1}$,$\boldsymbol{X}_i = \begin{bmatrix} x_{1i1} & x_{2i1} & \cdots & x_{Ki1} \\ x_{1i2} & x_{2i2} & \cdots & x_{Ki2} \\ \vdots & \vdots & & \vdots \\ x_{1iT} & x_{2iT} & \cdots & x_{KiT} \end{bmatrix}_{T \times K}$,$\boldsymbol{\beta}_i = \begin{bmatrix} \beta_{1i} \\ \beta_{2i} \\ \vdots \\ \beta_{Ki} \end{bmatrix}_{K \times 1}$,$\boldsymbol{U}_i = \begin{bmatrix} u_{i1} \\ u_{i2} \\ \vdots \\ u_{iT} \end{bmatrix}_{T \times 1}$

（2）面板数据回归模型的分类

通常,对模型(3.11)将做许多限制性假设,使其成为不同类型的面板数据回归模型。一般来说,常用的面板数据回归模型有如下 3 种模型,下面分别介绍它们。

①混合回归模型。

从时间上看,不同个体之间不存在显著性差异;从截面上看,不同截面之间也不存在显著性差异,那么就可以直接把面板数据混合在一起,用普通最小二乘法(OLS)估计参数,即估计模型

$$y_{it} = \beta_1 + \sum_{k=2}^{K} \beta_k x_{kit} + u_{it} \tag{3.13}$$

实际上,混合回归模型(Pooled Regression Models)假设了解释变量对被解释变量的影响与个体无关。关于参数的这种假设被广泛应用,但是,在许多问题的研究中,混合回归模型并不适用。

②固定效应模型。

在面板数据线性回归模型中,如果对于不同的截面或不同的时间序列,只是模型的截距项是不同的,而模型的斜率系数是相同的,则称此种模型为固定效应模型(Fixed Effects Regression Model)。

固定效应模型分为3种类型,即个体固定效应模型(Entity Fixed Effects Regression Model)、时点固定效应模型(Time Fixed Effects Regression Model)和时点个体固定效应模型(Time and Entity Fixed Effects Regression Model)。

个体固定效应模型是对不同的纵剖面时间序列(个体)只有截距项不同的模型,表示如下

$$y_{it} = \lambda_i + \sum_{k=2}^{K} \beta_k x_{kit} + u_{it} \tag{3.14}$$

时点固定效应模型是对不同的截面(时点)有不同截距的模型。如果确知对于不同的截面,模型的截距显著不同,但是对于不同的时间序列(个体)截距是相同的,那么应该建立时点固定效应模型,表示如下

$$y_{it} = \gamma_t + \sum_{k=2}^{K} \beta_k x_{kit} + u_{it} \tag{3.15}$$

时点个体固定效应模型是对不同的截面(时点)、不同的时间序列(个体)都有不同截距的模型。如果确知对于不同的截面、不同的时间序列(个体)模型的截距都显著地不相同,那么应该建立时点个体固定效应模型,表示如下

$$y_{it} = \lambda_i + \gamma_t + \sum_{k=2}^{K} \beta_k x_{kit} + u_{it} \tag{3.16}$$

③随机效应模型。

如果模型

$$y_{it} = \beta_1 + \sum_{k=2}^{K} \beta_k x_{kit} + u_{it} \tag{3.17}$$

中缺失了分别随个体和时间变化的不可观测随机性因素时,可以通过对误差项的分解来描述这种信息的缺失,即将模型误差项分解为3个分量。

$$u_{it} = u_i + v_t + w_{it} \tag{3.18}$$

其中,u_i,v_t 和 w_{it} 分别表示个体随机误差分量、时间随机误差分量和混合随机误差分量。同时,还假定 u_i,v_t 和 w_{it} 之间互不相关,各自分别不存在截面自相关、时间自相关和混合自相关。这时,模型(3.17)被称为随机效应模型或误差分解模型。对于误差分解模型可以采用广义最小二乘法(GLS)估计模型参数。

2)固定效应模型的参数估计

如果假定个体效应和时间效应为0,那么,这个模型与我们前面所熟悉的单方程模型没有任何本质上的差异。所以,可以直接基于 OLS 对其进行估计。也就是说,我们没有考虑面板数据的结构特殊性,而直接把各时间序列或各横截面数据混合起来进行估计,故称这种估计方法为面板混合 OLS 估计,与之前的多元线性回归的估计无区别。

如果个体效应和时间效应满足固定效应假定,显然此时模型的随机误差项与解释变量相关,它违背了经典线性回归的基本假设。根据我们在模型设定和联立方程中所学的知识,

此时,模型中参数的 OLS 估计量是有偏的并且是非一致的。所以,固定效应面板数据的根本性问题是解释变量的内生性问题,其后果是 OLS 估计量不再是无偏的估计量。

既然 OLS 估计量是有偏的,我们就需要新的无偏估计量。对于固定效应的静态面板数据模型(解释变量中不含被解释变量滞后项的情形,我们称这样的模型为静态面板数据模型),其线性最优无偏的估计方法一般分为三种:固定效应变换法(FE)、最小二乘虚拟变量法(LSDV)、一阶差分法(FD)。

(1)固定效应变换法(FE)

固定效应变换法(Fixed Effects Transformation)也称为组内变换法。固定效应变换法的原理是通过去均值的方式消除非观测效应,为表述简单,只考虑个体效应,不考虑时间效应。

$$y_{it} = \lambda_i + \sum_{k=2}^{K} \beta_k x_{kit} + u_{it} \tag{3.19}$$

对每一个个体求在时间上的均值,可得

$$\bar{y}_i = \lambda_i + \sum_{k=2}^{K} \beta_k \bar{x}_{ki} + \bar{u}_i \tag{3.20}$$

将上两式作差可得

$$y_{it} - \bar{y}_i = \sum_{k=2}^{K} \beta_k (x_{kit} - \bar{x}_{ki}) + (u_{it} - \bar{u}_i) \tag{3.21}$$

由于上式中已将 u_{it} 消去,故只要新扰动项与新解释变量不相关,则可用 OLS 一致地估计 β_k,称为"固定效应估计量"(Fixed Effects Estimator),记为 $\hat{\beta}_{FE}$。由于 $\hat{\beta}_{FE}$ 主要使用了每位个体的组内离差信息,故也称为"组内估计量"(Within Estimator)。即使个体特征 λ_i 与解释变量 x_{kit} 相关,只要使用组内估计量,即可得到一致估计,这是面板数据的一大优势。考虑到可能存在组内自相关,故应使用以每位个体为聚类的聚类稳健标准误。

参数的无偏估计可表示为

$$\hat{\beta}_{FE} = \frac{\sum_{i=1}^{N} \sum_{t=1}^{T} (x_{it} - \bar{x}_i)(y_{it} - \bar{y}_i)}{\sum_{i=1}^{N} \sum_{t=1}^{T} (x_{it} - \bar{x}_i)^2} \tag{3.22}$$

事实上,$\hat{\beta}_{FE}$ 的方差估计是

$$\text{var}(\hat{\beta}_{FE}) = \frac{\hat{\sigma}_u^2}{\sum_{i=1}^{N} \sum_{t=1}^{T} (x_{it} - \bar{x}_i)^2} \tag{3.23}$$

其中,$\hat{\sigma}_u^2$ 是 $(u_{it} - \bar{u}_i) = \Delta u_{it}$ 的方差估计。可以证明 $(u_{it} - \bar{u}_i)$ 的方差就是 u_{it} 的方差。证明如下

$$\hat{\sigma}_{\Delta u_{it}}^2 = \text{var}(u_{it} - \bar{u}_i) = \text{var}(u_{it}) + \text{var}(\bar{u}_i) - 2\text{Cov}(u_{it}, \bar{u}_i)$$

$$= \sigma_u^2 + \frac{\text{var}\left(\sum_{t=1}^{T} u_{it}\right)}{T^2} - 2E(u_{it}\bar{u}_i)$$

$$= \sigma_u^2 + \frac{\sigma_u^2}{T} - \frac{\sigma_u^2}{T} = \sigma_u^2 \tag{3.24}$$

然而由于采用了去均值的方式,会导致 u_{it} 存在一定程度的自相关。按下面推导可以求出其一阶自相关系数。

$$\mathrm{Cov}(\Delta u_{it}, \Delta u_{it+1}) = E(\Delta u_{it}\Delta u_{it+1}) = E[(u_{it} - \bar{u}_i)(u_{it+1} - \bar{u}_i)]$$
$$= E(u_{it}u_{it+1}) + E(\bar{u}_i^2) - E(u_{it}\bar{u}_i) - E(u_{it+1}\bar{u}_i)$$
$$= \frac{\sigma_u^2}{T} \tag{3.25}$$

因此，一阶相关系数为

$$\rho = \frac{\mathrm{Cov}(\Delta u_{it}, \Delta u_{it+1})}{\sqrt{\mathrm{var}(\Delta u_{it})\mathrm{var}(\Delta u_{it+1})}} = -\frac{\hat{\sigma}_u^2}{T\hat{\sigma}_u^2} = -\frac{1}{T} \tag{3.26}$$

所以固定效应变换法会导致模型(3.19)的误差项存在一定程度的自相关，进而固定效应变换得到的估计量 $\hat{\beta}_{\mathrm{FE}}$ 有可能不是有效估计量。从式(3.26)可以看出，误差项的自相关系数随着样本时间长度的增加而缩小，只要样本的时间足够长，误差项的自相关系数就可以足够小。

（2）最小二乘虚拟变量法（LSDV）

虚拟变量法的原理是通过给每一个观测的截面添加一个虚拟变量，进而对每一个截面估计一个截距，从而克服非观测效应对参数 β_k 估计的影响。

对于固定效应模型，假设存在 N 个截面，即 $i = 1, 2, \cdots, N$，则需要添加 N 个虚拟变量 $D_1, D_2, \cdots, D_N$，则上述模型可化为

$$y_{it} = \sum_{i=1}^{n} \lambda_i D_i + \sum_{k=2}^{K} \beta_k x_{kit} + u_{it} \tag{3.27}$$

虚拟变量 $D_1, D_2, \cdots, D_N$ 分别取值 0 或 1。通过虚拟变量的方式可以解决非观测效应无法获取数据的问题。

参数的无偏估计可表示为

$$\hat{\beta}_{\mathrm{FE}} = \frac{\sum_{i=1}^{N}\sum_{t=1}^{T}(x_{it} - \bar{x}_i)(y_{it} - \bar{y}_i)}{\sum_{i=1}^{N}\sum_{t=1}^{T}(x_{it} - \bar{x}_i)^2} \tag{3.28}$$

虚拟变量法给出的参数估计与固定效应变换法是相同的。事实上，对标准误和其他主要统计量来说，两种方法给出的结果也是一样。

（3）一阶差分法（FD）

差分法的原理是通过一阶差分的方式消除非观测效应 λ_i 的过程。对于固定效应模型来说，对每一个个体在时间上进行一阶差分可得

$$y_{it} - y_{i,t-1} = \sum_{k=2}^{K}\beta_k(x_{it} - x_{i,t-1}) + u_{it} - u_{i,t-1} \tag{3.29}$$

令 $y_{it} - y_{i,t-1} = \Delta y_{it}$，$x_{it} - x_{i,t-1} = \Delta x_{it}$，$u_{it} - u_{i,t-1} = \Delta u_{it}$，则式(3.29)可化为

$$\Delta y_{it} = \sum_{k=2}^{K}\beta_k\Delta x_{it} + \Delta u_{it} \tag{3.30}$$

可以看出，通过一阶差分的方法，模型已不存在非观测效应 λ_i。这样采用混合 OLS 法估计，可得到 β_k 的无偏估计 $\hat{\beta}_{\mathrm{FE}}$ 式。具体表达式为

$$\hat{\beta}_{\mathrm{FE}} = \frac{\sum_{i=1}^{N}\sum_{t=1}^{T}\Delta x_{it}\Delta y_{it}}{\sum_{i=1}^{N}\sum_{t=1}^{T}\Delta x_{it}^2} \tag{3.31}$$

$\hat{\beta}_{FE}$ 的方差估计为

$$\text{var}(\hat{\beta}_{FE}) = \frac{\hat{\sigma}_u^2}{\sum\limits_{i=1}^{N}\sum\limits_{t=1}^{T}\Delta x_{it}^2} \tag{3.32}$$

由于采用了差分的方式,会导致 Δu_{it} 存在自相关,因此差分法得到的估计量 $\hat{\beta}_{FE}$ 并不是有效估计量。按下面推导可求出 Δu_{it} 的一阶自相关。

$$\begin{aligned}&\text{Cov}(\Delta u_{it}, \Delta u_{it+1})\\&= E(\Delta u_{it}\Delta u_{it+1})\\&= E[(u_{it} - u_{it-1})(u_{it+1} - u_{it+1})]\\&= E(u_{it}u_{it+1}) + E(u_{it}^2) - E(u_{it+1}u_{it-1}) - E(u_{it+1}u_{it})\\&= -\sigma_u^2\end{aligned} \tag{3.33}$$

因此,一阶自相关系数为

$$\rho = \frac{\text{Cov}(\Delta u_{it}, \Delta u_{it+1})}{\sqrt{\text{var}(\Delta u_{it})\text{var}(\Delta u_{it+1})}} = -\frac{\hat{\sigma}_u^2}{T\hat{\sigma}_u^2} = -\frac{1}{T} \tag{3.34}$$

3)随机效应模型的参数估计

如果个体效应和时间效应满足随机效应假定,显然,此时模型的随机误差项与解释变量不相关,此时模型中参数的 OLS 估计量仍是无偏的。

但是,由于个体效应的存在,同一观测个体的误差项都包含不随时间变化的 u_i,从而导致同一时间序列样本数据内部存在自相关。同样地,如果考虑到时间效应,同一横截面的误差项都包含不随个体变化的部分,从而导致同一横截面样本数据存在自相关。

随机效应问题的本质是自相关,因此可以采用 GLS 估计。鉴于随机效应面板模型的 GLS 估计方法要相对复杂一些,我们在此并不介绍该方法的基本思想。对于随机效应模型,还可以使用"组间估计量"。如果每位个体的时间序列数据较不准确或噪声较大,可对每位个体取时间平均值,然后用平均值来做横截面回归,即为"组间估计量"(Between Estimator,BE)。

4)固定效应模型的设定检验

对固定效应模型进行设定检验,主要需要进行豪斯曼(Hausman)检验和 F 检验。

(1)豪斯曼(Hausman)检验

要想用固定效应和随机效应给出判定,我们首先要明确两种估计量在不同情形下的性质。

如果模型中的个体效应或时间效应是固定效应,那么,FE(或 LSDV)估计量是无偏的估计量,而 GLS 估计量则是有偏的。

反之,如果模型中的个体效应或时间效应是随机效应,那么,FE(或 LSDV)估计量和 GLS 估计量都是无偏的,但 FE(或 LSDV)估计量有较大的方差。

鉴于两种估计量的上述特征,我们发现,如果是随机效应模型,FE(或 LSDV)估计量和 GLS 估计量的估计结果就比较接近。反之,如果是固定效应模型,两种估计量的结果就有较大的差异。豪斯曼检验正是基于这种思想来检验随机效应和固定效应的。

豪斯曼检验的待检验假设为

原假设 H_0：随机效应；

备选假设 H_1：固定效应。

检验统计量为

$$H = (\hat{\boldsymbol{\beta}}_{FE} - \hat{\boldsymbol{\beta}}_{RE})'[V(\hat{\boldsymbol{\beta}}_{FE}) - V(\hat{\boldsymbol{\beta}}_{RE})]^{-1}(\hat{\boldsymbol{\beta}}_{FE} - \hat{\boldsymbol{\beta}}_{RE}) \tag{3.35}$$

其中，$\hat{\boldsymbol{\beta}}_{FE}$ 为回归系数的 FE 估计向量，$\hat{\boldsymbol{\beta}}_{RE}$ 为回归系数 GLS 估计向量，$V(\hat{\boldsymbol{\beta}}_{FE})$ 为 FE 估计系数的协方差矩阵估计量，$V(\hat{\boldsymbol{\beta}}_{RE})$ 为 GLS 估计系数的协方差矩阵估计量。

在原假设（随机效应）为真时，豪斯曼检验统计量服从 χ^2 分布，即 $H \sim \chi^2(K)$ 自由度 K 为模型中解释变量（不包括截距项）的个数。

（2）F 检验

①个体固定效应模型的 F 检验。

在应用个体固定效应模型研究问题时，首先必须基于 Hendry 的"一般到特殊"的建模思想，采用无约束模型和有约束模型的回归残差平方和之比构造 F 统计量，以检验设定个体固定效应模型的合理性。下面介绍用 F 统计量的推断方法和步骤。

首先，估计一个不包含个体效应的 OLS 模型 $y_{it} = \beta_0 + \sum_{k=1}^{K} \beta_{ki} x_{kit} + u_{it}$。这个模型假设所有个体的截距项相同，即没有个体效应。然后，构建的个体固定效应模型 $y_{it} = \lambda_i + \sum_{k=2}^{K} \beta_k x_{kit} + u_{it}$。

对于该模型，提出 F 检验的假设为

零假设 H_0：不存在个体效应，即截距项相同，$\lambda_1 = \lambda_2 = \cdots = \lambda_{N-1} = 0$；

备择假设 H_1：存在个体效应，即截距项不同，$\lambda_i (i = 1, 2, \cdots, N-1)$ 不全为零。

分别计算两个模型的残差平方和（Sum of Squared Residuals，SSR）。设不包含个体效应的模型的残差平方和为 RSS_{pool}，包含个体效应的模型的残差平方和为 RSS_{FE}。则在零假设 H_0 下，F 统计量为

$$F = \frac{(RSS_{pool} - RSS_{FE})/(N-1)}{RSS_{FE}/(NT - N - K)} \sim F(N-1, NT-N-K) \tag{3.36}$$

其中，N 是个体数量；T 是时间；K 是解释变量的数量。

最后，将计算得到的 F 统计量与 F 分布的临界值进行比较。如果 F 统计量大于临界值，则拒绝原假设，认为个体效应显著，应该使用个体固定效应模型。

②时间固定效应模型的 F 检验。

与个体固定效应模型的 F 检验类似。首先，估计一个不包含个体效应的 OLS 模型 $y_{it} = \beta_0 + \sum_{k=1}^{K} \beta_{ki} x_{kit} + u_{it}$。然后，构建时间固定效应模型 $y_{it} = \gamma_t + \sum_{k=2}^{K} \beta_k x_{kit} + u_{it}$。

对于该模型，提出 F 检验的假设为

零假设为 H_0：不存在时间效应，即截距项相同，$\gamma_1 = \gamma_2 = \cdots = \gamma_{T-1} = 0$；

备择假设 H_1：存在时间效应，即截距项不同，$\gamma_t (i = 1, 2, \cdots, T-1)$ 不全为零。

分别计算两个模型的残差平方和。设不包含时间效应的 OLS 模型的残差平方和为 RSS_{pool}，包含时间效应的模型的残差平方和为 RSS_{FE}。在零假设下 F 统计量为

$$F = \frac{(\text{RSS}_{\text{pool}} - \text{RSS}_{\text{FE}})/(T-1)}{\text{RSS}_{\text{FE}}/(NT-N-K)} \sim F(T-1, NT-N-K) \qquad (3.37)$$

其中,N 是个体数量;T 是时间;K 是解释变量的数量。

最后,同样得将计算得到的 F 统计量与 F 分布的临界值进行比较。如果 F 统计量大于临界值,则拒绝原假设,认为个体效应显著,应该使用时间固定效应模型。

③时点个体固定模型的 F 检验。

类似于个体固定效应模型的设定检验,时点个体固定效应模型的设定检验也采用 Chow 检验的 F 统计量。检验的假设分为三种情况如下。

情况一 判断是否同时存在个体时间双效应。假设为

原假设 H_0^1:不存在时点个体效应,即截距项都相等,$\lambda_1 = \lambda_2 = \cdots = \lambda_{N-1} = 0$ 和 $\gamma_1 = \gamma_2 = \cdots = \gamma_{T-1} = 0$。

备择假设 H_1^1:存在时点个体效应,即截距项不全相等,$\lambda_i (i=1,2,\cdots,N-1)$ 不全为零或 $\gamma_t (i=1,2,\cdots,T-1)$ 不全为零。

检验统计量为

$$F = \frac{(\text{RSS}_{\text{pool}} - \text{RSS}_{\text{FE}})/(N+T-2)}{\text{RSS}_{\text{FE}}/((N-1)(T-1)-K)} \sim F(N+T-2, (N-1)(T-1)-K) \quad (3.38)$$

其中,RSS_{pool} 为不包含时点个体效应的混合回归模型的残差平方和;RSS_{FE} 为包含时点个体效应的模型的残差平方和;N 是个体数量;T 是时间;K 是解释变量的数量。

因此,在给定的显著性水平下,如果拒绝了零假设 H_0^1,则将模型设定为时点个体固定效应模型是可行的。

情况二 推断在存在时点效应的情况下,判断模型是否也包含个体效应。假设为

原假设 H_0^2:当存在时点效应时,不存在个体效应,即个体截距项都相等,$\lambda_1 = \lambda_2 = \cdots = \lambda_{N-1} = 0$,当 $\gamma_t (i=1,2,\cdots,T-1)$ 不全为零。

备择假设 H_1^2:当存在时点效应时,存在个体效应,即个体截距项不全相等,$\lambda_i (i=1,2,\cdots,N-1)$ 不全为零,当 $\gamma_t (i=1,2,\cdots,T-1)$ 不全为零。

检验统计量为

$$F = \frac{(\text{RSS}_{\text{pool}} - \text{RSS}_{\text{FE}})/(N-1)}{\text{RSS}_{\text{FE}}/((N-1)(T-1)-K)} \sim F(N-1, (N-1)(T-1)-K) \qquad (3.39)$$

其中,RSS_{pool} 为只有时间虚拟变量回归模型的残差平方和;RSS_{FE} 为包含时点个体效应的模型(组内回归模型)的残差平方和;N 是个体数量;T 是时间;K 是解释变量的数量。

所以,在给定的显著性水平下,如果拒绝了零假设 H_0^2,则在存在时点效应的情况下,模型也包含个体效应,即将模型设定为时点个体固定效应模型是合理的。

这里的零假设 H_0^2 与前面检验的零假设 H_0^1 不同,检验零假设 H_0^1 的目的是假设不存在时点效应的情况下是否只存在个体效应,即在 $\gamma_1 = \gamma_2 = \cdots = \gamma_{T-1} = 0$ 的条件下,检验 $\lambda_1 = \lambda_2 = \cdots = \lambda_{N-1} = 0$ 是否成立。然而,检验零假设 H_0^2 是假设存在时点效应的情况下检验是否还存在个体效应。

情况三 推断在存在个体效应的情况下,判断模型是否还包含时点效应。假设为

原假设 H_0^3:当存在个体效应时,不存在时点效应,即时点截距项相等,$\gamma_1 = \gamma_2 = \cdots = \gamma_{T-1} = 0$,当 $\lambda_i (i=1,2,\cdots,N-1)$ 不全为零。

备择假设 H_1^3:当存在个体效应时,存在时点效应,即时点截距项不全相等,$\gamma_t (i=1,2,$

$\cdots,T-1$)不全为零,当 $\lambda_i(i=1,2,\cdots,N-1)$ 不全为零。

检验统计量为

$$F = \frac{(\mathrm{RSS_{pool}} - \mathrm{RSS_{FE}})/(T-1)}{\mathrm{RSS_{FE}}/((N-1)(T-1)-K)} \sim F(T-1,(N-1)(T-1)-K) \quad (3.40)$$

其中,$\mathrm{RSS_{pool}}$ 为只有个体虚拟变量回归模型的残差平方和;$\mathrm{RSS_{FE}}$ 为包含时点个体效应的模型的残差平方和;N 是个体数量;T 是时间;K 是解释变量的数量。

同理,在给定的显著性水平下,如果拒绝了零假设 H_0^2,则在存在个体效应的情况下,模型也包含时点效应,即将模型设定为时点个体固定效应模型是合理的。

3.1.3 多元线性回归模型的多重共线性检验

1)多重共线性的概念

对于多元线性回归模型:$y_i = \beta_1 + \beta_2 x_{i2} + \cdots + \beta_K x_{iK} + \varepsilon_i$,如果解释变量 $x_j(j=1,2,\cdots,K)$ 间存在线性关系,则称回归模型存在多重共线性,即所谓的多重共线性就是指线性回归模型中若干解释变量或全部解释变量的样本观测值之间具有某种线性关系。

(1)完全多重共线性

完全共线性(Perfect Multicollinearity)在回归分析中是一个严重的问题,指的是一个解释变量能够由其他一个或多个解释变量的线性组合完全表示出来。具体来说,当某个解释变量与另一个解释变量(或多个变量的组合)完全线性相关时,就存在完全共线性。这种情况会对回归模型的估计和解释带来一系列问题,包括无法估计回归系数、标准误变大、回归系数不稳定和解释变量的显著性检验失效等。

在多元线性回归模型 $y_i = \beta_1 + \beta_2 x_{i2} + \cdots + \beta_K x_{iK} + \varepsilon_i$ 中,若各解释变量的样本观测值之间存在一个或多个如下的关系式:

$$c_2 x_{i2} + c_3 x_{i3} + \cdots + c_K x_{iK} = 0, (i=1,2,\cdots,n) \quad (3.41)$$

$$x_{ij} = \frac{c_2}{c_j} x_{i2} + \cdots + \frac{c_{j-1}}{c_j} x_{i(j-1)} + \frac{c_{j+1}}{c_j} x_{i(j+1)} + \cdots + \frac{c_K}{c_j} x_{iK} \quad (3.42)$$

则表明,解释变量的样本观测值之间存在多重共线性,即某个或某些解释变量的样本观测值可以用其他解释变量的样本观测值表示出来,也即某个或某些解释变量的样本观测值可写成其他解释变量的样本观测值的一个精确的线性组合。

$$x_{i2} = \alpha_3 x_{i3} + \alpha_4 x_{i4} + \cdots + \alpha_K x_{iK} \quad (3.43)$$

其中,至少有一个 $\alpha_j \neq 0 (j=3,4,\cdots,K)$,则称这种情况为完全多重共线性,这时 x_{i2} 与方程右边解释变量的线性组合的相关系数是1。

(2)高度多重共线性

高度共线性(High Multicollinearity)虽然不如完全共线性那样导致矩阵不可逆,但仍然会对回归模型的估计和解释带来一系列负面影响。高度共线性指的是解释变量之间存在很强的线性关系,但这种关系并非完全线性相关。其对回归的影响包括回归系数估计的不稳定、标准误增大、回归系数的解释困难、模型的预测能力下降和方差膨胀因子(VIF)增大等。

实际上,在计量经济实践中,很少遇到完全多重共线性的情况,更多的是高度多重共线性,本书以后所提到的多重共线性都是指高度多重共线性。同样地,我们不妨设 x_{i2} 与其他解释变量存在着高度共线性,则它们之间的线性组合关系可以写为

$$x_{i2} = \alpha_3 x_{i3} + \alpha_4 x_{i4} + \cdots + \alpha_K x_{iK} + v_i \qquad (3.44)$$

其中至少有一个 $\alpha_j \neq 0 (j = 3, 4, \cdots, K)$，$v_i$ 是随机误差项，这时 x_{i2} 与方程右边解释变量的线性组合的相关系数不是1，但接近1。

2）多重共线性的检测方法

应明确的是，对于一个多元的线性回归模型，多重共线性是一个程度问题，而不是存在与否的问题。

对于一个给定的线性回归模型和一组样本数据，其解释变量之间共线性的严重程度有多大，是需要用一定的方法来进行检测的。根据目前的一些经验，在具体应用中能够给我们提供一些检测是否存在比较严重的多重共线性的方法有以下几种。

（1）直观判断法

根据经验，通常以下情况的出现可能暗示存在多重共线性。

①当增加或删除一个解释变量，或者改变一个观测值时，回归系数的估计值发生较大的变化。

②当 R^2 值较高，而一些重要解释变量的回归系数没有通过 t 检验时，可初步判断存在多重共线性。前已述及，这是多重共线性的典型特征。当 R^2 值较高，如超过0.8，在大多数情况下 F 检验会拒绝原假设，可是这时如果 t 检验的结果却是只有少部分或几乎没有回归系数是显著不为零的，一般表明存在着较高的多重共线性。

③有些解释变量的回归系数的符号与定性分析结果相反时，很可能存在多重共线性。

（2）简单相关系数检测法

多重共线性的出现主要就是由于各解释变量之间存在着一定的相关性，因此对每两个解释变量进行简单相关分析，也是发现和判断多重共线性的一种基本方法。

简单相关系数 r 是测定两变量间线性相关程度的重要指标，因此可用于检测回归模型的解释变量之间的共线性程度。如果每两个解释变量的相关系数 r 比较高，比如在0.8以上，就表示可能存在较为严重的共线性问题。问题是这一标准并不总是可靠的，较高的简单相关系数只是多重共线性存在的充分条件，而不是必要条件，特别是在多于两个解释变量的回归模型中，有时即使两解释变量的相关系数不高，也有可能存在共线性，这是因为有些回归系数可能是统计不显著的。在这种情况下，还要看偏相关系数。

（3）从属或者辅助回归

既然多重共线性是指一个或者多个解释变量是其他解释变量的线性（或接近线性）组合，那么，作这个解释变量对其他解释变量的回归并计算相应的 R^2 值，就可以检验模型中某个解释变量与其他解释变量是否存在高度共线性。其中的每一次回归都被称为从属或者辅助回归，即从属于 y 对其他所有变量的回归。

例 有一 y 对 x_1、x_2、x_3、x_4、x_5、x_6 这六个解释变量的回归模型，回归结果值接近1，而解释变量的系数很少是统计显著的，说明该模型存在多重共线性。为了找出究竟哪一个解释变量是其他解释变量的线性组合，可采用以下方法：作 x_1 对其他所有解释变量的回归，并求出拟合优度 R^2 值和 F 统计值；作 x_2 对其他所有解释变量的回归，并求出拟合优度 R^2 值和 F 统计值；重复上述步骤，直到做出所有的6个辅助回归。

（4）方差膨胀因子

方差膨胀因子就是将存在多重共线性时回归系数估计量的方差与无多重共线性时回归

系数估计量的方差对比而得出的比值系数。

多元线性回归模型的回归系数估计量的方差为

$$\mathrm{Var}(\hat{\beta}_j) = \frac{\sigma^2}{\sum x_{ij}^2(1-R_j^2)} \qquad (3.45)$$

式中为 R_j^2 解释变量 x_i 对其余解释变量的拟合优度,如果第 j 个解释变量与其余 $j-1$ 个解释变量完全没有相关性,那 $R_j^2 = 0$,式(3.54)就变成了 $\mathrm{Var}(\hat{\beta}_j) = \frac{\sigma^2}{\sum x_{ij}^2}$,这就是不存在多重共线性条件下的回归系数的方差;如果第 j 个解释变量和其余 $j-1$ 个解释变量存在相关性,则 $0 < R_j^2 < 1$,因此

$$\mathrm{Var}(\hat{\beta}_j) = \frac{\sigma^2}{\sum x_{ij}^2(1-R_j^2)} = \frac{\sigma^2}{\sum x_{ij}^2} \times \frac{1}{1-R_j^2} \qquad (3.46)$$

显然,存在多重共线性的回归系数方差要大于不存在多重共线性的回归系数方差。式(3.46)中的 $\frac{1}{1-R_j^2}$ 就是方差的膨胀因子,表示为

$$\mathrm{VIF}_j = \frac{1}{1-R_j^2} \qquad (3.47)$$

因此,如果某个解释变量与其余解释变量都不相关,则其方差膨胀因子为1;如果某个解释变量与其余解释变量存在一定程度的相关性,则其方差膨胀因子大于1。但是,这并不是绝对的,从式(3.47)可以清楚地看到 $\mathrm{Var}(\hat{\beta}_j)$ 大小不仅取决于 VIF_j,而且还取决于随机误差项 ε_i 的方差 σ^2 和解释变量 x_j 的 $\sum x_{ij}^2$ 值。因此,如果 R_j^2 值很高,可是 σ^2 值较低或者 $\sum x_{ij}^2$ 值较高,或者两种情况同时出现,则回归系数的方差就低,t 统计值就高,以至于较高的 R_j^2 值也可能被抵消。

(5)逐步回归检测法

逐步回归的基本思路是将解释变量逐个地引入模型,每引入一个解释变量进行回归后,都要进行 F 检验,同时对解释变量逐个进行检验,当原来引入的解释变量由于后面解释变量的引入而变得不再显著时,表明可能出现引起较严重多重共线性的变量,应经多方面比较,保留最优的变量,而将那些引起严重多重共线性的 t 检验不显著的变量剔除,以确保每次引入新变量之前回归方程中只包含显著的解释变量。这是一个反复的过程,直到既没有显著的解释变量选入回归方程,也没有不显著的解释变量从回归方程中剔除为止,以保证最后所得到的解释变量集是最优的。

逐步回归过程中,既可以采取每次引入一个解释变量的程序(逐步向前回归),也可以先把所有解释变量都放在一个多元线性回归中,然后逐一地剔除不显著的解释变量(逐步向后回归)。加进或剔除一个解释变量,通常都是根据 F 统计值,看其对 ESS 的贡献而做出决定的。

检验和处理多重共线性有多种不同的方法,需要运用各种手段来诊断这一问题的严重程度,并结合实际问题和分析目标对模型进行适当处理。

3.1.4 多元线性回归模型的 Stata 命令

1) 多元线性回归模型的基本 Stata 命令

在实际操作中,经常用到各种软件进行多元线性回归,本节列出了在 Stata 软件中进行多元线性回归的基本命令,见表 3.1。

表 3.1 多元线性回归的基本命令

命令	含义
regress	进行多元线性回归分析
estat vif	计算方差膨胀因子
stepwise	执行逐步回归分析

(1)多元线性回归模型的构建与估计

. regress y x1 x2 …[if][in],[options]

其中,"regress"是 Stata 中用于进行多元线性回归分析的命令;"y"是因变量的名称,即要预测的变量;"x1""x2"是自变量的列表,可以是单个变量或多个变量;"[if]"和"[in]"是可选参数,用于指定条件,限定进行回归分析的观察值;"[options]"是其他可选参数,用于指定回归分析的特定选项,如"robust"用于进行鲁棒标准误的估计。

(2)方差膨胀因子(VIF)的计算

. estat vif

命令中"etat vif"是 Stata 中用于计算多元线性回归模型中各自变量之间共线性程度的指标,即方差膨胀因子(Variance Inflation Factor,VIF)的命令,注意,该命令适用于 Stata 9 及以后的版本,此前版本也可以使用"vif"进行计算。使用该命令时,你需要先进行多元线性回归分析,然后在回归结果出来之后直接键入"estat vif"即可得到各自变量的 VIF 值。VIF 值越大,表示共线性问题越严重,通常 VIF 大于 10 是需要关注的。

(3)逐步回归检测法

. stepwise,pr(.05):reg

其中,"stepwise"是 Stata 中用于执行逐步回归分析的命令;"pr(.05)"代表进入模型的显著性水平为 0.05。使用该命令时,你需要先进行多元线性回归分析,然后在回归结果出来之后直接键入"stepwise"即可。命令会根据指定的准则自动选择自变量,并输出最佳的回归模型。

2) 面板数据模型的 Stata 命令

本节中,首先列出 Stata 进行面板数据回归的几项基本命令,见表 3.2。

表 3.2 面板数据的基本命令

命令	含义
xtset	指定个体变量和时间变量

续表

命令	含义
xtdes	查看数据结构
xtsum	查看组内、组间、整体的统计量
xtline	查看变量的时间趋势图
xtreg	面板数据回归
xttest0	LM 检验
hausman	豪斯曼检验

（1）面板数据的设定

. xtset panelvar timevar［, tsoptions］

其中，"panelvar"是表示个体的变量；"timevar"是表示时间的变量；"［, tsoptions］"是可选参数，用于指定面板数据设定的特定选项，比如指定时间间隔等。在 Stata 中，可用"help xtset"命令来查看帮助文档。

（2）面板数据的查看

. xtdes［option］

该命令旨在观测数据的结构，考察面板数据特征，为后续分析做好必要准备。

. xtsum［option］

该命令旨在显示面板数据组内、组间以及整体的统计指标。

. xtline var［, option］

该命令需要添加变量值，"［, option］"选项中比较常用的是"overlay"，该选项可以把不同个体的时间趋势图画在同一个图像内。

（3）面板数据回归模型的构建与估计

. xtreg y x1 x2 x3, model［model options］

其中，"y"是因变量；"x1 x2 x3"是自变量；"model"是必选参数，用于指定面板数据的模型，常用的分别有"re"（随机效应）、"fe"（个体固定效应）等，如果没有填写则默认为"re"，"［model options］"为各自模型中的可选参数，但一般都可以用"vce（robust）"（允许异方差）和"yce（cluster idvar）"（允许异方差和组内相关）方法。在 Stata 中，可用"help xtreg"命令来查看帮助文档。

（4）模型筛选

①随机效应与混合效应（LM 估计）。

原假设：使用 OLS 混合模型。

. xttest0

该命令需要在执行"xtreg, re"命令之后才能进行。"xttest0"为外部命令，首次使用需要先安装：. finditsg164

②检验固定效应模型 or 随机效应模型。

检验方法：hausman 检验。

原假设：使用随机效应模型（个体效应与解释变量无关）。

. hausman resultt_1 result_2［option］

其中，"result""是之前的统计结果，需要用"est store result_var_name"进行储存（"result_var_name"是你想设定的变量名），也可用"."表示当前的统计结果；"［option］"是可选参数，在面板数据回归时，"hausman"为负数或者不可解时，可尝试用"sigmamore"或"sigmaless"进行估计；仍为负时考虑实际情况通常选择固定效应在 Stata 中，可用"help hausman"命令来查看帮助文档。

3.2　基于多元线性回归的房地产数据分析应用

3.2.1　房地产的享乐价格影响因素理论

享乐（Hedonic）价格分析法是基于消费者理论和市场供需理论的基础上建立的。而 Hedonic 价格模型之所以能够适用于房地产市场，是因为住房具有异质性和房产市场具有隐含性这两个基本前提。

1）前提假设

（1）房产商品的异质性

商品的异质性为每种商品提供了有别于其他同类商品的特质，从而在一定程度上形成相对于同类商品的非价格形式的垄断优势。每套商品住宅的属性特征各不相同，异质性的体现分别来自本身属性和外部因素两个方面的差异。

住宅自身的差异主要体现在所处的楼层、位置、户型、面积、装修程度，住宅小区已使用年限、结构形式、有无电梯、质量现状（有无漏水等）、有无贮藏室（通常也叫自行车库）、有无汽车库与车位等方面。而住宅自身差异通常是确定其价值的重要因素，对于二手房需要者来讲，往往会在同一小区或多个小区选择面积、楼层、户型相同的房子，通过分析比较各套房的自身属性差异，最终选择性价比最高的住宅进行交易。

商品住宅的外部差异主要是指外部环境的差异，这种差异是商品住宅的购买群体将不同住宅小区所处的外部环境相互对比得出的差异，具体体现在商业、教育、生活、文体、交通等城市基础设施的配套与小区物业服务、城市规划、国家政策等方面，不同的小区、不同的区域位置，即使同样面积、楼层、户型的房子，其价值的评估确定也存在很大的差异，随着人们生活水平的提高，城市居民通常把外部环境因素作为购买商品住宅时价值参考的一项重要的指标。

（2）房产市场的隐含性

特征市场的隐含性是指在商品的生产、交换和消费过程中，总的价格和交易是可观察的，但每个产品特征对应一个隐含市场和一个隐含价格，产品市场一般可理解为由多个隐含市场构成，产品价格可理解为由多个隐含价格构成。

商品住宅市场是一种典型的隐形市场。商品住宅具有不同的特征属性，生产者的生产、交易双方的交换和消费者的消费过程都涉及商品住宅的不同属性。购房者为住宅的不同属性支付的价格是无法得知的，因为其成交价格是购买住宅的总体价格。在商品住宅市场中交易的全过程是涉及住宅整体特征属性，而不是单个属性。因此，在隐形市场中，尽管住房的价格包含商品住宅的全部属性，但是我们无法观测到商品住宅的具体属性如建筑特征属性、区位特征属性、邻里特征属性背后隐藏的隐含价格。

目前,国内存在着两种对隐形市场的理解。其中,Lancaster消费者理论中对隐形市场的理解为在公开市场下,所有商品的需求取决于商品所包含的特征属性而非商品自身。另一种理解则是认为商品的交易市场其实是单一的,交易价格的差异是来自商品的异质性。因此,隐形市场价格并不是单一的市场价格而是一系列的商品特征属性下的隐含价格所决定的,传统的经济模型不能完全表述隐形市场。享乐价格分析则针对异质性商品价格确定提出商品的价格是同质部分的加总。虽然异质性商品没有统一的价格,但是不同的属性却由统一的价格构成。享乐分析法则通过对异质性商品的特征属性建立享乐价格模型从而分离不同属性下的隐含价格。

2)基础理论

(1)Lancaster消费者理论

传统的消费者理论认为效用是直接来源于商品的,消费者通过整体消费商品从中获得满足。而Lancaster[①]认为,消费者对商品的需求不是根源于商品本身,而是根源于该种商品所体现的特征要素,以及这些特征要素给消费者带来的满足,这些才是效用的真正根源。家庭购买某种商品,就是把它们视为一种投入,并且把它们转化成为某种效用,效用的大小将取决于所购买商品所包含的特征要素的数量。

Lancaster的消费者理论提出的三大假设为:

①物品本身并不会提供效用给消费者,而是由物品所具备的特征对消费者产生效用。

②通常一种物品具有一种以上的特征,而不同物品间也可能具有许多相同的特性。

③组合的物品具备的特性可能与原先个别物品所具备的特性不同。

Lancaster关于住房特征的分析有些类似于"杂货店(groceries)",每个特征就像杂货店里面的小商品,整个杂货店的价格则构成住房的总价。但是住房与杂货店的主要区别是:杂货店的每个束(Bundle)是有形的,可以被单独赋值、单独购买,而住房的束则是无形的,不能被单独购买和观察。

假设消费者是从商品消费中得到效用的,这些商品包括由n种不同的特征要素构成的向量Z以及复合商品X。消费者有固定的收入Y,他们所面对的价格函数是$P(Z)$,该函数将住房(异质商品)的价格看作特征向量Z的函数。家庭的偏好可以由效用函数来表示,即

$$u = u(Z, X, \alpha) \tag{3.48}$$

其中,α是观察到的或没有观察到的家庭偏好参数向量。这样,不同家庭的特征可以由收入Y和参数向量α确定,它们可能值的分布由联合概率$f(\alpha, Y)$来描述。

在家庭收入和所达效用水平既定的情况下,我们可以从效用函数$u = u(Z, X, \alpha)$推导出家庭所愿意支付的住房价格,该价格可以视为其特征要素的函数。该家庭的"竞租"函数(Bid-Rent)$\beta(Z, X, u, \alpha)$可以被定义为如下的隐函数(目标是把竞租函数或总房价引入效用函数)。

$$u = u(Z, Y - \beta, \alpha) \tag{3.49}$$

竞租函数的微分$\partial \beta / \partial Z_i$表示随特征要素$i$数量的增加,家庭在住房上意愿支付的变化程度,而此时效用水平保持不变。这与补偿需求曲线是相反的。

家庭选择了具有特征要素向量Z的房屋,同时消费复合商品X,家庭效用最大化可表

---

① LANCASTER K J. A new approach to consumer theory[J]. The Journal of Political Economy, 1966, 74(2):132-157.

达为

$$\max U(\boldsymbol{Z}, X, \boldsymbol{\alpha}) \text{ S. T. } Y \ldots P(\boldsymbol{Z}) + X \qquad (3.50)$$

求一阶偏导数：$u_i + u_X X_i = 0 \Rightarrow u_i + u_X(-p_i) = 0 \Rightarrow \dfrac{u_i}{u_X} = p_i \ \forall i$，其中 $u_i = \dfrac{\partial u}{\partial Z_i}, p_i = \dfrac{\partial P}{\partial Z_i}$。通常，把微分 p_i 称为特征要素 i 的享乐价格，把函数 $P(\boldsymbol{Z})$ 称为享乐价格函数。

把方程 $\dfrac{u_i}{u_X} = p_i$ 和 $u = u(\boldsymbol{Z}, Y - \beta, \boldsymbol{\alpha})$ 联立，则可得出 $u_i + u_X(-\beta_i) = 0$，从而 $\dfrac{\partial \beta}{\partial Z_i} = \dfrac{u_i}{u_X} = p_i$，即竞租函数的斜率等于每个特征要素享乐价格时的住房选择，实现最优，如图 3.1 所示[隐含：最优化条件下，$\beta = P(\boldsymbol{Z})$，竞租函数等于享乐价格函数]。

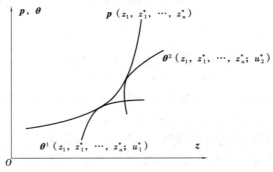

图 3.1　享乐函数

这一结论是把享乐方法应用于市场分析的原因之一，因为它表明，如果我们能够"观测"到（或估计到）特征要素的享乐价格以及消费者所作的选择，那么在最优化行为假定下，上面的结论就可以提供有关消费者的偏好以及是否愿意为所选择的居住区的属性而支付费用的局部信息。

（2）Rosen 的隐形市场理论

Rosen[1]（1974）总结了住房市场上消费者、政府和开发商的均衡状态，建立了隐形市场理论，这篇文章也成为 1980—2000 年房地产研究领域引用率处于第二位的文章。

Rosen 认为，Hedonic 价格模型在住房市场上的应用，建立在一些假设基础上，这些假设包括：

①住房市场是在完全竞争情况下运作的，存在很多买方和卖方。因此没有单个房屋的供给方或需求方能够对住房的价格产生显著的影响；

②假定生产者和消费者可以自由进出市场；

③假设住房的买方和卖方对住房产品和价格拥有完全信息；

④假设所有消费者对于每个产品内部特征的所带来的效用的理解是相同的；

⑤假定 Hedonic 价格函数是凸性的。

另外，引入异质商品的生产者，生产者的特征可以由成本函数 $C(\boldsymbol{Z}, M, \boldsymbol{\gamma})$ 来描述，而该成本函数是由生产者所提供的房屋的特征要素向量 $\boldsymbol{Z}$、生产者所建的房屋数量 M 以及区分每个生产者的参数向量 $\boldsymbol{\gamma}$ 所决定的。$\boldsymbol{\gamma}$ 描述了供给者成本函数不同的原因，包括要素价格、衡量厂商技术差异的变量和其他反映行为影响或限制的变量。供给者的分布用概率密度 $g(\boldsymbol{\gamma})$ 表示。给定成本函数后，供给者的利润可以表示为：$\pi = p(z)M - C(z, M, \boldsymbol{\gamma})$（把 $\boldsymbol{Z}$ 分为城

① ROSEN S. Hedonic prices and implicit markets：product differentiation in pure competition[J]. Journal of Political Economy，1974，82（1）：34-55.

市政府支出带来的特征 $\boldsymbol{Z}_\alpha$ 和开发商自己创造的特征 $\boldsymbol{Z}_\beta$，假设每位供给者的价格函数 $p(z)$ 是既定的，供给者市场的均衡表现为

$$\max_{z,M} p(z)M - C(z,M,\boldsymbol{\gamma}) \tag{3.51}$$

构建拉格朗日函数求得一阶条件为

$$\begin{cases} p_i = \dfrac{C_i}{M} \\ C_i = \dfrac{\partial C}{\partial z_i} \end{cases} \tag{3.52}$$

$$\begin{cases} p(z) = C_M \\ C_M = \dfrac{\partial C}{\partial M} \end{cases} \tag{3.53}$$

同分析消费者市场一样，通过给定利润水平 π，解方程

$$\pi = \phi \times M - C(z,M,\boldsymbol{\gamma}) \tag{3.54}$$

得到卖方要价函数 $\phi(z,\pi,\boldsymbol{\gamma})$。卖方要价函数直观地给出了供给者愿意提供不同类型的住宅的价格。联立方程(3.52)和方程(3.54)，得到 $\partial\phi/\partial z_i = p_i$，此式表明，在住宅供给市场上，当供给者对住宅的每个特征的边际供给价格和该特征的隐含价格(享乐价格)相等时，供给者的利润实现最大化，此时卖方要价曲线和住宅的享乐价格曲线相切。

住宅市场要达到均衡，要求不同的需求者和供给者与不同类型的住宅相匹配，对所有住宅来说供求相等，而且没有一个参与主体希望改变他的需求或供给决策。当假设单个经济主体(家庭或开发商)不能影响他们所面临的价格时(即价格函数是外生的)，享乐价格函数就成为一个双重包络线——家庭对具有不同特征的住宅的最高出价和开发商(供给者)的最低出价，如图 3.2 所示。Rosen 通过假设一个描述均衡价格集的函数，避免了给出享乐价格函数的明确求解形式，他关注这种均衡关系在揭示家庭边际支付意愿和供给者边际供给价格方面的作用，也就是对住宅 z 来说，每一特征的享乐价格都等于边际支付意愿(或边际出价)和边际供给价格，即均衡条件 $\dfrac{U_i}{U_x} = p_i = \dfrac{C_i}{M}$。享乐价格函数 $p(z)$ 必须满足使每一类型的住宅 z 的供给和需求相等，这一均衡通常在买方出价曲线族和卖方要价曲线族相切之处实现，如图 3.3 所示。

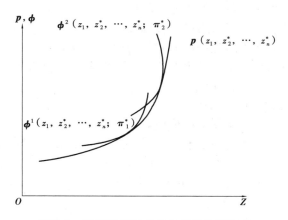

图 3.2　特征价格法中的生产者均衡状态

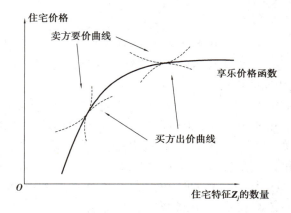

图 3.3　特征价格法中的消费者和生产者均衡状态

因此,对所有的生产者而言,每个特征要素的边际成本等于其享乐价格,当再建一栋房屋的边际成本等于房屋的价值 $P(Z)$ 时,开发商停止建房。在市场上,活跃着大量的住房生产者(开发商),而现存住房的销售者由 $N=1$ 的特殊类型的生产者组成,其成本函数为 $C(\bullet)$,其中 $C(\bullet)$ 是由房屋装修及房屋改造所需的成本和技术决定的。

异质商品市场要达到均衡,享乐价格函数 $P(Z)$ 就必须满足使每一类型的房屋 Z 的供给和需求相等。这一均衡惯常是在一列边际成本曲线 C_i 和竞租曲线的偏导 β_i 相切之处达到。

这为解释住房价格和住房所拥有的特征要素之间的关系提供了理论基础。它描述了市场参与者的行为,提供了均衡实现的条件,在这一条件下,市场参与者的行为共同决定享乐价格关系。

3.2.2　Hedonic 价格分析模型

1)函数形式

价格 P 与商品特征之间的关系表达为

$$P = f(Z_1, Z_2, \cdots, Z_i) \tag{3.55}$$

其中 P 为商品的市场价格,Z_i 为高品(包括住宅商品,也可以是其他商品)的属性。

在实际的应用中,就是选择有效的变量和适当的方程形式,进而收集相应数据,最后应用统计计量的办法得到模型的具体形式,并加以分析利用。

Hedonic 模型一般有以下三种函数形式。

(1)线性形式

$$P = \beta_0 + \sum \beta_i Z_i + \varepsilon \tag{3.56}$$

自变量和因变量以线性形式进入模型,回归系数为一常数,对应着特征的隐含价格。

(2)对数形式

$$\ln P = \beta_0 + \sum \beta_i \ln Z_i + \varepsilon \tag{3.57}$$

自变量和因变量以对数形式进入模型,回归系数为一常数,对应着特征的价格弹性,即在其他特征不变的情况下,某特征变量每变动一个百分点,特征价格将随之变动的百分点。

（3）半对数形式

$$\ln P = \beta_0 + \sum \beta_i Z_i + \varepsilon \tag{3.58}$$

自变量采用线性形式，因变量采用对数形式，则回归系数对应的是特征变量每变动一个单位时，特征价格随之变动的增长率。

准确的 Hedonic 价格模型设定不仅需要选择恰当的被解释变量和解释变量，而且需要确定正确的函数形式。由于 Hedonic 价格模型是一个反映供求关系的简约方程，其函数形式难以借助经济理论做出正确的选择。早期的 Hedonic 研究多凭主观判断选用简单的函数形式，如线性、半对数和双对数等，基于拟合度标准选用一个较为恰当的函数。随着计算成本的降低，人们开始尝试采用更为复杂的函数形式，其中应用最为广泛的就是 Griliches 所建议的利用 Box-Cox 变换技术寻找最佳函数形式。

Box 和 Cox[①] 设计出的变换形式如下

$$y^{(\lambda)} = \begin{cases} \dfrac{y^{\lambda} - 1}{\lambda}, & \lambda \neq 0 \\ \log y, & \lambda = 0 \end{cases} \tag{3.59}$$

式中 λ 是变换参数。值得注意的是，该式只有在 $y>0$ 时才适用，因此对于取负值的样本数据，必须对公式进行修正。Box 和 Cox（1964）给出了第二种变换形式：

$$y^{(\lambda)} = \begin{cases} \dfrac{(y + \delta)^{\lambda} - 1}{\lambda}, & \lambda \neq 0 \\ \log(y + \delta), & \lambda = 0 \end{cases} \tag{3.60}$$

式中 λ 是变换参数，$y>-\delta$。

Box-Cox 变换的优势在于，它不需要对解释变量与被解释变量间的关系事先施加任何约束，变换参数 λ 的值可以通过估计得出，并且给出最佳拟合数据的函数形式。可以仅对被解释变量变换或仅对解释变量变换，也可以对二者均进行变换。根据变换的函数关系可以将变换分为线性变换和二次变换。线性变换的标准形式为：

$$P^{(\theta)} = \alpha_0 + \sum_{j=1}^{k} \beta_j Z_j^{(\lambda_j)} + \varepsilon \tag{3.61}$$

式中 θ、λ_j、α_0 和 β_j 即为通过格点搜索（Grid Search）进行极大似然迭代计算求得的最佳函数形式参数值。极大似然估计表达式如下：

$$L_{\max} = (\theta - 1) \sum \log P - \frac{n}{2} \log(\sigma^2) - \frac{1}{2\sigma^2} \sum \left[\frac{P^{\theta} - 1}{\theta} - \alpha - \beta \frac{Z^{\lambda} - 1}{\lambda} \right] \tag{3.62}$$

根据 θ 和 λ 的取值不同，函数形式发生变化。这样，就可以从模型的一般形式出发，选择一个最合适的模型形式。如果 $\theta = \lambda = 1$，模型为线性形式；$\theta = \lambda = 0$，模型为双对数形式；$\theta = 0$ 且 $\lambda = 1$，模型为半对数形式。

2）影响住宅价格的因素

特征价格模型的因变量是住宅的价格，自变量就是影响住宅价格的因素，即住宅的特征变量。因此对住宅特征变量的选择是使用特征价格模型分析住宅价格时非常关键的一步。通常影响住宅价格的因素有三大类：建筑特征、邻里特征和区位特征。

---

① BOX G E P，COX D R. An analysis of transformations[J]，Journal of the Royal Statistical Society，1964，26，211-252.

（1）建筑特征

住宅价格常常与住宅建筑本身的特征相关。在其他条件相同的情况下，如果一套住宅有更多的令人满意的建筑特征，那么它在市场上就能获得很高的价格。众多文献揭示了房间总数、卧室数目、浴室数目、建筑面积与住宅价格有正向关系，这是因为消费者愿意为更多的空间（特别是功能空间）支付更多的费用，从而提高生活的质量。研究者一般认为建筑年龄与住宅价格呈负相关，这是很容易理解的，这是因为旧住宅的能耗要大于新的住宅，而且它需要更多的保养与修理成本，再加之建筑设计的变化、供电线路的老化、机械系统有用性的减少都会导致住宅价值的减少。当然，对于某些有特殊意义的建筑，随着建筑年龄的增大它们的历史意义会更大，价值反而会更高。研究者们还认为有无车库、有无供热系统等建筑特征也与住宅价格显著相关。

（2）邻里特征

邻里特征主要包括三类：一是社会经济变量，如邻里的社会阶层、种族构成、职业状况等；二是政府或市政公共服务设施，如商店、学校、医院等；三是外在影响因素，如自然环境、犯罪率、交通噪声等。

邻里的社会阶层对住宅价值有显著影响。相关研究表明，学校对周边住宅价格也会产生重要影响，特别是对有孩子的家庭。例如在北京，海淀区高校林立，人们愿意支付更高的价格购买邻近北京大学、清华大学等高校的住宅。由于文化传统的差异，在汉城，医院对住宅价格有显著的负面影响。教堂是一个令人愉悦的场所，通常会增加邻近住宅的价值。会所、游泳池、花园、健身房、运动设施等小区服务设施一般会增加住宅的价值。自然环境的外部性，如令人愉悦的风景、没有受到污染的空气、城市的绿化等对住宅的价值会产生正面影响。

（3）区位特征

住宅的区位特征一般是从整个城市范围的角度进行考虑的，对区位特征的衡量往往是对可达性进行量化和评测。可达性一般指的是交通站点、商业中心、旅游景点以及社会服务设施的可达性，无论何种形式的可达性测量，都对住宅价格有一定的影响。良好的公共交通服务能对住宅价格产生正面影响，这一点已经在很多实证中得到了验证。一些学者通过衡量住宅到最近的地铁、公共汽车、小型公共汽车站点的距离对我国香港的交通可达性进行了研究，揭示了我国香港地区对公共交通的依赖性很高，为了能更方便地达到工作地点或者商业中心，人们往往愿意支付更高的住宅价格。另外，对特别景观的可达性同样会影响住宅的价格，如大海、湖泊、江河、山川等，消费者愿意为能够便利地得到景观舒适性而支付更高的住宅价格。有些研究也表明景观与住宅层次有很强的相关性，由于高层次可以看到更美丽的景色，因此高层公寓的价格往往更高。

3.2.3　基于多元线性回归分析房地产享乐价格

本书以链家网站上挂牌出售的重庆市二手房交易数据为基础进行深入的统计分析。数据集为"3_享乐数据.dta"。

1）特征变量的选取

模型的特征变量一般分为建筑特征、区位特征和邻里特征这三个方面来考虑，其中建筑特征包括建筑面积、户型、住宅朝向、楼层、楼龄、是否配备电梯、是否装修；区位特征包括住宅所在城区、交通条件;邻里特征在本数据中暂未收集到,因此不作考虑。

建筑特征中的住房面积和楼龄为连续变量。从理论上分析,人们对住房面积的需求具有边际效应递减的趋势,因此对该变量引入二次项:"area"为样本的建筑面积,"areasq"为建筑面积二次项;"age"为楼龄,即从竣工时间到挂牌登记时间相隔的年数,反映住房折旧。本书仅对现房样本进行分析,楼龄最小为0,即挂牌登记当年竣工。同时,户型一般和住宅的建筑面积高度相关,面积大的往往房间数量更多,因此只考虑建筑面积。

其他特征均为虚拟变量,具体定义如下:住房所在楼层是影响我国消费者住房决策的一个重要因素。国外实证样本多为独户住房,楼层变量很少出现在模型中;与此不同,我国居民住房多为单元楼,居住楼层也是影响购房决策的一个重要因素。国内实证模型几乎都包含楼层变量,但往往用所在楼层的绝对层数,如温海珍和贾生华[①]。这样就造成了楼层数相同的样本,有的是中间楼层,有的可能是顶层。因此将样本楼层分为低楼层(lowfl)、中楼层(midfl)这两个档次的虚拟变量,反映楼层在整个建筑物中的相对位置。装修程度分为精装(well)、简装(simple)。在区位特征中,根据所属城区分为9个城区,设有8项虚拟变量;在交通条件中,根据是否靠近地铁站来判定交通条件的优劣。具体变量定义见表3.3。

表3.3 变量定义

特征分类	变量符号	变量名称及定义
建筑特征	area	建筑面积,连续变量
	areasq	建筑面积二次项,连续变量
	age	竣工年度到挂牌时间的楼龄,连续变量
	floor	楼层的相对位置:高中低,分类变量
	decorate	装修情况:精装,虚拟变量
	simple	装修情况:毛坯、简装、精装,分类变量
	lift	电梯情况:有电梯为0,虚拟变量
	direction	房屋朝向,虚拟变量
区位特征	c	所属城区,共有9个城区,分类变量
	transport	交通条件,交通差为0,虚拟变量

先用 Stata 进行描述性统计,导出描述性统计,结果见表3.4。

. sum price c direction area areasq floor decorate age lift transport

表3.4 变量描述性统计

变量	均值	方差	最小值	最大值
price	141.2	100.1	15.5	2 340
c	5.466	2.467	1	9

---

① 贾生华,温海珍.房地产特征价格模型的理论发展及其应用[J].外国经济与管理,2004,26,(5):42-44.

续表

变量	均值	方差	最小值	最大值
direction	0.247	0.431	0	1
area	104.2	43.57	22	656.6
areasq	12 762	14 060	484	431 150
floor	2.027	0.798	1	3
decorate	2.392	0.841	1	3
age	11.75	5.356	2	44
lift	0.048 3	0.214	0	1
transport	0.513	0.500	0	1

2) 基于享乐模型的重庆住宅特征价格模型

模型线性形式函数表达式为

$$P = \alpha_0 + \sum \alpha_i Z_i + \varepsilon \tag{3.63}$$

$$\ln P = \alpha_0 + \sum \alpha_i \ln Z_i + \varepsilon \tag{3.64}$$

$$\ln P = \alpha_0 + \sum \alpha_i Z_i + \varepsilon \tag{3.65}$$

数据显示,线性回归结果中,"floor"变量不显著,"areasq"变量 VIF 值较高。所有变量均通过多重线性检验,VIF 值均小于 10。由于各模型回归结果都类似,故只对最后逐步回归结果进行论述总结。

分别进行线性、对数、半对数函数回归:

首先进行线性函数回归,并且对变量进行 VIF 检验,回归结果见表 3.5—表 3.6。

. reg price i. c direction area areasq i. floor i. decorate age lift transport

. estat vif

表 3.5　线性函数回归

price	Coefficient	Std. err.	t	$p > \lvert t \rvert$	[95% conf. interval]	
c(北碚)	10.441 8	2.869 2	3.64	0.800	4.817 5	16.066 0
c(大渡口)	21.784 8	2.365 1	9.21	0.000	17.148 9	26.420 8
c(江北)	66.193 5	2.250 6	29.41	0.000	61.782 0	70.605 1
c(九龙坡)	31.400 5	2.237 0	14.04	0.000	27.015 6	35.785 4
c(南岸)	46.442 3	2.290 1	20.28	0.000	41.953 3	50.931 4
c(沙坪坝)	26.138 3	2.328 7	11.22	0.000	21.573 6	30.702 9
c(渝北)	45.135 3	2.273 6	19.85	0.000	40.678 6	49.591 9

续表

price	Coefficient	Std. err.	t	$p>\mid t \mid$	[95% conf. interval]	
c(渝中)	81.722 7	2.298 1	35.56	0.000	77.217 9	86.227 4
direction	2.860 1	1.165 1	2.45	0.014	0.576 4	5.143 9
area	0.936 6	0.030 6	30.56	0.000	0.876 5	0.996 7
areasq	0.002 8	9.37E-05	30.36	0.000	0.002 7	0.003 0
floor(中楼层)	4.789 1	1.230 8	3.89	0.000	2.376 5	7.201 7
floor(高楼层)	1.437 8	1.254 2	1.15	0.252	−1.020 8	3.896 4
decorate(简装)	4.865 9	1.985 5	2.45	0.014	0.973 9	8.757 8
decorate(精装)	16.971 8	1.349 9	12.57	0.000	14.325 6	19.617 9
age	−4.633 0	0.115 1	−40.25	0.000	−4.858 6	−4.407 3
lift	−11.843 2	2.503 2	−4.41	0.000	−15.950 0	−6.136 3
transport	6.812 8	1.087 1	6.27	0.000	4.681 9	8.943 6
_cons	2.455 0	3.168 6	0.77	0.438	−3.756 1	8.666 1

表 3.6　线性函数 VIF 检验

Variable	VIF	1/VIF
c(北碚)	1.51	0.662 2
c(大渡口)	2	0.499 9
c(江北)	2.48	0.403 8
c(九龙坡)	2.31	0.433 3
c(南岸)	2.22	0.450 4
c(沙坪坝)	2.03	0.491 9
c(渝北)	2.23	0.447 7
c(渝中)	2.65	0.377 5
direction	1.01	0.989 0
area	7.14	0.140 0
areasq	6.96	0.143 6
floor(中楼层)	1.4	0.713 0
floor(高楼层)	1.4	0.715 0
decorate(简装)	1.89	0.529 4

续表

Variable	VIF	1/VIF
decorate(精装)	1.71	0.585 4
age	1.52	0.656 6
lift	1.15	0.866 7
transport	1.18	0.845 4
Mean VIF	2.38	

进行半对数函数回归,再进行 VIF 检验,回归结果见表 3.7—表 3.8。

. reg ln_price i. c direction area areasq i. floor i. decorate age lift transport

. estat vif

表 3.7 半对数函数回归

ln_price	Coefficient	Std. err.	t	$p>\mid t\mid$	[95% conf. interval]	
c(北碚)	0.105 9	0.012 8	8.28	0.000	0.080 8	0.131 0
c(大渡口)	0.151 1	0.010 5	14.33	0.000	0.130 4	0.171 7
c(江北)	0.442 2	0.010 0	44.09	0.000	0.422 5	0.461 8
c(九龙坡)	0.237 4	0.010 0	23.82	0.000	0.217 8	0.256 9
c(南岸)	0.323 3	0.010 2	31.68	0.000	0.303 3	0.343 3
c(沙坪坝)	0.216 9	0.010 4	20.9	0.000	0.196 6	0.237 2
c(渝北)	0.351 9	0.010 1	34.73	0.000	0.332 0	0.371 7
c(渝中)	0.514 4	0.010 2	50.24	0.000	0.494 3	0.534 5
direction	0.022 5	0.005 2	4.33	0.000	0.012 3	0.032 7
area	0.016 0	0.000 1	117.08	0.000	0.015 7	0.016 3
areasq	−0.000 02	4.18E−07	−50.95	0.000	−2.21E−05	−0.000 02
floor(中楼层)	0.015 8	0.005 5	2.89	0.004	0.005 1	0.026 6
floor(高楼层)	0.001 7	0.005 6	0.31	0.759	−0.009 2	0.012 7
decorate(简装)	0.017 5	0.008 8	1.98	0.048	0.000 2	0.034 9
decorate(精装)	0.108 8	0.006 0	18.09	0.000	0.097 0	0.120 6
age	−0.027 5	0.000 5	−53.58	0.000	−0.028 5	−0.026 5
lift	−0.109 9	0.011 2	−9.86	0.000	−0.131 8	−0.088 1
transport	0.030 3	0.004 8	6.27	0.000	0.020 9	0.039 8
_cons	3.337 1	0.014 1	236.36	0.000	3.309 4	3.364 7

表 3.8　半对数函数 VIF 检验

Variable	VIF	1/VIF
c(北碚)	1.51	0.662 2
c(大渡口)	2	0.499 9
c(江北)	2.48	0.403 8
c(九龙坡)	2.31	0.433 3
c(南岸)	2.22	0.450 4
c(沙坪坝)	2.03	0.491 9
c(渝北)	2.23	0.447 7
c(渝中)	2.65	0.377 5
direction	1.01	0.989 0
area	7.14	0.140 0
areasq	6.96	0.143 6
floor(中楼层)	1.4	0.713 0
floor(高楼层)	1.4	0.715 0
decorate(简装)	1.89	0.529 4
decorate(精装)	1.71	0.585 4
age	1.52	0.656 6
lift	1.15	0.866 7
transport	1.18	0.845 4
Mean VIF	2.38	

进行对数函数回归,再进行 VIF 检验,回归结果见表 3.9—表 3.10。

. reg ln_price i. c direction ln_areasq i. floor i. decorate ln_age lift transport

. estat vif

表 3.9　对数函数回归

price	Coefficient	Std. err.	t	$p>|t|$	[95% conf. interval]	
c(北碚)	0.100 5	0.012 5	8.06	0.000	0.076 0	0.125 0
c(大渡口)	0.162 5	0.010 3	15.78	0.000	0.142 3	0.182 7
c(江北)	0.465 8	0.009 8	47.62	0.000	0.446 6	0.485 0
c(九龙坡)	0.249 0	0.009 8	25.54	0.000	0.229 9	0.268 2

续表

price	Coefficient	Std. err.	t	p>|t|	[95% conf. interval]	
c(南岸)	0.343 8	0.010 0	34.48	0.000	0.324 3	0.363 4
c(沙坪坝)	0.231 4	0.010 1	22.83	0.000	0.211 5	0.251 2
c(渝北)	0.365 4	0.009 9	36.94	0.000	0.346 0	0.384 8
c(渝中)	0.529 4	0.010 0	53.03	0.000	0.509 8	0.549 0
direction	0.020 9	0.005 1	4.13	0.000	0.011 0	0.030 9
ln_areasq	0.564 2	0.002 9	191.32	0.000	0.558 5	0.570 0
floor(中楼层)	0.008 9	0.005 3	1.66	0.097	−0.001 6	0.019 3
floor(高楼层)	−0.002 1	0.005 5	−0.39	0.695	−0.012 8	0.008 6
decorate(简装)	0.002 7	0.008 6	0.31	0.758	−0.014 2	0.019 5
decorate(精装)	0.112 1	0.006 0	18.8	0.000	0.100 4	0.123 8
ln_age	−0.269 1	0.005 5	−49.09	0.000	−0.279 9	−0.258 4
lift	−0.149 7	0.010 7	−14.84	0.000	−0.170 6	−0.128 8
transport	0.029 5	0.004 7	6.25	0.000	0.020 3	0.038 8
_cons	−0.123 2	0.030 7	−4.01	0.000	−0.183 4	−0.063 1

表 3.10 对数函数 VIF 检验

Variable	VIF	1/VIF
c(北碚)	1.51	0.662 3
c(大渡口)	2	0.499 1
c(江北)	2.47	0.404 3
c(九龙坡)	2.32	0.431 3
c(南岸)	2.23	0.449 4
c(沙坪坝)	2.03	0.491 5
c(渝北)	2.24	0.447 2
c(渝中)	2.64	0.378 4
direction	1.01	0.989 3
ln_areasq	1.1	0.910 3
floor(中楼层)	1.4	0.714 8
floor(高楼层)	1.4	0.715 1

续表

Variable	VIF	1/VIF
decorate（简装）	1.87	0.533 6
decorate（精装）	1.76	0.567 6
ln_age	1.49	0.672 7
lift	1.11	0.904 1
transport	1.18	0.847 3
Mean VIF	1.75	

三个回归模型均通过 0.01% 显著水平的整体性 F 检验。以调整的拟合优度 R 为标准，三个模型从优到劣顺序为：对数模型、半对数模型、线性模型。

3）逐步回归模型

我们对三个模型分别进行逐步回归分析，筛出多余变量。筛选条件为 p 值小于 0.05。Stata 命令如下，筛选变量后的回归结果见表 3.11。

. stepwise,pr(.05)：reg price i. c direction area areasq i. floor i. decorate age lift transport

. stepwise,pr(.05)：reg ln_price i. c direction area areasq i. floor i. decorate age lift transport

. stepwise,pr(.05)：reg ln_price i. c direction ln_areasq i. decorate ln_age lift i. floor

表 3.11　逐步回归结果

	（1） 线性模型	（2） 半对数模型	（3） 对数模型
c（北碚）	10.40 ***	0.106 ***	0.099 3 ***
	(2.869)	(0.012 8)	(0.012 5)
c（大渡口）	21.78 ***	0.151 ***	0.163 ***
	(2.365)	(0.010 5)	(0.010 3)
c（江北）	66.21 ***	0.442 ***	0.475 ***
	(2.251)	(0.010 0)	(0.009 7)
c（九龙坡）	31.40 ***	0.237 ***	0.251 ***
	(2.237)	(0.010 0)	(0.009 8)
c（南岸）	46.45 ***	0.323 ***	0.348 ***
	(2.290)	(0.010 2)	(0.010 0)
c（沙坪坝）	26.09 ***	0.217 ***	0.234 ***
	(2.328)	(0.010 4)	(0.010 1)

续表

	（1）线性模型	（2）半对数模型	（3）对数模型
c（渝北）	45.11 ***	0.352 ***	0.373 ***
	(2.274)	(0.010 1)	(0.009 8)
c（渝中）	81.71 ***	0.514 ***	0.545 ***
	(2.298)	(0.010 2)	(0.009 7)
direction	2.844 *	0.022 5 ***	0.021 8 ***
	(1.165)	(0.005 2)	(0.005 1)
area	0.936 ***	0.016 0 ***	
	(0.030 6)	(0.000 1)	
areasq	0.002 9 ***	−0.000 02 ***	
	(0.000 1)	(0.000 0)	
floor（中楼层）	4.041 ***	0.015 0 **	0.009 7 *
	(1.044)	(0.004 7)	(0.004 5)
transport	6.808 ***	0.030 3 ***	
	(1.087)	(0.004 8)	
decorate（简装）	4.829 *	0.017 5 *	
	(1.985)	(0.008 9)	
decorate（精装）	16.94 ***	0.109 ***	0.111 ***
	(1.350)	(0.006 0)	(0.004 6)
age	−4.631 ***	−0.027 5 ***	
	(0.115)	(0.000 5)	
lift	−11.15 ***	−0.110 ***	−0.151 ***
	(2.502)	(0.011 1)	(0.010 7)
ln_areasq			0.564 ***
			(0.0029)
ln_age			−0.265 ***
			(0.0050)
_cons	3.239	3.338 ***	−0.120 ***
	(3.094)	(0.013 8)	(0.030 5)
N	10 376	10 376	10 376

续表

	（1） 线性模型	（2） 半对数模型	（3） 对数模型
R^2	0.742	0.818	0.826
adj. R^2	0.742	0.818	0.826

根据所提供的数据分析,可以清晰地看出住房面积、交通便利性、装修水平以及电梯配置对房价的影响。首先,住房面积的影响最为显著,这是因为房屋的实际使用面积直接关系到购房者对居住舒适度和空间需求的认知。尤其在重庆这样的城市,人口密集,居住空间的需求往往会引导房价的波动,大面积的住房往往会受到更多购房者的青睐,从而提高其价格。

其次,电梯的配置也成了影响房价的重要因素之一。特别是在中高层建筑中,电梯的存在对于居民的居住体验至关重要。重庆市的地形地貌复杂,而现代生活的快节奏也促使了对交通便捷性的需求,因此配备电梯的住宅往往会受到更多购房者的追捧,从而在市场上呈现出相对较高的价格水平。

另外,房龄作为一个负向因素,也在一定程度上影响了房价。随着时间的推移,房屋设施会逐渐老化,维护成本也会逐渐增加,这会导致购房者更倾向于选择新房而非二手房。因此,房龄越高的房屋往往会以更低的价格出售,这与市场上的普遍趋势相符。

此外,对于行政区变量的分析也呈现出了一定的特点。以渝北区作为对照组,通过对其他行政区的回归系数进行比较,可以看出不同区域之间存在着房价的差异。特别是对于江北区,虽然回归系数为正,但影响系数相对较小,说明其房价略高于渝北区,而其他区域的房价则普遍低于渝北区。这可能受到了各区域基础设施、教育资源、商业配套等因素的影响,而这些因素也会在一定程度上塑造着各区域房价的相对水平。

综上所述,住房市场的价格形成受到多种因素的综合影响,其中包括房屋属性、地理位置、交通便利性等方面。通过深入分析这些因素的相互作用,可以更好地理解房地产市场的运行规律,为购房者和开发商提供更准确的市场预测和决策依据。

3.2.4　基于多元线性回归分析房价面板数据分析

从现有的统计资料中可知,从2010年以来,中国离婚绝对数和粗离婚率大幅上升,2010年离婚绝对数为267.8万对,粗离婚率为2%,到2020年达到巅峰,离婚绝对数达到433.9万对,粗离婚率上升为3.09%,离婚绝对数是2010年的约1.62倍,粗离婚率是2010年的约1.55倍。2021年离婚率有所降低,降低至2.01%。

离婚率上升对房价可能有一定的影响。离婚会导致原本一个家庭需要两套住房,增加住房需求,推动房价上涨。单身家庭和单亲家庭增多,倾向于购买小型公寓或租房,影响市场需求结构。市场预期和消费行为的变化也会对房价产生间接影响。总体来看,离婚率上升可能对房价有一定的推升作用,但具体影响需结合市场环境综合分析。本节将使用数据集为"3_面板数据.dta"进行实验。

1）变量选择与数据准备

想要探究离婚率对市场房价的影响。根据研究文献得知离婚率和经济增长、就业率、城市化水平、教育程度、结婚率、出生率、社会负担系数、性别比、婚姻司法实践相关,其中经济增长、就业率、城市化水平、教育程度、结婚率、离婚率、性别比可能与房价相关,故在设定如下计量模型时加入了这些变量,见表3.12。

表3.12 变量定义

符号	变量名称	含义
F	房价	商品房屋住宅平均销售价格来衡量
Z	离婚率	用粗离婚率来衡量,粗离婚率是指某一年离婚总对数除以该年年中总人口数
R	经济增长	用人均GDP来衡量
J	就业率	使用就业人数与经济活动总人数的比值来衡量,预期就业率J和离婚率是负相关关系
C	城市化水平	城镇人口数占总人口数的比重来衡量,预期城市化水平C和离婚率是正相关关系
E	教育程度	平均受教育程度衡量,对于平均受教育程度的计算,采用李秀敏[①]的做法,即 平均受教育程度=文盲和半文盲的人口比重×2年+小学文化程度人口比重×6年+初中文化程度人口比重×9年+高中文化程度人口比重×12年+大专及以上文化程度人口比重×16年
JIE	结婚率	用结婚对数与总人口数之比来衡量
X	性别比	男性与女性人数之比来衡量

数据来源:《中国统计年鉴》和《中国民政统计年鉴》,时间为2010—2021年。

对各个变量进行描述性统计(表3.13),由于变量数目较多,我们先分别定义为"depend_var""independ_var""kongzhi_var",方便后续操作。

. global depend_var "lnF"

. global independ_var "lnZ"

. global kongzhi_var "lnR2 lnJ lnC lnE lnJIE lnX"

. sum $depend_var $independ_var $kongzhi_var

表3.13 描述性统计

变量	均值	方差	最小值	最大值
ln F	8.775 8	0.521 4	8.000 7	10.757

---

① 李秀敏.人力资本、人力资本结构与区域协调发展:来自中国省级区域的证据[J].华中师范大学学报(人文社会科学版),2007(3):47-56.

续表

变量	均值	方差	最小值	最大值
$\ln Z$	1.293 1	0.265	0.357 7	1.822 9
$\ln R^2$	8.153 6	0.341 8	7.523 4	9.245 2
$\ln J$	4.582 7	0.006 6	4.569 5	4.603 2
$\ln C$	0.454 5	0.882 7	0.204 6	0.639 7
$\ln E$	2.315 5	0.112 6	1.734 4	2.617 5
$\ln JIE$	0.008 2	0.002	0.003 6	0.013 4
$\ln X$	4.662 3	0.037 8	4.572 3	4.821 7

然后,查看数据结构类型。

. xtdes

我们可以看到 $n>T$,为短面板数据,而且观测样本在时间上的分布也非常均匀。

. xtline lnF

离婚率趋势图如图 3.4 所示。

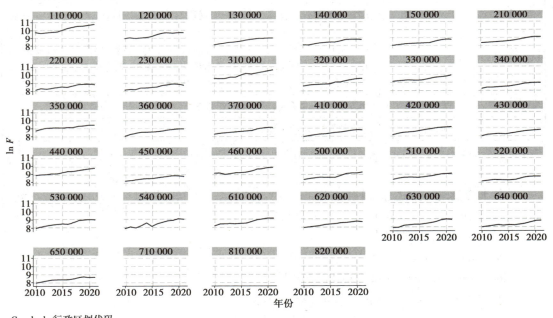

图 3.4　离婚率趋势图

2)模型构建与估计

根据研究文献得知离婚率和经济增长、就业率、城市化水平、教育程度、结婚率、出生率、社会负担系数、性别比、婚姻司法实践相关,故在设定如下计量模型时加入了这些变量。同时为了利用我国省级面板数据研究房价对离婚率的影响,故在设定模型时,加入了房价这一

变量,最终设定实证模型如下

$$\ln F_{it} = \beta_0 + \beta_1 \ln Z_{it} + \sum \beta_{control} + \varepsilon \tag{3.66}$$

其中,F_{it} 为各地房价,i 表示地区,t 表示时间段;Z_{it} 为离婚率;control 为控制变量。

在 Stata 软件中,我们需要先设定行政区划代码、年份为面板个体和时间变量。

. xtset 行政区划代码 年份

尝试使用固定效应回归,FE 法的 Stata 代码如下。

. xtreg $depend_var $independ_var $kongzhi_var,fe

保存模型。

. estimates store FE

模型回归结果见表 3.14,R^2 为 0.763 7,通过 F 检验,说明固定效应模型优于混和回归模型。

表 3.14 固定效应回归结果

	Coefficient	Std. err.	t	$p>|t|$	[95% conf. interval]	
$\ln F$	0.216 0	0.065 8	3.28	0.001	0.086 4	0.345 5
$\ln R^2$	0.721 2	0.200 4	3.6	0.000	0.326 6	1.115 7
$\ln J$	1.206 8	2.264 8	0.53	0.595	−3.252 1	5.665 7
$\ln c$	3.370 1	0.591 1	5.7	0.000	2.206 4	4.533 9
$\ln E$	2.188 7	0.371 2	5.9	0.000	1.457 9	2.919 6
$\ln \mathrm{JIE}$	−39.094 7	7.118 0	−5.49	0.000	−53.108 6	−25.080 8
$\ln X$	0.412 4	0.274 9	1.5	0.135	−0.128 9	0.953 7
_cons	−11.115 2	10.514 5	−1.06	0.291	−31.816 0	9.585 6
sigma_u	0.521 1					
sigma_e	0.1275					
rho	0.943 4	(fraction of variance due to u_i)				
F test that all u_i=0;$F(30,270)=31.10$				Prob$>F=0.000\ 0$		

尝试使用随机效应模型,回归结果见表 3.15,R^2 为 0.741 7。

. xtreg $depend_var $independ_var $kongzhi_var,re

保存模型。

. estimates store RE

表 3.15 随机效应回归结果

	Coefficient	Std. err.	t	$p>|t|$	[95% conf. interval]	
$\ln Z$	0.135 1	0.067 3	2.01	0.045	0.003 3	0.266 9
$\ln R^2$	0.039 7	0.135 8	0.29	0.770	−0.226 4	0.305 8

续表

	Coefficient	Std. err.	t	$p>|t|$	〔95% conf. interval〕	
$\ln J$	4.749 4	2.357 4	2.01	0.044	0.129 1	9.369 8
$\ln c$	3.637 0	0.584 5	6.22	0.000	2.491 4	4.782 6
$\ln E$	1.466 9	0.364 6	4.02	0.000	0.752 3	2.181 5
$\ln JIE$	−47.556 0	7.306 2	−6.51	0.000	−61.875 0	−33.236 0
$\ln X$	0.458 1	0.295 2	1.55	0.121	−0.128 4	1.036 7
_cons	−20.283 0	10.984 8	−1.85	0.065	−41.813 0	1.246 9
sigma_u	0.211 3					
sigma_e	0.127 6					
rho	0.732 8	(fraction of variance due to u_i)				

使用"xttest0"命令来判断是选择随机效应模型还是混合回归模型。

. xttest0

结果显示通过了 LM 检验,可以拒绝原假设,说明个体间存在随机效应。

下面需要通过豪斯曼检验来判断该选择随机效应还是固定效应,由于之前已经保存了固定效应模型和随机效应模型,故直接输入。

. hausman FE RE,constant sigmamore

结果显示,可以拒绝原假设,认为固定效应优于随机效应。

在前述回归中,我们确认了固定效应更优,但需要进一步确认该选择个体固定效应还是该选择双固定效应。

加入时间因素,进行双固定效应回归。

. xtreg $depend_var $independ_var $kongzhi_var i. 年份,fe

双固定效应的 R^2 为 0.928 9,相比于个体固定效应模型有显著提高。

从表 3.16 可知整个样本期间,离婚率对房价的影响显著且正向。离婚率每增加 1%,房价平均增加约 0.22%。这可能是因为离婚率上升会导致更多的单身人士或单亲家庭需要独立住房,从而增加了住房需求,推高了房价。

表 3.16 双固定效应回归结果

	Coefficient	Std. err.	t	$p>|t|$	〔95% conf. interval〕	
$\ln Z$	0.223 6	0.058 5	3.82	0.000	0.108 4	0.338 8
$\ln R^2$	0.317 9	0.148 6	−2.14	0.033	−0.610 4	−0.025 3
$\ln J$	1.804 7	1.305 9	1.38	0.168	−0.766 7	4.376 1
$\ln c$	−3.904 5	0.476 7	−8.19	0.000	−4.843 1	−2.965 9
$\ln E$	0.146 9	0.231 8	0.63	0.527	−0.309 4	0.603 3

续表

	Coefficient	Std. err.	t	$p > \lvert t \rvert$	[95% conf. interval]	
ln JIE	16.360 5	4.681 5	3.49	0.001	7.142 1	25.578 9
ln x	−0.197 3	0.159 5	−1.24	0.217	−0.511 4	0.116 9
年份	0.074 7	0.018 4				
2012	0.169 1	0.019 7	4.06	0.000	0.038 4	0.110 9
2013	0.234 5	0.021 1	8.61	0.000	0.130 4	0.207 8
2014	0.308 1	0.024 7	11.1	0.000	0.192 9	0.276 1
2015	0.422 3	0.028 2	12.46	0.000	0.259 4	0.356 8
2016	0.576 0	0.031 9	14.97	0.000	0.366 7	0.477 8
2017	0.756 5	0.034 7	18.08	0.000	0.513 3	0.638 8
2018	0.865 6	0.038 6	21.77	0.000	0.688 0	0.824 9
2019	1.083 8	0.051 2	22.4	0.000	0.789 5	0.941 7
2021	4.582 6	6.016 7	21.15	0.000	0.982 9	1.184 7
_cons	0.813 9	0.058 5	0.76	0.447	−7.265 0	16.430 1
sigma_u	0.071 1					
sigma_e	0.992 4					
rho	0.223 6	(fraction of variance due to u_i)				
F test that all u_i=0: $F(30,261)=97.33$				Prob>F=0.0000		

经济增长对房价的影响显著且正向。经济增长每增加 1%，房价平均上涨约 0.32%。这可能是因为经济增长带来了更高的人均 GDP，增加了人们的购买力，进而推动了房价上涨。就业率对房价的影响不显著。就业率对房价的影响虽然正向，但由于 p 值较大（0.168），说明就业率的变化对房价的影响不显著。城市化水平对房价的影响显著且负向。城市化水平每增加 1%，房价平均下降约 3.90%。这可能是因为城市化水平上升会带来更多的住房供应或其他与住房相关的基础设施改善，从而降低了房价。教育程度对房价的影响不显著。教育程度的变化对房价的影响正向但不显著（p 值为 0.527）。结婚率对房价的影响显著且正向。结婚率每增加 1%，房价平均增加约 16.36%。这可能是因为结婚率上升会增加对住房的需求，特别是新婚夫妇的首次购房需求，从而推高了房价。性别比对房价的影响不显著。性别比的变化对房价的影响负向但不显著（p 值为 0.217）。从年份变量的系数和显著性来看，房价在逐年上升，每年的系数都显著为正且 p 值为 0.000。这表明随着时间的推移，房价整体呈现上升趋势。

总体来说，离婚率、结婚率、城市化水平和经济增长对房价有显著影响。其中，离婚率和结婚率的上升会导致房价上升，而城市化水平和经济增长的上升会导致房价下降。其他变量(就业率、教育程度、性别比)对房价的影响不显著。年份变量表明房价在逐年上升。

3.3　本章小结

本章深入探讨了多元线性回归模型及其在房地产数据分析中的应用。首先,介绍了多元线性回归模型的基本原理和参数估计方法,包括普通最小二乘法(OLS)和基于面板数据的多元线性模型。在此基础上,讨论了多重共线性问题的检验和解决方法。本章通过理论讲解和实际案例相结合的方式,展示了多元线性回归模型在房地产价格影响因素分析中的广泛应用。在实践部分,本章以房地产享乐价格分析为例,详细讲解了如何建立多元线性回归模型,进行参数估计和模型检验,并应用于实际数据分析。读者通过这些内容,不仅能够加深对多元线性回归模型的理解,还能掌握其在解决现实问题中的具体应用方法。下一章将介绍二元离散选择模型及其在房地产决策分析中的应用。

习　题

1. 在构建多元线性回归的房地产享乐价格数理模型时,如何在经济理论与经验研究的基础上确定适宜的特征变量? 若选择的解释变量过多或过少,将对模型参数估计与结果解释产生怎样的影响?

2. 在房地产价格多元线性回归模型中,当多个区位与建筑特征变量存在高度相关关系时,应如何诊断与缓解多重共线性问题? 可采用哪些统计方法或变量处理技巧来降低多重共线性的影响?

3. 在利用面板数据模型研究房地产价格时,Hausman 检验可用于判断应选用固定效应模型或随机效应模型。若选择固定效应模型或随机效应模型,这在经济含义上分别意味什么?

第二篇

房地产决策的离散选择分析

离散选择模型是一类统计模型,用于分析个体在有限的备选方案中做出选择的行为。与前一篇学习的线性回归模型中,因变量为正态分布下的连续变量(例如房价)不同的是,离散选择模型中的因变量为离散的分类变量(例如决策中的是或否)。以下是几种常见的离散选择模型。普通的二元与多元离散选择模型可以用来分析买家选择特定类型房产的概率,分析买家的个体特征对房产的偏好,预测买家对特定房产的购买决策,或者预测某个特定区域内房产的销售情况。混合离散选择模型允许模型参数随着个体和选择方案的不同而变化,提供更高的灵活性来捕捉个体偏好和选择方案特征的多样性。嵌套离散选择模型在普通离散选择模型基础上引入了选择备选方案之间可能存在的相关性,允许不同选择之间的相关性影响最终的选择结果。该模型用于分析房地产市场上买家对房产类型的选择,尤其是当选择高度相关时(如城市中心的不同公寓楼盘)。

总的来说,离散选择模型可以识别不同买家群体的偏好,帮助开发商和营销团队有针对性地设计和推广房产;评估价格变化对买家选择的影响,制定更有效的定价策略;了解地理位置因素如何影响买家的房产选择,支持更好的规划决策;基于历史数据和市场动态,预测特定区域或类型房产的未来需求。离散选择模型为房地产市场分析提供了一种强有力的工具,能够帮助业内专家深入理解买家行为,优化产品和服务,从而在竞争激烈的市场中占据有利地位。

应用离散选择模型分析房地产数据时,应根据研究目的和数据特性选择合适的离散选择模型。例如,如果选择是互斥的且有多个选项,可以考虑多项 Logit 模型;如果需要考虑选择之间的相关性,则可能需要嵌套 Logit 模型。进一步地,需要准确理解模型参数的社会经济意义。

本篇对二元离散选择模型、多元离散选择模型和嵌套离散选择模型的原理,及其在房地产数据分析中的应用实践进行了介绍。

4

房地产二元离散选择模型

　　与第一篇中经典线性回归模型,要求因变量为连续变量并符合正态分布的假设不同,二元离散选择模型能够处理因变量为二元的情况(如是/否,租房/购房)。二元离散选择模型通过最大似然估计方法来估计模型参数,从而揭示不同解释变量对决策行为的影响程度。二元离散选择模型在房地产数据分析中有广泛应用,可以用来分析多种解释变量对潜在购房者是否决定购买房产的影响,如个人或家庭的收入水平、房价、贷款利率、地理位置、房屋特征(如面积、房龄等),以及其他宏观经济指标对是否购房的影响。此外,消费者面临的另一个重要决策是租赁还是购买房产这两个选择。二元离散选择模型可以帮助分析个体在特定条件下偏好租赁还是购买,通过模型分析,可以揭示哪些因素最影响这一决策,如收入水平、房价、租金价格、移动性需求等。对于房地产投资者而言,决定是否在特定地区投资房地产是一个关键问题,通过二元离散选择模型,可以分析投资者基于预期收益、风险评估、市场趋势等因素做出投资决策的过程。

　　二元离散选择模型的结果相对容易解释,使得理解模型预测的决策概率及其与各个解释变量之间的关系相对简单。这些模型适用于各种二元决策场景,如购买与否、租赁或购买、投资与否等,在房地产市场分析中非常实用。与线性回归模型相比,逻辑回归等二元离散选择模型能够更好地处理、解释变量与因变量之间的非线性关系。但简单二元选择模型难以处理多项选择关系或者嵌套选择关系的情景,需要后续章节中更复杂的模型对这样的情景进行处理。

　　本章主要介绍二元离散选择模型及其在房地产数据分析中的应用。具体而言:第 1 节将详细介绍二元 Probit 模型和 Logit 模型的原理、参数估计和检验方法。第 2 节通过实例展示了二元离散选择模型在房地产租售选择决策分析中的应用,帮助读者理解如何利用二元离散选择模型进行房地产市场决策分析。

4.1　二元离散选择模型的原理

　　在经典线性模型中,被解释变量通常被假定为连续变量。而在实际经济分析中,作为研究对象的被解释变量的观测值经常是离散的,这样的模型称为离散被解释变量模型(Model with Discrete Dependent Variable),包括离散选择模型(Discrete Choice Model)和计数数据模型(Model for Count Data)。离散选择模型以选择问题为研究对象。在经济分析中经常面临许多决策问题,或者称为选择问题,即人们必须在可供选择的几个方案中作出选择。这些可供选择的方案可以用离散的数据表示,例如,某一事件发生与否,分别用1和0表示。离散选择模型起源于费希纳(Fechner)在1860年进行的动物条件二元反射研究。1962年,沃纳(Warner)首次将它应用于经济研究领域,用以研究公共交通工具和私人交通工具的选择问题。20世纪70年代和80年代,离散选择模型被普遍应用于经济布局、企业定点、交通问题、就业问题、购买决策等经济决策领域的研究。模型的理论方法主要发展于20世纪80年代初期。麦克法登(McFaddan)因为在离散选择模型领域的贡献而获得2000年诺贝尔经济学奖[①]。

以房屋租和售的选择问题为例,如果某一个体选择房屋出租,它的效用为U_i^1,上标表示选择结果,下标表示第i个个体。该效用是随机变量,并且由房屋出租所具有的属性和决策个体所具有的属性解释。于是有

$$U_i^1 = X_i \beta^1 + \varepsilon_i^1 \tag{4.1}$$

类似地,如果某一个体选择房屋售卖,它的效用为U_i^0,该效用是随机变量,并且由房屋售卖所具有的属性和决策个体所具有的属性解释。于是有

$$U_i^0 = X_i \beta^0 + \varepsilon_i^0 \tag{4.2}$$

请注意,在模型中,效用是不可观测的,我们能够得到的观测值仍然是选择结果,即1和0。但是很显然,如果不可观测的$U_i^1 > U_i^0$,即对应于观测值1,因为该个体选择房屋出租的效用大于选择房屋售卖的效用,他当然会选择房屋出租;相反,如果不可观测的$U_i^1 \leq U_i^0$,即对应于观测值0,因为该个体选择房屋出租的效用小于选择房屋售卖的效用,他当然会选择房屋售卖。

将式(4.1)与式(4.2)相减,得

$$U_i^1 - U_i^0 = X_i(\beta^1 - \beta^0) + (\varepsilon_i^1 - \varepsilon_i^0) \tag{4.3}$$

记为

$$Y_i^* = X_i \beta + \mu_i^* \tag{4.4}$$

请注意,个体效用是不可观测的,我们能够得到的观测值是选择结果,即1和0。但是很显然,如果不可观测的$U_i^1 > U_i^0$,即$Y_i^* > 0$,对应于观测值1,因为该个体选择房屋出租的效用大于选择房屋售卖的效用,他当然会选择房屋出租;相反,如果不可观测的$U_i^1 \leq U_i^0$,即$Y_i^* \leq 0$,对应于观测值0,因为该个体选择房屋出租的效用小于选择房屋售卖的效用,他当然会选择房屋售卖。因此,以Y_i代换式(4.4),得到待估方程如下:

$$Y_i = X_i \beta + \mu_i \tag{4.5}$$

其中,Y_i为观测值为1和0的决策被解释变量,X_i为解释变量,包括选择对象所具有的属性和选择主体所具有的属性。

① GUJARATI D N,PORTER D C. Basic Econometrics 5th ed. [M]. 北京:中国人民大学出版社,2009.

4.1.1 最大似然估计

1) 最大似然估计原理

因为离散选择模型的因变量为离散变量,因此不符合 OLS 估计的前提假设,需要采用最大似然法进行参数估计。

假设对于给定样本 $\{Y,X\}$,其联合概率分布存在 $f(Y,X;\xi)$。将该联合概率密度函数视为未知参数 ξ 的函数,则 $f(Y,X;\xi)$ 称为似然函数(Likelihood Function),即观测到所给样本的可能性。

最大似然原理就是寻找未知参数 ξ 的估计 $\hat{\xi}$,使得似然函数达到最大,或者说寻找使得样本 $\{Y,X\}$ 出现的概率最大的 ξ。

$$Y = X\beta + u \tag{4.6}$$

$$u \sim N(0,\sigma^2 I_n) \tag{4.7}$$

$$L(Y,X;\beta,\sigma^2) = (2\pi\sigma^2)^{-\frac{n}{2}} \exp\left\{ -\frac{(Y-X\beta)'(Y-X\beta)}{2\sigma^2} \right\} \tag{4.8}$$

对数似然函数为

$$l = \ln L = -\frac{n}{2}\ln 2\pi - \frac{n}{2}\ln \sigma^2 - \frac{(Y-X\beta)'(Y-X\beta)}{2\sigma^2} \tag{4.9}$$

对未知参数求导为

$$\begin{cases} \dfrac{\partial l}{\partial \hat{\beta}} = -\dfrac{1}{2\hat{\sigma}^2}(-2X'Y + 2X'X\hat{\beta}) = 0 \\ \dfrac{\partial l}{\partial \hat{\sigma}^2} = -\dfrac{n}{2\hat{\sigma}^2} + \dfrac{1}{2\hat{\sigma}^4}(Y-X\hat{\beta})'(Y-X\hat{\beta}) = 0 \end{cases} \tag{4.10}$$

得到

$$\begin{cases} \hat{\beta}_{ML} = (X'X)^{-1}X'Y \\ \hat{\sigma}^2_{ML} = \dfrac{1}{n}e'e \end{cases} \tag{4.11}$$

与 OLS 对比,将估计量代入对数似然函数,得到最大对数似然估计值。

$$l = \ln L = \frac{n}{2}\left[\ln\left(\frac{n}{2\pi}\right) - 1 - \ln(e'e) \right] \tag{4.12}$$

2) 最大似然估计量(MLE) 的性质

(1) 一致性

$\hat{\theta}$ 是 θ 的一致估计量,即

$$\lim_{n\to\infty} P\{|\hat{\theta} - \theta| < \varepsilon\} = 1 (\varepsilon \text{ 为任意给定的正数}) \tag{4.13}$$

(2) 渐进有效性

$\hat{\theta}_{ML}$ 是渐进有效的且达到所有一致估计量的 Cramer-Rao 下界,即是所有一致渐进正态估计量中方差最小的。

3)基于最大似然估计的三大约束检验方式

由于最大似然估计往往应用于例如离散选择模型这样的非线性模型,因此对前面章节学到的 z 检验、t 检验和 F 检验的应用有所限制。在进行基于最大似然估计的非线性模型的约束检验时,我们可以利用下述三种检验方式。这三种检验方式可以用来测试统计模型中的一个或多个参数是否符合某些先验设定的条件约束,从而帮助研究者理解模型参数对解释变量的实际影响。

（1）似然比检验（LR）

假设约束条件为 $H_0 : g(\beta) = C$;检验思想:如果约束是无效的,有约束的最大似然函数值当然不会超过无约束的最大似然函数值,但如果约束条件"有效",有约束的最大值应当"接近"无约束的最大值,这正是似然比检验的基本思路。似然比为

$$\lambda = \frac{L(\tilde{\beta}, \tilde{\sigma}^2)}{L(\hat{\beta}, \hat{\sigma}^2)} \tag{4.14}$$

无约束模型似然函数值: $L(\hat{\beta}, \hat{\sigma}^2)$,有约束模型似然函数值: $L(\tilde{\beta}, \tilde{\sigma}^2)$,显然 $0 \le \lambda \le 1$。如果原假设是真,则 λ 趋近于 1;如果 λ 太小,则约束无效,拒绝原假设。可以证明,对大样本来说,检验统计量为

$$\text{LR} = -2\ln\lambda = 2[\ln L(\hat{\beta}, \hat{\sigma}^2) - \ln L(\tilde{\beta}, \tilde{\sigma}^2)] \sim \chi^2(q) \tag{4.15}$$

拒绝域为

$$\{\text{LR} \ge \chi^2_{1-\alpha}(q)\} \tag{4.16}$$

似然比检验另一种表达式为

$$\text{LR} = -2\ln\lambda = n(\ln(e'_*e_*) - \ln(e'e)) \sim \chi^2(q) \tag{4.17}$$

其中,e'_*e_* 是有约束模型残差平方和;$e'e$ 是无约束模型残差平方和。

（2）Wald 检验

$$H_0 : g(\beta) = C \tag{4.18}$$

如果式（4.18）表示的假设约束条件为真,则 $g(\beta^{\text{MLE}}) - C \to 0$ 不应该显著异于零,其中 β^{MLE} 是无约束极大似然估计值。当 $g(\beta^{\text{MLE}}) - C$ 显著异于零时,约束条件无效,拒绝原假设。

检验统计量在线性约束条件下,Wald 检验为

$$H_0 : R\beta = r \tag{4.19}$$

$$W = (R\hat{\beta} - r)'[R\hat{\sigma}^2(X'X)^{-1}R']^{-1}(R\hat{\beta} - r) \overset{a}{\sim} \chi^2(q) \tag{4.20}$$

拒绝域为

$$W \ge \chi^2_\alpha(q) \tag{4.21}$$

Wald 检验另一种表达形式为

$$W = \frac{n(e'_*e_* - e'e)}{e'e} \sim \chi^2(q) \tag{4.22}$$

其中,e'_*e_* 是有约束模型残差平方和;$e'e$ 是无约束模型残差平方和。

（3）拉格朗日乘子检验（LM）

基本思想:拉格朗日乘子检验（LM）,又称为 Score 检验。该检验基于约束模型,无须估计无约束模型。

假设约束条件为 $H_0 : g(\beta) = C$，在约束条件下最大化对数似然函数，另 $\boldsymbol{\lambda}$ 表示拉格朗日乘子向量，此时，拉格朗日函数为

$$\ln L^*(\theta) = \ln L(\theta) + \boldsymbol{\lambda}'[g(\theta) - C] \tag{4.23}$$

约束条件下最大化问题就是求解下式根，

$$\frac{\partial \ln L^*(\theta)}{\partial \theta} = \frac{\partial \ln L(\theta)}{\partial \theta} + \boldsymbol{g}'\boldsymbol{\lambda} = 0 \tag{4.24}$$

$\dfrac{\partial \ln L^*(\theta)}{\partial \boldsymbol{\lambda}} = g(\theta) - C = 0$，其中 $\boldsymbol{g}'$ 是矩阵 $\boldsymbol{g} = \left[\dfrac{\partial g(\theta)}{\partial \theta'}\right]$ 的转置。

如果约束成立，对数似然函数值不会有显著变化。这就意味着在一阶条件下，第二项应该很小，特别是 $\boldsymbol{\lambda}$ 应该很小。因此，约束条件是否成立检验转化成检验 $H_0 : \boldsymbol{\lambda} = 0$，这就是拉格朗日乘子检验的思想。但是直接检验 $H_0 : \boldsymbol{\lambda} = 0$ 比较困难，有一个等价而简单的方法。如果约束条件成立，在约束估计值处计算对数似然函数的导数应该近似为零，如果该值显著异于零，则约束条件不成立，拒绝原假设。对数似然函数的导数就是得分向量，因此，LM 检验就是检验约束条件下参数估计值的得分向量值是否显著异于零，因而，LM 检验又称为得分检验。在最大似然估计过程中，通过解似然方程 $S(\hat{\theta}) = 0$，可以求出无约束估计量 $\hat{\theta}$；如果计算有约束估计量 $\tilde{\theta}$ 在此处得分，则 $S(\tilde{\theta})$ 一般不为零，但是如果约束有效，则 $S(\tilde{\theta})$ 趋近于零。

在原假设成立条件下，对于线性约束

$$\text{LM} = S'(\tilde{\theta})I^{-1}(\tilde{\theta})S(\tilde{\theta})^d \sim \chi^2(q) \tag{4.25}$$

将有关量代入式（4.25）得

$$\text{LM} = \frac{ne'_* X(X'X)^{-1}X'e_*}{e'_* e_*} = nR^2 \sim \chi^2(q) \tag{4.26}$$

其中，$e'_* e_*$ 是有约束模型残差平方和；R^2 是 e_* 对 X 回归的拟合优度。

拒绝域为

$$\text{LM} = nR^2 \geqslant \chi_\alpha^2(q) \tag{4.27}$$

Wald 只需要估计无约束模型，但需要计算渐进协方差矩阵。

LM 统计量另一种表达形式为

$$W = \frac{n(e'_* e_* - e'e)}{e'_* e_*} \sim \chi^2(q) \tag{4.28}$$

其中，$e'_* e_*$ 是有约束模型残差平方和；$e'e$ 是无约束模型残差平方和。

4）二元选择模型的极大似然估计

欲使得模型可以估计，就必须为 μ_i^* 选择一种特定的概率分布。两种最常用的分布是标准正态分布和逻辑（logistic）分布，于是形成了两种最常用的二元选择模型——Probit 模型和 Logit 模型。

无论是标准正态分布还是逻辑分布，由于它们是对称的，存在

$$F(-t) = 1 - F(t) \tag{4.29}$$

其中 $F(t)$ 表示概率分布函数。于是式（4.29）可以改写为

$$P(Y_i = 1) = P(Y_i^* > 0)$$

$$= P(\mu_i^* > -X_i\beta)$$
$$= 1 - P(\mu_i^* - X_i\beta)$$
$$= 1 - F(-X_i\beta)$$
$$= F(X_i\beta) \tag{4.30}$$

至此,可以得到模型式(4.30)的似然函数

$$P(Y_1, Y_2, \cdots, Y_n) = \prod_{Y_i=0} \left[1 - F(X_i\beta)\right] \prod_{Y_i=1} F(X_i\beta) \tag{4.31}$$

即

$$L = \prod_{i=1}^{n} \left[F(X_i\beta)\right]^{Y_i} \left[1 - F(X_i\beta)\right]^{1-Y_i} \tag{4.32}$$

对数似然函数为

$$\ln L = \sum_{i=1}^{n} \left\{Y_i \ln F(X_i\beta) + (1 - Y_i)\ln\left[1 - F(X_i\beta)\right]\right\} \tag{4.33}$$

对数似然函数最大化的一阶条件为

$$\frac{\partial \ln L}{\partial \beta} = \sum_{i=1}^{n} \left[\frac{Y_i f_i}{F_i} + (1 - Y_i)\frac{-f_i}{1 - F_i}\right] X_i = 0 \tag{4.34}$$

其中 f_i 表示概率密度函数。显然,在样本数据的支持下,如果知道式(4.34)中的概率分布函数和概率密度函数,求解该方程组,就可以得到模型参数估计量。

4.1.2　二元 Logit 离散选择模型

Logit 模型是将逻辑分布作为式中 μ_i^* 的概率分布推导得到的。Börsch-Supan 于 1987 年指出,如果选择是按照效用最大化而进行的,那么具有极限值的逻辑分布(Logistic Distribution)是较好的选择,这种情况下的二元选择模型应该采用 Logit 模型。在二元选择问题研究中,Probit 模型和 Logit 模型都被广泛应用,而在多元选择问题研究中,几乎都采用 Logit 模型。

1) Logit 分布

Odds 是概率的一种表示方法,通常用于描述某一事件发生的可能性。具体来说,Odds 是事件发生的概率(p)与事件不发生的概率($1-p$)的比值,其公式为 $\mathrm{Odds} = \dfrac{p}{1-p}$。

Logit 分布是一种广泛应用于二分类问题中的概率分布,尤其是在逻辑回归模型中。逻辑回归用于预测二元响应变量(如成功/失败、是/否等)的概率。Logit 函数将概率(p)映射到无限范围的实数,从而解决线性回归模型在处理概率值时遇到的问题。Logit 函数可以表示为 $\mathrm{Logit}(p) = \log\dfrac{p}{1-p}$,其中 $\dfrac{p}{1-p}$ 就是事件的 Odds。

在统计学中,Logit 模型通常使用逻辑分布来处理变量的分布,这种分布具有与正态分布类似的 S 形曲线特征,但在尾部的行为上有所不同。以下是逻辑分布的 PDF(概率密度函数)和 CDF(累积分布函数)的特征。

(1)PDF 分布图特征

①形状:钟形曲线,关于均值 μ 完全对称分布。

②位置:峰值位于均值 μ,对于标准逻辑分布,$\mu=0$。

③宽度:分布的尺度参数 s 决定了分布的宽度,这个参数与正态分布的标准偏差相似。在标准逻辑斯蒂分布中,$s=1$。

④尾部:逻辑分布的尾部比正态分布更重,即尾部概率下降得更慢,表现出更长的尾部。

(2)CDF 分布图特征

①形状:S 形曲线,表现为递增函数。

②范围:从 0 开始,最大为 1。

③中点:在 μ 处,累计概率为 0.5,对于标准逻辑分布即 $Y^*=0$。

④渐近线:当 Y^* 趋向于负无穷时,CDF 趋向于 0;当 Y^* 趋向于正无穷时,CDF 趋向于 1。

逻辑分布的这些特性使其在建模事件的发生概率时非常有用,尤其是在需要模拟极端概率时。

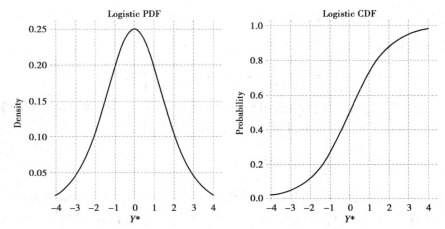

图 4.1 Logit 的 PDF 图(左)和 CDF 图(右)

2)Logit 模型和参数估计

逻辑分布的概率累积分布函数是

$$F(t) = \frac{1}{1 + e^{-t}} \tag{4.35}$$

概率密度函数是

$$f(t) = \frac{e^{-t}}{(1 + e^{-t})^2} \tag{4.36}$$

式(4.35)可以改写成

$$F(t) = \frac{e^t}{1 + e^t} = \Lambda(t) \tag{4.37}$$

这里 Λ 是通常用来表示逻辑分布的概率分布的符号。式(4.36)可以改写成

$$f(t) = \frac{e^t}{(1 + e^t)^2} = \Lambda(t)[1 - \Lambda(t)] \tag{4.38}$$

重复观测值不可以得到的情况下,二元 Logit 离散选择模型的参数估计得到

$$\frac{\partial \ln L}{\partial \beta} = \sum_{i=1}^{n} \left[\frac{Y_i f_i}{F_i} + (1 - Y_i) \frac{-f_i}{1 - F_i} \right] X_i$$

$$= \sum_{i=1}^{n} \left[Y_i - \Lambda(X_i\beta) \right] X_i = 0 \tag{4.39}$$

上式关于 β 的非线性函数,不能直接求解,需采用完全信息最大似然法中所采用的迭代方法。这里所谓"重复观测值不可以得到",是指对每个决策者只有一个观测值。计算得到模型的 Y_i^*,虽然输入的是 Y 的观测值,但是作为估计对象的不是原始模型。

在重复观测值可以得到的情况下,同样可以采用广义最小二乘法估计二元 Logit 选择模型。模型形式为

$$\frac{F(t)}{1 - F(t)} = \mathrm{e}^t \tag{4.40}$$

同样地,首先定义观测值,对第 i 个决策者重复观测 n_i 次,选择 $Y_i = 1$ 的次数比例为 p_i,那么可以将 p_i 作为真实概率 P_i 的一个估计量。于是有

$$p_i = P_i + e_i = F(X_i\beta) + e_i \tag{4.41}$$

其中,误差项的期望为 $E(e_i) = 0$;方差为 $\mathrm{Var}(e_i) = \dfrac{p_i(1-p_i)}{n_i}$。

然后,将 Logit 模型转化为对数成败比例模型。用样本重复观测得到的 p_i 构成"成败比例" $\dfrac{p_i}{1-p_i}$(因此在一些教科书中将 Logit 模型译成"对数成败比例模型"),进行泰勒展开,有

$$\ln \frac{p_i}{1 - p_i} \approx \ln \frac{P_i}{1 - P_i} + \frac{e_i}{P_i(1 - P_i)} \tag{4.42}$$

在式(4.40)中,用 P_i 代替 $F(t)$,再用 $X_i\beta$ 代入 t,然后代入式(4.42),得到

$$\ln \frac{p_i}{1 - p_i} \approx \ln \mathrm{e}^{X_i\beta} + u_i = X_i\beta + u_i \tag{4.43}$$

令 $v_i = \ln \dfrac{p_i}{1-p_i}$,则有

$$v_i = X_i\beta + u_i \tag{4.44}$$
$$V = X\beta + U \tag{4.45}$$

采用广义最小二乘法估计式(4.45),得到

$$\hat{\beta} = (X'\hat{\Omega}^{-1}X)^{-1}X'\hat{\Omega}^{-1}V \tag{4.46}$$

其中,$\hat{\Omega}$ 由 P_i 的估计量 p_i 构成。同样地,为了提高估计量的质量,可以采用迭代方法反复求得 P_i 的估计量。V 的观测值不需要求解概率分布函数的反函数,而是由实际观测得到的 p_i 直接计算得到。

3) 边际效应

在二元 Logit 模型中,边际效应衡量的是解释变量(自变量)的一个微小变化对因变量(即事件发生概率)的预期影响。这里,我们会通过推导来计算 Logit 模型中某个变量 x 对应系数 β 的边际效应。由上节对模型的推导,我们可以假设有一个基本的 Logit 模型如下

$$\mathrm{logit}(p) = \log\left(\frac{p}{1-p}\right) = \beta_0 + \beta_1 X_1 + \cdots + \beta_i X_i \tag{4.47}$$

其中,事件 $Y = 1$ 发生的概率由下面的逻辑函数给出。

$$P(Y = 1 \mid X) = \frac{1}{1 + \mathrm{e}^{-(\beta_0 + \beta_1 X_1 + \cdots + \beta_i X_i)}} \tag{4.48}$$

其中,β_0 是截距;$\beta_i(i=1,\cdots,i)$ 是 $X_i(i=1,\cdots,i)$ 的系数。

要找到 X_k(假设它是 X 的 i 个元素中的第 k 个元素)的一个单位变化对 p 的影响,我们需要对 p 关于 X_k 求偏导。记 $z=\beta_0+\beta_1 X_1+\cdots+\beta_k X_k+\cdots+\beta_i X_i$。这里使用链式法则。

$$
\begin{aligned}
\frac{\partial p}{\partial X_k} &= \frac{\partial p}{\partial z} \times \frac{\partial z}{\partial X_k} \\
&= \frac{e^{-z}}{(1+e^{-z})^2} \times \beta_k \\
&= \beta_k \times \frac{e^{-(\beta_0+\beta_1 X_1+\cdots+\beta_k X_k+\cdots+\beta_i X_i)}}{(1+e^{-(\beta_0+\beta_1 X_1+\cdots+\beta_k X_k+\cdots+\beta_i X_i)})^2}
\end{aligned}
\tag{4.49}
$$

为了简化这个表达式,我们可以利用 p 的定义,即 $e^{-(\beta_0+\beta_1 X_1+\cdots+\beta_k X_k+\cdots+\beta_i X_i)}=\dfrac{1-p}{p}$。因此简化为

$$
\frac{\partial p}{\partial X_k} = \beta_k \times \frac{\dfrac{1-p}{p}}{\left(1+\dfrac{1-p}{p}\right)^2} = \beta_k p(1-p)
\tag{4.50}
$$

所以 X_k 对 p 的边际效应为

$$
\mathrm{ME}_k = \beta_k p(1-p)
\tag{4.51}
$$

边际效应 ME_k 表示 X_k 的每增加一个单位,p 会变化 $\beta_k(1-p)$。这个表达式显示了边际效应与 p 本身的大小和当前值有关。边际效应不是常数,而是随 p(即随 X)的变化而变化。具体而言,当 p 接近 0 或 1 时,边际效应接近 0;当 p 在 0.5 附近时,边际效应最大。这种依赖于 p 的性质使 Logit 模型特别适合模拟在极端值附近概率变化不大的情况,这是一种在现实世界中常见的情形。

4.1.3　二元 Probit 离散选择模型

Probit 模型是将标准正态分布作为 μ_i^* 的概率分布而推导得到的。因为正态分布被认为是任何分布的自然的和首先的选择,于是二元 Probit 模型也是常用的二元选择模型。

1)Probit 分布

Probit 模型常使用标准正态分布来描述变量的概率分布。其 PDF(概率密度函数)和CDF(累积分布函数)的特征如下。

(1)PDF 分布图特征

①形状:钟形曲线,关于均值 μ 完全对称分布。

②位置:峰值位于均值 μ,对于标准正态分布,$\mu=0$。

③宽度:标准偏差 σ 决定了分布的宽度,对于标准正态分布,$\sigma=1$。标准偏差越大,曲线越宽。

④尾部:正态分布的尾部逐渐趋向于零,但理论上在任何范围内都可能取值。

(2)CDF 分布图特征

①形状:S 形曲线,表现为递增函数。

②范围:从 0 开始,最大为 1。

③中点:在 μ 处,累计概率为 0.5,对于标准正态分布即 $Y^* = 0$。

④渐近线:当 Y^* 趋向于负无穷时,CDF 趋向于 0;当 Y^* 趋向于正无穷时,CDF 趋向于 1。

在二元 Probit 模型中,观测到响应变量 Y 由潜变量 Y^* 通过一个阈值规则转换得来。例如,如果 $Y^* > 0$,则 $Y = 1$;否则 $Y = 0$。这种模型的使用允许研究者根据正态分布的特性来模拟二元结果,如果是/否决策或成功/失败结果。通过 PDF 和 CDF,我们能够理解和预测不同 Y^* 值下的观测结果概率。

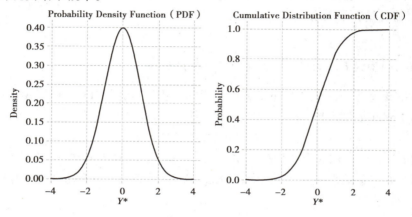

图 4.2　Probit 的 PDF 图(左)和 CDF 图(右)

2) Probit 模型和参数估计

标准正态分布的概率累积分布函数是

$$F(t) = \int_{-\infty}^{t} (2\pi)^{-\frac{1}{2}} \exp\left(-\frac{x^2}{2}\right) \mathrm{d}x \tag{4.52}$$

概率密度函数是

$$f(x) = (2\pi)^{-\frac{1}{2}} \exp\left(-\frac{x^2}{2}\right) \tag{4.53}$$

求重复观测值不可以得到的情况下二元 Probit 离散选择模型的参数估计。在重复观测值不可以得到的情况下,式(4.36)写成

$$\begin{aligned}
\frac{\partial \ln L}{\partial \beta} &= \sum_{y_i = 0} \frac{-f_i}{1 - F_i} X_i + \sum_{y_i = 1} \frac{f_i}{F_i} X_i \\
&= \sum_{i=1}^{n} \left[\frac{q_i f(q_i X_i \beta)}{F(q_i X_i \beta)} \right] X_i \\
&= \sum_{i=1}^{n} \lambda_i X_i \\
&= 0 \,(\text{其中 } q_i = 2Y_i - 1)
\end{aligned} \tag{4.54}$$

式(4.54)是关于 β 的非线性函数,不能直接求解,需采用完全信息最大似然法中所采用的迭代方法。上式也是似然函数的对数 $\ln L$ 关于参数 β 的偏导数,这是模型参数估计的关键步骤。这个偏导数被设为 0 以求解最大化对数似然函数的估计系数 $\hat{\beta}$。

这里所谓"重复观测值不可以得到",是指对每个决策者只有一个观测值。即使有多个观测值,也将其看作多个不同的决策者。从理论上讲,"重复观测值可以得到"的情况是存在的,即对每个决策者有多个重复观测值。例如,观察某个人在外部条件不变的情况下对公共交通工具和私人交通工具的多次重复选择。在这种情况下,可以采用广义最小二乘法估计二元选择模型。但是,由于实际经济或者社会生活不能进行类似实验室中才能进行的重复试验,"外部条件不变"很难得到满足,该模型受到限制。

对第 i 个决策者重复观测 n_i 次,选择 $Y_i = 1$ 的次数比例为 p_i,那么可以将 $\hat{p}_i$ 作为真实概率 p_i 的一个估计量。于是有

$$p_i = P_i + e_i = F(X_i \beta) + e_i \tag{4.55}$$

其中误差项的期望为 $E(e_i) = 0$;方差为 $\mathrm{Var}(e_i) = p_i \dfrac{1-p_i}{n_i}$。

对于标准正态分布的概率分布函数式(4.55),定义"观测到的""概率单位"(因此一些教科书中将 Probit 模型译成"概率单位模型")为

$$v_i = F^{-1}(p_i) = F^{-1}(P_i + e_i) \tag{4.56}$$

其中,这里引入了 v_i 来代表潜在连续结果的倒数变换,它是个体选择结果为 1 的概率的逆累积分布函数。F^{-1} 为标准正态分布的概率分布函数的反函数。用泰勒级数展开式,只保留一阶项,则有

$$F^{-1}(P_i + e_i) = F^{-1}(P_i) + \frac{e_i}{f[F^{-1}(P_i)]} \tag{4.57}$$

于是式(4.57)可以改写为

$$v_i = F^{-1}(P_i) + u_i \tag{4.58}$$

其中 $E(u_i) = 0$;$\mathrm{Var}(u_i) = \dfrac{P_i(1-P_i)}{n_i \{f[F^{-1}(P_i)]\}^2}$。

因为

$$F^{-1}(P_i) = X_i \beta \tag{4.59}$$

有

$$v_i = X_i \beta + u_i \tag{4.60}$$
$$V = X\beta + U \tag{4.61}$$

采用广义最小二乘法估计式(4.61),得到

$$\hat{\beta} = (X'\Omega^{-1}X)^{-1}X'\Omega^{-1}V \tag{4.62}$$

其中,Ω 为 U 的方差—协方差矩阵。在实际估计过程中用它的估计量代替,即

$$\hat{\beta} = (X'\hat{\Omega}^{-1}X)^{-1}X'\hat{\Omega}^{-1}V \tag{4.63}$$

而 $\hat{\Omega}$ 则由 P_i 的估计量 p_i 构成,为了提高估计量的质量,可以采用迭代方法反复求得 p_i 的估计量。

式(4.63)中 V 的观测值通过求解标准正态分布的概率分布函数

$$p_i = \int_{-\infty}^{y_1} (2\pi)^{-\frac{1}{2}} \exp\left(-\frac{t^2}{2}\right) \mathrm{d}t \tag{4.64}$$

的反函数得到,而其中的 p_i 是实际观测得到的。为了使 p_i 的观测值比较可靠,一般要求对每个决策者都进行一定数量的次数(如 10 次左右)的观测。

3)边际效应

在二元 Probit 模型中,我们处理的是一个二值响应变量,其中观测值只有两种可能的结果(例如 0 或 1),并且假设这些结果的概率取决于某个线性预测函数通过标准正态累积分布函数(CDF)转换后的概率。由上节对模型的推导,我们知道模型的一般形式可以表示为

$$P(Y = 1 \mid \boldsymbol{X}) = \boldsymbol{\Phi}(\boldsymbol{\beta}_0 + \boldsymbol{\beta}_1 \boldsymbol{X}_1 + \cdots + \boldsymbol{\beta}_i \boldsymbol{X}_i) \tag{4.65}$$

$$P(Y = 0 \mid \boldsymbol{X}) = 1 - P(Y = 1 \mid \boldsymbol{X}) = \boldsymbol{\Phi}(-(\boldsymbol{\beta}_0 + \boldsymbol{\beta}_1 \boldsymbol{X}_1 + \cdots + \boldsymbol{\beta}_i \boldsymbol{X}_i)) \tag{4.66}$$

其中,Y 是二值因变量,$\boldsymbol{X}$ 是包含多个自变量的向量,$\boldsymbol{\beta}$ 是参数向量,$\boldsymbol{\Phi}$ 是标准正态分布的累积分布函数。

边际效应的具体计算通常涉及到微分操作。边际效用是解释变量 $\boldsymbol{X}_k$(假设它是 $\boldsymbol{X}$ 中 i 个元素中的第 k 个元素)的微小变化对 $P(Y = 1 \mid \boldsymbol{X})$ 的影响。对于二元 Probit 模型,由于概率是对数几率的累积正态分布函数的变换,所以边际效应并不直接等于系数值。

我们对上式关于 $\boldsymbol{X}$ 求偏导数

$$\frac{\partial P(Y = 1 \mid \boldsymbol{X})}{\partial \boldsymbol{X}_k} = \frac{\partial \boldsymbol{\Phi}(\boldsymbol{X}\boldsymbol{\beta})}{\partial \boldsymbol{X}_k} \tag{4.67}$$

然后,应用链式法则

$$\frac{\partial P(Y = 1 \mid \boldsymbol{X})}{\partial \boldsymbol{X}_k} = \boldsymbol{\Phi}(\boldsymbol{X}\boldsymbol{\beta}) \times \boldsymbol{\beta}_k \tag{4.68}$$

其中,$\boldsymbol{\Phi}$ 是标准正态分布的概率密度函数(PDF)。解释变量 $\boldsymbol{X}_k$ 的边际效应是 $\boldsymbol{\Phi}(\boldsymbol{X}\boldsymbol{\beta}) \times \beta_k$,这表明 $\boldsymbol{X}_k$ 每变化一个单位,$Y = 1$ 的概率将变化 $\boldsymbol{\Phi}(\boldsymbol{X}\boldsymbol{\beta}) \times \beta_k$。这里的 $\boldsymbol{\Phi}(\boldsymbol{X}\boldsymbol{\beta})$ 是标准正态分布在 $\boldsymbol{X}\boldsymbol{\beta}$ 处的值,$\boldsymbol{\beta}_k$ 是解释变量 $\boldsymbol{X}_k$ 对应的系数。

因为 $\boldsymbol{\Phi}(\boldsymbol{X}\boldsymbol{\beta})$ 是标准正态分布在 $\boldsymbol{X}\boldsymbol{\beta}$ 处的值,所以 $\boldsymbol{\Phi}(\boldsymbol{X}\boldsymbol{\beta})$ 可以表示为

$$\boldsymbol{\Phi}(\boldsymbol{X}\boldsymbol{\beta}) = \frac{1}{\sqrt{2\pi}} \exp\left(-\frac{1}{2}(\boldsymbol{X}\boldsymbol{\beta})^2\right) \tag{4.69}$$

然后,将式(4.69)代入式(4.68)中,得到最终的边际效应公式为

$$\mathrm{ME}_k = \frac{1}{\sqrt{2\pi}} \exp\left(-\frac{1}{2}(\boldsymbol{X}\boldsymbol{\beta})^2\right) \times \boldsymbol{\beta}_k \tag{4.70}$$

4.1.4　二元离散选择模型的检验

经过估计的二元离散选择模型是不是一个好的模型?类似于经典的截面数据模型,需要进行检验。主要的检验包括拟合优度检验、总体显著性检验、变量显著性检验、预测(回代)效果检验、异方差性检验和省略变量检验等。其中变量显著性检验的原理及检验统计量与经典单方程模型相同,而异方差性检验和省略变量检验的原理及检验统计量比较复杂,通常直接采用稳健标准误方法估计模型,以消除截面样本一般都存在的异方差的影响。这里只简单介绍拟合优度检验、总体显著性检验和预测(回代)效果检验。需要说明的是,经典单方程计量经济学模型主要采用以最小一乘原理为基础的模型估计方法,其检验统计量大多是基于残差平方和而构建的,例如拟合优度检验的 R^2 统计量、总体显著性检验的 F 统计量、变量显著性检验的 t 或 z 统计量、约束回归检验的 F 统计量。而包括离散选择模型在内的非经典计量经济学模型主要采用以最大似然原理为基础的模型估计方法,所以其检验统计量大多是基于似然函数值而构建的,例如 Wald 统计量、LR 统计量、LM 统计量。

1）拟合优度检验

设 L_0 为模型中所有解释变量的系数都为 0 时的似然函数值，显然有

$$\ln L_0 = n\left[P\ln P + (1 - P)\ln(1 - P)\right] \tag{4.71}$$

其中，P 为样本观测值中被解释变量等于 1 的比例，n 为样本数目。设 L 为模型估计得到的似然函数值，构造一个统计量

$$R^2 = 1 - \frac{\ln L}{\ln L_0} \tag{4.72}$$

显然，如果模型完全不拟合样本观测值，L 等于 L_0，则有 $R^2 = 0$；如果模型完全拟合样本观测值，L 等于 1，则有 $R^2 = 1$。所以 R^2 可作为检验模型拟合优度的统计量，R^2 越接近于 1，模型的拟合效果越好。

2）总体显著性检验

总体显著性检验的零假设为：$H_0: \beta_1 = \beta_2 = \cdots = \beta_k = 0$，备择假设为：解释变量的系数不全为 0。构造一个似然比（Likelihood Ratio，LR）统计量

$$\mathrm{LR} = -2(\ln L_0 - \ln L) \sim \chi^2(k) \tag{4.73}$$

其中，L_0 为模型满足零假设（所有解释变量的系数都为 0）时的似然函数值，L 为模型估计得到的似然函数值。从直观上看，如果 LR 较大，表明 L_0 与 L 之间的差较大，倾向于拒绝零假设而接受模型总体显著的备择假设。

3）回代效果检验

当二元离散选择模型被估计后，将所有样本的解释变量观测值代入模型，计算得到每个样本的被解释变量选择 1 的概率，与每个样本被解释变量的实际观测值进行比较，以判断模型的预测（回代）效果，这也是一种实际有效的模型检验方法。

4）赤池信息准则（AIC）

AIC 是由赤池弘次在 1974 年提出的，用于模型选择的一个准则。AIC 也是在信息理论的框架下发展起来的，特别是基于信息熵的概念，它旨在选择既能够良好地拟合数据又不过度复杂（即避免过拟合）的模型。

AIC 的计算公式为

$$\mathrm{AIC} = -2\ln L + 2k \tag{4.74}$$

其中，L 代表模型的似然函数的最大值，k 是模型中参数的数量，通过这个公式，AIC 不仅惩罚模型对数据的拟合度，还对模型的复杂度（即参数的数量）进行惩罚，以防止过拟合。

5）贝叶斯信息准则（BIC）

BIC 于 1978 年由施瓦茨（Schwarz）提出。BIC 通过引入 $k \times \ln n$ 作为惩罚项，可以避免选择过度复杂的模型，降低过拟合的风险。BIC 比 AIC 对参数个数的惩罚更大，它更倾向于选择简单的模型。

给定一个统计模型，对应的 BIC 值可以通过以下公式计算

$$\mathrm{BIC} = -2\ln L + k \times \ln n \tag{4.75}$$

其中 L 是模型的似然函数的最大值，k 是模型中的参数个数，n 是样本量。BIC 与 AIC 在形式上非常类似，同样地，BIC 取值越小说明模型越优，但 BIC 是从贝叶斯的角度推导出来的，是对一个模型的贝叶斯后验概率的渐进估计，具有相合性的性质。如果候选的 $m(m>2)$ 个模型 $M_1, M_2, \cdots, M_m$ 中有一个模型是真实的，当 n 很大时，BIC 以接近 1 的概率选择最好的模型。BIC 是一种以接近真实模型为目标的模型选择方法。AIC 不具备相合性的性质，在相合性方面 BIC 看似更有优势，但是当 $M_1, M_2, \cdots, M_m$ 中不存在真实模型时，二者并不具备可比性。

BIC 的计算基于实证对数似然，并不依赖于先验分布，其计算简单并且适用于很多建模框架，已被广泛用于时间序列和线性回归中的模型选择，也适用于任何一组基于最大似然方法的模型。当模型中参数的个数相等时，BIC 可被简化为最大似然选择。

4.1.5　Logit 模型和 Probit 模型的异同点

Logit 模型 Probit 模型的核心目的是解释和预测个体在多个选择之间的决策行为。尽管这两种模型在目的上相似，但它们在分布假设、计算复杂度和估计、应用场景等方面存在显著差异。

1) 分布假设

Logit 模型：基于随机误差项 ε_{ij} 服从独立同分布的极值分布。这一假设导致了所谓的独立无关替代性（IIA）属性，即任意两个选项之间的相对选择概率仅依赖于这两个选项的属性，与其他可用选项无关。

Probit 模型：假设随机误差项 ε_{ij} 服从多元正态分布。这允许选项间的随机效用成分存在相关性，使得 Probit 模型能够更灵活地处理选项间的替代关系，而不受 IIA 属性的限制。

2) 计算复杂度和估计

Logit 模型：概率公式具有封闭形式，使得模型估计相对简单直接，计算效率较高。因此，在实践中，当模型简洁性和计算效率是主要考虑因素时，多项 Logit 模型是一个受欢迎的选择。

Probit 模型：通常需要通过数值积分来估计模型参数，因为其概率没有简单的封闭形式。这使得 Probit 模型在计算上更为复杂和计算密集，特别是当选项数量较多时。

3) 应用场景

Logit 模型：由于其简洁性和计算效率，在许多应用中都是首选。尤其是当 IIA 假设被认为是合理的，或者当研究者更关注模型的可解释性而不是其绝对的拟合优度时。

Probit 模型：在需要捕捉选项间复杂替代关系或当选项间的随机效用成分可能相关时更为合适。例如，在考虑品牌效应或相似产品间替代效应较大的市场研究中，Probit 模型可提供更准确的预测。

4.1.6　二元离散选择模型的 Stata 命令

在实际操作中，经常用到各种软件进行二元离散选择模型回归，本节列出了在 Stata 软件中进行二元离散选择模型回归的基本命令,见表4.1。

表4.1　二元离散选择模型的基本命令

命令	含义
logit	二元 Logit 模型
probit	二元 Probit 模型
margins	边际效应

1) 二元 Logit 模型的 Stata 命令

. logit y x1 x2 x3 [,options]

其中,"y"是二分类的被解释变量;而"$x1$""$x2$""$x3$"是解释变量,具体的解释变量个数由实验设计者自定;"[,options]"表示可以加入额外的选项来调整模型的输出,例如",or"选项可以在 Logit 模型中得到几率比(Odds Ratios)而不是系数本身。

2) 二元 Probit 模型的 Stata 命令

. probit y x1 x2 x3

其中,"y"是二分类的被解释变量;而"$x1$""$x2$""$x3$"是解释变量,具体的解释变量个数由实验设计者自定。

可以使用"margins"命令来计算预测的概率和边际效应,这对解释模型非常有用。该命令通常在"probit"后面,命令为

. margins ,dydx(*)

其中"dydx(*)"表示算出所有变量的边际效应。

4.2　基于二元离散选择模型的房地产数据分析应用

4.2.1　房地产租购选择理论

从经济学角度对居民住房租买选择进行研究的基本理论可以分为两类:一是基于成本费用分析的住房租买选择理论;二是基于消费者效用分析的住房租买选择理论。当然,人口学、地理学、社会学、认知心理学等学科领域也对住房租买选择开展了研究。本节首先将详细讲解基于消费者效用分析的住房租买选择理论。

由于成本费用分析理论的客观约束,已有文献探索从其他角度解释住房租买选择行为。Henderson 和 Ioannides[1] 以及 Fu[2] 指出,除租房与买房的成本差异外,分期付款时可能存在

---

① HENDERSON J V,IOANNIDES Y M. A model of housing tenure choice[J]. The American Economic Review,1983,73(1):98-113.

② FU Y. A model of housing tenure choice:Comment[J]. The American Economic Review,1991,81(1):381-383.

的流动性约束以及投资风险,也是影响居民住房租买选择的主要经济因素,购房者需要面临财务风险和资产流动风险,它们容易降低家庭流动性。Huang 和 Clark[①] 的研究指出,消费者对住房的租买决策不仅是一种单纯追求经济利益最大化的决策结果,还与决策者的年龄、身份、家庭规模以及价值观念等息息相关。居民家庭住房租买选择决策不能简单从成本收益的角度来分析,从效用最大化的角度展开分析更接近现实。

效用经济学理论认为,人们的消费行为是在预算约束条件下,在众多商品和服务的组合中追求效用最大化的过程。基于消费者效用分析的住房租买选择理论的基本思想为,在预算约束下,消费者根据住房自有与租赁给他带来的效用的大小做出租买选择决策。由于信贷、税收政策环境以及住房购买与租赁价格的不同,消费者面临不同的预算线,因此,租赁与购买两种情况下,消费者获得的最大效用不同。

从效用最大化角度进行住房租买选择研究的最具代表性文献可追溯到 20 世纪 80 年代,即 Henderson 和 Ioannides 的研究。其模型的两个假设条件是:第一,消费者追求多期效用方程的最大化;第二,第 1 期的住房消费产生的使用成本仅在第 2 期发生,即采用两期模型的形式。

如果消费者选择购买住房,则其效用最大化方程为

$$\max\{U[x,f(u)]h_c + V(w)\} \tag{4.76}$$

$$\text{subject to}\begin{cases} y_1 = x + Ph_c + S \\ w = y_2 + S(1 + r) + Ph_c - T(u)h_c \end{cases} \tag{4.77}$$

其中,"$U(\cdot)$"为消费者从第 1 期消费中获得的效用,"$V(\cdot)$"为第 1 期消费后剩余财富的间接效用,"y_1"是消费者在第 1 期的收入,"x"是第 1 期中其他商品的消费,"h"是住房消费量,"u"是住房使用率,"$T(u)$"是自有住房使用过程中发生的相关成本,"S"是第 1 期的储蓄,可以获得市场利率"r","P"是单位住房消费的价格,"y_2"是消费者在第 2 期的收入。消费者通过选取住房消费量、其他商品消费量、储蓄、住房使用率的组合,实现效用最大化。

如果消费者选择租房,则其效用最大化方程为

$$\max\{U[x,f(u)]h_c + V(w)\} \tag{4.78}$$

$$\text{subject to}\begin{cases} y_1 = x + Ph_c + S \\ w = y_2 + S(1 + r) + Ph_c - t(u)h_c \end{cases} \tag{4.79}$$

其中,"P"是单位住房消费的租金,"$t(u)$"是租赁住房使用过程中发生的相关成本;其他变量的含义同前。同样,消费者通过选取住房消费量、其他商品消费量、储蓄、住房使用率的组合,实现效用最大化。如果 $v^* > \bar{v}$(消费者在购买房屋时的效用阈值大于预期效用),则消费者选择买房;反之,则选择租房。

4.2.2 基于二元离散模型分析房地产租售选择决策

1)变量选择与数据准备

中国家庭追踪调查(China Family Panel Studies,CFPS)是一项全国性、综合性的社会追

① HUANG Y,CLARK W A V. Housing tenure choice in transitional urban China:a multilevel analysis[J]. Urban studies,2002,39(1):7-32.

踪调查项目,旨在通过追踪收集个体、家庭、社区三个层次的数据,反映中国社会、经济、人口、教育和健康的变迁,为学术和政策研究提供数据基础。CFPS 重点关注中国居民的经济与非经济福利,包括经济活动、教育获得、家庭关系与家庭动态、人口迁移、身心健康等多种研究主题。2010 年,CFPS 在全国 25 个省/市/自治区正式实施基线调查,最终完成 14 960 户家庭、42 590 位个人的访问。基线调查界定出的所有家庭成员及其今后新生的血缘/领养子女被定义为 CFPS 基因成员,是 CFPS 调查的永久追踪对象,每两年访问一次。本节使用数据集"4_二元离散选择.dta",选取了与住房选择相关的 9 个变量进行分析,详情见表 4.2。

表 4.2　变量名称及变量说明

变量名称	变量说明	备注
rent	住房选择	1:租房;0:购房
hprice_2017	所在省 2017 年房价	单位:千
income	家庭总收入	单位:千
age	年龄	
hukou	户籍性质(农业户口)	1:农业户口,0:非农户口
work_unit	工作单位	0:机关团体/事业单位,国有及国有控股企业;1:私营企业、外企、个体工商户;2:其他
employ_id	就业身份	1:雇员;2:雇主;3:自营劳动者
marrige	婚姻状况	1:未婚;2:已婚、再婚;3:离婚、丧偶
hpf	住房公积金	1:有住房公积金;0:无住房公积金
weight_hh	家庭权重变量	pweights

首先,看一下数据的基本特征(表 4.3)。

. sum

表 4.3　数据基本特征

Variable	Obs	Mean	Std. Dev.	Min	Max
rent	39 986	0.099 9	0.299 9	0	1
hprice_2017	40 011	9.302 3	6.586 3	4.165	34.117
income	40 011	95.281 7	203.673 2	−4 950.324	8 497.832
age	40 000	55.202 3	14.249 1	3	117
hukou	35 692	0.588 1	0.492 2	0	1
work_unit	25 243	2.202 3	0.738 7	1	3
employ_id	18 071	1.388 7	0.721 2	1	3
marriage	39 779	2.075 6	0.373 3	1	3

续表

Variable	Obs	Mean	Std. Dev.	Min	Max
hpf	23 157	0.222 1	0.415 7	0	1
weight_hh	40 011	9 401.442 0	8 825.699 0	754.537 7	32 804.5

2）模型构建、估计与预测

构建模型如下：

$$Y = \beta_0 + \beta_1 X_1 + \beta_2 X_2 + \beta_3 X_3 + \beta_4 X_4 + \beta_5 X_5 + \beta_6 X_6 + \beta_7 X_7 + \beta_8 X_8 + \beta_9 X_9 + \varepsilon (4.80)$$

其中，"Y"是租房或买房的决策指标，是一个二元变量（如购买＝1，租赁＝0）；"X_1"（House_Price2017）是所在省 2017 年的房价；"X_2"（Income）是收入水平；"X_3"（Age）是年龄；"X_4"（Household Registration）是户籍性质；"X_5"（Employment Unit）是工作单位的性质和稳定性，可能需要量化或分类编码；"X_6"（Employment Status）是就业身份，如正式员工、合同工、自雇等；"X_7"（Marital Status）是婚姻状况；"X_8"（Housing Fund）是住房公积金累积情况，可能是一个连续变量；"X_9"（Family Weight）是家庭权重变量，这是一个综合指标，可能需要基于家庭成员数、年龄分布、健康状况等因素计算得到。

本次研究拟设因变量为租房或买房，在对其进行影响因素分析中，这是 0 或 1 的二元选择问题，故使用二元 Logit 和二元 Probit 回归。

进行二元 Logit 回归，具体命令如下：

. logit rent hprice_2017 income age hukou i. employ_id i. marriage i. work_unit hpf［pweight＝weight_hh］

二元 Logit 回归结果见表4.4。

表4.4 二元 Logit 回归结果

Variables	rent
hprice_2017	0.058 1***
	(0.004 9)
income	−0.000 9***
	(0.000 3)
age	−0.055 8***
	(0.004 2)
hukou	0.603***
	(0.096 3)
work_unit_1（工作单位:机关团体、事业单位、国有企业）	
work_unit_2（工作单位:私营企业、外企、个体工商户）	0.228**
	(0.112)

续表

Variables	rent
work_unit_3（工作单位：其他）	−0.157
	(0.149)
employ_id_1（就业身份：雇员）	
employ_id_2（就业身份：雇主）	0.683**
	(0.318)
employ_id_3（就业身份：自营劳动者）	−0.142
	(0.222)
marriage_1（婚姻状况：未婚）	
marriage_2（婚姻状况：已婚、再婚）	−0.824***
	(0.130)
marriage_3（婚姻状况：离异、丧偶）	−0.401*
	(0.209)
hpf	−0.413***
	(0.112)
Constant	0.458**
	(0.208)
Prob>chi2=0.000 0	Pseudo R2=0.117 2
Log pseudolikelihood=−38 158 970	Wald chi2(11)=559.38

注：*** $p<0.01$，** $p<0.05$，* $p<0.1$。

从表4.4可以看出"hprice_2017""income""age""hukou""work_unit_2""employ_id_2""marriage_2""hpf"的系数在5%的显著性水平上是显著的，因为它们的p值小于0.05。而其他的变量，如"work_unit_3""employ_id_3"和"marriage_3"的p值高于0.05，表明它们对模型的影响没有统计学意义。因为二元离散选择模型中自变量的估计系数并不能说明某个变量变化一个单位对结果的影响程度，因此需要根据上节推导的公式来计算边际效应，在Stata中命令为：

. margins,dydx(*)atmeans

二元Logit回归的边际效应见表4.5。

表4.5　二元Logit回归的边际效应

	dy/dx	std. err.	z	$p>|z|$	[95% conf. interval]	
hprice_2017	0.005 0	0.000 4	12.65	0.000	0.004 2	0.005 8

续表

	dy/dx	std. err.	z	p>|z|	[95% conf. interval]	
income	−0.000 1	0.000 0	−2.78	0.005	−0.000 1	0.000 0
age	−0.004 8	0.000 3	−14.37	0.000	−0.005 5	−0.004 1
hukou	0.051 9	0.008 1	6.42	0.000	0.036 0	0.067 8
work_unit_2	0.019 6	0.009 6	2.04	0.041	0.000 8	0.038 4
work_unit_3	−0.013 5	0.012 9	−1.04	0.296	−0.038 7	0.011 8
employ_id_2	0.058 8	0.027 4	2.14	0.032	0.005 0	0.112 5
employ_id_3	−0.012 2	0.019 1	−0.64	0.524	−0.049 7	0.025 3
marriage_2	−0.070 9	0.011 4	−6.21	0.000	−0.093 3	−0.048 5
marriage_3	−0.034 5	0.018 1	−1.90	0.057	−0.069 9	0.001 0
hpf	−0.035 5	0.009 8	−3.62	0.000	−0.054 8	−0.016 3

从表 4.5 可以看出"hprice_2017""income""age""hukou""work_unit_2""employ_id_2""marriage_2""hpf"的边际效应在 5% 的显著性水平上是显著的,因为它们的 p 值小于 0.05。而其他的变量,如"work_unit_3""employ_id_3"和"marriage_3"的 p 值高于 0.05,表明它们对模型的影响没有统计学意义。

"hprice_2017"对因变量的边际效应显著为正,表明房价增加一个单位,租房概率增加 0.005 0;"income"对因变量的边际效应显著为负,表明收入增加一个单位,租房概率减少 0.000;"age"对因变量的边际效应显著为负,表明年龄增加一个单位,租房概率减少 0.004 7;"hukou"对因变量的边际效应显著为正,表明户籍状态为农村户口比非农村户口租房概率增加 0.051 9;"hpf"对因变量的边际效应显著为负,表明有住房公积金比没有住房公积金的租房概率减少 0.035 5;"work_unit_2"的边际效应显著为正,表明可能工作单位为私营企业、外企和个体工商的人比工作单位为机关团体、事业单位和国有企业的人的租房概率增加 0.019 5;"employ_id _2"的系数显著为正,表明雇主比雇员的租房概率增加 0.058 7;"marriage_2"的系数显著为负,表明已婚、再婚比未婚的租房概率减少 0.070 9。

拟合模型后使用"predict"命令来生成预测结果:

. predict p_rent_Logit

下面使用二元 Probit 来进行回归:

. probit rent hprice _2017 income age hukou i. work _ unit i. employ _ id i. marriage hpf [pweight＝weight_hh]

二元 Probit 回归结果见表 4.6。

表 4.6　二元 Probit 回归结果

Variables	rent
hprice_2017	0.0314***
	(0.002 8)
income	−0.000 5***
	(0.000 2)
age	−0.029 1***
	(0.002 2)
hukou	0.299 3***
	(0.050 3)
work_unit_1（工作单位：机关团体、事业单位、国有企业）	
work_unit_2（工作单位：私营企业、外企、个体工商户）	0.110 2 *
	(0.058 8)
work_unit_3（工作单位：其他）	−0.089 6
	(0.077 0)
employ_id_1（就业身份：雇员）	
employ_id_2（就业身份：雇主）	0.376 3**
	(0.188 1)
employ_id_3（就业身份：自营劳动者）	−0.100 4
	(0.117 5)
marriage_1（婚姻状况：未婚）	
marriage_2（婚姻状况：已婚、再婚）	−0.513 6***
	(0.075 9)
marriage_3（婚姻状况：离异、丧偶）	−0.283 6**
	(0.116 6)
hpf	−0.249 1***
	(0.059 2)
Constant	0.219 8 *
	(0.115 5)
Prob>chi2 = 0.000 0	Pseudo R2 = 0.115 6
Log pseudolikelihood = −38 227 699	Wald chi2(11) = 562.70

注：*** $p<0.01$，** $p<0.05$，* $p<0.1$。

从表 4.6 可以看出"hprice_2017""income""age""hukou""employ_id_2""marriage_2""marriage_3"和"hpf"的系数在 5% 的显著性水平上是显著的,因为它们的 p 值小于 0.05。而其他的变量,如"work_unit_2""work_unit_3"和"employ_id_3"的 p 值高于 0.05,表明在 5% 的显著性水平上不显著。因为二元离散选择模型中自变量的估计系数并不能说明某个变量变化一个单位对结果的影响程度,因此需要根据上节推导的公式来计算边际效应,在 Stata 中命令为:

. margins, dydx(*) atmeans

二元 Probit 回归的边际效应见表 4.7。

表 4.7　二元 Probit 回归的边际效应

	dy/dx	Std err.	z	p>|z|	[95% conf. interval]	
hprice_2017	0.005 5	0.000 5	12.03	0.000	0.004 6	0.006 4
income	−0.000 1	0.000 0	−2.96	0.003	−0.000 1	0.000 0
age	−0.005 1	0.000 4	−13.70	0.000	−0.005 8	−0.004 3
hukou	0.052 2	0.008 7	6.02	0.000	0.035 2	0.069 2
work_unit_2	0.019 2	0.010 2	1.88	0.060	−0.000 0	0.039 2
work_unit_3	−0.015 6	0.013 5	−1.16	0.246	−0.042 0	0.010 8
employ_id_2	0.065 6	0.032 8	2.00	0.046	0.001 3	0.130 0
employ_id_3	−0.017 5	0.020 5	−0.85	0.394	−0.057 8	0.022 7
marriage_2	−0.089 6	0.013 5	−6.65	0.000	−0.116 0	−0.063 2
marriage_3	−0.049 5	0.020 4	−2.42	0.016	−0.089 6	−0.009 4
hpf	−0.043 5	0.010 5	−4.16	0.000	−0.063 9	−0.023 0

从表 4.7 可以看出"hprice_2017""income""age""hukou""employ_id_2""marriage_2""marriage_3""hpf"的边际效应在 5% 的显著性水平上是显著的,因为它们的 p 值小于 0.05。而其他的变量,如"work_unit_3"和"employ_id_3"的 p 值高于 0.05,表明在 5% 的显著性水平上不显著。

"hprice_2017"对因变量的边际效应显著为正,表明房价增加一个单位,租房概率增加 0.005 4;"income"对因变量的边际效应显著为负,表明收入增加一个单位,租房概率减少 0.000;"age"对因变量的边际效应显著为负,表明年龄增加一个单位,租房概率减少 0.005 0;"hukou"对因变量的边际效应显著为正,表明户籍状态为农村户口比非农村户口租房概率增加 0.052 2;"hpf"对因变量的边际效应显著为负,表明有住房公积金比没有住房公积金的租房概率减少 0.043 4;"employ_id _2"的系数显著为正,表明雇主比雇员的租房概率增加 0.065 6;"marriage_2"的系数显著为负,表明已婚、再婚比未婚的租房概率减少 0.089 5;"marriage_3"的系数显著为负,表明离异和丧偶比未婚的租房概率减少 0.049 4。

拟合模型后使用"predict"命令来生成预测结果:

. predict p_rent_Probit

3) 多项 Logit 和多项 Probit 模型结果比较

从上述结果来看,二元 Probit 的系数估计值与二元 Logit 的并不相同,且二者的系数不具可比性;具有可比性的是两个模型的边际效应和预测概率。为此,再比较二元 Probit 模型的预测概率"p_rent_Probit"和计算二元 Logit 模型的预测概率"p_rent_Logit"。

下面计算两个模型预测房屋租赁或购买概率的相关性:

. corr p_rent_Logit p_rent_Probit

二元 Probit 和二元 Logit 预测房屋租赁或购买的相关性见表 4.8。

表 4.8　二元 Probit 和二元 Logit 预测房屋租赁或购买的相关性

VARIABLES	p_rent_Logit	p_rent_Probit
p_rent_Logit	1.000 0	
p_rent_Probit	0.998 2	1.000 0

由以上结果可知,两个模型所预测的购房区位概率高度一致,相关系数均在99%以上。这意味着,使用二元 Logit 或二元 Probit 在实际上并无多少区别。

4.2.3　基于二元离散选择模型的租购房分析拓展案例[①]

本节使用的数据来自 2014 年全国流动人口动态监测调查和 2014 年《中国区域经济统计年鉴》。全国流动人口动态监测调查数据由原国家卫生和计划生育委员会流动人口服务中心于 2014 年度按照随机原则在全国 31 个省(区、市)和新疆生产建设兵团流动人口较为集中的流入地抽取样本点开展抽样调查,采取分层、多阶段与规模成比例的 PPS 方法进行抽样,共取得 200 937 个样本。调查涉及流动人口的基本特征、住房、就业、收入等微观信息。《中国区域经济统计年鉴》则为我们提供了每个样本所流入城市的房价、产业结构、经济发展水平等宏观信息。去除有缺失和遗漏项的样本,本节最终采用样本来自 314 个地级市(包含地区),样本量为 102 224 个。根据调查问题"您现在的住房属于下列何种性质?",本节按照受访者的回答,将被解释变量设置为住房购租选择,流动人口拥有现有住房所有权的为购房,设置为 1,流动人口仅拥有住房使用权的为租房,设置为 0。

模型设定为考察流动人口住房购租选择影响因素,我们建立了流动人口住房选择影响因素的二值 Logit 模型。模型设定如下

$$\text{Option} = \beta_1 X_1 + \beta_2 X_2 + \beta_3 X_3 + \beta_4 Z + \varepsilon \tag{4.82}$$

其中,"Option"为住房购租选择;"X_1"为就业特征因素,包括就业行业、就业身份、住房公积金、养老保险、失业保险、新农村医疗保险、工作地点和家庭收入;"X_2"为流动特征因素,包括居留意愿、流动范围、是否举家迁移以及流动时间;"X_3"为城市特征因素,包括商品住房价格、商品住宅价格平方项、财政支出、城市经济规模、产业结构、城市人口规模;Z 是控制变量,用以控制可能会影响或干扰到主要自变量与流动人口购租选择关系的变量,根据问卷内容和已有研究启发,控制变量包括经济特征变量(食品支出占月家庭总支出比、住房支出占

---

① 杨巧,杨扬长.租房还是买房:什么影响了流动人口住房选择?〔J〕.人口与经济,2018(6):11.

月家庭总支出比)和人口学特征变量(户籍性质、子女数量、性别、受教育程度、年龄、婚姻状况以及流入区域的虚拟变量)。全样本 Logit 模型实证结果分析流动人口住房购租选择影响因素的 Logit 模型实证分析结果见表4.9。模型1~模型4分别报告了就业特征。

表4.9　基础回归结果

变量	(1)就业特征		(2)流动特征		(3)城市特征		(4)全因素	
	系数	Z值	系数	Z值	系数	Z值	系数	Z值
就业行业 (制造业)								
建筑业	0.199***	-4.67					0.109**	2.39
服务业及其他	0.409***	-13.39					0.218***	6.59
就业身份(雇员)								
雇主	0.390***	-13.12					0.272***	8.70
自营劳动者	0.098***	-4.35					-0.055**	-2.27
住房公积金	0.456***	13.22					0.504***	13.81
养老保险	0.337***	12.24					0.425***	14.39
失业保险	0.245***	7.29					0.365***	10.12
新农村医疗保险	-0.342***	-16.33					-0.297***	-13.26
家庭月总收入	0.532***	31.22					0.744***	39.25
工作地点(市区)								
城乡接合部	-0.727***	-27.90					-0.540***	-19.72
县城	-0.003	-0.10					0.089***	2.84
乡镇	-0.486***	-17.29					-0.194***	-6.36
农村	-1.621***	-29.90					-1.158***	-20.26
居留意愿			2.235***	33.36			2.191***	31.97
流动范围 (跨区域流动)								
省内跨市			0.389***	-17.88			0.446	18.92
市内跨县			0.750***	-30.30			0.73	27.19
是否举家迁移			-0.864***	-37.32			-0.762***	-31.49
流动时间			0.074***	-40.08			0.071***	36.65
流入区域(东部)								
中部			0.218***	-8.09			-0.072**	-2.11
西部			0.301***	-12.92			-0.196***	-5.94
东北			0.868***	-28.10			0.481***	12.29
商品住宅价格					-0.204***	-22.32	-0.224***	-18.16

续表

变量	(1)就业特征		(2)流动特征		(3)城市特征		(4)全因素	
	系数	Z值	系数	Z值	系数	Z值	系数	Z值
商品住宅价格平方项					0.005***	12.39	0.005***	9.85
经济规模					1.198***	−15.99	1.302***	−14.06
产业结构					−0.081***	−4.36	−0.085	−4.62
城市人口规模					0.020***	8.62	0.020***	4.88
食品支出占比	−0.883***	−15.54	−1.341***	−23.40	−1.280***	−23.42	−0.828***	−13.65
住房支出占比	−3.906***	−65.30	−3.208***	−55.05	−3.589***	−62.06	−3.330***	−54.81
户籍性质（农业户口）	0.327***	−13.10	0.717***	30.37	0.717***	31.47	0.329***	−12.46
子女数量	−0.111***	−7.34	−0.286***	−16.92	−0.085***	−5.80	−0.229***	−12.94
性别（女）	−0.030	−1.64	−0.095***	−5.16	−0.084***	−4.74	−0.084***	−4.34
受教育程度	0.348***	−32.61	0.616***	−60.26	0.616***	−61.91	0.396***	−34.97
婚姻状况（未婚）	1.086***	−29.88	0.940***	−24.29	1.367***	−38.89	0.653***	−16.18
年龄	0.024***	−18.73	0.017***	−12.42	0.022***	−17.98	0.017***	11.89
N	120 224		120 224		120 224		120 224	

注：*** $p<0.01$，** $p<0.05$，* $p<0.10$。

4.3　本章小结

本章重点介绍了二元离散选择模型及其在房地产市场决策中的应用。首先,讲解了二元离散选择模型的基本理论,包括 Probit 模型和 Logit 模型,并详细讨论了这些模型的参数估计方法——最大似然估计（MLE）。此外,本章还介绍了对二元离散选择模型进行拟合优度检验和总体显著性检验的方法,以确保模型的有效性和准确性。在实践部分,本章展示了如何将二元离散选择模型应用于房地产市场中的租售选择决策分析,通过具体的案例,分析流动人口在租房与买房之间的决策过程。通过这些内容,读者可以深入了解如何利用二元离散选择模型处理房地产市场中的复杂决策问题。本章通过理论与实践相结合的方式,不仅帮助读者掌握了二元离散选择模型的基本原理,还展示了其在实际应用中的具体操作方法。下一章将继续探讨多元离散选择模型及其在房地产决策中的应用。

习　题

1.在针对房地产租售选择的离散决策分析中,比较二元 Logit 模型与 Probit 模型时,如何说明这两类模型在分布假设、应用场景及优缺点方面的差异？研究者应根据何种数据与市场特征判断选用哪种模型更为恰当？

2. 在房地产租售决策的二元离散选择数理模型中，为何自变量的边际效应并非恒定不变？结合模型计算公式分析边际效应与决策概率之间的关系，并举例说明当房价随市场环境或家庭特征变化时，其对租售选择决策的边际影响将如何随之调整。

3. 在本章的案例分析中，当二元 Probit 模型与 Logit 模型对房地产租售选择的预测概率高度接近时，这意味着什么？请结合拟合优度检验和模型选择准则（AIC/BIC）分析如何优化模型选择过程。

5

房地产多元离散选择模型

多元离散选择模型在房地产数据分析中提供了一种分析和解释个体在多个可选项中选择的工具。这些模型特别适用于处理房地产市场中的决策问题,其中的选择不只是二元的(即"是"或"否"),还涉及多个选项。多元离散选择模型可以用来分析潜在购房者对不同房产类型(如公寓、独立屋、联排别墅等)的偏好。通过考虑各种属性(如价格、面积、地理位置、周边设施等),这些模型能够揭示消费者在做出购买决策时的权衡。在房地产开发中,多元离散选择模型可以用来分析房地产企业对不同地理区域的选择偏好,这种分析可以帮助开发商理解特定区域的吸引力,并做出相应的规划和决策。

相较于上一章的二元离散选择模型,多元离散选择模型为房地产投资、开发和经营中的多元选择决策提供了一种强大的框架。但基本的多元选择模型,不能分析现实中常见的条件选择等问题,因此本章在基本多元选择模型的基础上,拓展了条件 Logit 模型和混合 Logit 模型的说明。

本章介绍多元离散选择模型及其在房地产数据分析中的应用。具体而言:第1节讲解多项 Logit 模型和 Probit 模型、条件 Logit 模型和混合 Logit 模型的原理及检验方法。第2节则通过家庭购房区位选择和企业选址决策等实例,展示多元离散选择模型在实际中的应用,帮助读者掌握如何运用这些模型进行复杂的房地产决策分析。

5.1 多元离散选择模型的原理

在实际社会生活中,个体面临的选择有时候是多元的,而不只是二元的。比如住房区位的选择、各类住房产品的选择、房地产各类投资之间的选择等。上一章介绍了二元选择模型(Binary Choice Model)——被解释变量只存在两种选择。而当被解释变量存在多种选择时,则为多元选择模型(Multiple Choice Model),本节对一般多元选择模型进行介绍。

在二元选择模型中,通过构造选择的效用模型,将选择问题转化为效用比较问题,克服了直接构造选择结果模型(即以选择结果为被解释变量)所带来的障碍。

一般多元选择模型实质上可视为二元选择模型的拓展,因此多元离散选择所依据的原理也为随机效用理论。接下来我们从二元选择问题推广到三元选择问题,以说明多元选择模型背后的随机效用理论。

对于二元选择模型,个体 i 选择方案 1、方案 2 所能带来的随机效用为

$$U_1 = V_1 + \varepsilon_1 ; U_2 = V_2 + \varepsilon_2 \qquad (5.1)$$

根据效用最大化原理,个体 i 选择方案 1、方案 2 的概率可写为

$$P(y_i = 1) = P(U_1 > U_2) ; P(y_i = 2) = P(U_2 > U_1) \qquad (5.2)$$

推广到三元选择,个体 i 选择方案 1、方案 2、方案 3 所能带来的随机效用为

$$U_1 = V_1 + \varepsilon_1 ; U_2 = V_2 + \varepsilon_2 ; U_3 = V_3 + \varepsilon_3 \qquad (5.3)$$

根据效用最大化原理,个体 i 选择方案 1 的概率可写为

$$\begin{aligned} P(y_i = 1) &= P(U_1 \text{ 是三个随机效用中最大的}) \\ &= P(U_1 > U_2, U_1 > U_3) \\ &= P[U_1 > \max(U_2, U_3)] \end{aligned} \qquad (5.4)$$

推广个体 i 选择 J 个方案中方案 1 的概率为

$$P(y_i = 1) = P[U_{i1} > \max(U_{i2}, U_{i3}, \cdots, U_{ij})] \qquad (5.5)$$

其中,$U_{ij} = V_{ij} + \varepsilon_{ij}$。$U_{ij}$ 是每个方案 j 的效用;V_{ij} 是可观测的效用,基于模型的设定和数据分析确定;ε_{ij} 是随机误差项。个体将选择使其效用最大化的选项。

多项 Logit 模型和多项 Probit 模型是多项离散选择模型的代表,但基于不同的概率分布。这 Logit 模型基于 Gumbel 分布,而 Probit 模型基于正态分布。下面将详细介绍这两种模型。

5.1.1 多项 Logit 离散选择模型

与二元选择模型一致,多元选择模型根据随机效用理论,通过构造选择的效用模型,以效用的最大化来表示对某一方案的选择,达到估计模型总体参数的目的。

已知两个相互独立的服从 Gumbel 分布且等方差的随机变量的较大值仍然服从 Gumbel 分布,即如果 $x \sim G(\mu_1, \beta)$,$y \sim G(\mu_2, \beta)$,$z = \max(x, y)$,那么 $z \sim G\left(\beta \times \ln\left[\exp\left(\dfrac{\mu_1}{\beta}\right) + \exp\left(\dfrac{\mu_2}{\beta}\right)\right], \beta\right)$。该属性可推广到多个随机变量——$J$ 个相互独立的服从 Gumbel 分布且等方差的随机变量的最大值仍然服从 Gumbel 分布,即如果 $\varepsilon_1 \sim G(\mu_1, \beta)$,$\varepsilon_2 \sim G(\mu_2, \beta)$,$\cdots$,$\varepsilon_J \sim G(\mu_J, \beta)$,令 $z = \max(\varepsilon_1, \varepsilon_2, \cdots, \varepsilon_J)$,那么 $z \sim G\left\{\beta \times \ln\left[\displaystyle\sum_{j=1}^{J} \exp\left(\dfrac{\mu_j}{\beta}\right)\right], \beta\right\}$,该性质为多项 Logit 模型推导过程中的一个重要性质。

基于式(5.5),下面进行多项 Logit 模型的推导

$$P(y_i = 1) = P[U_1 > \max(U_2, U_3, \cdots, U_j)] \qquad (5.6)$$

其中,$U_j = V_j + \varepsilon_j$,$\varepsilon_j \sim G(0, 1)$。根据 Gumbel 分布的线性变换,即如果 $x \sim G(\mu, \beta)$,则 $\alpha x + \gamma \sim G(\alpha\mu + \gamma, \alpha\beta)$(其中 α 和 γ 为常数),可知 $U_j \sim G(V_j, 1)$。

令 $k = \ln\left[\displaystyle\sum_{j=2}^{J} \exp(V_j)\right]$,由上述 Gumbel 分布性质可知 $\max(U_2, U_3, \cdots, U_j) \sim G(k, 1)$,因此 $\max(U_2, U_3, \cdots, U_j)$ 可表示为 $k + \eta$,其中 $\eta \sim G(0, 1)$。

那么式(5.5)可进一步写为

$$P(y_i = 1) = P\left[U_1 > \max(U_2, U_3, \cdots, U_j) \right]$$
$$= P(V_1 + \varepsilon_1 > k + \eta)$$
$$= P(\eta - \varepsilon_1 < V_1 - k) \tag{5.7}$$

因为两个相互独立的服从 Gumbel 分布且等方差的随机变量之差服从 Logistic 分布,即如果 $x \sim G(\mu_1, \beta)$, $y \sim G(\mu_2, \beta)$, $z = x - y$,那么 $z \sim \text{Logistic}(\mu_1 - \mu_2, \beta)$。因此 $(\eta - \varepsilon_1) \sim \text{Logistic}(0,1)$。

式(5.7)可进一步写为

$$P(y_i = 1) = P(\eta - \varepsilon_1 < V_1 - k)$$
$$= \frac{1}{1 + \exp\left[-(V_1 - k) \right]}$$
$$= \frac{1}{1 + \exp\left[\ln\left[\sum_{j=2}^{J} \exp(V_j) \right] - V_1 \right]}$$
$$= \frac{\exp(V_1)}{\exp(V_1) + \sum_{j=2}^{J} \exp(V_j)}$$
$$= \frac{\exp(V_1)}{\sum_{j=1}^{J} \exp(V_j)} \tag{5.8}$$

不失一般性,$P(y_i = k) = \dfrac{\exp(V_1)}{\sum\limits_{j=1}^{J} \exp(V_j)}$。因此,二元 Logit 模型是多项 Logit 模型的一个特例。类似地,实践中常将系统部分参数化为解释变量的线性组合:$V_j = x_j \beta_j$。

假设可供个体选择的方案为 $y = 1, 2, \cdots, J$,其中 J 为正整数,即共有 J 种互相排斥的选择。如果 $J = 2$,即为二元选择模型。

使用随机效用法,假设个体 i 选择方案 j 所能带来的效用为

$$U_{ij} = x_i' \boldsymbol{\beta}_j + \varepsilon_{ij} (i = 1, \cdots, n; j = 1, \cdots, J) \tag{5.9}$$

其中,解释变量 x_i' 只随个体 i 而变,不随方案 j 而变,比如性别、年龄等个体属性特征。这种解释变量被称为"只随个体而变"(Case-Specific)或"不随方案而变"(Alternative-Invariant)。系数 $\boldsymbol{\beta}_j$ 表明,x_i' 对效用 U_{ij} 的作用取决于方案 j。

显然,个体 i 选择方案 j,当且仅当方案 j 带来的效用高于所有其他方案,故个体 i 选择方案 j 的概率可写为

$$P(y_i = j \mid x_i) = P(U_{ij} \geqslant U_{ik}, \forall k \neq j)$$
$$= P(U_{ik} - U_{ij} \leqslant 0, \forall k \neq j)$$
$$= P(\varepsilon_{ik} - \varepsilon_{ij} \leqslant x_i' \boldsymbol{\beta}_j - x_i' \boldsymbol{\beta}_k, \forall k \neq j) \tag{5.10}$$

假设 $\{\varepsilon_{ij}\}$ 为 iid(独立同分布)且服从 Gumbel 分布,即可证明

$$P(y_i = j \mid x_i) = \frac{\exp(x_i' \boldsymbol{\beta}_j)}{\sum_{k=1}^{J} \exp(x_i' \boldsymbol{\beta}_k)} \tag{5.11}$$

显然,选择各项方案的概率之和为 1,即 $\sum\limits_{j=1}^{J} P(y_i = j \mid x_i) = 1$。方程(5.11)是二元选择

Logit 模型向多元选择模型的自然推广。需要注意的是,无法同时识别所有的系数 $\boldsymbol{\beta}_k, k=1,\cdots,$ J。这是因为,如果将 $\boldsymbol{\beta}_k$ 变为 $\boldsymbol{\beta}_k^* = \boldsymbol{\beta}_k + \boldsymbol{\alpha}$($\boldsymbol{\alpha}$ 为某常数向量),完全不会影响模型的拟合。为此,通常将某方案(比如方案 1)作为"参照方案"(Base Category),然后令其相应系数 $\boldsymbol{\beta}_1 = 0$。由此,个体 i 选择方案 j 的概率为

$$P(y_i = j \mid \boldsymbol{x}_i) = \begin{cases} \dfrac{1}{1 + \displaystyle\sum_{k=2}^{J} \exp(\boldsymbol{x}_i' \boldsymbol{\beta}_k)} & (j = 1) \\[4mm] \dfrac{\exp(\boldsymbol{x}_i' \boldsymbol{\beta}_j)}{1 + \displaystyle\sum_{k=2}^{J} \exp(\boldsymbol{x}_i' \boldsymbol{\beta}_k)} & (j = 2, \cdots, J) \end{cases} \tag{5.12}$$

其中,"$j=1$"所对应的方案为参照方案。此模型称为"多项 Logit"(Multinomial Logit),可用 MLE 进行估计。个体 i 的似然函数为

$$L_i(\boldsymbol{\beta}_1, \cdots, \boldsymbol{\beta}_j) = \prod_{j=1}^{J} \left[P(y_i = j \mid \boldsymbol{x}_i) \right]^{1(y_i = j)} \tag{5.13}$$

其对数似然函数为

$$\ln L_i(\boldsymbol{\beta}_1, \cdots, \boldsymbol{\beta}_j) = \sum_{j=1}^{J} 1(y_i = j) \cdot \ln P(y_i = j \mid \boldsymbol{x}_i) \tag{5.14}$$

其中,$1(\cdot)$ 为示性函数(Indicator Function),即如果括号中的表达式成立,则取值为 1;反之,取值为 0。将所有个体的对数似然函数加总,即得到整个样本的对数似然函数,将其最大化则得到系数估计值 $\hat{\boldsymbol{\beta}}_1, \cdots, \hat{\boldsymbol{\beta}}_J$。

5.1.2 多项 Probit 离散选择模型

在式(5.7)中,如果假设 $\{\varepsilon_{i1}, \cdots \varepsilon_{iJ}\}$ 服从 J 维正态分布,则可得到"多项 Probit"(Multinomial Probit)模型,但该模型的选择概率涉及高维积分,不易计算。在扰动项 $\{\varepsilon_{i1}, \cdots \varepsilon_{iJ}\}$ 相互独立的假定下,Stata 首先把此高维积分转化为一维积分,然后进行数值计算(但此一维积分也没有解析解)。

J 选项模型潜变量 $\eta_{ij} = z_i \boldsymbol{\alpha}_j + \xi_{ij}$,($j=1, \cdots, J; i=1, \cdots, n; \{\xi_{i,1}, \cdots, \xi_{iJ}\} \sim i.i.d. N(0,1)$)。如果 $\eta_{ik} > \eta_{il}(l \neq k)$,则实验者观察第 i 个观测值的备选 k。对于 $j \neq k$,则

$$\begin{aligned} v_{ij'} &= \eta_{ij} - \eta_{ik} \\ &= z_i(\boldsymbol{\alpha}_j - \boldsymbol{\alpha}_k) + \xi_{ij} - \xi_{ik} \\ &= z_i \boldsymbol{\gamma}_{j'} + \varepsilon_{ij'} \end{aligned} \tag{5.15}$$

其中,如果 $j<k$ 则 $j'=j$,如果 $j>k$ 则 $j'=j-1$,所以 $j'=1, \cdots, J-1$;$\varepsilon_i = (\varepsilon_{i1}, \cdots, \varepsilon_{i,J-1}) \sim \text{MVN}(0, \boldsymbol{\Omega})$,其中

$$\boldsymbol{\Omega} = \begin{pmatrix} 2 & 1 & 1 & \cdots & 1 \\ 1 & 2 & 1 & \cdots & 1 \\ 1 & 1 & 2 & \cdots & 1 \\ \vdots & \vdots & 1 & \ddots & \vdots \\ 1 & 1 & 1 & \cdots & 2 \end{pmatrix} \tag{5.16}$$

将模型确定部分表示为 $\lambda_{ij'} = z_i \boldsymbol{\gamma}_{j'}$;个体 i 选择结果 k 的概率是

$$\Pr(y_i = k) = \Pr(v_{i1} \leqslant 0, \cdots, v_{i,J-1} \leqslant 0,)$$

$$= \Pr(\varepsilon_{i1} \leqslant -\lambda_{i1}, \cdots, \varepsilon_{i,J-1} \leqslant -\lambda_{i,J-1})$$

$$= \frac{1}{(2\pi)^{(J-1)/2} |\boldsymbol{\Omega}|^{1/2}} \int_{-\infty}^{-\lambda_{i1}} \cdots \int_{-\infty}^{-\lambda_{i,J-1}} \exp\left(-\frac{1}{2} z' \boldsymbol{\Omega}^{-1} z\right) dz$$

$$(5.17)$$

由于 $\boldsymbol{\Omega}(\rho_{ij} = 1/2, i \neq j)$ 的可交换结构,我们可以使用 Dunnett[①] 的结果将多维积分简化为一维,如下

$$\Pr(y_i = k) = \frac{1}{\sqrt{\pi}} \int_{-0}^{\infty} \left\{ \prod_{j=1}^{J-1} \Phi(-z\sqrt{2} - \lambda_{ij}) + \prod_{j=1}^{J-1} \Phi(z\sqrt{2} - \lambda_{ij}) \right\} e^{-z^2} dz \qquad (5.18)$$

高斯正交用于近似该积分,从而得到 K 点正交公式:

$$\Pr(y_i = k) \approx \frac{1}{2} \sum_{k=1}^{K} \omega_k \left\{ \prod_{j=1}^{J-1} \Phi(-z\sqrt{2x_k} - \lambda_{ij}) + \prod_{j=1}^{J-1} \Phi(z\sqrt{2x_k} - \lambda_{ij}) \right\} \qquad (5.19)$$

其中,ω_k 和 x_k 是 K 阶拉盖尔多项式的权重和根。在 Stata "mprobit" 命令中由 "intpoints( )" 选项指定 K。

多项 Logit 模型和多项 Probit 模型都是用于处理多项选择问题的统计模型,适用于离散选择分析,在房地产领域中预测事件发生的概率。它们的不同点在于误差分布假设、对边际效应解释、数学特性如累积分布函数形状、适配场景的不同。多项 Logit 和多项 Probit 模型在理论基础和具体应用上有一定的差异,但它们在处理离散选择问题时都具有广泛的适用性和实用性。在实际应用中,选择哪种模型有时更多地取决于研究者对数据生成过程的假设以及特定领域的传统做法。

5.1.3 条件 Logit 离散选择模型

普通多项 Logit 模型(Multinomial Logit Model, MNL)主要用于处理个体在多个互斥选择之间做出选择的情况,其中每个选择或结果是类别性的。在房地产数据分析中,这可以应用于例如分析购房者倾向于购买哪种类型的房产(如公寓、联排别墅、独立屋等)。普通多项 Logit 模型关注的是基于个体特征(如收入、家庭大小、购买力等)对不同房产类型的选择。每个观测记录代表一个个体及其做出的选择,模型分析这些个体特征如何影响其选择。

但有些解释变量可能既随个体而变,也随方案而变。比如,在选择居住区位时,通勤时间既因个体而异(不同个体的交通工具可能不同),也因居住区位而异(不同居住区位到工作地点的距离不同)。这种解释变量被称为"随方案而变"(Alternative-Specific)。条件多项 Logit 模型(Conditional Multinomial Logit Model, CMNL)是多项 Logit 模型的一个变种,用于分析选项本身的属性对选择结果的影响。在房地产领域,这种模型适用于研究房产的特定属性(如价格、面积、位置、附近的设施等)是如何影响购房者选择特定房产的。条件多项 Logit 模型特别关注选项(即房产)的属性对购买决策的影响,而不是仅仅基于购房者的个人特征。数据中不仅包括个体的特征,还包括每个选择(房产)的详细属性信息。模型尝试揭示这些属性如何驱动购房决策。与普通多项 Logit 模型相同,也依赖于独立性假设(IIA),但关注点在于选项的属性。条件多项 Logit 模型则更适用于研究房产特征如何影响购房选择,例如,

---

① DUNNETT C W. Algorithm AS 251: multivariate normal probability integrals with product correlation structure [J]. Applied Statistics, 1989: 564-579.

分析不同价格区间、房屋面积或地理位置如何影响购房者的选择偏好。选择合适的模型取决于研究问题的具体内容、可用数据的性质以及分析的目标。理解每种模型的优势和限制对于进行有效的房地产市场分析至关重要。本节介绍条件 Logit 模型的原理。

此时，个体 i 选择方案 j 所带来的随机效用为

$$U_{ij} = \boldsymbol{x}'_{ij}\boldsymbol{\beta} + \varepsilon_{ij}(i = 1, \cdots, n; j = 1, \cdots, J) \tag{5.20}$$

其中，解释变量 $\boldsymbol{x}'_{ij}$ 表明，它既随个体 i 而变，也随方案 j 而变。系数 $\boldsymbol{\beta}$ 表明，$\boldsymbol{x}'_{ij}$ 对随机效用 U_{ij} 的作用不依赖于方案 j，比如通勤时间依个体与方案而变，但通勤时间太长所带来的负效用是一致的。根据与多项 Logit 类似的推导可知，个体 i 选择方案 j 的概率为

$$P(y_i = j \mid \boldsymbol{x}_{ij}) = \frac{\exp(\boldsymbol{x}'_{ij}\boldsymbol{\beta})}{\sum_{k=1}^{J} \exp(\boldsymbol{x}'_{ik}\boldsymbol{\beta})} \tag{5.21}$$

此模型称为"条件 Logit"（Conditional Logit），也称为"McFadden 选择模型"（McFadden's Choice Model）[1]。条件 Logit 模型的估计方法与多项 Logit 模型类似，即通过 MLE 估计以得到系数估计值 $\hat{\boldsymbol{\beta}}$。与多项 Logit 不同的是，在条件 Logit 模型中，由于系数 $\boldsymbol{\beta}$ 不依赖于方案，故不需要选择参照方案，也不需要将 $\boldsymbol{\beta}$ 的某部分标准化为 0。

5.1.4　混合 Logit 离散选择模型

上一小节讨论了解释变量不随方案而变的多项 Logit 模型以及解释变量随方案而变的条件 Logit 模型。混合 Logit 模型的设计则是为了解决这两种情况同时发生的混合情形。普通多项 Logit 模型在模型设定和计算上相对简单，适用于个体选择的基本分析，尤其是当假设所有个体对选项的偏好是相对一致时。条件 Logit 模型在分析选项（即房产）的具体属性（如地段、房型等）对个体选择影响上具有优势，适合于选项特征对决策有显著影响的场景。而混合 Logit 模型是三者中最能够捕捉和分析偏好异质性的模型，适用于分析个体之间在对房产特征偏好上的差异。例如，通过混合 Logit 模型，可以揭示不同收入水平的家庭对房屋价格敏感度的差异。在房地产数据分析的应用中，选择哪种模型取决于研究的具体目标、数据的可用性以及对个体偏好异质性的考虑程度，相较于普通多项 Logit 模型和条件 Logit 模型，混合多项 Logit 模型在处理复杂的偏好异质性问题时更具优势。本节对混合 Logit 模型的原理进行介绍。

假设个体 i 选择方案 j 所能带来的随机效用为

$$U_{ij} = \boldsymbol{x}'_{ij}\boldsymbol{\beta} + \boldsymbol{z}'_i\boldsymbol{\gamma}_j + \varepsilon_{ij}(i = 1, \cdots, n; j = 1, \cdots, J) \tag{5.22}$$

其中，解释变量 $\boldsymbol{x}'_{ij}$ 既随个体 i 而变，也随方案 j 而变；而解释变量 $\boldsymbol{z}'_i$ 只随个体 i 而变。经过类似推导可知，个体 i 选择方案 j 的概率为

$$P(y_i = j \mid \boldsymbol{x}_{ij}) = \frac{\exp(\boldsymbol{x}'_{ij}\boldsymbol{\beta} + \boldsymbol{z}'_i\boldsymbol{\gamma}_j)}{\sum_{k=1}^{J} \exp(\boldsymbol{x}'_{ik}\boldsymbol{\beta} + \boldsymbol{z}'_i\boldsymbol{\gamma}_k)} \tag{5.23}$$

此模型称为"混合 Logit"（Mixed Logit）[2]，但 Stata 仍称其为条件 Logit。为了识别该模

① MCFADDEN D. The measurement of urban travel demand[J]. Journal of public economics, 1974, 3(4):303-328.

② Mixed Logit 有时也被用来指另一完全不同的模型，即随机系数 Logit（random parameters Logit）。

型,在方程(5.23)中,也需要选择一个参照方案(比如方案1),然后令 $\beta_1 = 0$。

对于以上三种模型,当各方案本身的特征不重要,或缺乏有关方案特征的数据时,常使用多项 Logit 模型。如果需要考虑不同方案的特征,则应使用条件 Logit 模型或混合 Logit 模型。另外,在这些多元选择模型中,由于被解释变量的分布必然为"多项分布"(Multinomial Distribution),故一般不必使用稳健标准误,使用普通标准误即可,这一点类似于二元选择模型。然而,如果数据为聚类样本,则仍应使用聚类稳健的标准误[使用 Stata 命令选择项"vce(Cluster Clustvar)"]。

需要注意的是,在多项 Logit 与混合 Logit 模型中,对参数估计值 $\hat{\boldsymbol{\gamma}}_j$ 的解释是以参照方案(Base Category)为转移的(可根据理论或方便来选择参照方案)。以多项 Logit 为例,假设"方案1"或"方案j"($j \neq 1$)必然发生(二者必居其一),则在此条件下,"方案j"发生的条件概率为

$$P(y = j \mid y = 1 \text{ or } j) = \frac{P(y = j)}{P(y = 1) + P(y = j)} = \frac{\exp(\boldsymbol{x}_i' \boldsymbol{\beta}_j)}{1 + \exp(\boldsymbol{x}_i' \boldsymbol{\beta}_j)} \quad (5.24)$$

上式与二元选择的 Logit 具有完全相同的形式。而"几率比"(Odds Ratio)或"相对风险"(Relative Risk)为

$$\frac{P(y = j)}{P(y = 1)} = \exp(\boldsymbol{x}_i' \boldsymbol{\beta}_j) \quad (5.25)$$

故对数几率比(Log-Odds Ratio)为

$$\ln \left[\frac{P(y = j)}{P(y = 1)} \right] = \boldsymbol{x}_i' \boldsymbol{\beta}_j \quad (5.26)$$

从条件概率 $P(y = j \mid y = 1 \text{ or } j)$ 的表达式可以看出,该条件概率并不依赖于任何其他方案。换言之,如果将多元选择模型中的任何两个方案单独挑出来,都是二元 Logit 模型。此假定称为"无关方案的独立性"(Independence of Irrelevant Alternatives, IIA)。根据类似的推导可知,条件 Logit 模型也服从 IIA 假定。然而,在实践中,如果不同方案之间很类似,则 IIA 假定不一定满足。这是多项 Logit 模型、条件 Logit 模型与混合 Logit 模型的共同缺点。这三个模型的相同点和不同点见表5.1。

表5.1　多项 Logit 模型、条件 Logit 模型、混合 Logit 模型的相同点与不同点

模型	不同点	共同点
多项 Logit	仅考虑了不随方案变化的解释变量,且其参数随方案变化。估计时,需要参考方案	须满足"无关方案独立性(IIA)"假定
条件 Logit	考虑了解释变量既随个体变化又随方案变化,但其参数不随方案变化。估计时,不需要参考方案	
混合 Logit	综合了多项 Logit 模型和条件 Logit 模型	

5.1.5　多元离散选择模型的检验

在对参数进行估计后,需要对模型进行检验,一般包括拟合优度检验、变量的显著性检验和方程总体显著性检验等。其中变量的显著性检验与经典单方程模型相同,因此这里只介绍拟合优度检验和总体显著性检验。

1) 拟合优度检验

(1) McFadden's R^2

McFadden's R^2 是一个广泛用于选择模型的拟合优度指标,尤其是在离散选择模型中,也被称为伪 R^2。伪 R^2 范围在 0 到 1 之间,越接近 1,模型的拟合效果越好。在实际分析中如果侧重影响因素的分析,可以不太注重这个指标。

(2) 预测准确性检验

将模型的预测结果与实际观测进行比较,评估模型的预测准确性,例如,可以通过混淆矩阵、ROC 曲线等方法进行分析。

(3) AIC 与 BIC 指标

AIC 和 BIC 指标也用于评判模型拟合优度,一般 AIC 和 BIC 越小表明模型的拟合优度越高,多用于比较多个模型的优劣。

2) 总体显著性检验

在线性回归模型中,检验模型整体显著性的是 F 统计量,然而离散选择模型中的 Logit 模型、Probit 模型是非线性的,因而在同时检验多个系数是否为 0 时,F 检验不能用,可以采用前面章节介绍过的 LR、Wald 和 LM 检验。

3) 无关选择独立性检验

对于 IIA 假定,检验方法之一为豪斯曼(Hausman)检验。其基本思想是,如果 IIA 假定成立,则去掉某个方案不影响对其他方案参数的一致估计,只是降低了效率。这意味着,在 IIA 原假设成立的情况下,去掉某个方案后子样本的系数估计值(记为 $\hat{\boldsymbol{\beta}}_R$)与全样本的系数估计值(记为 $\hat{\boldsymbol{\beta}}$,不含被去掉方案的对应系数)没有系统差别。为此,Hausman 和 McFadden[1] 提出以下统计量:

$$\text{Hausman Statistic} = (\hat{\boldsymbol{\beta}} - \hat{\boldsymbol{\beta}}_R)'[\hat{\text{Var}}(\hat{\boldsymbol{\beta}}) - \hat{\text{Var}}(\hat{\boldsymbol{\beta}}_R)]^{-1}(\hat{\boldsymbol{\beta}} - \hat{\boldsymbol{\beta}}_R) \tag{5.27}$$

检验 IIA 假定的方法之二由 Small and Hsiao[2] 提出。然而,Cheng and Long[3] 通过蒙特卡罗方法发现,这两个检验的小样本性质都不好[即有限样本下统计量的真实分布偏离式(5.27)的渐近分布较远],故其结论只具有参考价值(两者结论可能矛盾)。

5.1.6 多元离散选择模型的 Stata 命令

在 Stata 中,多元选择模型所使用的数据格式依赖于解释变量的类型。对于所有解释变量都只随个体而变(Case-Specific)的多项 Logit 模型或多项 Probit 模型,应使用"宽形格式"(Wide Form),即同一个体的所有数据均出现在 Stata 数据表格的同一行。反之,在条件 Logit

① HAUSMAN J, MCFADDEN D. Specification tests for the multinomial Logit model[J]. Econometrica: Journal of the econometric society, 1984: 1219-1240.

② SMALL K A, HSIAO C. Multinomial Logit specification tests[J]. International economic review, 1985: 619-627.

③ CHENG S, LONG J S. Testing for IIA in the multinomial Logit model[J]. Sociological methods & research, 2007, 35(4): 583-600.

模型与混合 Logit 模型中,由于存在随方案而变(Alternative-Specific)的解释变量,故应使用"长形格式"(Long Form),即同一个体的数据出现在 Stata 数据表格的几行中,对应于备选的几个方案(一个方案占一行)。在 Stata 中,可通过命令"reshape"在宽形格式与长形格式之间转换。

在实际操作中,经常用到各种软件进行多元离散选择模型回归,本节列出了在 Stata 软件中进行多元离散选择模型回归的基本命令,见表 5.2。

表 5.2　多元离散选择模型回归的基本命令

命令	含义
mlogit	多项 Logit 模型的回归分析
mlogtest	多项 Logit 模型的回归检验
mprobit	多项 Probit 模型的回归分析
clogit	条件 Logit 模型的回归分析
asclogit	混合 Logit 模型的回归分析

1)多项 Logit 模型的 Stata 命令

. mlogit y x1 x2 x3［,options］

其中,选择项"base(#)"用于指定参照组(Base Category),如果不指定,则默认使用观测值最多的方案为参照方案;"［,options］"为可选项,如选择项"rrr"表示汇报"相对风险比率"(Relative Risk Ratio,RRR),即汇报 $\exp(\boldsymbol{\beta}_j)$,而非 $\boldsymbol{\beta}_j$。

在估计多项 Logit 模型后,可通过非官方命令"mlogtest"对 IIA 假定进行检验。

先下载安装命令"mlogtest"[①],命令如下:

. net install sg155

然后进行豪斯曼检验和 Small-Hsiao 检验,命令如下:

. mlogtest, hausman base

. mlogtest, smhsiao base

其中,选择项"hausman"表示进行豪斯曼检验,选择项"smhsiao"表示进行 Small-Hsiao 检验,而选择项"base"表示在检验中包括"去掉参照方案,而以剩余方案中观测值最多的方案为参照方案"的检验。

2)多项 Probit 模型的 Stata 命令

. mprobit y x1 x2 x3［,options］

其中,"［,options］"为可选项,如选择项"base(#)"用于指定参照组与 Logi 模型的回归命令类似;"rrr"也表示汇报"相对风险比率"。

---

① 或输入命令"findit sg155"寻找下载地址。

3）条件 Logit 模型的 Stata 命令

. clogit y x1 x2 x3，group（varname）［options］

其中，必选项"group（varname）"用来指定由归属同一个个体的观测值所构成的一组（因为数据按长形排列）；"［options］"为可选项，如可用"or"表示汇报"几率比"（Odds Ratio）。命令"clogit"不能直接处理只随个体而变的解释变量。

4）混合 Logit 模型的 Stata 命令

. asclogit y x1 x2 x3，case（varname）alternatives（varname）casevars（varname）［options］

其中，命令"asclogit"表示随方案而变的条件 Logit"Alternative – Specific Conditional Logit"，必选项"case（varname）"用来指定个体，必选项"alternatives（varname）"用来指定方案（数据也按长形排列），选择项"casevars（varname）"表示只随个体而变得解释变量，"［options］"为可选项，如"base（#）"用来指定参照方案，选择项"or"表示汇报"几率比"。

5.2　基于多元离散选择模型的房地产数据分析应用

5.2.1　房地产选址决策选择理论

有关居民选址的基本理论主要包括消费者行为理论、居住区位理论。居住区位理论为阐述居住区位的构成和演变发展提供经济理论背景，在此基础上，进一步通过消费者行为理论和随机效用理论描述居民对居住区位的消费选择过程。

1）消费者行为理论

消费者行为指消费者根据自身需求及偏好所做出的消费购买行为过程。根据新古典经济理论，消费者在进行购买行为时，遵循理性、效用最大化和受到外部环境影响等基本假设，在面临多种备选方案时，消费者会选择效用最大的决策方案。考虑两种商品的消费情况时，消费者行为理论的模型表示如下

$$\text{Max}\,U = q_1^{\beta_1} q_2^{\beta_2}$$
$$\text{s. t.}\quad p_1 q_1 + p_2 q_2 \leqslant 1 \tag{5.28}$$

其中，q 为购买商品的数量，p 为购买商品的价格。

由于不同个体的认知和偏好在一定程度上通常存在差异，不同个体对于各个备选项的决策能力也不尽相同，效用理论为研究各种可能的选择结果提供了理论指导。居民在进行居住区位的选择时，根据其个体或家庭的偏好特征，以及所考虑的各类居住区位方案，通常用加法或者乘法的形式来表示居住区位方案的效用值。居民 i 选择居住区位方案 j 的效用表现形式及居民 i 选择居住区位方案 j 的概率表示可参考 5.1.1 节。

2）居住区位理论

区位是人类行为场所分布的地区或地点。对于住房而言的居住区位，是指住宅选择的自然、经济和交通地理位置在城市空间中的有机结合。城市居民在进行住宅选择时通常受

收入条件约束,为了达到效用最大化的目的,需要对居住区位和住房本身的各种因素作出合理选择。

区位理论最早由 Thunen 等人[1]提出,以农业用地为例,在单中心城市的假设以及在其他土地条件不变的条件下,农业生产者由于到市中心距离的不同,会选择不同的生产模式以追求利益最大化,并讨论了农业资源配置与区位的关系。然而,这一理论仅限于农业用地的范畴。Alonso[2] 将这一理论引入城市土地利用与地价分析中,建立了单中心城市竞租模型,并对居民城市住房选择进行分析。竞租理论认为居民在进行住房选择时,以家庭收入作为约束前提,随着居住区位距 CBD 距离的上升,相关住房费用与交通成本会导致居民根据其自身支付能力选择综合消费水平最优的区位。模型公式[3]可表示为

$$Y = O + P(x) \times G + K(x) \tag{5.29}$$

其中,Y 表示居民个体或家庭可支配收入;O 表示其他相关支出;$P(x)$ 表示距离城市中心 x 米的住房价格;G 表示住房面积;$K(x)$ 表示距离城市中心 x 米的交通成本。

Burgess[4] 从居住空间分异这一视角对住宅区位进行研究,提出了同心圆理论,其主要内容是城市区位受城市过滤机制的影响,城市住宅最终呈现出由城市到城市边界为工人居住区、中产阶级居住区和高收入阶级居住区、不同同心圆环带结构的区位特征。同心圆理论只考虑了城市对地带结构形成的影响,而忽略了交通因素。Hoyt[5] 在同心圆理论的基础上提出了扇形理论,认为城市空间的扩展在不同方向上呈现出差异化的特征,如土地利用方式和住宅类型不同等,从而形成扇面。Harris 和 Ullman[6] 提出的多核心城市理论认为,随着城市的发展,城市空间的拓展通常呈现不均衡的特征,并且会形成多个不同空间位置的城市商业中心,其中一个主要商业区为城市的核心,其余为次核心,城市由多个中心构成。多核心城市理论比同心圆理论更接近实际,考虑了城市地域发展的多元结构,但是没有考虑到不同核心的规模差异。Harvey[7] 提出城市居住空间统一体理论,认为城市居住空间是城市居民日常出行生活统一构成的社会空间系统,即城市居住区位是人类社会活动和地理空间的辩证统一体。因此,城市居住空间具有自然、社会文化及经济等多种属性,兼具物质空间和社会系统等特征,并且随着时代而动态变化。

区位这一概念自提出以来,经过许多学者的进一步理解与阐释,目前公认的有四种含义:一是由区位的环境条件所决定;二是由区位所在的空间位置决定;三是由区域与邻近区域的联系决定;四是由区域内居民的社会行为所构成。

在居住区位选择的影响因素方面,随着相关研究的不断发展,影响因素复杂多样,整体可概括为四个方面:社会经济特征因素、住房特征因素、区位特征因素、心理偏好特征因素,

① THUNEN J, WAENTIG H. Der isolierte Staat in Beziehung auf Landwirtschaft and Nationalokonomie[M]. Hamburg, 1826:678.

② ALONSO W. Location and land use: toward a general theory of land rent[M]. Cambridge: Harvard University Press, 1964.

③ 田丽君,于宁,蔡乌赶. 轨道交通建设对沿线居住区位选择的影响[J]. 交通运输工程学报,2017,17(4):130-139

④ BURGESS E. The city[M]. Chicago: University of Chicago Press,1925.

⑤ HOYT JR W D. John McDonogh and Maryland Colonization in Liberia,1834-35[J]. The Journal of Negro History,1939, 24(4):440-453.

⑥ HARRIS C D,ULLMAN E L. The nature of cities[J]. Annals of the American Academy of Political and Social Science, 1945.

⑦ HARVEY D. Social justice and the city[M]. Baltimore: The Johns Hopkins University Press,1973,73-306.

下面依次进行简要介绍。

社会经济特征因素是一个概括性术语,用于描述个体或家庭社会经济特征方面的变量。在个体特征方面,具体包括年龄、文化程度、职业状况、种族等。在家庭特征方面,具体包括家庭经济收入水平、家庭结构等。研究者可将居民群体根据社会经济特征因素进行划分,以分析不同社会经济特征的居民群体的选择偏好差异。

住房特征因素主要包括:①住房价格/租金,因为住房价格直接影响到消费者住房消费的总成本,它和居民个人(家庭)收入一起构成了居住区位选择时的经济约束;②住房面积;③房间;卧室数量;④朝向;⑤楼层等。

区位特征因素主要包括通勤成本、区位环境条件、公共服务设施条件、教育资源、住宅/人口密度等,是居民进行居住区位选择时需要考虑的重要因素。

心理偏好特征因素主要包括两方面。①心理偏好特征,如对娱乐休闲设施的偏好、对环境宁静/繁华的偏好、对区位教育质量的偏好、对建筑环境和出行行为的偏好等,不同年龄段的人群的心理偏好特征可能存在一定差异;②心理依赖性,部分学者的研究表明,在居住再选址活动中,住户会倾向于在其以前的住所附近进行再选址。

研究者可以从以上四个方面选择具体的影响因素来对居民住房的区位选择展开研究。

5.2.2 基于多项 Logit 和多项 Probit 分析家庭购房区位选择

上节介绍了四方面的影响因素,但在实际研究中,较常考虑的为个人/家庭特征、住房特征、区位特征三方面因素,居住区位选择模型将三类解释变量转化为决策者的选择结果,居住区位选择问题研究框架如图 5.1 所示。

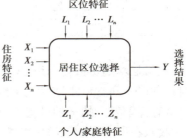

图 5.1 居住区位选择问题研究框架

在居住区位选择问题研究中,根据所选取的影响因素特征,选择具体的离散选择模型。当模型的解释变量只随居民/家庭个体而变,不随居住区位而变时,使用多项 Logit 模型或多项 Probit 模型。本节分析实践符合此条件,故在此介绍居民区位选择的多项 Logit 模型。当模型的解释变量随居住区位而变时,使用条件 Logit 模型或混合 Logit 模型。这两种模型将在下一节的案例拓展中展示其运用。

多项 Logit 模型在居住区位选择相关研究中使用较多,已有丰富的实证研究成果。该模型的优点在于技术门槛低,计算高效,且对备选方案子集的估计满足一致性。此外,该模型形式较为简洁,对样本要求低,分析结果通常稳健。当离散选择模型的选项间无相关关系时,可以建立多项 Logit 模型。

随机效用模型 $U_{ij} = x_i' \beta_j + \varepsilon_{ij}$ 中,U_{ij} 表示第 i 个家庭在第 j 个居住区位所能获得的效用,x_i 表示只随居民个体而变,不随居住区位 j 变化的解释变量,比如年龄、户籍、家庭有无小孩、家庭年收入等特征变量。

在随机扰动项满足 IIA 假设的前提下,第 i 个家庭选择第 j 个居住区位的概率公式表示参照 5.1.1 节中的式(5.11)。

多项 Logit 模型是对胜率(Odds)的对数进行建模,因此在解读多项 Logit 模型的具体回归结果时,常通过胜率进行分析。胜率指某事物发生的可能性与不发生的可能性之比,公式表示为

$$Odd(i) = \frac{p(i)}{1-p(i)} = e^{\beta} \tag{5.30}$$

1）变量选择与数据准备

现实生活中，在进行购房区位的选择时，家庭收入代表家庭的经济能力，是影响住房选址的重要因素。下面以数据集"5_多元离散选择模型.dta"为例，进行多项 Logit 与多项 Probit 估计。此数据集样本来自中国家庭金融调查（CHFS），受访者购房区位（city_level）分为三类，即一线城市（First-tier city）、二线城市（Second-tier city）、三线及以下城市（Third-tier city）。解释变量根据可支配收入主要来源的不同，选取工资性收入（hhwage_inc）、财产性收入（prop_inc）、转移性收入（transfer_inc）。显然，这三个解释变量都只依赖于家庭个体，而不依赖于选择方案，故使用多项 Logit 回归或多项 Probit 回归。

首先，看一下数据的基本特征（表5.3）。

. sum

表5.3　数据基本特征

Variable	Obs	Mean	Std. Dev	Min	Max
city_level	230	2.030 4	0.822 146 9	1	3
hhwage_inc	230	105 565.6	126 305.6	0	913 900
prop_inc	230	9 755.873	70 995.72	−907 522	306 386
transfer_inc	230	29 877.99	41 890.18	0	32 0000

表格显示购房区位（city_level）、工资性收入（hhwage_inc）、财产性收入（prop_inc）、转移性收入（transfer_inc）四个变量的样本数、均值、标准差、最大值、最小值的统计特征。整体来看，所有样本家庭的三种可支配收入来源中，工资性收入的均值最高，标准差也最大，表明工资性收入在所有样本家庭中的波动最大。财产性收入最小值为−907 522，其值为负，代表家庭财务损失大于其财务收入。

其次，通过前6个数据来看数据格式（表5.4）。

. list in 1/6

表5.4　前6个数据格式

city_level	hhwage_inc	prop_inc	transfer_inc
First-tier city	200 000	25 100	50 000
Second-tier city	140 339	279	3 636
Second-tier city	176 990	18 285	13 000
Third-tier city	47 900	175	1 000
Second-tier city	182 700	5 350	0
Second-tier city	102 600	18.795	0

前 6 个受访家庭的购房区位、工资性收入、财产性收入、转移性收入见表 5.4。其中,工资性收入从 47 900 元到 200 000 元不等,财产性收入从 18.795 到 25 100 元不等,转移性收入从 0 到 50 000 元不等。由于数据表中的每行对应于一名个体,故数据格式为宽形(Wide Form)。

2) 模型构建、估计、检验与预测

下面通过列表粗略地考察购房区位(city_level)与工资性收入(hhwage_inc)的关系,输入命令为

. table(city_level), statistic(count hhwage_inc) statistic(mean hhwage_inc) statistic(sd hhwage_inc)

其中,命令"table"表示变量的统计特征列表(Tables Of Summary Statistics),而选择项"statistic( )"则用来指定变量 hhwage_inc 的样本容量、均值和标准差(按变量 city_level 分为 3 个子样本),注意,此命令适用于 stata17 及以上的版本,如果低于此版本,可以用下列命令实现以上功能:

. table city_level,contents(N hhwage_inc mean hhwage_inc sd hhwage_inc)

不同 city_level 下 hhwage_inc 的统计特征见表 5.5。

表 5.5　不同 city_level 下 hhwage_inc 的统计特征

city_level	N(hhwage_inc)	mean(hhwage_inc)	sd(hhwage_inc)
First-tier city	74	162 487	174 527.4
Second-tier city	75	97 534	93 573.19
Third-tier city	81	61 000	68 582.14

由表 5.5 可知,选择在三线及以下城市购房的受访家庭样本最多,其平均工资性收入最低,低于选择在一线城市或二线城市购房的受访家庭的平均工资性收入;在一线城市购房的家庭的平均工资性收入最高,与现实情况相符。

下面进行多项 Logit 回归:

. mlogit city_level hhwage_inc prop_inc transfer_inc

多项 Logit 回归结果见表 5.6。

表 5.6　多项 Logit 回归结果

city_level	Coef.	Std. Err	z	$p>\|z\|$	[95% Conf. Interval]	
First-tier ~ y						
hhwage_inc	9.16e-06	2.09e-06	4.37	0.000	5.05e-06	0.0 000 133
prop_inc	4.52e-06	3.57e-06	1.26	0.206	−2.48e-06	0.0 000 115
transfer_inc	5.53e-06	4.85e-06	1.14	0.254	−3.98e-06	0.000 015
_cons	−1.160 8	0.277 3	−4.19	0.000	−1.704 3	−0.617 2
Second-tier ~ y						

续表

city_level	Coef.	Std. Err	z	p>|z|	[95% Conf. Interval]	
hhwage_inc	5.30e−06	2.08e−06	2.54	0.011	1.21e−06	9.38e−06
prop_inc	1.02e−06	2.14e−06	0.48	0.633	−3.17e−06	5.21e−06
transfer_inc	8.68e−06	4.58e−06	1.89	0.058	−2.99e−07	0.000 017 7
_cons	−7.270 5	0.258 1	−2.82	0.005	−1.233 0	−0.221 1
Third-tier ~ y	(base outcome)					
LR chi2(6) = 36.00				Prob>chi2 = 0.0000		
Log likelihood = −234.495 47				Pseudo R2 = 0.071 3		

由于没有指定参照方案（Base Outcome），故命令"mlogit"自动选择观测值最多的方案（即三线及以下城市）为参照方案。表 5.6 显示，在 5% 的显著性水平上，给定其他变量，家庭工资性收入（hhwage_inc）越高，越有可能选择在一线或二线城市购房，尤其是一线城市。而财产性或转移性收入对购房区位的选择无显著影响。

家庭工资性收入是家庭经济实力的主要体现，高收入家庭更有能力承担高昂的一线或二线城市的房价。一线城市通常拥有更高的生活水平和更好的教育资源，因此对于有经济实力的家庭来说，在一线城市购房是一种提升生活质量和子女教育机会的选择。

相比之下，财产性或转移性收入相对不稳定，不如工资性收入可靠。财产性收入通常指资产的收益，可能受到市场波动的影响；而转移性收入则是政府或其他机构提供的补贴或福利，收入水平可能不如工资稳定。因此，这些收入来源对家庭的购房决策影响较小。

综上所述，家庭工资性收入越高，越有能力选择在一线或二线城市购房，而财产性或转移性收入相对来说对购房区位的选择影响较小。

由于 IIA 假定是多项 Logit 模型的前提，下面检验 IIA 假定是否满足：

. mlogtest, hausman base

Hausman 检验结果见表 5.7。

表 5.7　Hausman 检验结果

Omitted	chi2	df	p>chi2	evidence
First-tier city	0.234	1	0.629	For H_0
Second-tier city	4.768	2	0.092	For H_0
Third-tier city	−63.996	1	1.000	For H_0

表 5.7 的前两行豪斯曼检验结果显示，去掉两个非参照方案（Nonbase Alternatives）中的任何一个方案，都不会拒绝 IIA 的原假设。由于使用了选择项"base"，故表 5.7 中的第三行计算去掉参照方案（三线及以下城市），而以剩余方案中观测值最多的方案作为参照方案的检验结果，同样也不拒绝 IIA 假设。但出于某种原因，却无法进行 Small-Hsiao 检验。

上文提及这两个检验的小样本性质均不好，只具有参考价值，但至少没有发现违背 IIA

假定的迹象(可能一线/二线/三线城市差距较大)。

如要显示相对风险比率,可输入命令:

. mlogit city_level hhwage_inc prop_inc transfer_inc, rrr

多项 Logit 回归结果(显示相对风险比率)见表5.8。

表5.8 多项 Logit 回归结果(显示相对风险比率)

city_level	Coef.	Std. Err	z	$p>|z|$	[95% Conf. Interval]	
First-tier ~ y						
hhwage_inc	1.000 009	2.09e−06	4.37	0.000	1.000 005	1.000 013
prop_inc	1.000 005	3.57e−06	1.26	0.206	0.999 997 5	1.000 012
transfer_inc	1.000 006	4.85e−06	1.14	0.254	0.999 996	1.000 015
_cons	0.313 2	0.086 9	−4.19	0.000	0.181 9	0.539 4
Second-tier ~ y						
hhwage_inc	1.000 005	2.08e−06	2.54	0.011	1.000 001	1.000 009
prop_inc	1.000 001	2.14e−06	0.48	0.633	0.999 996 8	1.000 005
transfer_inc	1.000 009	4.58e−06	1.89	0.058	0.999 999 7	1.000 018
_cons	0.483 3	0.124 8	−2.82	0.005	0.291 4	0.801 6
Third-tier ~ y	(base outcome)					
LR chi2(6) = 36.00				Prob>chi2 = 0.000 0		
Log likelihood = −234.495 47				Pseudo R2 = 0.071 3		

以三线及以下城市为参照方案,hhwage_inc 系数表示工资性收入每增加一个单位,选择一线城市的相对风险比率增加 0.000 6%,选择二线城市的相对风险比率增加 0.000 5%,而财产性收入与转移性收入对选择一线或二线城市的相对风险比率几乎没有影响。

下面根据模型预测家庭选择三种购房区位的可能性,分别记为 city_level1,city_level2,city_level3,并显示对前6个观测值的预测结果。

. predictcity_level1 city_level2 city_level3

. listcity_level1−city_level3 in 1/6

多项 Logit 模型对前6个观测值购房区位选择的预测结果见表5.9。

表5.9 多项 Logit 模型对前6个观测值购房区位选择的预测结果

city_level1	city_level2	city_level3
0.473 8	0.362 1	0.164 1
0.360 8	0.327 3	0.311 9
0.434 3	0.330 7	0.235 0
0.230 9	0.296 8	0.472 3

续表

city_level1	city_level2	city_level3
0.428 6	0.320 6	0.250 7
0.304 3	0.316 0	0.379 7

也可以选择其他购房区位作为参照方案,比如一线城市:

. mlogit city_level hhwage_inc prop_inc transfer_inc,base(1)

多项 Logit 回归结果(选择一线城市作为参照方案)见表 5.10。

表 5.10 多项 Logit 回归结果(选择一线城市作为参照方案)

city_level	Coef.	Std. Err	z	$p>\|z\|$	[95% Conf. Interval]	
First-tier ~ y						
hhwage_inc	−3.86e−06	1.50e−06	−2.57	0.010	−6.80e−06	−9.20e−07
prop_inc	−3.50e−06	3.41e−06	−1.03	0.305	−0.000 010 2	3.19e−06
transfer_inc	5.53e−06	3.80e−06	0.83	0.407	−4.29e−06	0.000 010 6
_cons	0.433 7	0.262 5	1.65	0.098	−0.080 7	0.948 2
Second-tier ~ y						
hhwage_inc	−9.16e−06	2.09e−06	−4.37	0.000	−0.000 013 3	−5.05e−06
prop_inc	−4.52e−06	3.57e−06	−1.26	0.206	−0.000 011 5	2.48e−06
transfer_inc	−5.53e−06	4.85e−06	−1.14	0.254	−0.000 015	3.98e−06
_cons	1.160 8	0.277 3	−4.19	0.000	0.617 2	1.704 3
LR chi2(6)=36.00				Prob>chi2=0.000 0		
Log likelihood=−234.495 47				Pseudo R2=0.071 3		

从表 5.10 可知,系数估计值随参照方案的不同而变化。下面,使用"multinomial Probit"来估计此模型:

. mprobit city_level hhwage_inc prop_inc transfer_inc,nolog

多项 Probit 回归结果见表 5.11。

表 5.11 多项 Probit 回归结果

city_level	Coef.	Std. Err	z	$p>\|z\|$	[95% Conf. Interval]	
First-tier ~ y						
hhwage_inc	7.04e−06	1.55e−06	4.54	0.000	4.00e−06	0.000 010 1
prop_inc	3.79e−06	2.79e−06	1.36	0.174	−1.68e−06	9.26e−06
transfer_inc	3.88e−06	3.68e−06	1.05	0.292	−3.33e−06	0.000 011 1

续表

city_level	Coef.	Std. Err	z	$p>\mid z\mid$	[95% Conf. Interval]	
_cons	−0.892 4	0.210 6	−4.24	0.000	−1.305 2	−0.479 5
Second-tier ~ y						
hhwage_inc	3.95e−06	1.55e−06	2.56	0.011	9.21e−07	6.98e−06
prop_inc	9.40e−07	1.80e−06	0.52	0.602	−2.59e−06	4.47e−06
transfer_inc	6.72e−06	3.57e−06	1.88	0.060	−2.78e−07	0.000 013 7
_cons	−0.568 3	0.205 2	−2.77	0.006	−9.704 1	−0.166 2
Number of obs=230				Wald chi2(6)=27.30		
Log likelihood=−234.481 39				Prob>chi2=0.000 1		

计算多项 Probit 模型所预测的三种购房区位的选择概率,分别记为 city_level1p,city_level2p,city_level3p。

. predict city_level1p city_level2p city_level3p

3) 多项 Logit 模型和多项 Probit 模型结果比较

从表5.11可知,多项 Probit 模型的系数估计值与多项 Logit 并不相同,但二者的系数不具有可比性。具有可比性的是两个模型的预测概率。

下面,计算两个模型购房区位预测概率的相关性:

. corr city_level1 city_level1p

多项 Logit 模型和多项 Probit 模型预测购房区位为一线城市的相关性见表5.12。

表5.12　多项 Logit 模型和多项 Probit 模型预测购房区位为一线城市的相关性

	city_level1	city_level1p
city_level1	1.000 0	
city_level1p	0.999 7	1.000 0

. corr city_level2 city_level2p

多项 Logit 模型和多项 Probit 模型预测购房区位为二线城市的相关性见表5.13。

表5.13　多项 Logit 模型和多项 Probit 模型预测购房区位为二线城市的相关性

	city_level2	city_level2p
city_level2	1.000 0	
city_level2p	0.996 1	1.000 0

. corr city_level3 city_level3p

多项 Logit 模型和多项 Probit 模型预测购房区位为三线及以下城市的相关性见表5.14。

表 5.14　多项 Logit 模型和多项 Probit 模型预测购房区位为三线及以下城市的相关性

	city_level3	city_level3p
city_level3	1.000 0	
city_level3p	0.999 0	1.000 0

由以上结果可知,两个模型所预测的购房区位概率高度一致,相关系数均在 99% 以上。这意味着,使用多项 Logit 或多项 Probit 在实际上并无多少区别;只是多项 Probit 的计算时间更长,且无法从几率比的角度解释系数估计值,故实践中常使用多项 Logit。

5.2.3　基于条件 Logit 和混合 Logit 的企业选址决策拓展案例[①]

企业选址是一个典型的多元离散选择问题,案例以长三角新建制造业企业为主体,研究企业特征对区位选择的影响。其中长三角中心城市包括上海市,安徽省的合肥市、芜湖市、马鞍山市、铜陵市、安庆市、滁州市,浙江省的嘉兴市、绍兴市、金华市、舟山市和台州市,江苏省的南京市、苏州市、无锡市、常州市、镇江市、南通市、扬州市、盐城市和泰州市等一共 27 个样本城市,将它们作为企业选址的区位选择方案,选取 2005—2013 年长三角中心城市群 12 210 家新建制造业企业作为研究样本。

条件 Logit 模型考虑了区位因素对于企业选址的影响,混合 Logit 模型考虑了企业特征与区位因素的共同影响。

在被解释变量的设置中,如果企业选择城市 j,则"location"赋值为 1,若未选中,则"location"赋值为 0,即被解释变量为是否选址的二元选择变量。

解释变量包括企业的特征变量和区位因素变量,其中,企业特征变量选取企业规模(Size)、所有制类型(民营企业为 0,国有企业为 1,外商投资企业为 2)、行业属性(劳动密集型行业为 0,资本密集型行业为 1,高技术行业为 2)。区位因素变量选取劳动力成本(Laborcost)、土地成本(Land)、基础设施(Infra)集聚效应[城市化经济(Urban)、本地化经济(Local)]、政策激励(Policy)、对外开放程度(Open)。

1)基于条件 Logit 模型分析企业选址决策

首先是条件 Logit 模型的设定。假设一个理性的投资企业会选择一个城市 j 作为它的新址,前提是这个选择可以使企业的利润最大化。根据模型设定,每个投资企业同时面临 J 个城市作为备选方案,因此每个投资企业有 J 个观测数据。由于预期利润无法直接观测,进一步假设预期利润是每个城市可观测特征的函数。假设期望利润为 π_{ij},可以表示为:

$$\pi_{ij} = \beta_i X_{ij} + \varepsilon_{ij}(i = 1, \cdots, 27; j = 1, \cdots, 12\ 210) \tag{5.31}$$

其中,"X_{ij}"包含城市 j 区域特征的向量,"ε_{ij}"包含可能影响预期利润的不可观测特征,每个 ε 是独立同分布的(IID)。因此,企业 i 会选址城市 j,当且仅当

$$\pi_{ij} > \pi_{ik} \text{ for } j \neq k \tag{5.32}$$

企业 i 选择城市 j 的可能性可以表示为

---

①　宋歌,项雪纯. 企业异质性对制造业新建企业区位选择的影响[J]. 技术经济,2021,40(2):75-85.

$$\text{Prob}(j) = \frac{\exp(X_{ij}\beta_i)}{\sum_{k=1}^{J} \exp(X_{ik}\beta_i)} \tag{5.33}$$

接下来进行条件 Logit 回归,回归结果见表 5.15。

表 5.15 条件 Logit 回归结果

	全样本(1)	稳健性检验(2)
劳动力成本	−0.179***	−0.142 *
	(0.067)	(0.074)
城市化经济	0.428***	0.355***
	(0.025)	(0.028)
地方化经济	1.487***	2.344***
	(0.056)	(0.094)
政策激励	0.033***	0.101***
	(0.013)	(0.006)
基础设施	0.002***	0.004***
	(0.000)	(0.003)
对外开放程度	0.002	0.006***
	(0.001)	(0.001)
N	329 670	165 564
P	0.000	0.000

注:安庆市是基准比较方案;括号内数值是标准误差;控制变量没有显示在表中;* $p<0.10$;** $p<0.05$;*** $p<0.01$。

条件 Logit 回归结果表明,劳动力成本对企业区位选择有显著的负向影响,劳动力成本的提高会降低城市被选择的可能性。为了研究集聚发挥的作用,将其分成城市化经济和本地化经济,结果均显示对企业区位选择的积极影响。交通基础设施建设的结果,同样反映了其对企业区位选择的积极影响。对外开放程度的影响不显著,政策激励对企业区位选择有积极影响。

为进一步检验结果的稳健性,考虑到条件 Logit 模型的无关选项独立性假设(IIA),即对于任何投资者,任何两个备选方案的概率比仅取决于两个备选方案的属性,并且独立于其他可用的备选方案,换句话说,对于任何投资者来说,从选择方案中删除任何可替换的选项都不会改变投资者的决定。IIA 假设能够让离散选择模型的计算过程相对简化,并且方便进行参数估计和结果预测。在剔除了部分城市样本后的回归结果见表 5.15(2),各项结果基本一致。因此,检验表明模型估计结果是稳健的。

2)基于混合 Logit 模型分析企业选址决策

为进一步考察企业异质特征的影响,采用混合 Logit 模型,除考虑城市可观测的区域因素外,还加入了企业特征变量,分析企业区位选择的影响因素。混合 Logit 模型可以更清楚地表达个人偏好信息。McFadden 证明了混合 Logit 模型可以模拟任何类型的随机效用模型,包括 Logit 模型、Probit 模型、嵌套 Logit 模型等。混合 Logit 模型假设预期利润是每个城市以及每个企业的可观测特征的函数。这里假设期望利润为 U_{ij},表示为

$$U_{ij} = \beta_i X_{ij} + \gamma_j \boldsymbol{Z}_i + \varepsilon'_{ij} (i = 1, \cdots 27; j = 1, \cdots, 12\ 210) \quad (5.34)$$

其中,$\boldsymbol{Z}_i$ 是包含企业 i 的异质特征向量;ε'_{ij} 包含可能影响到预期利润的不可观察特征。加入时间虚拟变量控制可能的宏观经济波动影响。因此,企业 i 会选择城市 j 作为新址,如果

$$Y_{ij} = \begin{cases} 1, \text{if } U_{ij} > U_{ik} \\ 0, \text{if } U_{ij} < U_{ik} \end{cases} \text{for } j \neq k \quad (5.35)$$

Y_{ij} 代表企业 i 的区位选择,企业 i 从 J 个备选城市中选址特定的城市 j 在数学上表示为

$$\text{Prob}(Y_{ij} = 1 \mid X_{ij}, Z_i) = \frac{\exp(X_{ij}\beta_i + Z_i\gamma_j)}{\sum_{k=1}^{J} \exp(X_{ik}\beta_i + Z_i\gamma_k)} \quad k \leq j \quad (5.36)$$

下面进行混合 Logit 回归,结果见表 5.16。模型 1—模型 5 的结果都显示了相对于基准选择方案,每个解释变量对企业区位选择可能性的影响。表格报告了企业规模、所有制类型、行业属性、劳动力成本、土地成本、城市化经济、地方化经济、政策激励、交通基础设施、对外开放程度等方面的结果。因为测量单位不同,结果不能在不同的变量之间进行比较。以安庆市作为比较基准,对每个城市的估计结果表示与选址安庆市的可能性相比,解释变量的增加是否会增加或减少该城市的选址可能性。安庆市在备选城市中的发展水平较为平均,将其作为基准比较方案,以更好地反映结果。结果表示的估计值不是边际效应,是用估计的概率来解释的。模型 1 控制区位因素变量,模型 2 仅加入了企业规模。模型 3 添加了所有制类型变量,而模型 4 则添加了企业的行业属性变量。最后,模型 5 包括了以上提到的所有解释变量。

表 5.16 混合 Logit 回归结果(截取部分)

	(1)	(2)	(3)	(4)	(5)
区位因素					
劳动力成本	−0.567**	−0.440**	−0.293**	−0.414**	−0.274**
土地成本	−0.339***	−0.370***	−0.390***	−0.358***	−0.377***
城市化经济	0.241**	0.326***	0.369***	0.319***	0.363***
地方化经济	3.076***	3.078***	3.072***	3.396***	3.392***
政策激励	0.106***	−0.042**	−0.046**	−0.041**	−0.046**
交通基础设施	0.309***	0.267***	0.253***	0.264***	0.250***
对外开放程度	0.163***	0.198***	0.241***	0.203***	0.245***
安徽省					
池州					
企业规模		−0.173***	−0.172**	−0.175**	−0.171**

续表

	（1）	（2）	（3）	（4）	（5）
国有企业			−14.776		−15.784
外商投资企业			−0.133		−0.187
资本密集企业				0.608***	0.616***
高技术企业				0.648	0.658
合肥					
企业规模		−0.096	−0.123	−0.088	−0.117
国有企业			1.838		1.846
外商投资企业			0.072		0.106
资本密集企业				−0.135	−0.154
高技术企业				−0.207	−0.203
…（滁州、马鞍山、铜陵、芜湖、宣城）					
江苏省					
南京					
企业规模		0.029	−0.030	0.027	−0.030
国有企业			−14.864		−15.716
外商投资企业			1.052***		1.021***
资本密集企业				0.496***	0.474**
高技术企业				0.497*	0.398*
南通					
企业规模		−0.131*	−0.228***	−0.137**	−0.230***
国有企业			0.187		0.015
外商投资企业			1.446***		1.405***
资本密集企业				0.581***	0.538***
高技术企业				0.681*	0.528
…（常州、苏州、泰州、无锡、盐城、扬州、镇江）					
浙江省					
杭州					
企业规模		−0.182***	−0.243***	−0.188***	−0.247***
国有企业			1.101		0.980

续表

	（1）	（2）	（3）	（4）	（5）
外商投资企业			0.998***		0.967***
资本密集企业				0.340**	0.311**
高技术企业				0.608**	0.513**
湖州					
企业规模		−0.450***	−0.526***	−0.452***	−0.525***
国有企业			0.271		0.101
外商投资企业			1.285***		1.251***
资本密集企业				0.601***	0.564***
高技术企业				0.405	0.282
…（嘉兴、金华、宁波、绍兴、台州、温州、舟山）					
上海					
企业规模		0.098	−0.066	0.098	−0.061
国有企业			2.382*		2.224*
外商投资企业			1.801***		1.781***
资本密集企业				0.584***	0.509***
高技术企业				0.537**	0.300**
Total obs.	329 670	329 670	329 670	329 670	329 670
Log likelihood	−36 528.976	−34 065.312	−33 654.636	−33 776.87	−33 391.548
Wald chi2	2 268.69	3 022.66	3 620.71	3 490.08	4 029.67
Prob>chi2	0.000	0.000	0.000	0.000	0.000

注:安庆市是基准比较方案。括号内数值是标准误差。控制变量没有显示在表中。 $*p<0.10$；$**p<0.05$；$***p<0.01$。

由结果可知,所有区位因素变量在95%的水平上都具有统计学意义。首先,劳动力成本在统计上显著,劳动力成本的增加会对企业的区位选择产生负向影响,在综合考虑所有解释变量的作用下,城市劳动力成本的增加会降低该城市被企业选址的可能性。与前者类似,土地成本也产生了负向影响。交通基础设施的结果反映了其对企业区位选择的积极影响。健全的基础设施通常意味着更低的运输成本和运输时间,这对于企业投资而言颇具吸引力。城市开放程度的提高将提高企业选址的可能性,对外开放程度越高,可以为城市带来新的资本和技术,并在不同程度上促进经济发展。接下来,城市化经济和本地化经济在统计上显示出对企业区位选择的积极影响。近几十年来,长三角地区产业集聚发展迅速,产业供应链相对完善,区域内资源配置得到优化。企业可以受益于知识共享和产业集聚带来的溢出效应。

这已成为吸引企业到长三角地区投资的关键因素。值得注意的是,政策激励呈现出不同结果,政策阻碍了新建制造业企业的区位选择。可能原因是样本统计期间上海和苏州等更发达城市拥有更多经济开发区,而这些开发区建立时间较早,统计期间增量较小,故以经济开发区数量来衡量政策的激励的影响并不明确。

结果显示企业规模对企业区位选择的影响因城市而异。几乎所有企业规模的符号在不同模型里都是一致的,并且在一些城市具有统计学意义,即在控制其他变量的情况下,企业的区位选择与企业规模相关。与选择基准比较方案的可能性相比,湖州、杭州、嘉兴、绍兴、芜湖、南通、无锡、常州、宁波的吸引力随着新建制造企业员工数量的增加而降低。随着企业规模的增加,苏州将是最有可能投资的城市,而湖州将是最不可能投资的城市。表格结果表明,随着企业员工人数的增加,与小规模企业相比,新建的大型制造企业选址杭州、无锡等城市的可能性较低,也不太可能位于宣城和池州等欠发达的城市。它们通常会选择中等发展水平的城市,避免发达城市的激烈竞争,同时可以获得中等城市蕴藏的广阔市场。

分析所有制类型的影响。结果表明,几乎所有的国有制企业的估计结果在任何城市都不显著。与民营企业相比,国有企业对投资风险的容忍度更高,它们的选址主要依靠政策导向,在样本中没有明显偏向性。对于外商投资企业,结果显示,从统计上看,苏州、上海、镇江、宁波、南通、嘉兴、绍兴、常州、南京、湖州、扬州、无锡和杭州是更可能的目的地。苏州是外商投资企业投资的首选城市。对于民营企业,外商投资企业对投资环境有更高的要求,并且倾向于选择这些较发达的城市,尤其是上海、江苏省和浙江省的发达城市。这一发现表明,外商投资企业更有可能选择外国制造企业高度集中的地区,并更倾向于与当地企业建立更紧密的联系。

有关于企业行业属性的影响,结果表明,与劳动密集型企业相比,高技术企业更倾向于选择无锡、杭州、常州、苏州、南通、宁波、南京、嘉兴、上海等城市。高技术企业需要创新环境,高水平的技术创新和教育对这些企业来说更有吸引力。同样,高技术企业也更倾向于地理集群,它们对拥有更多高科技园区的城市更感兴趣。高科技园区作为集群的一种重要表现形式,加强了企业间的交流,一定程度上能够产生外部规模经济。资本密集型企业的表现与高技术企业不同。例如,马鞍山被资本密集型企业选中的可能性相对较高,一种可能解释是行业属性与集聚经济之间的相互作用。钢铁、机械、船舶制造是马鞍山的优势产业,同样也是资本密集型企业,这类制造业企业倾向于选择优势产业集中的马鞍山市,同样集聚效应也吸引了更多的资本密集企业选址。

对于任何投资者来说,任何区位选择的可能性仅取决于选择方案本身,并且独立于其他可用的选择。换句话说,从选择集中省略任何选择都不会改变投资者的决定。最后进行稳健性检验,结果见表 5.17 和表 5.18。Hausman 检验的本质是将子样本的估计系数(其中省略了替代方案)与完整样本的估计系数进行比较,原假设是系数的差异不是系统性的。检验的原假设为结果 J 和结果 K 是独立于其他选择的。两者结果都显示,p 值为 1,最小为 0.998 6,表明不能拒绝原假设。Hausman 检验和稳健性检验结果均表明模型及其估计参数是稳健且可靠的。

表 5.17　Hausman 检验

H_0	Chi-sq. Statistic	Prob
Difference in coefficients not systematic	6.26	1.000

H_0: Odds(Outcome-J vs Outcome-K) are independent of other alternatives

表 5.18　稳健性检验

Omitted	df	p
池州	11	1.000
杭州	12	1.000
合肥	11	1.000
湖州	12	1.000
嘉兴	7	0.998
南京	11	1.000
南通	12	1.000
上海	12	1.000
…（安庆、滁州、马鞍山、铜陵、芜湖、宣城、常州、苏州、泰州、无锡、盐城、扬州、镇江、金华、宁波、绍兴、台州、温州、舟山）		

5.3　本章小结

　　本章详细介绍了多元离散选择模型及其在房地产选址决策中的应用。首先,讲解了多元离散选择模型的基本原理,包括多项 Logit 模型和多项 Probit 模型、条件 Logit 模型和混合 Logit 模型。这些模型在处理不同类型的选择数据时各具优势,本章详细讨论了每种模型的适用条件和参数估计方法,并介绍了拟合优度检验和模型总体显著性检验的方法。在实践部分,本章通过家庭购房区位选择和企业选址决策的实际案例,展示了多元离散选择模型在房地产数据分析中的应用。通过这些实例,读者可以更深入地了解如何选择和应用不同的离散选择模型,解决实际中的复杂决策问题。通过理论和实践的结合,本章不仅帮助读者掌握了多元离散选择模型的基本原理和应用方法,还展示了其在房地产市场分析中的广泛应用。下一章将探讨嵌套离散选择模型及其在房地产数据分析中的应用。

习　题

　　1.在房地产区位选择的多项离散选择数理模型中,多项 Logit 模型与多项 Probit 模型在基本分布假设与适用场景上有何差异? 研究者应如何根据房地产市场特征与数据分布选择更合适的模型?

　　2.在多项离散选择的房地产数理模型中,混合 Logit 模型具有什么主要优点? 当企业选址同时受企业特征与区位因素影响时,为何需要在模型中考虑这些因素的相互作用?

　　3.条件 Logit 模型需要满足无关选择独立性(IIA)假设。结合房地产数据分析的实际案例,当 IIA 假设不成立时,对模型的估计结果会产生何种影响? 研究者可通过调整模型结构或选择其他模型来应对这一问题吗?

6

房地产嵌套离散选择模型

嵌套离散选择模型(Nested Logit Model)是一种扩展的离散选择模型,常用于处理具有多层次选择结构的数据。其主要特点是允许选择项之间存在相关性(即不满足 IIA 假设),通过嵌套结构来捕捉选择项之间的相关性和层次关系。在房地产数据分析中,嵌套离散选择模型可以用于分析消费者在不同层次上的住房选择决策。例如,消费者可能首先决定在哪个城市或区域购房,然后在该城市或区域内选择具体的房产;租户可能会先选择租住的区域,然后在该区域内选择特定类型的房屋或公寓。嵌套离散选择模型在房地产数据分析中通过捕捉消费者在不同层次上的选择行为,可以更准确地理解和预测消费者的购房决策。这对于房地产市场分析、企业营销策略制定和政府政策规划具有重要意义。

总之,多层次离散选择模型通过提供一个能够捕捉房地产决策复杂性的分析框架,不仅加深了我们对市场动态的理解,而且对于指导房地产开发、营销、政策制定和投资决策具有重要的实践价值。通过整合和分析来自个体、房产和环境等多个层面的信息,这种模型展现了其在房地产研究中不可或缺的作用,为相关利益方提供了基于数据的深刻洞察,帮助他们在复杂多变的市场环境中做出更加精准和有效的决策。

本章讨论嵌套离散选择模型及其在房地产数据分析中的应用。具体而言:第1 节介绍嵌套离散选择模型的原理、建模和检验方法。第 2 节通过实际案例,展示嵌套离散选择模型在房地产选址与租售决策分析中的应用,帮助读者理解如何利用嵌套离散选择模型进行多层次的房地产市场决策分析。

6.1　嵌套离散选择模型的原理

二项 Logit 模型解决了两个选项的建模问题,MNL 模型可以用于多个选项的建模,但是在 MNL 模型中,当各个方案的误差项并非完全独立的时候,利用 MNL 模型得出的结论可能会与实际情况有偏差——这便是 MNL 模型的无关方案独立性(Independence of Irrelevant Alternatives,IIA 特性)。

举个例子,假设有一个选择模型,其中选项包括 A、B 和 C。如果选项 C 被移除,根据 IIA 特性,选项 A 和 B 之间的选择比率(比如 A 被选择的概率与 B 被选择的概率之比)应该保持不变。

但在现实生活中,很多情况下选项间的选择并非完全独立,比如在购房时,由于政策原因贷款利率上涨,某套住房超出购房预算额度被排除在外,那么消费者不一定会选择购买备选住房,也有可能会选择租房以等待合适的购房时机。此时,备选住房和租房两个选择的比率就发生了变化。在这种情况下,MNL 模型可能无法准确预测消费者在某个选项消失后的选择行为,因此我们需要使用嵌套 Logit 模型(Nested Logit Model)。

还是以消费者住房选择为例,在 MNL 模型中,消费者的住房选择是按如图 6.1 所示构建的。

而住宅 A 与住宅 B 都是购房,存在一定相关性,这违背了 MNL 模型的基本假设。为了突破这个限制,在嵌套 Logit 模型框架下,我们假设"某些方案的误差项中存在公共的部分"。继续这个例子,我们将这三个选择划分为两层,如图 6.2 所示。

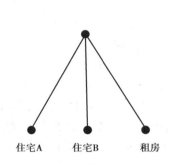

第2层

第1层

图 6.1　MNL 模型结构的示意图　　图 6.2　嵌套 Logit 模型结构的示意图

第一层包含购买住宅 A 和购买住宅 B,它们同属于上层的"购房";第二层包含购房、租房两种住房选择。设 ε_{HB} 是购买住宅 A 和住宅 B 的误差项的公共部分,ε_a 和 ε_b 是购买住宅 A 和住宅 B 的误差项中除 ε_{HB} 以外的部分,如果用 ε_A 表示购买住宅 A 的总误差,那么可以得到 $\varepsilon_A = \varepsilon_a + \varepsilon_{HB}$,同样的道理,用 $\varepsilon_B = \varepsilon_b + \varepsilon_{HB}$ 可以表示购买住宅 B 的总误差。通过这样的拆分,我们可以保证 ε_a 和 ε_b 之间没有相关性。这样便符合了 MNL 模型的假设,我们就可以利用 MNL 模型对第一层进行建模。

在第二层中,一般假设购房和租房也是独立的,那么我们也可以使用 MNL 模型对第二层进行建模。

通过以上分析我们可以发现,第二层的多项 Logit 模型中又嵌套了第一层的 Logit 模型,这便是嵌套 Logit 模型的名称来源。

嵌套 Logit 模型图解的示意图如图 6.3 所示。

这里我们直接给出每一种住房选择的效用函数(各下标的含义:A—购买住宅 A,B—购买住宅 B,HB—购房,R—租房):

$$U_R = V_R + \varepsilon_R$$
$$U_A = V_{HB} + V_a + \varepsilon_{HB} + \varepsilon_a$$
$$U_B = V_{HB} + V_b + \varepsilon_{HB} + \varepsilon_b \tag{6.1}$$

在上述式子中,U 表示某个选择方案的效用,V 表示效用中可观测到的、确定性的部分,V_{HB} 表示住宅 A 和住宅 B 的确定效用中公共的部分,V_a 表示住宅 A 确定效用中除 V_{HB} 以外的部分。用 V_A 表示住宅 A 的总的确定效用,则 $V_A = V_{HB} + V_a$。V_b 与之类似;ε 表示某个方案

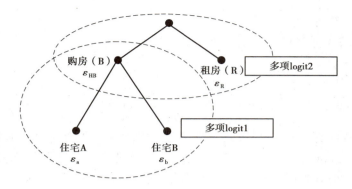

图 6.3　嵌套 Logit 模型图解的示意图

中未观测到的误差项。

此外,需要注意的是嵌套 Logit 模型中还有两条关于误差项的假设。

假设 1　每个选择的总误差项(ε_R、ε_A、ε_B)均服从尺度参数 $\beta=1$ 的 Gumbel 分布。由于 $\varepsilon_A=\varepsilon_a+\varepsilon_{HB}$、$\varepsilon_B=\varepsilon_b+\varepsilon_{HB}$,即 ε_A 和 ε_B 两者都有公共项 ε_{HB},因此,这两个项并不是互相独立的。

假设 2　购房 A 和购房 B 效用中的不同部分,即 ε_a 和 ε_b,服从尺度参数 $\beta=\theta(0\leqslant\theta\leqslant1)$ 的 Gumbel 分布,且两者相互独立。

6.1.1　嵌套离散选择模型

在构建嵌套 Logit 模型之前,我们先解释为什么在模型的假设中要求 θ 介于 0 到 1 之间。由 Gumbel 分布的性质可知,若随机变量服从尺度参数 β 的 Gumbel 分布,则相应的方差为 $\frac{\pi^2}{6}\beta^2$。那么,在该假设下,我们可以得到

$$\mathrm{var}(\varepsilon_a)\leqslant\mathrm{var}(\varepsilon_A),\mathrm{var}(\varepsilon_b)\leqslant\mathrm{var}(\varepsilon_B) \tag{6.2}$$

1)第一层 Logit 模型构建

对于购买住房 A 和购买住房 B 这两种住房选择(图 6.3 中的下层),由于它们的误差项 ε_a 和 ε_b 相互独立且服从尺度参数为 $\beta=\theta(0\leqslant\theta\leqslant1)$ 的 Gumbel 分布,在这时,MNL 模型可以用下列式子表示

$$P_{ij}=\frac{\exp\left(\dfrac{V_{ij}}{\beta}\right)}{\sum\limits_{i=1}^{n}\exp\left(\dfrac{V_{ij}}{\beta}\right)} \tag{6.3}$$

因此,决策者 n 选择购买住宅 A 的条件概率为

$$P_{A\mid HB}=\frac{\exp\left(\dfrac{V_a}{\theta}\right)}{\exp\left(\dfrac{V_a}{\theta}\right)+\exp\left(\dfrac{V_b}{\theta}\right)} \tag{6.4}$$

之所以称此方案的概率为条件概率,是因为在决策者(消费者)选择了购买住宅 A 的时候,购房(HB)这件事已经发生,也就是说,这里的条件概率可以理解为决策者在已经选择购

房的条件下,选择购买住宅 A 的概率。

类似的,决策者 n 选择购买住宅 B 的条件概率为

$$P_{B \mid HB} = \frac{\exp\left(\dfrac{V_b}{\theta}\right)}{\exp\left(\dfrac{V_b}{\theta}\right) + \exp\left(\dfrac{V_a}{\theta}\right)} \tag{6.5}$$

在上述两个条件概率中,我们可以发现,购买住宅 A 和购买住宅 B 的确定效用的公共部分 V_{HB} 并未被纳入式子之中。这是因为,该公共部分不会影响条件概率,具体推导如下。

我们以购买住宅 A 的条件概率为例,在分子,分母中同时加入 V_{HB} 如下

$$
\begin{aligned}
P_{A \mid HB} &= \frac{\exp\left(\dfrac{V_a + V_{HB}}{\theta}\right)}{\exp\left(\dfrac{V_a + V_{HB}}{\theta}\right) + \exp\left(\dfrac{V_b + V_{HB}}{\theta}\right)} \\
&= \frac{1}{1 + \exp\left(\dfrac{V_b - V_a}{\theta}\right)} \\
&= \frac{\exp\left(\dfrac{V_a}{\theta}\right)}{\exp\left(\dfrac{V_a}{\theta}\right) + \exp\left(\dfrac{V_b}{\theta}\right)}
\end{aligned}
\tag{6.6}
$$

从推导过程中我们可以得知,只有方案确定效用的差值才会影响到选择的概率。

2) 第二层 Logit 模型构建

购房(HB)和租房(R)这两种选择(图 6.3 中的上层),同样是一个多项选择问题,在这里,这两种选择方案的概率为边际概率,具体的概率公式参照前面如下

$$P_R = \frac{\exp(V_R)}{\exp(V_R) + \exp(V_{HB} + \theta \cdot \Gamma_{HB})}$$

$$P_{HB} = \frac{\exp(V_{HB} + \theta \cdot \Gamma_{HB})}{\exp(V_R) + \exp(V_{HB} + \theta \cdot \Gamma_{HB})} \tag{6.7}$$

其中,V_R 表示租房的确定效用,$V_{HB}+\theta \cdot \Gamma_{HB}$ 表示买房的确定效用,V_{HB} 表示购买住宅 A 和购买住宅 B 的确定效用的公共部分,而 Γ_{HB} 表示购买住宅 A 和购买住宅 B 最大效用的期望值。该期望值可以通过对购买住宅 A 或者购买住宅 B 的条件概率公式的分母取对数得到

$$\Gamma_{HB} = \log\left[\exp\left(\frac{V_a}{\theta}\right) + \exp\left(\frac{V_b}{\theta}\right)\right] \tag{6.8}$$

在嵌套 Logit 模型中,Γ_{HB} 被称为 Logsum 变量,它是连接整个嵌套 Logit 模型的第一层和第二层的纽带,第一层中的信息由 Γ_{HB} 带入第二层。

而在第二层中,购房(HB)这个方案的效用的期望值等于 Logsum 变量再乘以 θ 再加上购买住宅 A 和购买住宅 B 的效用中的公共部分 V_{HB}。因此 θ 也被称为 Logsum 系数。

决策者 n 最终选择购买住宅 A 或者购买住宅 B 的概率就等于条件概率乘以相应的边界概率。

$$P_A = P_{A \mid HB} \times P_{HB}$$

$$P_B = P_{B|HB} \times P_{HB} \qquad (6.9)$$

至此,我们就得到了嵌套 Logit 模型中决策者选择每个方案的概率。

6.1.2　嵌套离散选择模型的检验

在模型的构建之中,我们不难发现,嵌套 Logit 模型和 MNL 模型的显著不同在于 Logsum 变量和 Logsum 系数,两者将下层信息传递给上层,起了极为关键的作用。

而 Logsum 系数 θ,也被称为相异系数(Dissimilarity Parameter)、嵌套系数(Nesting Coefficient);它描述的是"同一个分枝下各个方案的误差项之间的独立程度"。

在上述案例中,θ 描述的是"在购房这个分枝下的两个方案——购买住宅 A 和购买住宅 B 的误差项 ε_A 和 ε_B 之间的独立程度"。

因此,为满足模型的假定,我们必须对 Logsum 系数的值进行如下检验。

①当 $\theta>1$ 时,此时与嵌套 Logit 模型的假设相违背,应拒绝使用嵌套 Logit 模型;

②当 $\theta=1$ 时,说明同一分枝下的方案是完全独立的,也就是说,不存在效用的公共部分,此时嵌套 Logit 模型将会退化为 MNL 模型;

③当 $0<\theta<1$ 时,说明同一分枝下的方案是存在一定程度的相关性的,此时使用嵌套 Logit 模型是合理的;θ 的值越小,说明方案的相关性越高;

④当 $\theta=0$ 时,说明同一分枝下的方案之间是完全相关的,此时同一分枝下的方案选择不是随机的,而是确定的;

⑤当 $\theta<0$ 时,在数学定义上该情况不会出现,若出现则说明存在计算错误。

6.1.3　嵌套离散选择模型的 Stata 命令

在实际操作中,我们可以使用 Stata 软件来进行嵌套 Logit 分析,本节将对嵌套 Logit 在 Stata 中的简单步骤以及命令进行介绍,基本命令见表 6.1。

表 6.1　多层次离散选择模型回归的基本命令

命令	含义
nlogitgen	定义树状的嵌套结构
nlogittree	查看定义的树状嵌套结构是否正确
nlogit	估计建立的 Nested Logit 模型

1)确认数据格式

嵌套 Logit 模型需要长格式数据,这种格式是一种每个观察值在数据集中具有多个记录的数据格式。通常情况下,我们可以使用"reshape"将数据从宽格式转化为长格式。语法如下:

. reshape longx,i(id)j(t)

其中,"x"是宽格式中用来储存不同时间节点的变量中的共有部分,如 $x1$、$x2$、$x3$ 中的 x,转换后是该变量的变量名;"id"是标识观察值的变量,通常是个体的唯一标识符;"t"是一个新变量,是用来标记此前变量"x"的数字后缀,如 $x1$、$x2$、$x3$ 中的 1、2、3。

2）定义嵌套结构

估计 Nested Logit 模型之前，需要定义树状的嵌套结构，Stata 命令语法如下：

. nlogitgen newaltvar = altvar(branchlist)

其中，"altvar"为原始定义的选择枝变量，"newaltvar"为新生成的代表树状嵌套结构的变量，"branchlist"的语法格式为：

branch, branch [, branch ⋯]

其中，"branch"的语法格式为：

[label：] alternative [| alternative [| alternative ⋯]]

树状嵌套结构中至少要有两个主枝，每个主枝下面有一个或多个选择枝（Alternatives）。

定义完树状嵌套结构之后，可以使用"nlogittree"命令查看定义的树状嵌套结构是否正确，Stata 命令语法如下：

. nlogittree altvarlist [if] [in] [weight] [, options]

其中，一个有用的"[, options]"选项为"choice(depvar)"，该选项的作用是列出样本中每个选择枝的频数。

3）嵌套离散选择模型的构建与估计

当我们确认了定义的树状嵌套结构之后，使用"nLogit"命令来估计建立的 Nested Logit 模型。Stata 命令语法如下：

. nlogit y [indep_x] [if] [in] [weight] [|| lev1_equation [|| lev2_equation ⋯]] || altvar：[byaltvarlist], case(id) [options]

其中，"indep_x"为随选择枝变化的解释变量，随个体变化不随选择枝变化的解释变量包括在"lev#_equation"中；"||"为分隔符；"case(id)"用来指定个体；"lev1_equation"用来指定系数仅随主枝（level 1）而不随分枝（level 2）变化的解释变量；"lev2_equation"用来指定系数既随主枝（level 1）又随分枝（level 2）变化的解释变量；"lev1_equation"的语法格式如下：

altvar：[byaltvarlist] [, base(# | lbl) estconst]

其中，"base(# | lbl)"用于指定基准组。

在实际操作的过程中，嵌套 Logit 模型对数据集的要求相当严格，下节将以实例详细说明。

6.2 基于嵌套离散选择模型的房地产数据分析应用

6.2.1 基于嵌套离散选择模型分析房地产选址与租售多层次决策

1）变量选择与数据准备

本节数据集收集自 CHFS2011 问卷调查原始数据。数据集中已经对解释变量进行了一定处理，各个解释变量的处理方法以及含义见表6.2。

表 6.2　数据集的基本变量

变量	符号	用途	计算方法或变量描述
家庭金融资产配置结构	riskratio	作为住房价值的调节系数	风险性金融资产除以金融总资产
投资风险态度	riskaver		有序分类变量,值越大,说明风险厌恶程度越高
户主受教育程度	edu		有序分类变量,值越大,说明户主受教育程度越高
户主婚姻状况	marriage		虚拟变量,0 表示户主未婚,1 表示户主已婚
家庭人口规模	familynum	解释变量	家庭成员数,即家庭中共享收入、共担支出的成员数
家庭人均年收入	annualnc		家庭总收入除以家庭人口规模,并取自然对数
家庭住房价值	ep		随选择枝变化的变量,是根据房价或租金以一定规则计算得到
家庭住房选择	type	选择变量	A、B、C 表示租房选择,D、E、F 表示买房选择。A 和 D 表示住房地址在市区中,B 和 E 表示在市区间,C 和 F 表示在市区外

在嵌套 Logit 分析中,数据格式是一个未说明但非常重要的要求。该方法强制要求所用数据为长格式数据,且最好为平衡的长格式数据。

值得说明的是,从在这种格式的数据集中,我们会发现有一个特别的变量,该变量在每个个体(id)中不同,且在每个个体的每一个对应时间(time)中也不同。在嵌套 Logit 分析中,我们把有这种性质的变量称之为随选择枝变化的变量。特别需要说明的是,该变量是必需的,即使该变量并不是主要研究对象。该变量的质量好坏将会极大地影响模型的结果。

在上一节的对模型原理的阐述中,我们已知,Logsum 变量的公式如下

$$\Gamma_{HB} = \ln\left[\exp\left(\frac{V_a}{\theta}\right) + \exp\left(\frac{V_b}{\theta}\right) \right] \tag{6.10}$$

还是用上节例子来说明,Logsum 变量推导过程如下

$$U_{Buy} = \max\{U_A, U_B\} \tag{6.11}$$

$$U_{Buy} = V_{HB} + \varepsilon_{HB} + \max\{V_a + \varepsilon_a, V_b + \varepsilon_b\} \tag{6.12}$$

根据模型残差项 ε 符合 Gumbel 分布的基本假定,以及 Gumbel 分布的基本性质我们可以得到

$$\mu = \theta\ln\sum_{i=1}^{y} \exp\left(\frac{\mu_i}{\sigma}\right) \tag{6.13}$$

其中,μ 为 Gumbel 分布的位置参数,σ 为 Gumbel 分布的尺度参数,在这里,我们取 θ 后面部分为 Logsum 变量,θ 则为 Logsum 系数,在实际的操作中,θ 是用最大似然估计(MLE)得到的,而随选择枝变化的变量,则会对该估计的结果产生非常大的影响,如果该变量缺失,模型则无法比较每个个体在不同选择之中的效用,因此模型也会失效,在 Stata 中回归将会表现

出不符合数学规律的结果。

2)模型构建与估计

首先,我们需要设定模型的基本嵌套结构。设定嵌套结构的命令为

. nlogitgen newtype = type(Rent:A │B│C,Buy:D │E│F)

在上述命令中,会根据标记各个选择的已有变量"type"生成一个新变量"newtype",标记第二层的嵌套选择(即买房还是租房)。接着可以使用以下命令来查看设定的嵌套结构,结果见表6.3。

. nlogittree type newtype,choice(choice)

表6.3　嵌套结构展示结果

newtype	N(观测值数)	type	n(观测值数)	k(家庭个数)
Rent	5 799	A	1 933	296
		B	1 933	251
		C	1 933	155
Buy	5 799	D	1 933	372
		E	1 933	356
		F	1 933	503
Total	11 598		11 598	1 933

上述命令中,"type"是标记最底层的选择的变量,"newtype"是标记第二层选择的变量,"choice"变量是一个虚拟变量,1 表示该家庭选择了该选项。需要注意的是,嵌套 Logit 模型正确运行是必须需要该虚拟变量的。N 意思是 rent 和 buy 的观测值个数分别为 5 799 个。此外"choice"为 1 的情况在每一个家庭所有的观测值(选项)中,有且仅能出现一次,即每个家庭对应六个观测值,且必须做出选择,且只能做出一次选择,在表一中体现为:每个 type 的 n(观测值数)都等于家庭的个数,k(每个 type 下的家庭个数)的总和也等于家庭个数 1 933。在嵌套结构设定无误后,可以用下列命令对嵌套 Logit 模型进行估计。

. nlogit choice ep ‖newtype:marriage, base(Rent)‖type:socialsec, base(A) case(hhid_num)notree

其中,"choices"是标记家庭做出了哪个选择的虚拟变量,"ep"是随选择枝进行变化的变量,"marriage"和"socialsec"是不随选择枝进行变化的变量。"marriage"仅随主枝"newtype"变化,"socialsec"既随主枝变化,也随分枝"type"变化。

3)模型结果分析与检验

在上一部分中,我们可以得到结果见表6.4。

表 6.4　嵌套 Logit 模型估计结果

choice		Coefficient	Std. err.	z	p>|z|	[95% conf. interval]	
ep		−0.000 2	0.000 0	−6.550 0	0.000 0	−0.000 2	−0.000 1
marriag（Buy）		1.653 9	0.170 7	9.690 0	0.000 0	1.319 4	1.988 4
B	socialsec	−0.058 1	0.241 7	−0.240 0	0.810 0	−0.531 9	0.415 6
	_cons	−0.955 8	0.467 7	−2.040 0	0.041 0	−1.872 5	−0.039 2
C	socialsec	0.568 9	0.304 1	1.870 0	0.061 0	−0.027 2	1.165 0
	_cons	−3.814 2	1.029 9	−3.700 0	0.000 0	−5.832 8	−1.795 5
D	socialsec	0.431 4	0.144 1	2.990 0	0.003 0	0.149 0	0.713 7
	_cons	0.386 0	0.868 6	0.440 0	0.657 0	−1.316 5	2.088 4
E	socialsec	0.446 6	0.147 8	3.020 0	0.003 0	0.156 9	0.736 4
	_cons	−0.229 7	0.839 6	−0.270 0	0.784 0	−1.875 2	1.415 9
F	socialsec	0.248 3	0.148 9	1.670 0	0.095 0	−0.043 5	0.540 1
	_cons	−0.388 4	0.819 7	−0.470 0	0.636 0	−1.994 9	1.218 1
Rent_tau		3.133 0	1.059 8			1.055 9	5.210 1
Buy_tau		0.913 8	0.167 2			0.586 0	1.241 6
Log likelihood=−1 971.5072						Wald chi2（7）= 117.09	
LR test for IIA（tau=1）:chi2（2）= 26.13						Prob>chi2=0.000 0	

在该结果中,对于模型的检验,首先需要关注"tau",在结果中"Rent_tau"和"Buy_tau"表示的是 Rent 选择枝和 Buy 选择枝之下的各个选项之间的替代性,也就是 Logsum 参数,在模型的假定中,我们认为 Logsum 参数应当是一个介于 0 到 1 之间的数,越接近于 1,说明该选择枝中各个选项相互替代的效应越强,大于 1 说明替代效应过强,应当拒绝使用嵌套 Logit 模型,小于 1 则是设定错误。为了详细说明 Logsum 参数的变化缘由,本数据集通过对"ep"变量也就是随选择枝变化的变量,进行了一定特殊设计。

"ep"变量是一个虚拟的表示住房价值的变量,他的处理逻辑是首先根据各个家庭的单位面积月租金乘以 350,购房时单位房价(数据集选取的是 CHFS2011 中 3 年内购房的家庭),再根据房屋距离市中心的远近,分别除以 1.5、1.25、1 的基础系数,来得到标准化的住房价值。在得到标准化的住房价值后,根据嵌套 Logit 模型对数据的要求,必须获取每个家庭各个选项之间的住房价值,且这个住房价值既随着家庭变化,也随着家庭中的选项变化,住房价值必须体现家庭特征。因此,我们假定:已婚(marriage＝1)更倾向于买房;风险厌恶程度(riskaver)越高,越倾向于远离市区的房子;风险性金融资产占比(riskratio1)越高,越倾向于租房;受教育程度(edu)越高,越会选择买房和租市中心及附近的房。基于以上假定,并结合初始的基础系数,我们得到了各个家庭的住房价值。

该住房价值有以下特征:各个家庭住房价值在总体上根据距离呈现出一定相同规律(初

始系数);各个家庭的住房价值展现了家庭特征;买房选择枝(Buy)下的各个选项的住房价值平衡地受到家庭特征的影响,但住房选择枝(Rent)下的各个选项的住房价值非平衡地受到家庭特征的影响(租市中心的房受 edu 影响,其他位置的住房不受)。在上述特征中,最后一个特征对"Rent_tau"和"Buy_tau"之间的差异造成了显著影响,不妨尝试,将原估计命令中的 marriage 和 socialsec 变量替换成其他解释变量,其他不变,估计结果中"Rent_tau"始终是大于 1 的,而"Buy_tau"始终是介于 0 至 1 之间的。因此,从实践分析中也可以直观地发现:嵌套 Logit 模型的 Logsum 系数受随选择枝变化的变量影响极大(本数据集中是 ep);各个选择枝内的各个选项最好是平衡地受到选择个体的影响。

另外需要注意的是,如果去掉 ep 变量,尽管 Stata 中有时候能得到估计结果,但模型通常情况下是错误的,例如,去掉 ep 变量进行估计如下

. nlogit choice ‖ newtype:marriage, base(Rent) ‖ type:socialsec, base(A) case(hhid_num)notree

这个命令得到的"Rent_tau"和"Buy_tau"分别为 -5.82 和 -27.38,这个结果是违反数学原理的。综上所述,如果模型的"tau"出现问题,应当考虑随选择枝变化的变量(本案例中也就是"ep"变量)设定是否合理。

在模型的检验中,我们还需要注意的是"LR test for IIA(tau=1),chi2(2)=26.13,且 Prob>chi2 小于 0.000 1",表明模型违反了独立于无关替代物(IIA)假设。这个结果是重要的,因为它支持使用嵌套 Logit 模型而非普通的 Logit 模型。嵌套 Logit 模型可以允许不同选择之间的替代弹性不同,这是通过 Logsum 参数来捕捉的。

在对模型的解读中,每个变量的系数是基于基础项来解读的(base),例如 Rent 和 Buy 之间,marriage 的估计系数是正数,且较大,说明相对于租房来说,是否结婚对买房具有显著影响。在最底层的选择结构中,socialsec 的 D、E、F 选项中的系数都是正值,且 D 和 E 系数较大,F 系数较小,说明社保数量越多,每个家庭越可能选择买房,且社保数量越多,家庭会倾向于选择市中心和市中心附件的住房,而不是偏远的住房。

socialsec 的 B 和 C 选项一正一负,说明社保数量多,相对于租市中心的房子,家庭选择市中心附近的房子的情况略微少,家庭租住偏远的住房的情况更多,但 B 选项中的 P 值较大,socialsec 对 B 选项的贡献应当慎重解读。

4)模型预测

可使用"predict"命令附加"pr"选项对第一层的主枝(Public 与 Private)的选择概率与第二层的分枝(Train ‖ Bus 与 Car)的选择概率进行预测,并进行统计。

首先,预测选择的概率,并储存为"pr"。

. predict plevel1 plevel2,pr

然后,列出前 12 个概率。

. list hhid_num type newtype plevel1 plevel2 in 1/12,sepby(hhid_num)

5)模型的其他说明

为了进一步帮助理解该模型的命令,可使用下列命令,以另一个嵌套结构进行估计。导入数据集"6_nLogit.dta"后,设定一个新的嵌套结构,命令为:

. nlogitgen newtype2 = type(Downtown:A ‖ D,NearDowntown:B ‖ E,Outskirts:C ‖ F)

接着,查看嵌套结构。

. nlogittree type newtype2, choice(choice)

下一步是估计嵌套 Logit 模型。

. nlogit choice ep || newtype2 : marriage , base(Downtown) || type : socialsec, base(A) case (hhid_num) notree

然后预测选择的概率,并储存为"pr2"。

. predict plevel1 plevel2, pr2

最后,列出前 12 个概率。

. list hhid_num type newtype2 plevel1 plevel2 in 1/12, sepby(hhid_num)

在这个命令中,对模型的结构进行了变化,如图 6.4 所示。

此外在该命令的结果中,"Downtown_tau"为 0.389,"NearDowntown_tau"为 0.733,"Outskirts_tau"为 3.503,我们不难发现,在之前的对 ep 变量的设定之中,"Outskirts"的选项确实是没有受到受教育程度的影响,但"Downtown"和"NearDowntown"都受到了影响,因此"Outskirts_tau"相对"Downtown"和"NearDowntown"来说,确实是非平衡的。

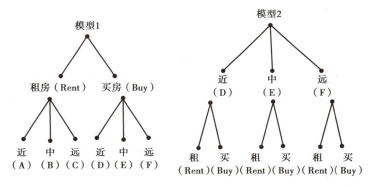

图 6.4   模型 1 和模型 2 的嵌套结构对比图

6.3   本章小结

本章介绍了嵌套离散选择模型及其在房地产数据分析中的应用。嵌套离散选择模型是一种扩展的离散选择模型,通过引入嵌套结构来更准确地模拟决策者的选择行为,特别适用于存在多层次决策的情况。首先,本章详细讲解了嵌套离散选择模型的基本原理和参数估计方法,并介绍了如何进行模型的检验和验证。在实践部分,本章展示了嵌套离散选择模型在房地产市场中的具体应用,通过实际案例分析,探讨了消费者购房选择和开发商投资决策中的嵌套结构。本章的案例展示了如何利用嵌套离散选择模型更准确地预测和解释房地产市场中的复杂决策行为。通过理论和实践的结合,读者可以全面掌握嵌套离散选择模型的应用方法,为解决实际中的复杂问题提供有效的工具。下一章将介绍房地产市场的时间序列预测方法。

习 题

1.在考虑房地产购买与租赁决策的嵌套 Logit 数理模型中,其基本假设之一是同一分枝下的误差项存在一定相关性。请结合房地产市场中家庭在购房与租房决策层级下的差异化偏好与信息不对称情况,分析这一相关性在现实选择行为中的体现及其对决策结果的影响。

2.在嵌套 Logit 模型研究房地产市场选择行为时,对随选择枝变化的变量(如住房价值或区位特征)的数据质量要求较高。请讨论当这些关键变量缺失或数据质量较差时,对模型估计结果与分析结论可能带来的影响。

3.在房地产市场决策分析中,IIA 假设可能并不总是成立。请结合嵌套 Logit 模型的应用场景,探讨在何种现实条件下(如替代性住房分布不均或偏好集群效应)IIA 假设容易被打破,并分析嵌套 Logit 模型为何更能适应此类场景,从而提升房地产决策分析的数理解释力。

第三篇

房地产数据的时空分析

　　时间序列和空间计量模型在房地产数据分析中扮演着重要的角色，它们帮助消费者、投资者和管理者理解和预测房地产市场的动态变化。时间序列分析关注于数据随时间的变化趋势，通过历史数据来预测未来的市场动态。空间计量模型分析的是地理空间上的数据，关注数据点之间的空间相关性。

　　基于时间序列模型，可以分析过去的房价变化趋势，预测未来的房价走势；通过历史销售数据预测未来的房地产需求量；识别房地产市场的季节性变化，如某些季节可能会看到更高的销售量或价格波动；帮助分析师识别房地产市场的周期性波动，从而更好地理解市场趋势。

　　基于空间计量模型，则可以分析地理位置对房地产价格的影响，如邻近学区、公园或商业设施等因素如何影响房产价值从而可以帮助投资者识别不同区域间的房价差异和市场需求，发现潜在的投资机会。

　　结合使用时间序列和空间计量模型，能够获得更深入的市场洞察，更准确地预测市场趋势，为投资决策提供有力的数据支持。这种综合分析方法有助于揭示市场的复杂动态，识别投资机会，评估风险，从而制定更加科学合理的房地产投资策略。

　　本篇将对 ARIMA 模型、ARCH/GARCH 模型以及空间计量模型的原理，及其在房地产数据分析中的应用进行介绍。

7

房地产市场的时间序列预测

ARIMA 模型全称为自回归差分移动平均模型(Autoregressive Integrated Moving Average Model),在房地产数据分析中发挥着重要作用。分析历史房价数据,可以识别趋势、季节性和随机波动。ARIMA 模型可以预测未来房价的变化,为投资者、开发商和政策制定者提供决策依据,促使他们做出更为理性和准确的决策,从而降低投资风险。此外,ARIMA 模型还可预测销售量和租赁活动的未来趋势,帮助优化库存管理和营销策略,支持房地产市场供需分析。它还能识别市场周期变化和趋势反转点,为投资者提供买卖时机,同时在风险评估方面提供重要参考。政府部门可以利用 ARIMA 模型评估政策对房地产市场的影响,促进其健康发展。ARIMA 模型具有灵活性,可以根据实际情况进行参数调整和模型优化,以适应不同的房地产市场特征和数据类型,提高预测的精度和可靠性。

然而,ARIMA 模型在房地产数据分析中也存在一些局限性。首先,其假设条件对数据平稳性的要求较高,但实际房地产市场可能存在趋势性与周期性,使得假设条件不一定完全成立,影响了模型的准确性,需要考虑其他模型或进行进一步处理。其次,ARIMA 模型只能处理单变量时间序列,而房地产市场往往涉及多个影响因素,如利率、经济增长率等,因此,在实际应用中需要考虑引入其他因素或使用多变量时间序列模型进行分析。

本章主要介绍时间序列分析方法及其在房地产市场中的应用。具体而言:第 1 节讲解 ARIMA 模型的原理、预处理、估计与检验方法。第 2 节通过实际案例,展示 ARIMA 模型在房地产收益预测中的应用,帮助读者掌握如何运用时间序列分析方法进行房地产市场的预测和评估。

7.1 ARIMA 模型的原理

在统计研究中,常用按时间顺序排列的一组随机变量 $X_1, X_2, \cdots, X_t, \cdots$ 来表示一个随机事件在不同时间下的情况,这样的一组随时间变化的变量称为时间序列,简记为 $\{X_t, t \in T\}$ 或 $\{X_t\}$。用 $x_1, x_2, \cdots, x_n$ 或 $\{x_t, t = 1, 2, \cdots, T\}$ 表示该时间序列的 T 个有序观察值,称为序列长度为 T 的观察值序列。在日常生活中,有很多观察值序列。比如把全国 2000 年到 2022 年平均房价按时间顺序记录下来,就构成了一个序列长度为 23 的全国平均房价时间序列,利用历史的数据拟合模型,可以对未来年份的全国平均房价进行预测。

ARIMA 模型主要由 3 部分构成,分别为自回归模型(AR)、差分过程(I)和移动平均模型(MA)。ARIMA 模型通过数据的自相关性和差分的方式,试图提取出数据背后的时间序列模式,以此来预测未来的数据。ARIMA 模型的 3 个部分中,AR 模型处理时间序列的自回归部分,考虑过去时期的值对当前值的影响,I 部分用于使非平稳时间序列达到平稳,MA 部分处理时间序列的移动平均部分,考虑过去的误差对当前值的影响。通过这 3 个部分,ARIMA 模型使非平稳时间序列达到平稳,既能捕捉历史趋势,又能处理突发变化的数据,因此,ARIMA 模型在很多时间序列的预测中都有比较好的表现。

1) AR 模型

具有如下结构的模型称为 p 阶自回归模型,记为 $AR(p)$,p 为滞后阶数。

$$
\begin{cases}
x_t = \varphi_0 + \varphi_1 x_{t-1} + \varphi_2 x_{t-2} + \cdots + \varphi_p x_{t-p} + \varepsilon_t \\
\varphi_p \neq 0 \\
E(\varepsilon_t) = 0, \text{Var}(\varepsilon_t) = \sigma_\varepsilon^2, E(\varepsilon_t \varepsilon_s) = 0, s \neq t \\
E(x_s \varepsilon_t) = 0, \forall s < t
\end{cases}
\tag{7.1}
$$

其中,$\varphi_p \neq 0$ 这个条件保证了模型的最高阶数为 p;$E(\varepsilon_t) = 0, \text{Var}(\varepsilon_t) = \sigma_\varepsilon^2$ 和 $E(\varepsilon_t \varepsilon_s) = 0, s \neq t$ 要求随机干扰序列 $\{\varepsilon_t\}$ 为零均值白噪声序列;$E(x_s \varepsilon_t) = 0, \forall s < t$ 这个条件说明当期的随机干扰不受过去序列值的影响。通常把 $AR(p)$ 模型简记为

$$
x_t = \varphi_0 + \varphi_1 x_{t-1} + \varphi_2 x_{t-2} + \cdots + \varphi_p x_{t-p} + \varepsilon_t
\tag{7.2}
$$

2) MA 模型

具有如下结构的模型称为 q 阶移动平均模型,记为 $MA(q)$。

$$
\begin{cases}
x_t = \mu + \varepsilon_t - \theta_1 \varepsilon_{t-1} - \theta_2 \varepsilon_{t-2} - \cdots - \theta_q \varepsilon_{t-q} \\
\theta_q \neq 0 \\
E(\varepsilon_t) = 0, \text{Var}(\varepsilon_t) = \sigma_\varepsilon^2, E(\varepsilon_t \varepsilon_s) = 0, s \neq t
\end{cases}
\tag{7.3}
$$

其中,$\theta_q \neq 0$ 保证了模型的最高阶数为 q;$E(\varepsilon_t) = 0, \text{Var}(\varepsilon_t) = \sigma_\varepsilon^2$ 和 $E(\varepsilon_t \varepsilon_s) = 0, s \neq t$ 保证了随机干扰序列 $\{\varepsilon_t\}$ 为零均值白噪声序列。通常把 $MA(q)$ 模型简记为

$$
x_t = \mu + \varepsilon_t - \theta_1 \varepsilon_{t-1} - \theta_2 \varepsilon_{t-2} - \cdots - \theta_q \varepsilon_{t-q}
\tag{7.4}
$$

3) ARMA 模型

把具有式(7.5)结构的模型称为自回归移动平均模型,记为 $ARMA(p,q)$。

$$
\begin{cases}
x_t = \varphi_0 + \varphi_1 x_{t-1} + \cdots \varphi_p x_{t-p} + \varepsilon_t - \theta_1 \varepsilon_{t-1} - \cdots - \theta_q \varepsilon_{t-q} \\
\varphi_p \neq 0, \theta_q \neq 0 \\
E(\varepsilon_t) = 0, \text{Var}(\varepsilon_t) = \sigma_\varepsilon^2, E(\varepsilon_t \varepsilon_s) = 0, s \neq t \\
E(x_s \varepsilon_t) = 0, \forall s < t
\end{cases}
\tag{7.5}
$$

通常把 $ARMA(p,q)$ 模型简记为

$$
x_t = \varphi_0 + \varphi_1 x_{t-1} + \cdots + \varphi_p x_{t-p} + \varepsilon_t - \theta_1 \varepsilon_{t-1} - \cdots - \theta_q \varepsilon_{t-q}
\tag{7.6}
$$

7.1.1 时间序列分析的预处理

在时间序列分析中,平稳性是非常关键的概念,因为它直接关系到模型的预测能力和稳定性。在非平稳时间序列中,可能出现所谓的"伪回归"现象,即两个或多个非平稳序列之间看似存在关系,但这种关系并非真实,而是由于它们各自的趋势造成的。进一步地,只有在平稳性的前提下,才能满足参数估计的有效一致性,使得参数推断更为稳健可靠。平稳序列由于其统计特性的恒定性,使得建立在此基础上的预测模型更可靠、更具有长期有效性。因此,在应用 ARIMA 模型之前,首先要对时间序列进行平稳性检验。

1) 平稳性的定义

时间序列的平稳性是时间序列分析中的一个基本概念,主要关注序列的统计特性是否随时间变化。通常,平稳时间序列的性质可以分为以下两种。

（1）严格平稳性

一个严格平稳的时间序列要求序列的所有统计性质不随时间变化。更具体地说,对于任何时间点 t 序列的联合概率分布必须与时间 $t+k$ 时相同,对所有 k 和任意时间间隔。这意味着均值、方差、协方差等在任意时间点都是相同的。

对于任何整数 k 和任意时间序列的时间点 $t_1, t_2, \cdots, t_k$,以及任意时间间隔 τ,都有

$$F(X_{t_1}, X_{t_2}, \cdots, X_{t_k}) = F(X_{t_1+\tau}, X_{t_2+\tau}, \cdots, X_{t_k+\tau}) \tag{7.7}$$

式中,$F(\cdot)$ 是联合概率分布函数;X_t 是在时间 t 的随机变量。这意味整个时间序列的联合分布在时间平移下是不变的。

（2）弱平稳性

弱平稳性要求较宽松。一个弱平稳的时间序列需要满足以下条件。

① 均值函数为常数,对所有时间 t 有 $E[X_t] = \mu$,其中 μ 是一个常数;

② 方差是有限的且与时间 t 无关,即对所有 t 有 $Var(X_t) = \sigma^2$,其中 σ^2 是一个常数;

③ 协方差 $Cov(X_t, X_{t+\tau})$ 只依赖于时间间隔 τ 而不依赖于时间 t,即对 t 和 τ,有

$$Cov(X_t, X_{t+\tau}) = \gamma(\tau) \tag{7.8}$$

其中,$\gamma(\tau)$ 是协方差函数,它仅是时间差 τ 的函数。

平稳性有两种检验方法,一种是根据时序图和自相关图的特征做出判断的方法,另一种是构造检验统计量进行假设检验的方法,目前最常用的平稳性统计检验方法是单位根检验,主要包括 DF 检验和 ADF 检验。

2) ADF 检验

DF 检验只适用于一阶自回归序列的平稳性检验,为了使 DF 检验能够适应于 p 阶自回归过程的平稳性检验,对 DF 检验进行了修正,从而得到了 ADF 检验。

对于 p 阶自回归,基本形式可以表达为

$$x_t = \varphi_1 x_{t-1} + \varphi_2 x_{t-2} + \cdots + \varphi_p x_{t-p} + \varepsilon_t \tag{7.9}$$

它的特征方程为

$$\lambda^P - \varphi_1 \lambda^{P-1} - \cdots - \varphi_P = 0 \tag{7.10}$$

如果所有特征根都在单位圆内,则序列平稳,如果有一个单位根存在,则序列非平稳,假设 $\lambda_1 = 1$,则自回归系数之和恰好等于 1。

$$\varphi_1 + \varphi_2 + \cdots + \varphi_P = 1 \qquad (7.11)$$

因此,对于 p 阶自回归序列可以通过检验自回归系数之和是否等于 1 来确定该序列的平稳性。

设 $\rho = \varphi_1 + \varphi_2 + \cdots + \varphi_P - 1$,则 $AR(p)$ 过程单位根检验的假设为

原假设 $H_0 : \rho = 0$(序列 $\{x_t\}$ 非平稳);

备择假设 $H_1 : \rho < 0$(序列 $\{x_t\}$ 平稳)。

(1)3 种模型

为了更好地描述 ADF 检验,ADF 检验有以下 3 种模型形式。

①无常数无趋势模型(No constant,no trend)。

这个模型适用于均值为零的时间序列数据,形式为

$$\Delta x_t = \phi x_{t-1} + \sum_{i=1}^{p} \varphi_i \Delta x_{t-1} + \varepsilon_t \qquad (7.12)$$

②带常数无趋势模型(Constant,no trend)。

这个模型适用于均值不为零,但不随时间变化的时间序列数据,形式为

$$\Delta x_t = \varphi_0 + \phi x_{t-1} + \sum_{i=1}^{p} \varphi_i \Delta x_{t-1} + \varepsilon_t \qquad (7.13)$$

③带常数带趋势模型(Constant and trend)。

这个模型适用于均值随时间线性变化的时间序列数据,形式为

$$\Delta x_t = \beta_0 + \beta t + \phi x_{t-1} + \sum_{i=1}^{p} \beta_i \Delta x_{t-1} + \varepsilon_t \qquad (7.14)$$

(2)检验步骤

尽管模型形式不同,但 ADF 检验的基本步骤是大致相同的。步骤如下所示。

①选择模型形式。

根据数据特性选择适当的 ADF 检验模型形式(无常数无趋势、带常数无趋势、带常数带趋势)。

②设定假设。

原假设 H_0:存在单位根,时间序列非平稳。

备择假设 H_1:不存在单位根,时间序列平稳。

③估计模型。

根据选择的模型形式,估计 ADF 检验方程的参数。

④计算 ADF 统计量。

检验统计量 $ADF = \dfrac{\hat{\rho}}{S(\hat{\rho})}$。其中,$S(\hat{\rho})$ 为估计参数值 $\hat{\rho}$ 的样本标准差。

⑤确定检验结果。

如果计算的 ADF 统计量绝对值大于临界值,则拒绝原假设,说明时间序列是平稳的。反之,如果计算的 ADF 统计量绝对值小于临界值,则不能拒绝原假设,说明时间序列非平稳,需要进行差分处理。

3）非平稳序列转化

经过平稳性检验之后，如果是非平稳序列，首先要转化为平稳序列。差分常用于将非平稳序列转化为平稳序列，差分分为 n 阶差分和 k 步差分。

（1）n 阶差分

如果有一个时间序列 X_t，那么该序列的一阶差分就可以定义为

$$\Delta x_t = x_t - x_{t-1} \tag{7.15}$$

对进行一阶差分之后的序列再进行一次一阶差分运算称为二阶差分，表示为

$$\Delta^2 x_t = \Delta x_t - \Delta x_{t-1} \tag{7.16}$$

同理，n 阶差分就是进行 n 次一阶差分，记 $\Delta^n x_t$ 为 x_t 的 n 阶差分，表示为

$$\Delta^n x_t = \Delta^{n-1} x_t - \Delta^{n-1} x_{t-1} \tag{7.17}$$

（2）k 步差分

在进行差分运算时，不用相邻的观测值相减，而是用相距 k 期的两个观测值相减，这样的差分运算称为 k 步差分，表示为

$$\Delta_k x_t = x_t - x_{t-k} \tag{7.18}$$

7.1.2　ARIMA 模型的建模与检验

ARIMA 模型中涉及 3 个参数 p、d、q，p 和 q 分别控制 ARIMA 模型中自回归和移动平均的部分，而 d 则控制输入 ARIMA 模型的数据被执行的差分的阶数。利用 ARIMA 模型对序列进行建模主要分为以下几个步骤。

1）参数 d 的确定

针对一组时间序列数据，首先要判断是否平稳，如果是非平稳序列，需要通过差分处理把非平稳序列转化为平稳序列，d 表示经过几阶差分后序列转化为平稳序列。

2）模型定阶

确定参数 d 之后，还需要确定参数 p 和 q，即估计自相关阶数和移动平均阶数，这一过程叫做模型定阶过程。样本的自相关系数（ACF）和偏自相关系数（PACF）的性质与 p 和 q 有关，因此需要根据 ACF 和 PACF 确定参数 p 和 q。

样本自相关系数为

$$\hat{\rho}_k = \frac{\sum_{t=1}^{n-k}(x_t - \bar{x})(x_{t+k} - \bar{x})}{\sum_{t=1}^{n}(x_t - \bar{x})^2}, \forall 0 < k < n \tag{7.19}$$

样本偏自相关系数为

$$\hat{\varphi}_{kk} = \frac{\hat{D}_k}{\hat{D}}, \forall 0 < k < n \tag{7.20}$$

其中,$\hat{\boldsymbol{D}} = \begin{vmatrix} 1 & \hat{\rho}_1 & \cdots & \hat{\rho}_{k-1} \\ \hat{\rho}_1 & 1 & \cdots & \hat{\rho}_{k-2} \\ \vdots & \vdots & \ddots & \vdots \\ \hat{\rho}_{k-1} & \hat{\rho}_{k-2} & \cdots & 1 \end{vmatrix}$; $\hat{\boldsymbol{D}}_k = \begin{vmatrix} 1 & \hat{\rho}_1 & \cdots & \hat{\rho}_1 \\ \hat{\rho}_1 & 1 & \cdots & \hat{\rho}_2 \\ \vdots & \vdots & \ddots & \vdots \\ \hat{\rho}_{k-1} & \hat{\rho}_{k-2} & \cdots & \hat{\rho}_k \end{vmatrix}$。

若自相关系数拖尾,偏自相关系数在 p 阶截尾,则为 AR(p) 模型;若自相关系数在 q 阶截尾,偏自相关系数拖尾,则为 MA(q) 模型;若自相关系数和偏自相关系数都拖尾,此时为 ARMA(p,q) 模型,p、q 均不为 0,在实际中,需要经过不断尝试确定 p 和 q 的值。如图 7.1 所示是一个典型的自相关系数拖尾,偏自相关系数在 1 阶截尾的图,为 AR(1) 模型。ARMA(p,q) 模型的 ACF 和 PACF 关于白噪声、AR(p)、MA(q) 和 ARMA(p,q) 的截尾的相关理论模式见表 7.1。

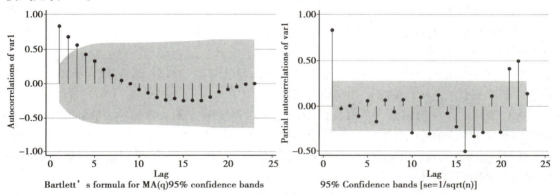

Bartlett's formula for MA(q)95% confidence bands   95% Confidence bands [se=1/sqrt(n)]

图 7.1　自相关系数拖尾

表 7.1　ARMA(p,q) 模型的 ACF 和 PACF 理论模式

模型	ACF	PACF
白噪声	$\rho_k = 0$	$\rho_k^* = 0$
AR(p)	衰减趋于零(几何型或振荡型)	p 阶后截尾:$\rho_k^* = 0, k > p$
MA(q)	q 阶后截尾:$\rho_k = 0, k > p$	衰减趋于零(几何型或振荡型)
ARMA(p,q)	q 阶衰减趋于零(几何型或振荡型)	p 阶衰减趋于零(几何型或振荡型)

3)参数估计

确定了参数 p、d、q 之后,需要对模型中未知参数的值进行估计,估计方法有矩估计、极大似然估计、最小二乘估计,最常用的是最小二乘估计,它的基本原理是使残差平方和达到最小的那组参数值即为最小二乘估计值。

4)模型检验

对模型的参数估计之后,还需要对拟合的模型进行必要的检验,主要包括残差检验和参数显著性检验,如果没有通过检验,通常需要选择其他的模型重新进行拟合。

首先,要检验残差是否为白噪音。Q 统计量(常称为 Q 检验或 LB 检验)是时间序列分析中用来检测序列是否存在自相关的一种统计检验。这种检验特别用于检查一个时间序列模型是否充分地拟合了数据,即模型残差(Errors)是否表现为白噪声。如果残差不是白噪声,则说明模型可能还有可以改进的空间。

残差检验的假设为

原假设 H_0:$\rho_1 = \rho_2 = \cdots = \rho_m = 0$,$\forall m \geqslant 1$;

备择假设 H_1:至少存在某个 $\rho_k \neq 0$,$\forall m \geqslant 1$,$k \leqslant m$。

检验统计量(LB 检验统计量)为

$$LB = n(n+2)\sum_{k=1}^{m}\frac{\hat{\rho}_k^2}{n-k} \sim \chi^2(m),\ \forall m > 0 \tag{7.21}$$

其次,参数的显著性检验一般通过构造 t 检验统计量进行检验。参数的显著性检验是检验每一个未知参数是否显著非零,如果某个参数不显著,即表示该参数所对应的那个自变量对因变量的影响不明显,该自变量就可以从拟合模型中剔除,最终模型将由一系列参数显著非零的自变量表示。

针对同一个时间序列,有时可以构造出多个都显著有效、通过检验的拟合模型,为了比较哪个模型更优,引入了 AIC 和 BIC 信息准则。

AIC 准则的指导思想是一个拟合模型的优劣可以从两方面去考察:一方面是常用来衡量拟合程度的似然函数值;另一方面是模型中未知参数的个数。AIC 平衡了模型的拟合优度(对数似然)和模型的复杂性(参数数量)之间的关系,寻找到既能很好地拟合数据又不会导致过拟合的模型。AIC 的公式为

$$AIC = 2k - 2\ln(L) \tag{7.22}$$

式中,k 是模型中未知参数的个数;L 是模型的极大似然函数值。

使 AIC 函数达到最小的模型被认为是最优模型。

BIC 准则也是用于模型选择的一种标准,它和 AIC 有很大的相似性,但它一定程度上弥补了 AIC 准则的不足,在处理模型复杂性时更加严格。BIC 的公式为

$$BIC = (\ln n)k - 2\ln(L) \tag{7.23}$$

式中,n 是观察的数据数量;k 是模型中估计参数的数量;L 是模型的极大似然函数值。

同样地,在所有通过检验的模型中使得 BIC 函数达到最小的模型为相对最优模型。

7.1.3　ARIMA 模型的 Stata 命令

在实际操作中,经常用到各种软件对时间序列进行 ARIMA 估计,本节中列出了在 Stata 软件中进行 ARIMA 估计的基本命令,见表 7.2。

表 7.2　ARIMA 估计在 Stata 中的基本命令

命令	含义
tsset	声明时间序列
tsline	绘制时序图
dfuller	单位根检验
D.	差分

续表

命令	含义
ac／pac	生成自相关系数/偏自相关系数图
arima(p,d,q)	拟合 ARIMA(p,d,q) 模型
corrgram	白噪声检验
estat ic	计算 AIC 和 BIC 的值
predict	预测

前面介绍了利用 ARIMA 模型对时间序列进行建模的方法以及步骤,在这一节中介绍如何利用 Stata 软件进行操作,首先使用 Stata 的"Data Editor"功能导入时间序列数据,并修改列名,保存数据,设置数据为时间序列格式,接下来利用 ARIMA 模型进行建模实操,实际操作中根据需要修改变量名称。

1)平稳性检验

在进行时间序列的建模之前,首先要判断序列是否平稳,这里要用到单位根检验。在进行单位根检验时,我们通常考虑 3 种情况:不包含趋势和常数项、包含常数项但不包含趋势、以及同时包含常数项和趋势。对于 3 种模型的 ADF 检验的 Stata 命令如下。

不包含任何趋势和常数项的模型。

. dfuller y,lags(n)noconstant reg

包含常数项但不包含趋势的模型。

. dfuller y,lags(n)reg

同时包含常数项和趋势的模型。

. dfuller y,lags(n)trend reg

其中,"y"是要进行检验的时间序列变量的名称;"lags(n)"是指定的滞后阶数;"noconstant"表示没有常数项;"trend"表示存在趋势;"reg"为显示 ADF 检验中使用的回归模型的详细结果。

对于单位根检验,主要关注的是检验统计量和对应的 p 值。p 值越小,越有利于拒绝原假设(即序列具有单位根,不平稳)。如果 p 值小于显著性水平(例如 0.05),则我们可以拒绝原假设,即序列是平稳的。

2)差分处理

如果序列是非平稳的,首先要进行差分处理将非平稳序列转变为平稳序列,在 Stata 中进行时间序列数据的差分(Differencing)通常使用"generate"命令和"D."运算符。以下是在 Stata 中进行一阶差分的命令。

. gen diff_y=D. y

其中,"y"是要进行差分的时间序列变量的名称;"diff_y"是新生成的变量,包含了相邻观测值之间的差分。

如果想进行二阶差分,可以再次应用"D."运算符。

. gen diff2_y=D2. y

这将生成一个新的变量"diff2_y",包含了"y"的二阶差分。

3)模型定阶

模型定阶与自相关系数(ACF)和偏自相关系数(PACF)的性质有关,在 Stata 中,可以使用"ac"和"pac"命令生成自相关系数(ACF)和偏自相关系数(PACF)的图。

首先,生成 ACF 图,即自相关图。

. ac y

其中,"y"是要分析的时间序列变量的名称。"ac"命令将生成 ACF 图,显示自相关系数的图形。

然后,生成 PACF 图,即偏自相关图。

. pac y

其中,"y"是要分析的时间序列变量的名称。"pac"命令将生成 PACF 图,显示偏自相关系数的图形。生成的图形将显示不同滞后阶数的自相关系数或偏自相关系数,并带有置信区间,通过查看图形来判断序列是否具有自相关性或偏自相关性,并选择合适的模型阶数用于时间序列分析。

4)参数估计

在确定了 ARIMA 模型的 3 个参数 p、d、q 之后,就可以对模型进行参数估计,在 Stata 中,可以使用"arima"命令来估计 ARIMA 模型。

. arima y,arima(p,d,q)

其中,"y"是要建模的时间序列变量的名称,可以根据数据和建模需求,选择不同的阶数和选项。

5)模型检验

模型检验主要包括残差检验和参数显著性检验,在上一步参数估计的操作中,结果会显示参数是否显著,如果参数的 p 值显著小于某个显著性水平(例如 0.05),则认为参数显著非零,反之认为参数不显著。残差检验通过构造 LB 统计量进行白噪声检验,在 Stata 中操作如下

. predict resid,residuals

. corrgram resid,lags(n)

其中,"resid"是生成的残差序列的变量名称,"lag(n)"是滞后的阶数,可以根据实际需求选择不同的阶数。如果 p 值显著大于某个显著性水平(例如 0.05),可以认为残差序列是白噪声序列,残差序列中没有可以再进行提取的信息。

6)模型优化

模型优化是根据 AIC 和 BIC 准则判断哪个模型相对更优,Stata 中通过如下命令输出 AIC 和 BIC 的值。

. estat ic

结果会显示出 AIC 和 BIC 的值,使 AIC 和 BIC 的值最小的模型为相对最优模型。

7)模型预测

构建出相对最优的 ARIMA 模型之后,可以根据模型进行预测,Stata 中使用"predict"命

令进行静态预测和动态预测。以下代码会创建一个新的变量"yhat",其中包含静态预测的值。

```
. predict yhat,y
```

7.2 基于 ARIMA 的房地产数据分析应用

房地产市场的影响因素众多且因素之间关系复杂,如果用前面章节讲到的结构式的多因素线性回归模型对房地产价格波动进行解释预测,往往比较困难。但如果用过去的房地产市场变化规律去预测接下来的房地产市场分化,可能会使问题简化,这就是 ARIMA 模型在分析房地产市场随时间变化情况的优势所在。

7.2.1 房地产收益预测理论

1) 市场惯性与投资者行为理论

任何事物发展都具有一定惯性,即在一定时间、一定条件下保持原来的趋势和状态,这也是大多数传统预测方法的理论基础。任何事物的发展在时间上都具有连续性,表现为过去、现在和未来的这样一个过程,一种事物的发展与其过去的行为存在联系,过去的行为不仅影响现在,还会影响未来。因此,可以从事物的历史和现状推演出事物的未来。市场的发展也有一个过程,在时间上也表现为一定的连续性。尽管市场瞬息万变,但这种发展变化在长期的过程中也存在一些规律性,可以被人们所研究和认识。市场惯性原则是时间序列分析法的主要依据,可以通过研究市场之前的发展来预测未来的情况。市场惯性理论认为市场具有一定的惯性,即市场在一段时间内的趋势可能会持续。这种趋势可能受投资者行为、市场心理、经济基本面等多种因素的影响。

投资者可能倾向于跟随过去的趋势,因为他们认为这种趋势可能在未来一段时间内持续,市场参与者在决策中表现出的行为惯性会对市场价格和交易活动产生影响。投资者倾向于在决策中沿袭其过去的行为,而不迅速调整策略。这意味着过去的市场趋势和价格变化可能对当前和未来市场行为产生持续的影响。市场中的惯性还与投资者对信息的反应速度有关。如果市场参与者对新信息的反应相对迟缓,市场可能在一段时间内保持先前的状态。这种滞后反应可能导致市场在短期内继续表现出某种趋势,直到有足够的参与者对新信息作出反应。

情绪和市场参与者的心理状态也是市场惯性理论考虑的因素之一。市场参与者的情感和情绪波动可能导致市场出现短期内的趋势性行为,因为投资者可能在情感高涨或低迷时做出更加情绪化的决策,进而影响市场的走势。投资者常常受到群体效应的影响,即倾向于追随他人的行为。如果市场处于上涨趋势,投资者可能更愿意跟随购买,而在市场下跌时可能更容易出现群体恐慌,导致抛售。在房地产市场中,群体行为可能导致房价泡沫的形成,即市场价格高于其实际价值。当投资者通过跟随他人的行为来做出购房决策时,可能导致市场出现过度炒作。这种趋势可能导致市场价格波动,并使市场在短期内形成明显的趋势。过去的房价走势可能影响投资者的预期,从而影响他们的投资决策。例如,市场繁荣时,投资者可能过度乐观,导致过度购房;而在市场低迷时,投资者可能因为恐惧而回避购房。

投资者行为理论指出,投资者可能在决策中表现出一定的惯性,即倾向于重复以前的决策模式,这使得房地产市场的波动在时间序列上具有惯性。

2)房地产市场周期理论

房地产市场周期理论涉及房地产市场在时间上发生的循环性变化,这些变化通常与宏观经济周期、利率、货币政策等因素密切相关。在宏观经济周期的不同阶段,房地产市场呈现出明显的波动,这反映了经济活动、利率水平和货币政策的影响。在经济的繁荣期,房地产市场通常表现为活跃和繁荣。这时,经济增长强劲,就业率上升,个人收入增加,促使购房需求增加。低失业率和高信心推动了房地产市场的繁荣,房价上涨,市场活跃度较高。然而,当经济达到巅峰时,可能会出现房地产市场的顶峰。此时,失业率可能较低,但通货膨胀压力可能增加。在这个阶段,一些投资者可能感到市场已经被高估,开始谨慎对待购房,导致市场逐渐陷入衰退。随着宏观经济进入衰退期,房地产市场可能经历下滑。经济增速放缓,就业岗位减少,购房需求减弱。高失业率和经济不景气可能导致房地产市场的低迷,房价下跌,市场活动减缓。最终,经济底部期到来,失业率可能达到峰值,但也标志着经济的复苏。在这个时候,房地产市场可能触底反弹,投资者开始看好未来,房价逐渐稳定并开始上涨,市场活动逐渐回暖。

与宏观经济周期相互作用的是利率和货币政策。高利率通常会推高抵押贷款利率,使购房成本上升,从而抑制购房需求。相反,低利率刺激了购房需求,降低了购房成本,促进了市场活动。货币宽松政策通常会促使房地产市场活跃,房价上涨,而货币紧缩政策则可能导致房价下跌,市场活动减缓。总体而言,房地产市场周期理论强调了房地产市场与宏观经济、利率和货币政策之间的相互关系。

3)房地产市场的季节性波动

房地产市场还会存在一定的季节性波动,是指在不同季节或时间段内,房地产市场表现出价格、交易量或需求等方面的周期性波动。这种季节性波动往往与自然因素、经济活动和人们的购房行为等多种因素密切相关。天气和季节性变化可能会对人们的购房活动产生影响。在季节性波动中,春季和夏季通常是房地产市场活跃的时期。这一季节性高峰可能受到气候的影响,因为温暖的天气使得人们更愿意进行房屋展示和搬迁,人们更倾向于外出看房和购房,因为天气较好。此时,购房者和卖方都更有动力参与市场,导致交易量的上升和房价的波动。相反,在冬季和寒冷的季节,房地产市场往往表现相对平稳。恶劣的天气条件可能使得购房者和卖方不太愿意参与市场活动,从而导致交易量下降。此外,许多人更倾向于在较温暖的季节购房,以避免搬家时受到气候的干扰。学校年度周期和搬家季节性因素也可能影响房地产市场,家庭可能更倾向于在学年结束或开始时搬家,以适应子女的学校安排。这可能导致在这些时间段内购房活动的增加,进而影响房价的季节性波动。

总体而言,房地产市场的季节性波动是多个因素相互作用的结果。这些季节性因素可能导致在某些时间内购房活动增加,从而对房价产生季节性影响。

7.2.2 基于 ARIMA 分析与预测房地产收益

1)基于 ARIMA 分析与预测北京市房价

在房地产市场的运作中,准确预测房价的变化趋势对投资者、开发商和政策制定者至关重要。北京作为中国房地产市场的重要城市之一,其房价波动一直备受关注。为了更好地理解和预测北京市房价的变化,本节将利用安居客网站上收集的北京市 2009 年 1 月到 2022 年 9 月的月度房价数据进行分析。通过分析这段时期内的房价数据,本节可以识别其中的趋势、季节性以及随机波动,从而建立 ARIMA 模型来预测未来的房价走势。本节将使用 2009 年到 2021 年的数据作为训练集,利用这些数据训练模型,并使用 2022 年的数据作为测试集,以验证模型的预测准确性。通过这种方式,本节可以评估 ARIMA 模型在北京房地产市场中的适用性和预测能力,为相关利益相关者提供决策依据。使用数据集"7_ARMA 北京市历史房价数据. dta"。

(1)平稳性检验与差分处理

导入数据集后,使用"monthly"函数将"time"变量转换为月份格式。"YM"表示输入的日期格式为年月。

. gen date = monthly(time," YM ")

将"date"变量的格式设置为时间序列格式。

. format date % tm

声明数据为时间序列数据,其中时间变量为"date"。

. tsset date

首先绘制因变量的时序图,如图 7.2 所示。

. tsline housing_price

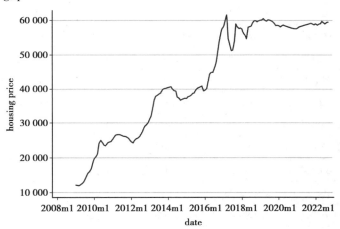

图 7.2　北京市房价时序图

由图 7.2 可以看出,房价有常数项和比较明显的时间趋势,故考虑带常数项和趋势项的 ADF 检验。

. dfuller housing_price if date <= tm(2021m12) , trend

对序列进行单位根检验,Stata 中的结果见表 7.3。

表 7.3　带趋势项的单位根检验结果

	Test Statistic	Dickey-Fuller critical value		
		1%	5%	10%
$Z(t)$	−1.150	−4.022	−3.443	−3.143

MacKinnon approximate p-value for $Z(t)$ = 0.920 2.

根据表 7.3 的检验结果,在 95% 的显著性水平下,我们发现检验的 p 值显著大于 0.05,这意味着我们无法拒绝原假设,即该序列是非平稳序列。下面通过设定滞后阶数对序列进行 ADF 检验,以获取更准确的结果。首先计算 Schwert(1989)建议的最大滞后阶数 $p_{\max} = [12 \cdot (T/100)^{1/4}] = 13$,结合数据集实际特征,令 $p = 13$,进行 ADF 检验,结果见表 7.4、表 7.5。

. dfuller housing_price if date<=tm(2021m12),trend lags(12)reg

表 7.4 滞后 12 阶的 ADF 检验结果

	Test Statistic	Augmented Dickey-Fuller critical value		
		1%	5%	10%
$Z(t)$	−2.051	−4.026	−3.444	−3.144

MacKinnon approximate p-value for $Z(t) = 0.573\,1$.

表 7.5 滞后 12 阶的 ADF 检验回归结果

	Coef.	Std. Err.	t	$p>|t|$	[95% Conf. Interval]	
L1.	−0.059 9	0.029 2	−2.05	0.042	−0.117 7	−0.002 1
LD.	0.390 5	0.086 8	4.50	0.000	0.218 8	0.562 3
L2D.	0.027 3	0.092 9	0.29	0.769	−0.156 6	0.211 2
L3D.	0.021 7	0.093 1	0.23	0.816	−0.162 4	0.205 9
L4D.	0.000 4	0.093 1	0.00	0.997	−0.183 8	0.184 5
L5D.	−0.121 5	0.093 1	−1.30	0.194	−0.305 8	0.062 7
L6D.	0.251 3	0.091 0	2.76	0.007	0.071 3	0.431 3
L7D.	−0.167 1	0.092 6	−1.80	0.073	−0.350 3	0.016 1
L8D.	0.114 8	0.092 0	1.25	0.214	−0.067 3	0.296 8
L9D.	0.035 8	0.092 4	0.39	0.699	−0.146 9	0.218 6
L10D.	0.092 6	0.092 3	1.00	0.318	−0.090 1	0.275 2
L11D.	0.106 3	0.092 7	1.15	0.253	−0.077 0	0.289 7
L12D.	−0.077 3	0.089 4	−0.86	0.389	−0.254 2	0.099 6
_trend	18.167 7	10.111 2	1.80	0.075	−1.839 0	38.174 5
_cons	1 181.412 0	460.415 8	2.57	0.011	270.400 6	2 092.423 0

表 7.5 显示最后一阶滞后项(L12D.)在 5% 的水平上并不显著,依次设定滞后阶数为 11、10、9、8、7,最后一阶滞后项仍然不显著,直到滞后阶数为 6 时,最后一阶滞后项在 5% 的水平上显著,令 $p=6$,进行 ADF 检验。

. dfuller housing_price if date<=tm(2021m12),trend lags(6)reg

表 7.6 滞后 6 阶的 ADF 检验结果

	Test Statistic	Augmented Dickey-Fuller critical value		
		1%	5%	10%
$Z(t)$	−2.059	−4.024	−3.443	−3.143

MacKinnon approximate p-value for $Z(t) = 0.569\,1$.

此时 ADF 的检验结果表示在 95% 的显著性水平下,检验的 p 值显著大于 0.05,这意味着我们无法拒绝原假设,即序列是非平稳序列。因此,为了将这一序列转换为平稳序列,我们需要进行一阶差分处理,并检验一阶差分后的序列是否呈现平稳性。

生成一阶差分变量。

. gen housing_price_diff=D. housing_price if date <=tm(2021m12)

一阶差分后的序列已无明显趋势,对一阶差分后序列进行 ADF 检验。

. dfuller housing_price_diff

一阶差分处理的原理是通过计算相邻时间点之间的差值,将序列转换为新的序列,从而消除原始序列中的趋势或季节性效应。通过检验一阶差分后的序列是否平稳,我们可以更加准确地判断序列的平稳性,为后续的建模和分析提供可靠的基础。一阶差分序列的单位根检验结果见表 7.7。

表 7.7　一阶差分序列的单位根检验结果

	Test Statistic	Dickey-Fuller critical value		
		1%	5%	10%
$Z(t)$	−8.529	−3.492	−2.886	−2.576

MacKinnon approximate p-value for $Z(t)$ = 0.000 0.

由表 7.7 可知,经过一阶差分后,在 95% 的显著性水平下,检验的 p 值显著小于 0.05,由此应该拒绝原假设,认为序列是平稳序列。设定滞后阶数为 12 进行 ADF 检验,见表 7.8。

. dfuller housing_price_diff,lags(12)reg

表 7.8　一阶差分后序列的 ADF 检验结果

	Test Statistic	Augmented Dickey-Fuller critical value		
		1%	5%	10%
$Z(t)$	−3.737	−3.496	−2.887	−2.577

MacKinnon approximate p-value for $Z(t)$ = 0.003 6.

此时最后一阶滞后项在 5% 的水平上显著,ADF 的检验结果表示在 95% 的显著性水平下,检验的 p 值显著小于 0.05,由此应该拒绝原假设,即序列是平稳序列。根据一阶差分后序列的 ADF 检验结果可以认为经过一阶差分后序列转变为平稳序列,由此可以确定参数 d 的值为 1。

(2)模型定阶

生成一阶差分后序列的自相关图和偏自相关图。

. ac housing_price_diff

. pac housing_price_diff

模型的参数 p 和 q 与自相关系数和偏自相关系数的性质有关,图 7.3 为自相关图和偏自相关图。

自相关图中灰色区域(Bartlett's formula for MA(q)95% confidence bands)时 95% 置信区间,如果自相关系数的点落在这个区域之外,则表明该滞后数下的自相关系数显著不为 0。

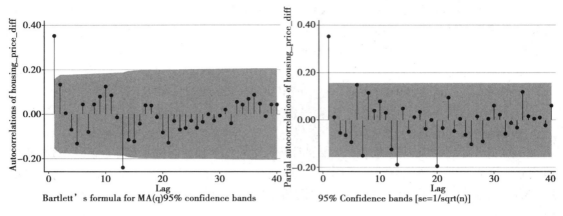

图7.3　一阶差分序列自相关图(左)和偏自相关图(右)

偏自相关图中灰色区域(95% Confidence bands [se=1/sqrt(n)]),这同样是95%置信区间,基于标准误差计算得出,其中 n 是样本大小。从图7.2可知,在1阶之后,自相关系数整体的值均处于两倍标准差之内,2阶之后自相关系数的值衰减到0,偏自相关系数在1阶之后迅速衰减到0,且大部分的值处于两倍标准差之内,由此可以考虑建立模型 ARIMA(1,1,0)、ARIMA(0,1,1)和 ARIMA(1,1,1)。

(3)模型构建、估计与检验

构建 ARIMA(1,1,0)模型、计算信息准则、白噪声检验。

. arima housing_price if date <=tm(2021m12),arima(1,1,0)

. estat ic

. predict resid if date <=tm(2021m12),residuals

. corrgram resid,lags(12)

构建 ARIMA(0,1,1)模型、计算信息准则、白噪声检验。

. arima housing_price if date <=tm(2021m12),arima(0,1,1)

. estat ic

. predict resid1 if date <=tm(2021m12),residuals

. corrgram resid1,lags(12)

构建 ARIMA(1,1,1)模型、计算信息准则、白噪声检验。

. arima housing_price if date <=tm(2021m12),arima(1,1,1)

. estat ic

. predict resid2 if date <=tm(2021m12),residuals

. corrgram resid2,lags(12)

首先构建 ARIMA(1,1,0)模型,估计结果见表7.9。

表7.9　ARIMA(1,1,0)估计结果

	Coefficient	Std. err.	z	$p>\lvert z\rvert$	[95% conf. interval]	
ar1	0.350 2	0.059 6	5.87	0.000	0.233 3	0.467 0
_cons	298.112 6	164.893 9	1.81	0.071	−25.073 5	621.298 8

由表7.9可知,在95%置信区间内,常数项的系数不显著,一阶自回归的系数显著。信息准则值的结果见表7.10。

表7.10　ARIMA(1,1,0)信息准则值

Model	Obs	ll(null)	ll(model)	df	AIC	BIC
.	155	.	−1 295.545	3	2 597.089	2 606.219

残差检验的结果见表7.11。

表7.11　ARIMA(1,1,0)残差检验结果

LAG	AC	PAC	Q	Prob>Q	−1	0	1	−1	0	1
					[Autocorrelation]			[Partial autocor]		
1	−0.001 4	−0.001 4	0.000 3	0.986 1						
2	0.028 6	0.028 6	0.130 41	0.936 9						
3	−0.021 1	−0.021 0	0.201 42	0.977 4						
4	−0.037 6	−0.038 7	0.429 75	0.980 0						
5	−0.159 4	−0.159 1	4.550 7	0.473 1						
6	0.141 8	0.146 2	7.834 9	0.250 5						
7	−0.138 4	−0.139 1	10.98 5	0.139 3						
8	0.057 9	0.052 1	11.54	0.172 9						
9	0.033 7	0.030 3	11.73	0.229 0						
10	0.094 3	0.078 7	13.223	0.211 5						
11	0.065 2	0.102 4	13.941	0.236 3						
12	0.042 5	−0.023 1	14.249	0.285 1						

由表7.11可知,在95%置信区间内,认为残差序列是白噪声序列。综上所述,ARIMA(1,1,0)模型的常数项系数不显著,其他参数通过检验。下面构建不含常数项的ARIMA(1,1,0)模型。

. arima housing_price if date <=tm(2021m12),arima(1,1,0)nocon

. estat ic

. predict resid3 if date <=tm(2021m12),residuals

. corrgram resid3,lags(12)

估计结果见表7.12。

表7.12　不含常数项的ARIMA(1,1,0)估计结果

	Coefficient	Std. err.	z	$p>\vert z\vert$	[95% conf. interval]	
ar1	0.395 1	0.045 0	8.79	0.000	0.307 0	0.483 3

由表 7.12 可知,在 95% 置信区间内,一阶自回归的系数显著。信息准则值的结果见表7.13。

表 7.13　不含常数项的 ARIMA(1,1,0)信息准则值

Model	Obs	ll(null)	ll(model)	df	AIC	BIC
.	155	.	−1 298.063	2	2 600.127	2 606.214

残差检验的结果见表 7.14。

表 7.14　不含常数项的 ARIMA(1,1,0)残差检验结果

LAG	AC	PAC	Q	Prob>Q	−1	0	1	−1	0	1
					[Autocorrelation]			[Partial autocor]		
1	−0.046 1	−0.046 1	0.336 16	0.562 1						
2	0.015 5	0.013 4	0.374 58	0.829 2						
3	−0.024 1	−0.022 9	0.467 78	0.925 9						
4	−0.033 5	−0.036 0	0.648 28	0.957 6						
5	−0.162 6	−0.166 2	4.935 8	0.423 8						
6	0.154 6	0.143 4	8.837 5	0.182 9						
7	−0.145 7	−0.138 7	12.327	0.090 3						
8	0.059 6	0.044 2	12.915	0.114 8						
9	0.028 3	0.026 4	13.049	0.160 4						
10	0.091 5	0.078 1	14.453	0.153 3						
11	0.062 9	0.111 3	15.121	0.177 0						
12	0.049 7	−0.006 8	15.541	0.213 2						

由表 7.14 可知,在 95% 置信区间内,认为残差序列是白噪声序列。综上所述,不带常数项的 ARIMA(1,1,0)模型的系数显著且残差无自相关。

下面构建 ARIMA(0,1,1)模型,估计结果见表 7.15。

表 7.15　ARIMA(0,1,1)估计结果

	Coefficient	Std. err.	z	$p>\lvert z \rvert$	[95% conf. interval]	
ma1	0.304 3	0.076 3	3.99	0.000	0.154 8	0.453 8
_cons	299.979 7	143.343 5	2.09	0.036	19.031 6	580.927 8

由表 7.15 可知,在 95% 置信区间内,估计的参数都显著。信息准则值见表 7.16。

表 7.16　ARIMA(0,1,1)信息准则值

Model	Obs	ll(null)	ll(model)	df	AIC	BIC
.	155	.	−1 296.97	3	2 599.941	2 609.071

残差检验的结果见表 7.17。

表 7.17　ARIMA(0,1,1)残差检验结果

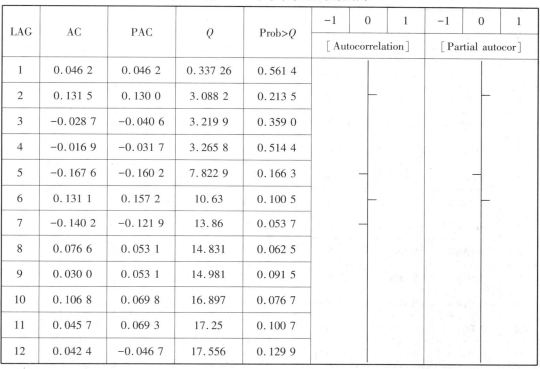

LAG	AC	PAC	Q	Prob>Q	−1	0	1	−1	0	1
					[Autocorrelation]			[Partial autocor]		
1	0.046 2	0.046 2	0.337 26	0.561 4						
2	0.131 5	0.130 0	3.088 2	0.213 5						
3	−0.028 7	−0.040 6	3.219 9	0.359 0						
4	−0.016 9	−0.031 7	3.265 8	0.514 4						
5	−0.167 6	−0.160 2	7.822 9	0.166 3						
6	0.131 1	0.157 2	10.63	0.100 5						
7	−0.140 2	−0.121 9	13.86	0.053 7						
8	0.076 6	0.053 1	14.831	0.062 5						
9	0.030 0	0.053 1	14.981	0.091 5						
10	0.106 8	0.069 8	16.897	0.076 7						
11	0.045 7	0.069 3	17.25	0.100 7						
12	0.042 4	−0.046 7	17.556	0.129 9						

由表 7.17 可知,在 95% 置信区间内,认为残差序列是白噪声序列。综上所述,ARIMA(0,1,1)模型的参数都显著,且残差序列是白噪声序列。

最后构建 ARIMA(1,1,1)模型,估计结果见表 7.18。

表 7.18　ARIMA(1,1,1)估计结果

	Coefficient	Std. err.	z	$p>\mid z\mid$	[95% conf. interval]	
ar1	0.370 3	0.216 3	1.71	0.087	−0.053 7	0.794 3
ma1	−0.022 7	0.252 0	−0.09	0.928	−0.516 7	0.471 3
_cons	298.203 1	174.216 1	1.71	0.087	−43.254 2	639.660 3

由表 7.18 可知,在 95% 置信区间内,估计的参数都不显著。信息准则值见表 7.19。

表 7.19　ARIMA(1,1,1)信息准则值

Model	Obs	ll(null)	ll(model)	df	AIC	BIC
.	155	.	−1 295.538	4	2 599.076	2 611.25

残差检验的结果见表 7.20。

表 7.20　ARIMA(1,1,1)残差检验结果

LAG	AC	PAC	Q	Prob>Q	−1 0 1 [Autocorrelation]	−1 0 1 [Partial autocor]
1	0.001 6	0.001 6	0.000 4	0.984 1		
2	0.022 2	0.022 2	0.078 49	0.961 5		
3	−0.022 8	−0.023 0	0.162 04	0.983 5		
4	−0.039 9	−0.040 5	0.418 87	0.980 9		
5	−0.158 6	−0.158 3	4.501	0.479 7		
6	0.140 7	0.145 3	7.732 2	0.258 4		
7	−0.137 3	−0.141 0	10.83	0.146 2		
8	0.056 4	0.052 4	11.35 6	0.182 4		
9	0.034 5	0.029 2	11.55 4	0.239 6		
10	0.094 9	0.079 7	13.066	0.220 0		
11	0.067 1	0.103 9	13.827	0.242 7		
12	0.041 6	−0.023 1	14.121	0.293 0		

由表 7.20 可知,在 95% 置信区间内,认为残差序列是白噪声序列。综上所述,ARIMA(1,1,1)模型的参数都不显著,残差序列是白噪声序列。

综上所述,不含常数项的 ARIMA(1,1,0)模型和 ARIMA(0,1,1)模型都通过检验,不含常数项的 ARIMA(1,1,0)模型的 AIC 值为 2 600.127,BIC 值为 2 606.214,而 ARIMA(0,1,1)模型的 AIC 值为 2 599.941,BIC 值为 2 609.071,两个模型的 AIC 值相差不大,但不含常数项的 ARIMA(1,1,0)模型的 BIC 值小于 ARIMA(0,1,1)模型,最终选择不含常数项的 ARIMA(1,1,0)模型。

(4)模型预测

对训练集的数据进行拟合并绘制真实值和拟合值的曲线图。

. predict p_price if date <=tm(2021m12),y

. tsline housing_price p_price if date <=tm(2021m12)

预测包含测试集的全部数据,并绘制曲线图。

. predict p_price1,y

. tsline l. housing_price p_price1 if date>tm(2021m12)

基于不含常数项的 ARIMA(1,1,0)模型,对训练集的数据进行拟合,真实值和预测值的曲线图如图 7.4 所示,左边是训练集,右边是测试集。

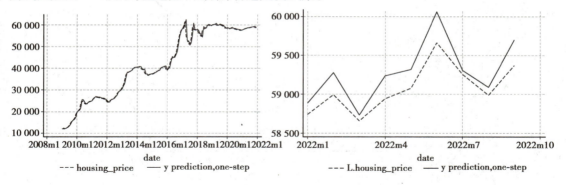

图 7.4　不含常数项的 ARIMA(1,1,0)模型拟合图

虚线代表真实值,实线代表预测值,由图 7.4 可以看出,预测值与真实值较为接近,说明模型拟合效果较好。将测试集的数据利用不含常数项的 ARIMA(1,1,0)模型进行预测,并将得到的预测值与真实值进行比较,采用均方根误差、平均绝对误差、平均绝对百分比误差 3 个评估指标评估模型预测效果,评估结果见表 7.21。

表 7.21　不含常数项的 ARIMA(1,1,0)模型预测评估结果

评估指标	ARIMA 预测结果
均方根误差	393.134 1
平均绝对误差	327.297 8
平均绝对百分比误差	0.553 1%

2)基于 ARIMA 分析与预测建筑业房屋施工面积

以国家统计局网站上的 1985 年到 2022 年的年度建筑业房屋施工面积数据为例进行 ARIMA 建模及预测,数据集为"7_ARMA 建筑业房屋施工面积数据. dta"。

将 1985 年到 2020 年的数据作为训练集,2021、2022 年的数据作为测试集,训练集用于训练数据,拟合模型,测试集用于预测和评估。首先导入数据,将列名分别修改为"time"和"value",保存数据,然后通过以下代码做本节的 ARIMA 模型建模及预测。

(1)平稳性检验与差分处理

导入数据集后,声明数据为时间序列数据。

. tsset time,yearly

绘制序列的时序图,如图 7.5 所示。

. tsline value

由图 7.5 可以看出,该序列有比较明显的时间趋势,故首先考虑带趋势项的 ADF 检验。

对序列进行带趋势项的 ADF 检验。

. dfuller value if time <=2020,trend

对序列进行单位根检验,Stata 中的结果见表 7.22。

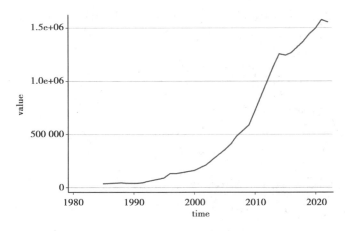

图 7.5　建筑业房屋施工面积时序图

表 7.22　带趋势项的单位根检验结果

	Test Statistic	Dickey-Fuller critical value		
		1%	5%	10%
$Z(t)$	−1.328	−4.288	−3.560	−3.216

MacKinnon approximate p-value for $Z(t)$ = 0.880 8.

根据表 7.22 的检验结果,在 90% 的显著性水平下,我们发现检验的 p 值显著大于 0.1,这意味着我们无法拒绝原假设,即该序列是非平稳序列。下面通过设定滞后阶数对序列进行 ADF 检验,以获取更准确的结果。首先计算 Schwert(1989)建议的最大滞后阶数 $p_{max} = [12 \cdot (T/100)^{1/4}] = 9$,令 $p=9$,进行 ADF 检验。

. dfuller value if time <=2020, trend lags(9) reg

此时最后一阶滞后项(L9D.)在 10% 的水平上并不显著,设定滞后阶数为 8、7,最后一阶滞后项仍然不显著,滞后阶数为 6 时,最后一阶滞后项在 10% 的水平上显著,令 $p=6$,进行 ADF 检验。

. dfuller value if time <=2020, trend lags(6) reg

表 7.23　滞后 6 阶的 ADF 检验结果

	Test Statistic	Augmented Dickey-Fuller critical value		
		1%	5%	10%
$Z(t)$	−2.869	−4.343	−3.584	−3.230

MacKinnon approximate p-value for $Z(t)$ = 0.1728.

此时 ADF 的检验结果表示在 90% 的显著性水平下,检验的 p 值显著大于 0.1,这意味着我们无法拒绝原假设,即序列是非平稳序列。因此,为了将这一序列转换为平稳序列,我们需要进行一阶差分处理,并检验一阶差分后的序列是否呈现平稳性。一阶差分后序列的平稳性检验方法同上,此处不再进行赘述,根据一阶差分后序列的 ADF 检验结果,一阶差分后序列仍为非平稳序列,需要进行二阶差分处理,并检验二阶差分后序列是否平稳。

生成一阶差分变量。

. gen value_diff = D. value if time <= 2020

绘制一阶差分后序列时序图。

. tsline value_diff

对一阶差分后序列进行单位根检验。

. dfuller value_diff, trend

. dfuller value_diff, trend lags(9)reg

. dfuller value_diff, trend lags(8)reg

. dfuller value_diff, trend lags(7)reg

生成二阶差分变量。

. gen value_diff2 = D2. value if time <= 2020

绘制二阶差分后序列时序图。

. tsline value_diff2

对二阶差分后序列进行单位根检验。

. dfuller value_diff2

. dfuller value_diff2, lags(9)reg

. dfuller value_diff2, lags(8)reg

. dfuller value_diff2, lags(7)reg

……

根据二阶差分后序列的单位根检验结果来看,二阶差分后序列是平稳序列。经过二阶差分后序列转变为平稳序列,由此可以确定参数 d 的值为2。

(2)模型定阶

生成二阶差分后序列的自相关图和偏自相关图,如图7.6所示。

. ac value_diff2

. pac value_diff2

模型的参数 p 和 q 与自相关系数和偏自相关系数的性质有关,图7.6为自相关图和偏自相关图。

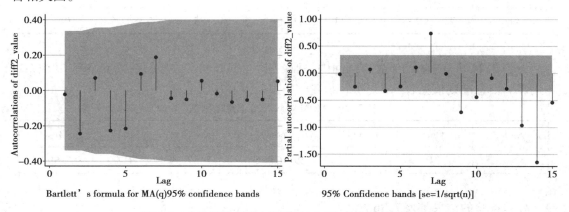

图7.6 二阶差分序列自相关图(左)和偏自相关图(右)

由图7.6可知,二阶差分序列的自相关图和偏自相关图均无明显拖尾和截尾特征,因此需要不断尝试调整 p、q 的值,考虑 $p=1$、2、3、4,$q=1$、2、3、4 的不同组合。

（3）模型构建、估计与检验

构建不同的 ARIMA 模型、计算信息准则值、白噪声检验。

. arima value if time <=2020,arima(1,2,0)

. estat ic

. predict resid if time <=2020,residuals

. corrgram resid,lags(12)

. arima value if time <=2020,arima(1,2,1)

. estat ic

. predict resid1 if time <=2020,residuals

. corrgram resid1,lags(12)

. arima value if time <=2020,arima(1,2,2)

. estat ic

. predict resid2 if time <=2020,residuals

. corrgram resid2,lags(12)

……

通过 p 和 q 不同值的组合的尝试,效果最好的模型为 ARIMA(4,2,2)模型,估计结果见表 7.24。

表 7.24　ARIMA(4,2,2)估计结果

	Coefficient	Std. err.	z	p>|z|	[90% conf. interval]	
ar1	0.440 3	0.212 8	2.07	0.039	0.090 2	0.790 5
ar2	−0.966 2	0.287 0	−3.37	0.001	−1.438 3	−0.494 1
ar3	0.186 0	0.256 0	0.73	0.468	−0.235 1	0.607 2
ar4	−0.551 9	0.304 3	−1.81	0.070	−1.052 5	−0.051 3
ma1	−0.480 3	0.243 1	−1.98	0.048	−0.880 2	−0.080 4
ma2	0.999 9	0.344 2	2.91	0.004	0.433 8	1.566 1
_cons	709.002	4 918.234	0.14	0.885	−7 380.773	8 798.777

由表 7.24 可知,在 90% 置信区间内,只有三阶自回归和常数项的系数不显著,其他系数均显著。信息准则值见表 7.25。

表 7.25　ARIMA(4,2,2)信息准则值

Model	Obs	ll(null)	ll(model)	df	AIC	BIC
—	34	—	−391.657 5	7	797.314 9	807.999 4

残差检验的结果见表 7.26。

表 7.26 ARIMA(4,2,2)残差检验结果

LAG	AC	PAC	Q	Prob>Q	-1	0	1	-1	0	1
					[Autocorrelation]			[Partial autocor]		
1	−0.039 5	−0.041 1	0.057 83	0.810 0						
2	0.028 2	0.027 1	0.088 18	0.956 9						
3	−0.018 8	−0.017 5	0.102 11	0.991 6						
4	−0.046 5	−0.054 7	0.190 27	0.995 8						
5	−0.043 1	−0.051 3	0.268 81	0.998 2						
6	0.017 7	0.030 1	0.282 57	0.999 6						
7	0.124 8	0.301 5	0.988 44	0.995 0						
8	−0.049 8	−0.098 7	1.105 3	0.997 5						
9	−0.143 5	−0.454 0	2.113 6	0.989 5						
10	−0.037 9	−0.133 8	2.186 9	0.994 7						
11	−0.040 1	−0.310 8	2.272 3	0.997 3						
12	−0.097 4	−0.982 1	2.800 5	0.996 8						

由表 7.26 可知,在 90%置信区间内,认为残差序列是白噪声序列。

(4)模型预测

对训练集的数据进行拟合并绘制真实值和拟合值的曲线图。

. predict p_value if time <=2020,y

. tsline l2.value p_value if time <=2020

预测包含测试集的全部数据。

. predict p_value1,y

基于 ARIMA(4,2,2)模型,对训练集的数据进行拟合,真实值和预测值的曲线图如图 7.7 所示。

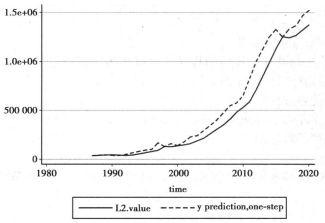

图 7.7 ARIMA(4,2,2)模型拟合图

实线代表真实值,虚线代表预测值,由图 7.7 可以看出,预测值与真实值较为接近,说明模型拟合效果较好。利用 ARIMA(4,2,2)模型预测 2021 和 2022 年数据,2021 年预测值为 1 502 739,2022 年预测值为 1 629 916,与真实值较为接近,模型预测效果较好。

7.2.3　基于 SARIMA 模型分析房地产收益的季节性与周期性

有的时间序列数据不仅有一定的趋势,还存在周期性波动,ARIMA 模型可以对具有周期效应的序列进行建模,周期效应中最常见的是季节效应,根据季节效应提取的难易程度,可以分为简单季节模型和乘积季节模型。简单季节模型是指序列中的季节效应和其他效应之间是加法关系,通常简单的周期步长差分即可将序列中的季节信息提取充分,简单的低阶差分即可将趋势信息提取充分,提取完季节信息和趋势信息之后的序列就是一个平稳序列,可以用 ARMA 模型拟合。更常见的是序列的季节效应、长期趋势效应和随机波动之间存在复杂的交互影响关系,简单的 ARIMA 模型并不足以提取其中的相关关系,这时通常需要采用乘积季节模型。

下面利用 Stata 软件以一个房地产领域的案例分析季节效应,采用安居客官网提供的郑州市 2013 年 8 月到 2021 年 9 月的平均房价信息开展研究,具体数据见"7_SARIMA 郑州市历史房价数据. dta"。

将 2013 年 8 月到 2021 年 3 月的前 92 个样本数据来构建合适的 ARIMA 模型并检验模型的拟合效果,利用 2021 年 4 月到 9 月的房价数据检验模型的预测效果。首先导入数据,将列名分别修改为"time"和"zzhousing_price",保存数据,然后通过以下代码做本节的 ARIMA 模型建模及预测。

1)平稳性检验与差分处理

导入数据集后,使用"monthly"函数将"time"变量转换为月份格式。"YM"表示输入的日期格式为年月。

. gen date＝monthly(time ," YM ")

将"date"变量的格式设置为时间序列格式。

. format date ％ tm

声明数据为时间序列数据,其中时间变量为"date"。

. tsset date

绘制时序图。

. tsline zzhousing_price

首先绘制时序图,如图 7.8 所示。

时序图显示,该序列既含有长期趋势又含有以年为周期的季节效应。对原序列作 1 阶差分消除趋势,差分后序列的时序图如图 7.9 所示。

对序列进行一阶差分。

. gen zzhousing_diff＝D. zzhousing_price if date ＜＝tm(2021m3)

绘制差分后序列的时序图。

. tsline zzhousing_diff

时序图显示,一阶差分后序列已无显著趋势,但存在一定的季节性波动,故采用 SARIMA 模型。

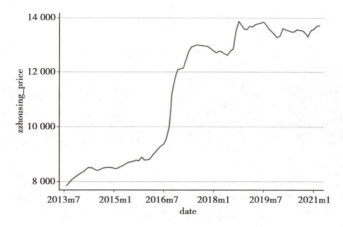

图7.8　郑州市房地产价格时序图

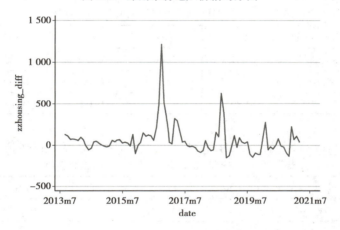

图7.9　一阶差分后郑州市房地产价格时序图

2）模型定阶

下面生成一阶后差分后序列的自相关和偏自相关图以确定季节性部分和非季节性部分的参数。

. ac zzhousing_diff

. pac zzhousing_diff

首先绘制差分处理后序列的自相关图与偏自相关图，如图7.10所示。

根据图7.10可以发现 ACF 衰减到 0 的速度比较缓慢，PACF 大致在 1 阶截尾，ACF 的周期性延迟无明显突变，而 PACF 中延迟 24 有明显突变，故可以考虑构建 SARIMA(1,1,0)(2,1,0)12 模型进行分析预测。

3）参数估计与模型检验

构建 SARIMA(1,1,0)(2,1,0)12 模型并进行白噪声检验。

. arima zzhousing_price if date <=tm(2021m3),arima(1,1,0)sarima(2,1,0,12)nocon

. estat ic

. predict resid if date <=tm(2021m3),residuals

. corrgram resid,lags(12)

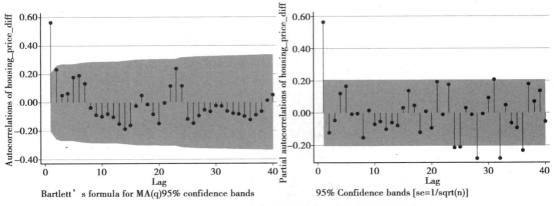

图 7.10 差分后序列自相关图（左）和偏自相关图（右）

构建 SARIMA(1,1,0)(2,1,0)12 模型,估计结果见表 7.27。

表 7.27 SARIMA(1,1,0)(2,1,0)12 估计结果

		Coefficient	Std. err.	z	p>|z|	[95% conf. interval]	
ARMA	ar1	0.583 3	0.081 4	7.16	0.000	0.423 7	0.742 9
ARMA12	ar1	−0.645 0	0.083 7	−7.71	0.000	−0.809 0	−0.480 9
	ar2	−0.206 4	0.099 0	−2.08	0.037	−0.400 5	−0.012 4

由表 7.27 可知,在 95% 置信区间内,估计的参数都显著。信息准则值见表 7.28。

表 7.28 SARIMA(1,1,0)(2,1,0)12 信息准则值

Model	Obs	ll(null)	ll(model)	df	AIC	BIC
.	79	.	−525.129	4	1 058.258	1 067.736

残差检验的结果见表 7.29。

表 7.29 SARIMA(1,1,0)(2,1,0)12 残差检验结果

LAG	AC	PAC	Q	Prob>Q	[Autocorrelation]	[Partial autocor]
1	0.059 8	0.060 0	0.293 53	0.588 0		
2	−0.027 5	−0.031 4	0.356 38	0.836 8		
3	−0.150 8	−0.149 7	2.271 7	0.518 0		
4	−0.025 9	−0.006 0	2.329 1	0.675 5		
5	0.130 6	0.140 8	3.805	0.577 8		
6	0.095 1	0.061 4	4.597 3	0.596 4		
7	0.098 3	0.092 2	5.456 2	0.604 5		
8	−0.105 8	−0.092 2	6.465 2	0.595 3		
9	0.013 1	0.058 4	6.480 9	0.691 0		
10	−0.003 8	0.006 2	6.482 2	0.773 3		
11	0.034 4	−0.007 8	6.593 6	0.831 0		
12	−0.123 2	−0.179 2	8.043 3	0.781 7		

由表 7.29 可知,在95% 置信区间内,认为残差序列是白噪声序列。综上所述,SARIMA (1,1,0)(2,1,0)12 模型的参数都显著,且残差序列是白噪声序列。

4)模型预测

对训练集的数据进行拟合并绘制真实值和拟合值的曲线图。

. predict yhat if date <= tm(2021m3),y

. tsline l13. zzhousing_price yhat if date <= tm(2021m3)

预测包含测试集的全部数据。

. predict yhat1,y

基于 SARIMA(1,1,0)(2,1,0)12 模型,对训练集的数据进行拟合,真实值和预测值的曲线图如图 7.11 所示。

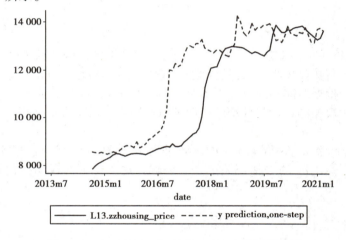

图 7.11　SARIMA(1,1,0)(2,1,0)12 **模型拟合图**

实线代表真实值,虚线代表预测值,由图 7.11 可以看出,预测值与真实值较为接近,说明模型拟合效果较好。将测试集的数据利用 SARIMA(1,1,0)(2,1,0)12 模型进行预测,并将得到的预测值与真实值进行比较,采用均方根误差、平均绝对误差、平均绝对百分比误差 3 个评估指标评估模型预测效果,评估结果见表 7.30。

表 7.30　SARIMA(1,1,0)(2,1,0)12 **模型预测评估结果**

评估指标	ARIMA 预测结果
均方根误差	162.736 469 5
平均绝对误差	136.052 943 4
平均绝对百分比误差	1.008 6%

7.3　**本章小结**

本章深入探讨了 ARIMA 模型在房地产市场时间序列预测中的应用。首先,介绍了 ARI-

MA 模型的基本原理,包括 AR(自回归)、MA(移动平均)和 ARMA(自回归移动平均)模型的构建与应用。随后,详细讲解了时间序列预处理的重要性,如通过 ADF 检验来确保序列的平稳性。接着,本章讨论了 ARIMA 模型的参数确定、模型定阶、参数估计、模型检验和模型优化等步骤。在实际应用方面,本章通过 Stata 命令指导房地产收益预测的具体操作,包括平稳性检验、差分处理、模型定阶、参数估计、模型检验、模型优化及预测等步骤。此外,本章结合房地产收益预测理论,探讨了市场惯性、供需关系、投资者行为、市场周期及季节性波动等关键因素如何影响房地产市场。通过实际案例分析,如北京市房价和建筑业房屋施工面积的 ARIMA 建模,本章展示了模型在实践中的应用过程和效果。通过这些内容,读者能够全面掌握 ARIMA 模型在房地产市场分析中的应用,为后续的复杂市场预测提供坚实的理论和实践基础。下一章将探讨房地产市场的波动风险分析。

习　题

1. 在利用 ARIMA 模型对房地产价格时间序列进行数理分析时,为何平稳性是基本前提? 若序列不平稳直接建模将导致何种问题? 请结合实际房地产价格数据案例加以说明。

2. 在对房地产价格时间序列进行差分处理时,如何判断应进行几阶差分才能实现平稳性? 过度差分会对模型的估计与预测产生何种负面影响? 请结合房地产市场的实际数据信息进行讨论。

3. 在确定房地产价格 ARIMA 模型的阶数过程中,自相关图与偏自相关图的模式(如拖尾与截尾特征)对 (p, d, q) 的选择至关重要。请解释这些特征并说明如何依据它们选取恰当的模型参数。

8 房地产市场的波动风险分析

在宏观经济领域和金融领域，经常可以看到具有如下特征的时间序列：它们在消除确定性非平稳因素的影响之后，残差序列的波动在大部分时段是平稳的，但会在某些时段波动持续偏大，在某些时段波动持续偏小，呈现出波动率聚类（Volatility Clustering），即大的变动往往跟随着大的变动，小的变动跟随着小的变动，而这些变动的大小本身也随时间变化。可以使用 ARCH（Autoregressive Conditional Heteroskedasticity）模型和 GARCH（Generalized Autoregressive Conditional Heteroskedasticity）模型等来模拟和预测这种波动率聚类的现象。这些模型允许波动率随时间变化，并且过去的波动会影响未来的波动预期。这对于风险管理、投资策略制定、估价和抵押贷款定价等方面具有重要意义。

ARCH（自回归条件异方差）模型和 GARCH（广义自回归条件异方差）模型在金融领域中被广泛应用于分析和预测时间序列数据的波动性。尽管它们最初是为金融市场设计的，但在房地产领域中也发挥着重要作用。这些模型能够量化房地产市场价格的波动性，帮助投资者理解和管理房地产投资的风险，评估不同资产（包括房地产）的波动性和它们之间的关系，优化投资组合结构，最小化整体风险。

本章探讨 ARCH 和 GARCH 模型及其在房地产市场波动风险分析中的应用。具体而言：第 1 节介绍 ARCH 和 GARCH 模型的原理、构建与检验方法。第 2 节通过实际案例，展示这些模型在房地产价格波动风险分析中的应用，帮助读者理解如何运用 ARCH 和 GARCH 模型进行房地产市场的风险管理。

8.1 ARCH 模型和 GARCH 模型的原理

通常，我们利用方差来描述时间序列的波动性，而集群效应则表明在整个观察期内，序列的方差基本上是均匀的，但在某些特定时期，方差却显著偏离期望值。这种波动性特征给金融时间序列的研究人员，尤其是关注利率、汇率、通货膨胀率、股票价格指数等方面的人带来了挑战。他们在不同时期对这些变量进行预测时，预测能力会有相当大的差异。

例如，考察 2003—2022 年北京、成都、福州、广州、合肥、惠州、杭州、南京、上海

9个大中城市新建商品房住宅价格的年度环比增长率序列的集群效应特征。观察时序图（图8.1），该序列呈现出不明显的非平稳特征。时序图描绘了序列在20周围波动，大部分时间内波动范围保持在−10～60。然而，在特定时段，如2004年前后、2008年前后、2016年前后、2018年前后以及2022年前后，序列的波动幅度显著增大，呈现出集群效应的特征。

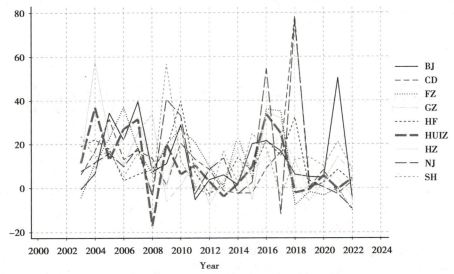

图8.1　2003—2022年所选9个大中城市房价的环比增长率时序图

特别是对于资产持有者而言，他们更关心的是在他们持有资产的特定时段内，资产收益率是否会出现大的波动，而不是关注整个序列的波动表现。全程方差齐性的分析方法无法满足这些需求，因此引入条件异方差模型成为一种解决方案。

8.1.1　ARCH 模型的建模与检验

1）ARCH 模型的原理

在传统计量经济学模型中，干扰项的方差被假设为常数。但是许多经济时间序列呈现出波动的集聚性，在这种情况下假设方差为常数是不恰当的。ARCH 模型将当前一切可利用信息作为条件，并采用某种自回归形式来刻画方差的变异，对于一个时间序列而言，在不同时刻可利用的信息不同，而相应的条件方差也不同，利用 ARCH 模型可以刻画出随时间而变异的条件方差。ARCH 模型的全称是自回归条件异方差模型（Autoregressive Conditional Heteroskedastic），有时简称为条件异方差模型。它是 Engle 于1982年在分析英国通货膨胀率序列时提出的残差平方自回归模型，其基本思想是：

①资产收益率的扰动序列 $a_t = r_t - E(r_t \mid F_{t-1})$ 是前后不相关的，但是前后不独立。

②a_t 的不独立性，描述为 $\mathrm{Var}(r_t \mid F_{t-1}) = \mathrm{Var}(a_t \mid F_{t-1})$ 可以用 a_t^2 的滞后值的线性组合表示。

具体而言，一个 ARCH(m) 模型为

$$a_t = \sigma_t \varepsilon_t$$
$$\sigma_t^2 = \alpha_0 + \alpha_1 a_{t-1}^2 + \cdots + \alpha_m a_{t-m}^2 \tag{8.1}$$

式中，$\{\varepsilon_t\}$ 是均值为0，方差为1的独立同分布随机变量序列。

通常假定其服从标准正态分布。σ_t^2 为条件异方差。

在式(8.1)的波动率方程的右侧,仅出现了截止到 $t-1$ 时刻的 $a_{t-1},\cdots,a_{t-m}$ 的确定性函数而没有新增的随机扰动,所以称 ARCH 模型为确定性的波动率模型,这意味着 σ_t^2 关于 F_{t-1} 可测,即在 $t-1$ 时刻可以确定条件方差 σ_t^2 的值。

ε_t 的分布常取为标准正态分布,标准化的 t 分布,广义误差分布(Generalized Error Distribution),有些情况下还取为有偏的分布。

因为 $a_t=r_t-E(r_t\mid F_{t-1})$ 所以 $E_{a_t}=0,E(a_t\mid F_{t-1})=0$。由式(8.1)的波动率方程中 $\{\varepsilon_t\}$ 独立可知 ε_t 与 F_{t-1} 独立,从而与 σ_t^2 独立,于是

$$\begin{aligned}
\mathrm{Var}(a_t\mid F_{t-1}) &= E\left[\left(r_t-E(r_t\mid F_{t-1})\right)^2\mid F_{t-1}\right]\\
&= E(a_t^2\mid F_{t-1})\\
&= E(\sigma_t^2\varepsilon_t^2\mid F_{t-1})\\
&= \sigma_t^2 E(\varepsilon_t^2\mid F_{t-1})\\
&= \sigma_t^2 = \alpha_0+\alpha_1 a_{t-1}^2+\cdots+\alpha_m a_{t-m}^2
\end{aligned}\tag{8.2}$$

因为系数 a_j 都是非负数,所以历史值 a_{t-j}^2 较大意味着 a_t 的条件方差较大,于是在 ARCH 模型框架下,大的扰动后面倾向于会出现较大的扰动。这里"倾向于"不是指一定会出现大的扰动,因为 a_{t-j}^2 较大使得条件方差 σ_t^2 较大,而方差大只能说出现较大的 a_t 的概率变大,而不是一定会出现大的扰动 a_t。这种现象能够解释资产收益率的波动率聚集现象。

注意,有些作者用 $h_t=\sigma_t^2$ 作为条件方差的记号,这种情况下扰动 $a_t=\varepsilon_t\sqrt{h_t}$。

2) ARCH 模型的检验

要拟合 ARCH 模型,首先需要进行 ARCH 检验。ARCH 检验是一种特殊的异方差检验,它不仅要求序列具有异方差性,而且要求这种异方差性是由某种自相关关系造成的,这种自相关关系可以用残差序列的自回归模型进行拟合。常用的两种 ARCH 检验统计方法是 Portmanteau Q 检验和 LM 检验。

(1)Portmanteau Q 检验

1983 年 Mcleod 和 Li 提出了 Portmanteau Q 统计方法,用于检验残差平方序列的自相关性,现在它是 ARCH 检验统计方法之一。

该检验方法的构造思想是:如果残差序列方差非齐,且具有集群效应,那么残差平方序列通常具有自相关性。所以方差齐性检验可以转化为残差平方序列的自相关性检验。

Portmanteau Q 检验的假设条件为

H_0:残差平方序列纯随机。(方差齐性,即自相关系数均为 0)

H_1:残差平方序列自相关。(方差非齐,即自相关系数不全为 0)

Portmanteau Q 检验统计量实际上就是 $\{a_t^2\}$ 残差平方的 LB 统计量。

$$Q(q)=n(n+2)\sum_{i=1}^{q}\frac{\rho_i^2}{n-i}\tag{8.3}$$

式中,n 是观察序列长度;ρ_i 是残差序列延迟 i 阶自相关系数。

假设成立时,Portmanteau Q 统计量近似服从自由度为 $q-1$ 的 χ^2 分布。

$$Q(q)\sim\chi^2(q-1)\tag{8.4}$$

当 $Q(q)$ 检验统计量的 p 值小于显著性水平 α 时,拒绝原假设,认为该序列方差非齐且

具有自相关关系。

（2）LM 检验

1982 年 Engle 提出了一种重要的 ARCH 检验方法：拉格朗日乘子检验（Lagrange Multiplier Test），简记为 LM 检验。

LM 检验的构造思想：如果残差序列方差非齐，且具有集群效应，那么残差平方序列通常具有自相关性。那么我们就可以尝试使用自回归模型（ARCH（q）模型）拟合残差平方序列。

$$a_t^2 = \omega + \sum_{j=1}^{q} \lambda_j a_{t-j}^2 + \varepsilon_t \tag{8.5}$$

于是方差齐性检验就可以转化为这个方程是否显著成立的检验。

如果方差显著成立（至少存在一个参数 λ_j 非 0），那就意味着残差平方序列具有自相关性，可以用该回归方程提取自相关信息。

反之，如果方差不能显著成立（所以参数均为 0），就意味着残差平方序列不存在显著的自相关性，不能拒绝方差齐性假定。所以 LM 检验实际上就是残差平方序列 $\{a_t^2\}$ 的自回归方程的显著性检验。

LM 检验的假设条件为：

原假设 H_0：残差平方序列纯随机（方差齐性，即参数均为 0）；

备择假设 H_1：残差平方序列自相关（方差非齐，即参数不全为 0）。

记总误差平方和为 $\sum_{t=q+1}^{T} a_t^2$ 自由度为 $T-q-1$。回归平方和为 SSR＝SST－SSE，自由度为 q。

其中，SSE 为回归方程残差平方和，SSE $= \sum_{t=q+1}^{T} a_t^2$，自由度为 $T-2q-1$。则 LM 检验统计量为

$$\mathrm{LM}(q) = \frac{(\mathrm{SST} - \mathrm{SSE})/q}{\mathrm{SSE}/(T - 2q - 1)} \tag{8.6}$$

原假设成立时，LM（q）统计量近似服从自由度为 $q-1$ 的 χ^2 分布。

$$\mathrm{LM}(q) \sim \chi^2(q - 1) \tag{8.7}$$

当 LM（q）检验统计量的 p 值小于显著性水平 α 时，拒绝原假设，认为该序列方差非齐，并且可以用 q 阶自回归模型拟合残差平方序列中的自相关关系。

3）ARCH 模型的构建

（1）模型定阶

在 ARCH 效应检验显著后，可以通过考察 a_t^2 序列的 PACF 来对 ARCH 模型定阶。下面解释理由。

首先，模型为

$$\sigma_t^2 = \alpha_0 + \alpha_1 a_{t-1}^2 + \cdots + \alpha_m a_{t-m}^2 \tag{8.8}$$

因为 $E(a_t^2 \mid F_{t-1}) = \sigma_t^2$，所以认为近似有

$$\sigma_t^2 \approx \alpha_0 + \alpha_1 a_{t-1}^2 + \cdots + \alpha_m a_{t-m}^2 \tag{8.9}$$

这样可以用 $\{a_t^2\}$ 序列的 PACF 的截尾性来估计 ARCH 阶 m。

另一方面，令 $\eta_t = a_t^2 - \sigma_t^2$，可以证明 $\{\eta_t\}$ 为零均值不相关白噪声列，则 a_t^2 有模型

$$\sigma_t^2 = \alpha_0 + \alpha_1 a_{t-1}^2 + \cdots + \alpha_m a_{t-m}^2 + \eta_t \tag{8.10}$$

这是 $\{a_t^2\}$ 的 AR（m）模型，但不要求 $\{\eta_t\}$ 独立同分布。从这个模型用最小二乘法估计

$\{a_j\}$ 是相合估计,但不是有效(方差最小)估计。因此从 $\{a_t^2\}$ 的 PACF 估计 m 是合理的。

(2)模型估计

对 ARCH(m) 模型,考虑最大似然估计或条件最大似然估计。扰动 $a_t = \sigma_t \varepsilon_t$,$\sigma_t^2 = \alpha_0 + \alpha_1 a_{t-1}^2 + \cdots + \alpha_m a_{t-m}^2$,记模型参数 $\alpha = (\alpha_0, \alpha_1, \cdots, \alpha_m)^T$。模型的似然函数与假定的 ε_t 的分布有关,存在多种似然函数形式。

似然函数即 $\alpha_1, \cdots, \alpha_T$ 的联合密度为

$$f(a_1, \cdots, a_T \mid \alpha) = f(a_T \mid F_{T-1}, \alpha) f(a_{T-1} \mid F_{T-2}, \alpha) \cdots f(a_{m+1} \mid F_m, \alpha) f(a_1, \cdots, a_m \mid \alpha)$$

$$(8.11)$$

其中 $f(a_T \mid F_{T-1}, \alpha)$ 表示给定 $t-1$ 时刻已知值条件下 a_t 的条件密度。

①正态假设。

当假定 ε_t 为独立同标准正态分布随机变量列时,在已知 $a_1, \cdots, a_{t-1}$ 条件下,

$$\sigma_t^2 = \alpha_0 + \alpha_1 a_{t-1}^2 + \cdots + \alpha_m a_{t-m}^2 \qquad (8.12)$$

看成已知数,$a_t = \sigma_t \varepsilon_t$ 的条件分布为 $N(0, \sigma_t^2)$,于是似然函数为

$$f(a_1, \cdots, a_T \mid \alpha) = \prod_{t=m+1}^{T} \frac{1}{\sqrt{2\pi} \sigma_t} \exp\left(-\frac{1}{2} \frac{a_t^2}{\sigma_t^2}\right) f(a_1, \cdots, a_m \mid \alpha) \qquad (8.13)$$

其中,$f(a_1, \cdots, a_m \mid \alpha)$ 形式比较复杂,常常从似然函数中去掉此项,变成条件似然函数,当 T 较大时去掉此项的影响很小。条件似然函数为

$$f(a_{m+1}, \cdots, a_T \mid \alpha) = \prod_{t=m+1}^{T} \frac{1}{\sqrt{2\pi} \sigma_t} \exp\left(-\frac{1}{2} \frac{a_t^2}{\sigma_t^2}\right) \qquad (8.14)$$

条件对数似然函数为

$$l(a_{m+1}, \cdots, a_T \mid \alpha) = -\frac{1}{2} \sum_{t=m+1}^{T} \left[\ln \sigma_t^2 + \frac{a_t^2}{\sigma_t^2}\right] + 常数项 \qquad (8.15)$$

其中,$\sigma_t^2 = \alpha_0 + \alpha_1 a_{t-1}^2 + \cdots + \alpha_m a_{t-m}^2$ 是 α 的函数,给定一组 α,就可以计算 σ_t^2,$t = m+1, \cdots, T$,从而计算似然函数值。最大化条件对数似然函数得到的估计称为正态假设下的条件最大似然估计。

②t 分布假设。

因为收益率分布厚尾,有些应用中假设 $\{a_t^2\}$ 的方差模型中的 ε_t 服从标准化 t 分布,自由度为 ν。设 ξ 为服从 $t(\nu)$ 分布的随机变量,则 $\nu > 2$ 时 $E\xi = 0$,$\mathrm{Var}(\mathrm{Var}(\xi) = \nu/(\nu-2)$,令 $\eta = \dfrac{\xi}{\sqrt{\nu/(\nu-2)}}$,称 η 的分布为标准化 $t(\nu)$ 分布,设 ε_t 分布为标准化 $t(\nu)$ 分布,其分布密度为

$$f(\varepsilon_t \mid v) = \frac{\Gamma\left(\dfrac{v+1}{2}\right)}{\Gamma\left(\dfrac{v}{2}\right)\sqrt{(v-2)\pi}} \left(1 + \frac{\varepsilon_t^2}{v-2}\right)^{-\frac{v+1}{2}} \qquad (8.16)$$

其中,$\varepsilon_t \in (-\infty, \infty)$,$(v > 2)$。这时由 $a_t = \sigma_t \varepsilon_t$,其中 $\sigma_t^2 = \mathrm{Var}(a_T \mid F_{T-1})$,得条件似然函数

$$f(a_{m+1}, \cdots, a_T \mid \alpha, a_1, \cdots, a_m) = \left[\frac{\Gamma\left(\dfrac{v+1}{2}\right)}{\Gamma\left(\dfrac{v}{2}\right)\sqrt{(v-2)\pi}}\right]^{T-m} \prod_{t=m+1}^{T} \frac{1}{\sigma_t}\left(1 + \frac{\varepsilon_t^2}{(v-2)\sigma_t^2}\right)^{-\frac{v+1}{2}}$$

$$(8.17)$$

可以先验地取定自由度 ν 的值,在式(8.17)中关于 α 求最大值;也可以将 ν 和 α 一起在式(8.17)中求最大值。这样得到的参数估计称为在 t 分布下的条件最大似然估计。

先验地设定自由度 ν 时,通常取 ν 在3到6之间。(条件)对数似然函数为

$$l(a_{m+1},\cdots,a_T \mid \alpha,a_1,\cdots,a_m) = - \sum_{t=m+1}^{T} \left[\frac{v+1}{2}\ln\left(1 + \frac{a_t^2}{(v-2)\sigma_t^2}\right) + \frac{1}{2}\ln \sigma_t^2 \right] \quad (8.18)$$

其中,$\sigma_t^2 = \alpha_0 + \alpha_1\alpha_{t-1}^2 + \cdots + \alpha_m\alpha_{t-m}^2$ 依赖于 $\alpha = (\alpha_0, \alpha_1, \cdots, \alpha_m)^T$。

将自由度 ν 也看作未知参数时,(条件)对数似然函数为

$$l(a_{m+1},\cdots,a_T \mid v,\alpha,a_1,\cdots,a_m) = (T-m)\left[\ln \Gamma\left(\frac{v+1}{2}\right) - \ln \Gamma\left(\frac{v}{2}\right) - \frac{1}{2}\ln(v-2)\pi \right]$$
$$+ l(a_{m+1},\cdots,a_T \mid \alpha,a_1,\cdots,a_m) \quad (8.19)$$

其中,最后一项就是式(8.18)的值。

③有偏 t 分布假设。

资产收益率分布除了厚尾还常常有偏。可以修改 t 分布使其变成标准化的有偏的单峰密度。有多种方法可以做这种修改,这里使用 Fernández 和 Steel 在1998年提出的做法[①]。该方法可以在任何连续单峰且关于0对称的一元分布中引入有偏性。将 $t(\nu)$ 分布进行有偏化后密度为

$$g(\varepsilon \mid v,\xi) = \begin{cases} \dfrac{2c_2}{\xi + \dfrac{1}{\xi}}f(\xi(c_2\varepsilon_t + c_1) \mid v), & \varepsilon_t < -\dfrac{c_1}{c_2} \\[4mm] \dfrac{2c_2}{\xi + \dfrac{1}{\xi}}f((c_2\varepsilon_t + c_1)/\xi \mid v), & \varepsilon_t \geqslant -\dfrac{c_1}{c_2} \end{cases} \quad (8.20)$$

其中,$f(\bullet \mid \nu)$ 是标准化 $t(\nu)$ 分布密度,参数 ν 是自由度,可以控制厚尾程度;参数 ξ^2 是密度在峰值右边的面积与在峰值左边的面积之比,代表了有偏的程度,当 $\xi = 1$ 时还是标准化 $t(\nu)$ 分布,当 $\xi > 1$ 时右偏,当 $\xi < 1$ 时左偏。

$$c_1 = \frac{\Gamma\left(\dfrac{\nu-1}{2}\right)\sqrt{\nu-2}}{\sqrt{\pi}\,\Gamma\left(\dfrac{\nu}{2}\right)}\left(\xi - \frac{1}{\xi}\right) \quad (8.21)$$

$$c_2^2 = \xi^2 - \frac{1}{\xi^2} - 1 - c_1^2 \quad (8.22)$$

④广义误差分布假设。

ε_t 的另一种可取分布是广义误差分布(GED),密度为

$$f(x \mid \nu) = \frac{\nu}{\lambda 2^{1+\frac{1}{\nu}}\Gamma\left(\dfrac{1}{\nu}\right)}e^{-\frac{1}{2}\left|\frac{x}{\lambda}\right|^{\nu}}, x \in (-\infty,\infty)\,(0 < \nu \leqslant \infty) \quad (8.23)$$

其中,$\nu = 2$ 时即标准正态分布,$0 < \nu < 2$ 时即厚尾分布。

---

① FERNÁNDEZ C,STEEL M F J. On Bayesian modeling of fat tails and skewness[J]. Journal of the American statistical association,1998,93(441):359-371.

$$\lambda = \left[2^{-\frac{2}{\nu}} \frac{\Gamma\left(\dfrac{1}{\nu}\right)}{\Gamma\left(\dfrac{3}{\nu}\right)} \right]^{\frac{1}{2}} \tag{8.24}$$

（3）模型验证

对一个建立好的 ARCH 模型，可计算标准化残差为

$$\tilde{a}_t = \frac{a_t}{\sigma_t} \tag{8.25}$$

其中，a_t 是均值方程的残差；σ_t 是波动率方程拟合的值。$\{\tilde{a}_t\}$ 应表现为零均值、单位标准差的独立同分布序列。

对 $\{\tilde{a}_t\}$ 作 Ljung-Box 白噪声检验，可以考察均值方程的充分性。对 $\{\tilde{a}_t\}$ 作 Ljung-Box 白噪声检验，可以考察波动率方程的充分性。$\{\tilde{a}_t\}$ 的偏度、峰度、Q-Q 图可以用来与 ε_t 的假定分布比较，以检验模型假定的正确性。

（4）预测

ARCH 模型的预测类似 AR 模型的预测。从预测原点 h 出发，对 σ_t^2 序列作超前一步预测，即预测 σ_{h+1}^2，有

$$\sigma_h^2(1) = \sigma_{h+1}^2 = \alpha_0 + \alpha_1 a_h^2 + \cdots + \alpha_m a_{h+1-m}^2 \tag{8.26}$$

要做超前两步预测时，因为 a_{h+1} 未知，有 $E(a_{h+1}^2 \mid F_h) = \sigma_h^2(1)$，所以

$$\sigma_h^2(2) = \alpha_0 + \alpha_1 a_h^2(1) + \alpha_2 a_h^2 + \cdots + \alpha_m a_{h+2-m}^2 \tag{8.27}$$

一般地，$a_h^2(l)$ 可以滚动计算。

$$\sigma_h^2(l) = \alpha_0 + \sum_{j=1}^{m} \alpha_j \sigma_h^2(l-j) \tag{8.28}$$

其中，$l-j \leq 0$ 时 $\sigma_h^2(l-j) = a_{m+l-j}^2$。

8.1.2　GARCH 模型的建模与检验

1）GARCH 模型的原理与构建

ARCH 模型的实质是使用残差平方序列的 q 阶移动平均拟合当期异方差函数值。由于移动平均模型具有自相关系数 q 阶截尾性，所以 ARCH 模型实际上只适用于异方差函数短期自相关过程。

但是在实践中，有些残差序列的异方差函数具有长期自相关性，这时如果使用 ARCH 模型拟合异方差函数，将会产生很高的移动平均阶数，增加参数估计的难度并最终影响 ARCH 模型的拟合精度。

为了解决这个问题，Bollerslev[①] 扩展了 Engle 的原始模型，引入了一个允许条件方差转换为一个 ARMA 过程的方法。

假定误差过程为

---

① BOLLERSLEV T. Generalized autoregressive conditional heteroskedasticity [J]. Journal of econometrics, 1986, 31(3): 307-327.

$$\varepsilon_t = \nu_t \sqrt{h_t} \tag{8.29}$$

式中,$\sigma_\nu^2 = 1$,且

$$h_t = \alpha_0 + \sum_{i=1}^q \alpha_i \varepsilon_{t-i}^2 + \sum_{i=1}^p \beta_i h_{t-i} \tag{8.30}$$

由于$\{\nu_t\}$是白噪声过程,因此,ε_t的条件和无条件均值都等于零。对ε_t取期望,易证明

$$E\varepsilon_t = E\nu_t (h_t)^{\frac{1}{2}} = 0 \tag{8.31}$$

值得注意的是,ε_t的条件方差是由$E_{t-1}\varepsilon_t^2 = h_t$给出的,因此,$\varepsilon_t$的条件方差就是由式(8.29)中的$h_t$给出的ARMA过程。

我们把由式(8.29)表述的扩展的ARCH(p,q)模型称为GARCH(p,q),它同时考虑到了自回归和异方差中的移动平均成分。如果我们令$p=0$、$q=1$,很明显,式如$\varepsilon_t = \nu_t \sqrt{\alpha_0 + \alpha_1 \varepsilon_{t-1}^2}$给出的1阶ARCH模型就是一个GARCH(0,1)模型。类似地,如果所有β_i等于零,GARCH(p,q)模型就等同于一个ARCH(q)模型。GARCH模型的优点显而易见,一个高阶的ARCH模型可能有一个更为简洁且更易识别和估算的GARCH表达式。由于式(8.29)中所有系数都必须为正,因而这一优点显得尤其突出。显然,模型越简洁,对系数的限制越少。此外,为保证条件方差是有限的,式(8.29)的所有特征根都必须在单位圆内。

2)GARCH模型的检验

(1)模型检验

GARCH模型的重要特征是序列$\{y_t\}$的干扰项的条件方差构成了一个ARMA过程。因此,可以设想,拟合的ARMA模型的残差平方应该表现出这一特征形态。为了解释这个问题,假设将$\{y_t\}$估计成一个ARMA过程。如果这个模型恰当,则残差的ACF和PACF应该表现为白噪声过程。但是,残差平方的ACF可以帮助识别GARCH过程的顺序。式(8.29)看起来非常像一个标准的ARCH(p,q)过程。同样地,如果存在条件异方差,残差平方的相关图应该对这一过程有所体现。绘制残差平方值的相关图的步骤如下。

①用最优拟合的ARMA模型(或回归模型)估计序列$\{y_t\}$,得到拟合模型误差的平方值$\{\hat\varepsilon_t^2\}$,同时,计算残差的样本方差($\hat\sigma^2$),其定义为

$$\hat\sigma^2 = \frac{\sum\limits_{t-1}^T \hat\varepsilon_t^2}{T} \tag{8.32}$$

式中,T是残差的样本个数。

②计算并绘制残差平方值的样本自相关系数ρ_i,即

$$\rho_i = \frac{\sum\limits_{t=i+1}^T (\hat\varepsilon_t^2 - \hat\sigma^2)(\hat\varepsilon_{t-i}^2 - \hat\sigma^2)}{\sum\limits_{t=1}^T (\hat\varepsilon_t^2 - \hat\sigma^2)^2} \tag{8.33}$$

③在大样本中,ρ_i的标准离差可近似为$\frac{1}{\sqrt{T}}$。2个显著不为零的ρ_i值体现了GARCH的误差。Ljung-Box的Q检验可以用来检验一组系数的显著性。若序列$\{\hat\varepsilon_t^2\}$序列不相关,则统计量为

$$Q = \frac{T(T+2)\sum_{i=1}^{n}\rho_i^2}{T-i} \tag{8.34}$$

服从自由度为 n 的渐进 χ^2 分布。拒绝序列 $\{\hat{\varepsilon}_t^2\}$ 不相关的原假设就等于拒绝不存在 ARCH 或 GARCH 误差的原假设。在实际应用中,应考虑 n 的值至 $\frac{T}{4}$ 即可。

McLeod 和 Li[①] 提出了更为正式的 ARCH 的干扰项的拉格朗日乘数检验。这一方法包含以下两个步骤。

①用 OLS 估计最优回归方程或 ARMA 模型,并用 $\{\hat{\varepsilon}_t^2\}$ 表示拟合式的残差的平方值。

②将常数项和 q 阶滞后值 $\hat{\varepsilon}_{t-1}^2, \hat{\varepsilon}_{t-2}^2, \hat{\varepsilon}_{t-3}^2, \cdots, \hat{\varepsilon}_{t-q}^2$ 作为回归变量,对上述残差平方值作回归,即估计回归方程为

$$\hat{\varepsilon}_t^2 = \alpha_0 + \alpha_1\hat{\varepsilon}_{t-1}^2 + \alpha_2\hat{\varepsilon}_{t-2}^2 + \cdots + \alpha_q\hat{\varepsilon}_{t-q}^2 \tag{8.35}$$

如果没有 ARCH 或 GARCH 效果,则 α_1 到 α_q 的估计值应为零。因此,这个回归的解释能力将是极弱的,使得判定系数(即,通常使用的 R^2 统计量)将非常小。因为用了 T 个残差的样本,所以,在原假设为不存在 ARCH 误差的情况下,检验统计量 TR^2 收敛于自由度为 q 的 χ^2 分布。如果 TR^2 充分大,拒绝 α_1 到 α_q 都等于零的原假设就相当于拒绝不存在 ARCH 误差的原假设。另一方面,如果 TR^2 足够小,就可能得出不存在 ARCH 效果的结论。在一些小样本,特别是实际应用中的小样本中,对原假设 $\alpha_1 = \cdots = \alpha_q = 0$ 的 F 检验要优于 χ^2 检验,我们可以比较 F 统计量与 F 分布表中分子自由度为 q、分母自由度为 $T-q$ 的 F 临界值。

(2)评估拟合优度

评价 GARCH 模型精确度的一种方法是看其拟合数据的程度。首先考虑用残差平方和(SSR)作为衡量拟合优度的标准。因为 $\text{SSR} = \sum \varepsilon_t^2$,残差平方和事实上度量了均值模型的离差平方。并且,由于 $e_t = \nu_t(h_t)^{\frac{1}{2}}$,因此 GARCH 模型上的信息是由 ν_t 序列给出的。与使用 SSR 相反,在一个 GARCH 模型中,一个合理衡量拟合优度的方法是序列 $\{\nu_t\}$ 平方的求和。

$$\text{SSR}' = \sum_{t=1}^{T}\nu_t^2 \tag{8.36}$$

鉴于 $\varepsilon_t = \nu_t(h_t)^{\frac{1}{2}}$,SSR′同样可以写为

$$\text{SSR}' = \sum_{t=1}^{T}\left(\frac{\varepsilon_t^2}{h_t}\right) \tag{8.37}$$

问题在于 SSR′是对于误差平方的度量,它与拟合的条件方差值有关。当 h_t 的拟合值接近 ε_t^2,那么 SSR′将会很小,因此我们可以选择出满足 SSR′的值最小的模型。解决这个问题的另一种方法是让我们认识到 $\frac{\varepsilon_t}{h_t^{0.5}}$ 是 ε_t 的标准残差除以它的标准差。因此,SSR′是对标准残差平方和的度量。

另一种测量拟合优度的方法非常简单,就是使似然函数最大化。误差过程呈正态分布,

① MCLEOD A I, LI W K. Diagnostic checking ARMA time series models using squared-residual autocorrelations[J]. Journal of time series analysis,1983,4(4):269-273.

则使似然函数对数最大化的值写为

$$2\ln L = -\sum_{t=1}^{T}\left[\ln(h_t) + \frac{\varepsilon_t^2}{h_t}\right] - T\ln(2\pi) = -\sum_{t=1}^{T}\left[\ln(h_t) + \nu_t^2\right] - T\ln(2\pi) \quad (8.38)$$

其中,L 为对数似然函数的最大值。

因此,拥有较大 L 值的模型往往拥有一个比较小的 h_t 和(或)SSR′。注意,L 不能防范引入额外参数所带来的不利后果。

(3)模型合理性的诊断性检验

估计出的 GARCH 模型除了拟合优度良好,还应该能够捕获均值模型和方差模型的所有动态特征。估计出的残差应该呈现序列不相关,并且不应该表现出任何残留的条件波动。如上文指出,通过标准化残差,我们可以通过检验来确保模型已经能够捕获这些特征。为了获得序列 $\{\nu_t\}$ 的估计值,用 $\hat{\varepsilon}_t$ 除以 $\hat{h}_t^{\frac{1}{2}}$。由于 ε_t 是均值为 0,方差为 h_t 的序列,所以,可以把 $\nu_t = \dfrac{\varepsilon_t}{(h_t)^{\frac{1}{2}}}$ 看作 ε_t 标准化后的序列。其获得的序列 s_t 均值应该为零,方差恒等于 1。

只要序列 $\{s_t\}$ 呈现与序列相关,则均值模型就是不恰当的。为了检验均值模型是合理的,构造序列 $\{s_t\}$ 的 Ljung-Box Q 统计量,并且不能拒绝各个 Q 统计量都等于零的原假设。

为了检验 GARCH 的残留条件波动,构造标准化残差平方(即 s_t^2)的 Ljung-Box 的 Q 统计量。实质上,s_t^2 是 $\dfrac{\varepsilon_t^2}{h_t} = \nu_t^2$ 的估计值,因此,序列 s_t^2 的特征应该与 ν_t^2 过程相似。如果 GARCH 不存在残留的条件波动,就不能拒绝 Q 统计量的样本值都等于零的原假设,否则就存在残留的条件波动。如果假设正常,就应该进行检查以确定估计的 $\{\nu_t\}$ 序列是真的服从正态分布。

一旦获得满意的模型,我们就可以预测 y_t 的未来值及其条件方差。此外,还可以用条件标准离差在预测值的周围形成置信区间带。由于 $E_t \varepsilon_{t+1}^2 = h_{t+1}$,所以,可以用下式构造两个标准离差的预测值的置信区间。

$$E_t y_{t+1} \pm 2(h_{t+1})^{0.5} \quad (8.39)$$

这个结果具有普遍性,由于任何 GARCH 过程的均值都为零,所以,最优提前预测 j 步预测 y_{t+j} 并不依赖于 GARCH 误差的存在,但是,围绕预测的置信区间的大小却依赖于条件波动。显然,在条件波动较大的时期(即当 h_{t+1} 较大时),预测误差方差也较大。简单地说,在条件波动较大的时期,我们不能对自己的预测那么自信。

(4)预测条件方差

我们很容易得到条件方差的提前 1 步预测。如果将 h_t 递推 1 期,得到

$$h_{t+1} = \alpha_0 + \alpha_1 \varepsilon_t^2 + \beta_1 h_t \quad (8.40)$$

由于在 t 期,ε_t^2 和 h_t 已知,所以,提前 1 步预测就为 $\alpha_0 + \alpha_1 \varepsilon_t^2 + \beta_1 h_t$,而要得到提前 j 步预测只是稍微复杂一些。首先,因为 $\varepsilon_t^2 = \nu_t^2 h_t$,所以 $\varepsilon_{t+j}^2 = \nu_{t+j}^2 h_{t+j}$,如果递推 j 期,然后取等式两边的条件期望,就会得到

$$E_t \varepsilon_{t+j}^2 = E_t(\nu_{t+j}^2 h_{t+j}) \quad (8.41)$$

由于 ν_{t+j} 独立于 h_{t+j},且 $E_t \nu_{t+j}^2 = 1$,故有

$$E_t \varepsilon_{t+j}^2 = E_t h_{t+j} \quad (8.42)$$

我们可以通过式(8.42)检测 GARCH(1,1)过程的条件方差,将式(8.41)递推 j 期,得到

$$h_{t+j} = \alpha_0 + \alpha_1 \varepsilon_{t+j-1}^2 + \beta_1 h_{t+j-1} \tag{8.43}$$

然后,计算条件期望,得到

$$E_t h_{t+j} = \alpha_0 + \alpha_1 E_t \varepsilon_{t+j-1}^2 + \beta_1 E_t h_{t+j-1} \tag{8.44}$$

如果将这个关系式同式(8.42)联立,容易证明

$$E_t h_{t+j} = \alpha_0 + (\alpha_1 + \beta_1) E_t h_{t+j-1} \tag{8.45}$$

因此,式(8.45)可以被看成是在初始条件为 h_t 时,序列 $E_t h_{t+j}$ 的一阶差分方程。若 h_t 已知,则可用式(8.45)检测出条件方差的所有后续值预测为

$$E_t h_{t+j} = \alpha_0 \left[1 + (\alpha_1 + \beta_1) + (\alpha_1 + \beta_1)^2 + \cdots + (\alpha_1 + \beta_1)^{j-1} \right] + (\alpha_1 + \beta_1)^j h_t \tag{8.46}$$

如果 $\alpha_1 + \beta_1 < 1$,则 h_{t+j} 的条件预测值将收敛于长期均值

$$Eh_t = \frac{\alpha_0}{1 - \alpha_1 - \beta_1} \tag{8.47}$$

3) 何时使用 ARCH 或 GARCH 模型

只有在扰动项存在条件异方差时,才需要使用 ARCH 或 GARCH 模型,那么,如何判断扰动项是否存在条件异方差呢? 初步的方法可以画时间序列图,看看是否存在"波动性集聚"。

严格的统计检验包括以下 3 种方法。

(1)方法一

首先,用 OLS 估计原方程"$y_t = x_t^1\beta + \varepsilon_t$",得到残差序列 $\{e_t\}$。其次,用 OLS 估计辅助回归,$e_t^2 = \alpha_0 + \alpha_1 e_{t-1}^2 + \cdots + \alpha_p e_{t-p}^2 + \text{error}_t$,并检验原假设"$H_0 : \alpha_1 = \alpha_2 = \cdots = \alpha_p = 0$"(不存在条件异方差)。Engle[1] 提出进行 LM 检验,其检验统计量为 $TR^2 \xrightarrow{d} \chi^2(p)$,其中 T 为样本容量,R^2 为上述辅助回归的可决系数。如果拒绝 H_0,则认为应使用 ARCH 或 GARCH 模型。

在 Stata 中,此 LM 检验可通过命令"reg"的"后估计命令"(Postestimation Command)"estat archlm"来实现。

(2)方法二

可以对残差平方序列 $\{e_t^2\}$ 进行 Q 检验,检验其序列相关性。如果 $\{e_t^2\}$ 存在自相关,则认为 ε_t 存在条件异方差。

(3)方法三

最直接的方法是,在估计 ARCH 或 GARCH 模型之后,看条件方差方程中的系数(即所有 α 与 γ)是否显著。

8.1.3 ARCH 和 GARCH 模型的 Stata 命令

在实际操作中,经常用到各种软件对时间序列进行 ARCH 与 GARCH 模型的构建,本节列出了在 Stata 软件中可能会用到的基本命令,见表 8.1。

① ENGLE R F. Autoregressive conditional heteroscedasticity with estimates of the variance of United Kingdom inflation[J]. Econometrica:Journal of the econometric society,1982:987-1007.

表 8.1　ARCH 和 GARCH 模型在 Stata 中的基本命令

命令	含义
adf	进行平稳性检验(例如 ADF 检验)
estat imtest,white	LM 检验,用于检验 ARCH 效应的显著性
archlm	进行 LM 检验
varsocy,max(n)	创建 VAR 模型,分别为 1 阶、2 阶⋯⋯n 阶
di "Selected VAR lag order:" r(lag)	显示选择的 VAR 模型滞后阶数
vary,lags(m)	创建 VAR 模型,滞后阶数为 m
predict resid,residuals	获取 VAR 模型残差
arch resid	拟合 ARCH(m)模型,使用 VAR 模型残差

Stata 允许对 ARCH 或 GARCH 的模型设定进行更多的变化,详见"help arch"。

1) 平稳性检验

在进行单位根检验时,可以考虑 3 种情况:不包含任何趋势项和常数项、包含趋势但不包含常数项,以及包含常数项但不包含趋势。这样的比较可以帮助我们确定序列的平稳性特征以及是否存在趋势效应。通常来说,如果序列在所有情况下都拒绝了单位根假设(即序列是平稳的),那么可以进一步考虑建立 ARCH 模型。

. dfuller y

. dfuller y,trend

. dfuller y,drift

其中,"y"是要进行检验的时间序列变量的名称,对于单位根检验,主要关注的是检验统计量和对应的 p 值。检验统计量的值越低,p 值越小,越有利于拒绝原假设(即序列具有单位根,不平稳)。如果 p 值小于显著性水平(例如 0.05),则我们可以拒绝原假设,即序列是平稳的。

对于不考虑趋势和常数项的情况:这种情况下,我们只检验序列是否平稳,不考虑任何趋势或常数项。如果这种情况下的 p 值小于显著性水平,则可能表明序列在没有趋势或常数项的情况下是平稳的。对于考虑趋势项的情况:如果在考虑趋势的情况下 p 值小于显著性水平,这可能表明序列具有单位根,即非平稳。这可能暗示序列存在明显的时间趋势。对于考虑"drift"(常数项但不考虑趋势)的情况,与趋势相比,"drift"模型假设序列具有一个固定的常数项,但不考虑时间趋势。因此,如果"drift"模型的 p 值显著,这可能意味着序列的平稳性不受时间趋势的影响。根据 3 种情况下的单位根检验结果,综合考虑序列的平稳性和可能的时间趋势,你可以得出结论,判断序列是否适合建立 ARCH 模型。如果在所有情况下都拒绝了单位根假设,则可能表明序列是平稳的,可以继续建立 ARCH 模型。否则,可能需要进一步考虑其他建模方法或对序列进行变换以获得平稳性。

2) LM 检验

当进行单位根检验后,下一步通常是进行 LM 检验,以验证序列是否存在 ARCH 效应。首先,我们通过回归分析检验序列的自相关性。这可以通过使用"regress"命令来实现。命令为:

. regress y

在进行 LM 检验之后,我们使用"archlm"命令来检验序列的 ARCH 效应。这一步骤允许我们进一步确认序列是否呈现出异方差性。使用"archlm"命令时,我们可以观察到检验统计量和对应的 p 值。如果 p 值小于显著性水平(例如 0.05),则我们可以拒绝原假设,即存在 ARCH 效应。

. archlm

在分析 LM 检验结果时,我们关注检验统计量和 p 值。较低的检验统计量和小于显著性水平的 p 值可能表明序列存在 ARCH 效应,需要进一步考虑 ARCH 模型的建立。如果 p 值较大,则可能暗示序列不存在 ARCH 效应,可以考虑其他建模方法。综合考虑单位根检验和 LM 检验的结果,我们可以进一步判断序列是否适合建立 ARCH 模型,以及如何进行后续的建模和分析。

3) 模型定阶

在确认序列存在 ARCH 效应后,接下来的一步是确定 VAR 模型的适当滞后阶数。这可以通过进行 VAR 模型的滞后阶数选择来完成。我们使用"varsoc""命令来执行这一步骤,该命令会根据不同的滞后阶数进行模型拟合并评估拟合优度。

. varsoc y,max(n)

在这个命令中,将滞后阶数的最大值设置为 n,这意味着我们将评估从 1 到 n 的所有可能的滞后阶数。"varsoc"命令会输出一系列统计量,帮助我们确定最佳的滞后阶数。

4) VAR 模型的构建与估计

一旦确定了 VAR 模型的适当滞后阶数,我们就可以使用"var"命令来拟合 VAR 模型。我们假设选择了一个滞后阶数为 i 的 VAR 模型。拟合 VAR 模型的命令为

. var y,lags(i)

这个命令将拟合一个滞后阶数为 i 的 VAR 模型,使用"y"作为我们感兴趣的变量。拟合后,可以进一步分析模型的残差、参数估计和模型拟合度等指标,以确保模型的准确性和有效性。一旦模型被拟合,就可以进行进一步的分析,比如模型的预测和解释等。

5) ARCH 模型和 GARCH 模型的构建与估计

ARCH 模型与 GARCH 模型的 Stata 命令的一般形式为

. arch y x [if] [in] [weight] [,options]

其中,"y"是因变量;"x"代表一系列自变量;"[,option]"为可选项,常见的模型选项设定见表 8.2。

(1)ARCH 模型的构建与估计

在确定了适用的时间序列显示出波动聚集性之后,我们可以采用 ARCH 模型来分析和

预测数据的条件异方差。假设选择了一个滞后阶数为 j 的 ARCH 模型。命令为

. arch y x,arch(1/j)

该命令将拟合一个滞后阶数为 j 的 ARCH 模型,使用"y"作为我们分析的变量。通过这个模型,我们可以对波动的持续性进行更深入的研究,并估计各个时期的条件方差。

(2)拟合 GARCH 模型的构建与估计

继续深入分析,若时间序列的波动不仅聚集而且具有长期依赖性,我们可以选择拟合 GARCH 模型。命令为

. arch y x,arch(j)garch(k)

此命令将构建一个自回归阶数为 j,条件方差之后阶数为 k 的 GARCH 模型。拟合 GARCH 模型后,我们可以更精准地捕捉到长期依赖性和波动的动态变化,为投资决策和政策制定提供有力的分析工具。

ARCH 与 GARCH 模型在 Stata 中的常见模型设定见表 8.2。

表 8.2　ARCH 与 GARCH 模型在 Stata 中的常见模型设定

命令形式	代表模型
arch y x1 x2,arch(1/3)	ARCH(3)
arch y x1 x2,arch(1)garch(1)	GARCH(1,1)
arch y x1 x2,ar(1)ma(1)arch(1)garch(1)	带 ARMA(1,1)的 GARCH(1,1)
arch y x1 x2,arch(1)dist(t)	ARCH(1),扰动项服从 t 分布
arch y x1 x2,arch(1)het(z1 z2)	ARCH(1),将 z_1,z_2 加入条件方差方程
arch y x1 x2,arch(1)garch(1)tarch(1)	GARCH(1,1)加上 TARCH(1)
arch y x1 x2,earch(1)egarch(1)	EGARCH(1,1)
arch y x1 x2,arch(1/3)archm	ARCH(3)加上 ARCH-M

8.2　基于 ARCH 和 GARCH 的房地产数据分析应用

8.2.1　房地产价格波动发生机制理论

金德尔伯格曾经对房地产价格泡沫进行定义"一种或一系列资产价格在一个连续过程中的陡然上升。这种价格上升通常跟随着金融危机的预期逆转和价格陡然下降"。回顾房地产价格波动理论,主要根据房地产经济的发展程度,以及房地产从一般的消费品到成为提供保值增值的一项重要资产而逐步发展起来。

1)房地产价格波动内涵

房地产经济的增长与宏观经济的增长一样,并不是一直平稳发展的,也是有波动的。从长期来看,房地产经济的发展呈现出增长的、向上的趋势。这种长期趋势平滑的向前延伸,

而房地产经济的波动则围绕着长期趋势上下起伏。房地产经济波动就是房地产经济总量围绕其长期发展趋势而上下振荡，形成的经济运行状态。如果假定房地产增长趋势值为 Y_i，实际增长值为 Y_t，两个变量值在时间 t 内的差值 $\Delta Y = Y_i - Y_t$，当 $\Delta Y = 0$ 时，房地产增长趋势线与实际增长线重合，房地产增长处于稳定状态；当 $\Delta Y \neq 0$ 时，实际增长值与趋势增长值发生偏离，房地产增长便处于波动状态，见图8.2。

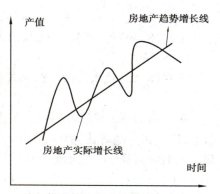

图8.2 房地产经济增长与波动

房地产实际增长线对趋势增长线的有规律的偏离，先后出现从扩张到收缩、反复经历从波峰到波谷这种共同现象，则表明房地产经济波动的周期性特征。房地产波动与房地产周期是既有区别又有联系的两个概念。从总体上看，房地产周期以房地产波动为基本形式，因而必然表现为房地产波动，这种呈现周期性特点的波动就是房地产周期波动但房地产经济波动并不必然全部都呈现出周期特点，除了房地产周期外，还存在其他波动形态如长期趋势、季节波动、随机波动等，因而并不一定都表现为房地产周期。也就是说，房地产周期可以称为房地产周期波动，但房地产波动并不一定表现为房地产周期。

房地产经济受到波动涉及房地产经济的各个层面，包括房地产经济增长率国内生产总值、国内生产总值、国民收入等宏观经济变量中房地产业的产出水平的变动，房地产消费水平、房地产业的就业水平、房地产价格以及房地产业结构等的变动。而房地产价格波动又表现为周期性波动和非周期性的不规则波动。本节主要研究对象为房地产价格不规则波动。

2）房地产价格波动的发生机制

人们很早就已经认识到土地或者房地产的价格只不过是未来租金收入的现值，因此有关房地产的定价模型往往与租金联系在一起。李嘉图认为房地产是一个完全差异化的市场，对于任意特定地段的房地产而言，其供给对于价格完全没有弹性，但是，由于相邻地段的房地产具有一定的替代性，因此特定地段的房地产需求却有很强的价格弹性。

现代单中心模型是在20世纪60年代发展起来的，这一理论继承了李嘉图（David Ricar）的地租理论[①]和冯·屠能（Von Thunen）的空间理论[②]。单中心模型包括以下假设条件：在一个半径为 b 千米的城市中，存在唯一的就业中心或中心商业区（CBD）和 n 个家庭，居民居住在就业中心的周围，单位时间内每千米的交通费用为 k，在一个代表性的家庭中，收入 y 用于交通费用 kd、住房租金 $R(d)$ 和其他消费 x，其中，d 为某一特定住宅至就业中心的距离；住宅的建筑成本为 c，占用土地面积为 q，因此住宅密度为 $1/q$，c 和 q 为常数。根据李嘉图的租金定义，在到达均衡状态时，不同位置住宅租金的变化应该使得典型其他消费 x 相同，记为 x_0。根据以上假设条件，位于就业中心 d 千米处的住宅租金为

$$R(d) = y - kd - x_0 \tag{8.48}$$

位于城市边缘 b 千米处住宅租金由两部分组成，即农用土地租金 $r_0 q$ 和住宅的建筑租金，即

① DAVID R. On the Principles of Political Economy, and Taxation［M］. Forgotten Books. , 1901.

② VON THÜNEN J H. Der isolierte staat［M］. BoD-Books on Demand, 2022.

$$R(b) = raq + c = y - kd - x_0 \tag{8.49}$$

由式（8.49）可以得出典型家庭的其他消费 x_0

$$x_0 = y - kd - raq - c \tag{8.50}$$

将式（8.50）代入式（8.48）可得出距离就业中心 d 处的住宅租金，其中 $d \leqslant b$。

$$R(d) = raq + c + k(b - d) \tag{8.51}$$

从上面的关系可以看出住宅租金包括三部分，即农用土地租金、住宅的建筑租金和位置租金，位置租金随着住宅与就业中心的距离的增加而增加。有住宅租金可以推算出土地租金。土地租金等于住宅租金减去建筑租金，再乘以住宅密度，公式如下

$$R(d) = ra + k(b - d)/q \tag{8.52}$$

在均衡状态下，所有家庭都能够拥有住宅，同时也不存在空置的住宅，这时城市边缘由全部家庭的数量决定，即

$$b = \sqrt{nq/v\pi} \tag{8.53}$$

在一个无限期模型中，假定人口增长的速度为 $2g$，城市边缘 b 增长速度为 g，折现率为 i 且保持不变，则土地的价格为各期土地租金现值之和，表示为

$$P_0(d) = \int_0^\infty \left[r_a + k(b_1 - d)/q \right] \mathrm{e}^{-it} \mathrm{d}t$$

$$= \frac{r_a - \dfrac{kd}{q}}{i} - kb_0/q(i - g) \lim_{T \to \infty}(1 - \mathrm{e}^{-(i-g)T}) \tag{8.54}$$

在 $i > g$ 情况下，土地价格为

$$P_0(d) = r_a/i + k(b_0 - d)qi + kb_0 g/qi(i - g) \tag{8.55}$$

住宅价格等于土地价格除以住宅密度，再加上建筑租金现值之和，表示为

$$P_0(d) = r_a/i + k(b_0 - d)/i + kb_0 g/i(i - g) + c/i \tag{8.56}$$

由以上公式可以看出，土地价格由 3 部分组成，即农用租金的现值、当前位置租金的现值和由于预期对土地需求不断增加而形成的未来位置的现值。实际上，人们如果提高对经济增长率的预期值，会引起房地产价格升高，而价格增长速度会越来越快。由以上公式还可以看出，当预期经济增长率提高到 $g \geqslant I$，土地价格 $p_0(d)$ 与住宅价格 $P_0(d)$ 均趋向于无穷大。

在本文使用的模型中，土地和住宅的价格与租金之比分别为

$$p_0(d)/r_0(d) = 1/i + kb_0 g/qi(i - g)R_0 d$$

和

$$P_0(d)/R_0(d) = 1/i + kb_0 g/i(i - g)R_0(d) \tag{8.57}$$

在预期经济增长率提高时，房地产价格与租金的比值将会上升，这是因为

$$\frac{\partial p_0(d)}{r_0(d)}/\partial g = kb_0/q(i - g)^2 R_0(d) > 0 \tag{8.58}$$

和

$$\frac{\partial P_0(d)}{R_0(d)}/\partial g = kb_0/(i - g)^2 R_0(d) > 0 \tag{8.59}$$

因此，在对经济增长率的预期发生波动时，房地产价格将比租金波动更加剧烈，这也为经验事实所证实。

$$\frac{\partial p_0(d)}{\partial g}/p_0(d) \bigg/ \frac{\partial P_0(d)}{\partial g}/P_0(d) = 1/q \times \frac{P_0(d)}{p_0(d)} = \frac{qp_0(d) + c/i}{qp_0(d)} > 1 \tag{8.60}$$

在经济增长率的预期发生变化时,土地价格和住宅价格的波动幅度并不相同。当预期经济增长率上升时,土地价格的上升速度要高于住宅价格的变动速度;同时,预期经济增长率下降时,土地价格的下降幅度也会更大。这是因为两者的变动幅度之比大于1,中心模型很好地解释了城市发展早期企业的分布。

3) 理性泡沫和非理性泡沫

房地产市场的波动性常常被投资者的预期所影响,这些预期可以分为理性和非理性两种。理性泡沫理论认为,即使资产价格远高于其实际价值,市场行为也可以是基于理性的决策。这种泡沫的存在假设市场参与者期望未来能够以更高的价格将资产卖给其他人。此外,市场的高流动性使得投资者更容易在需要时买卖资产,即使这些资产的价格被高估。理性泡沫还涉及预期管理,投资者可能基于对未来市场行为的预期进行投资,尽管这些预期可能建立在非常脆弱的基础上。例如,在技术革新初期,投资者可能预期某技术将带来巨大的市场变革,因此愿意支付远超当前价值的价格。

相对于理性泡沫,非理性泡沫理论着重于市场行为的非理性因素,如情绪、心理和群体行为的影响。非理性泡沫通常源自投资者对资产的过度乐观,这种乐观并非基于资产的基本面分析,而是基于对未来市场趋势的盲目预测或群体压力。投资者在非理性泡沫中常常忽略或低估风险,投机性购买行为盛行,市场价格的波动主要由心理因素和市场情绪驱动,而非经济基本面。信息不对称和误导信息也是非理性泡沫的常见驱动因素,投资者可能基于不完整或错误的信息作出购买决策。例如,在房地产市场中,广泛的媒体宣传和市场的过度宣传可能导致投资者认为价格只会上涨,从而导致泡沫的形成。在泡沫破裂时,市场调整通常较为剧烈,因为价格的下跌同样受到恐慌性卖出的推动,导致市场快速下滑。

理解这两种泡沫理论对于投资者、经济学家和政策制定者至关重要,它们不仅有助于解释和预测市场行为,而且在制定政策和投资决策时提供了重要的视角。市场的复杂性要求我们认识到,理性和非理性行为往往在市场中交织在一起,对资产价格的波动产生深远的影响。因此,在评估任何市场或资产时,考虑这些因素的综合影响是必不可少的。通过深入分析历史上的市场泡沫案例,如2000年的科技股泡沫和1929年的大萧条前的股市泡沫,我们可以获得对未来市场动态的洞察,从而更好地为可能的市场调整做好准备。

8.2.2　基于 ARCH 分析房地产价格波动风险

采用安居客官网提供的郑州市2014年1月到2020年12月的平均房价信息开展研究,共计120个时间序列数据。数据集为"8_ARCH郑州房价数据.dta"。

1) 平稳性检验

. tsset 时间
. dfuller 环比增长率
运行结果见表8.3。

表 8.3　房地产价格的平稳性检验（无常数、无趋势）

Dickey-Fuller test for unit root	Variable:环比增长率		Number of obs＝83
H0:Random walk without drift,d＝0			Number of lags＝0
	Test Statistic	Dickey-Fuller critical value	
		1%	5%	10%
$Z(t)$	−4.612	−3.534	−2.904	−2.587

MacKinnon approximate p-value for $Z(t)$＝0.000 1.

. dfuller 环比增长率,drift

运行结果见表 8.4。

表 8.4　房地产价格的平稳性检验（有截距）

Dickey-Fuller test for unit root	Variable:环比增长率		Number of obs＝83
H0:Random walk without drift,d＝0			Number of lags＝0
	Test Statistic	Dickey-Fuller critical value	
		1%	5%	10%
$Z(t)$	−4.612	−2.373	−1.664	−1.292

MacKinnon approximate p-value for $Z(t)$＝0.000 1.

. dfuller 环比增长率,trend

运行结果见表 8.5。

表 8.5　房地产价格的平稳性检验（有趋势）

Dickey-Fuller test for unit root	Variable:环比增长率		Number of obs＝83
H0:Random walk without drift,d＝0			Number of lags＝0
	Test Statistic	Dickey-Fuller critical value	
		1%	5%	10%
$Z(t)$	−4.618	−4.077	−3.467	−3.160

MacKinnon approximate p-value for $Z(t)$＝0.001.

　　样本期内房地产价格为平稳的时间序列数据。在采用自回归条件异方差类模型（ARCH）前,有必要检验房地产价格序列的平稳性。如果房地产价格序列的均值或协方差函数随着时间的改变而发生变化,意味着其均值、协方差等统计量在各个时间点的随机规律存在差异,若直接进行建模,可能会导致参数估计或假设检验出现偏差。表 8.3—表 8.5 分别显示了房地产价格单位根检验的结果。在 3 种情况下,Test Stastistic 值均小于不同的显著性水平（1% ,5% ,10% ）下对应的临界值。p 值为 0.000 1 及 0.001,均小于一般显著性水平（例如 0.05）。具体来说,对于趋势项,在考虑趋势的情况下 p 值为 0.001,明显小于显著性水平,这表明序列具有单位根,即非平稳,即序列存在明显的时间趋势。与趋势相比,drift 模型假设序列具有一个固定的常数项,但不考虑时间趋势。通过表 8.4 可发现,drift 模型的 p 值显著,即意味着序列的平稳性不受时间趋势的影响。在不考虑趋势和常数项这种情况下,我们只检验序列是否平稳,不考虑任何趋势或常数项。通过表 8.3 可发现 p 值小于显著性水平,则表明序列在没有趋势或常数项的情况下是平稳的。综上所述,根据 3 种情况下的单位根检验结果,综合考虑序列的平稳性和可能的时间趋势,我们拒绝了原假设,即数据中存在单位根。这意味着时间序列在水平上是平稳的,可以继续建立 ARCH 模型。

2) LM 检验

. regress 环比增长率

运行结果见表 8.6。

表 8.6　regress 输出结果

环比增长率	Coefficient	Std. err.	t	$p>\lvert t \rvert$	[95% conf. interval]	
_cons	0.006 0	0.001 9	3.16	0.002	0.002 2	0.009 9

. archlm

运行结果见表 8.7。

表 8.7　LM 检验

Lags(p)	chi2	df	Prob>chi2
1	4.606	1	0.031 9

由表 8.7 可知,环比增长率的截距系数为 0.006 064,p 值为 0.002,表示截距项在统计上是显著的。在 lag 为 1 的情况下,检验统计量的值为 4.606,自由度为 1,p 值为 0.031 9,根据 p 值,我们可以拒绝原假设,表明残差序列具有异方差性。这个结果支持继续进行 ARCH(Autoregressive Conditional Heteroskedasticity)模型的构建。

3) 模型定阶

表 8.8 显示了自回归模型分别滞后 1 阶、2 阶和 3 阶的估计结果。在这个例子中,滞后阶数为 1 是最优的,因为在这一行中,FPE、AIC、HQIC 和 SBIC 均取得最小值。所以,选择了滞后阶数为 1 的 VAR 模型,建立 $r_t = c + \alpha_1 r_{t-1} + \varepsilon_t$。

. varsoc 环比增长率,max(3)

表 8.8　房地产价格自回归模型滞后阶数的确定

Lag	LL	LR	df	p	FPE	AIC	HQIC	SBIC
0	211.44				0.000 3	−5.196 0	−5.184 2	−5.166 5
1	228.124	33.368 *	1	0	0.000 2 *	−5.583 3 *	−5.559 6 *	−5.524 2 *
2	228.657	1.066 5	1	0.302	0.000 2	−5.571 8	−5.536 2	−5.483 1

续表

Lag	LL	LR	df	p	FPE	AIC	HQIC	SBIC
3	228.813	0.312 7	1	0.576	0.000 2	−5.550 9	−5.503 5	−5.432 7

4)模型构建与估计

根据表 8.9 和表 8.10,VAR(1)模型中的对数似然值为 234.712 8,显示了模型对观测数据的较好拟合。信息准则中,AIC、FPE、HQIC 和 SBIC 均相对较低,表明 VAR(1)模型在模型选择标准下具有较高的优越性。卡方统计量的显著性检验结果(chi2 = 42.272 49,$p<$ 0.001)进一步加强了 VAR(1)模型的可靠性,特别是 Lag 1 的环比增长率系数(0.582 072 4,$p<$ 0.001)在解释房价变动中的显著作用。

ARCH 模型的对数似然值为 234.712 8,反映了其对观测数据的较好拟合。残差方程中,方差项的估计值为 0.000 204 8,显示了模型对异方差性的较好建模效果。

.var 环比增长率,lags(1)

表 8.9　VAR 模型结果

Log likelihood = 234.712 8				AIC = −5.607 5	
FPE = 0.000 214 9				HQIC = −5.584 1	
Det(Sigma_ml) = 0.000 2				SBIC = −5.549 3	
Equation	Parms	RMSE	R-sq	chi2	p>chi2
环比增长率	2	0.014 5	0.337 4	42.272 5	0

表 8.10　ARCH(1)模型拟合结果

环比增长率	Coefficient	Std. err.	z	$p>\lvert z\rvert$	[95% conf. interval]	
L1.	0.582 1	0.089 5	6.50	0	0.406 61	0.757 5
_cons	0.002 6	0.001 7	1.56	0.120	−0.000 7	0.005 8

由以上结果,可以得出

$$r_t = 0.006\ 064 + 0.582\ 072\ 4r_{t-1} + \varepsilon_t \tag{8.61}$$

综上所述,通过对郑州市 2014 年到 2023 年的房地产价格月度环比增长率序列进行 VAR(1)-ARCH 模型的深入分析,我们获得了一系列关键性的发现。VAR(1)模型的成功建立揭示了房价波动中的时间动态关系。Lag 1 的环比增长率系数显著,也表明过去的房价变动对当前房价变动产生了显著影响。引入 ARCH 模型成功捕捉了 VAR(1)模型未能解释的残差异方差性。对异方差性的建模为我们提供了一个更全面的视角,这对于理解房价波动的风险和不确定性至关重要。ARCH 模型的对数似然值和方差项的估计结果进一步印证了其在描述异方差性方面的有效性。

8.2.3 基于 ARCH 的沪金沪银价比分析拓展案例[①]

本案例选取 2013 年 1 月 4 日至 2023 年 8 月 31 日上海期货交易所黄金白银两种商品主力合约日收盘价的比值(以下简称"沪金银价比"),共 2 590 个时间序列数据(series01)。

1) 模型构建

计量经济学中的自回归条件异方差模型(Autoregressive Conditional Heteroskedasticity Model,ARCH),分析时间序列的异方差性,能够较好描述金融产品价格等时间序列的条件方差或变量的波动性,成为预测波动率的良好工具[②]。

本案例用到的 ARCH 模型的方差方程如下

$$\text{var}(\varepsilon_t) = \sigma_t^2 = \alpha_0 + \alpha_1 \varepsilon_{t-1}^2 + \alpha_2 \varepsilon_{t-2}^2 + \cdots + \alpha_q \varepsilon_{t-q}^2 \tag{8.62}$$

2) 平稳性检验

在估计之前,采用 ADF 单位根检验对时间序列数据(series01)进行检验(表 8.11),显示 series01 的一阶差分在 1% 显著性水平上平稳。因此,应建立滞后一阶的回归模型。

表 8.11　时间序列及其一阶差分序列的 ADF 单位根检验

检验对象	t 统计量	伴随概率
series01	−25.783 4	0.152 5
△series01	−47.666 6	0

3) 模型估计

其中,$R^2 = 0.982\ 726$,F-statistic $= 14\ 748.67$(括号内数为 z 值)。对 ARCH(1)进行异方差检验,结果见表 8.12,模型通过检验。

表 8.12　ARCH(1)拟合结果检验

F-statistic	1.219 143	Prob. F(1,2 089)	0.269 8
Obs * R-squared	1.220 0	Prob. Chi-Square(1)	0.269 3

通过 ARCH(1)可以得到条件方差,进而求得时间序列所在期间的波动率为 3 014.74%,可见实证期间的金银价比波动率是相当大的。ARCH(1)模型描述了金银价比波动的集聚性。尽管本案例的时间序列是比率值,但其仍具有一般金融市场波动的特征,即若前一时期金银价比波动变大,那么当期金银价比波动往往也变大,反之亦然。在统计上,金银价比的无条件分布是一个尖峰厚尾的分布。相比其他金融资产价格等的 ARCH(q)模型,金银价比的 ARCH(1)模型比较简洁。

---

① 李轩,牛亮,穆天闻,等.金银期货套利策略研究:基于沪金沪银价比的 ARCH 族模型分析[J].价格理论与实践,2023(10):194-198.

② POON S H,GRANGER C W J. Forecasting volatility in financial markets:A review[J]. Journal of economic literature,2003,41(2):478-539.

8.2.4　基于 GARCH 分析房地产价格波动风险

1) 变量选择与数据准备

构建月均房价数据集,对 2010 年 6 月至 2018 年 12 月深圳市月均房价的月波动率进行 ARCH/GARCH 分析。数据集包括以下变量 rise(以上月为基的深圳市房价月度涨跌幅),month(月份)。数据均来源于 Wind 数据库的月度数据。数据集为"8_GRACH 深圳市月度房价涨幅数据. dta"。

首先,观察日收益率的时间趋势图。

. line rise month

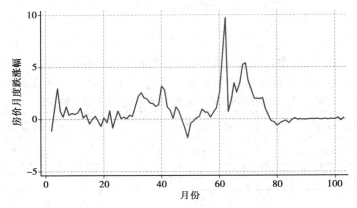

图 8.3　月均房价波动率的时间趋势

从图 8.3 可以明显看出,存在波动性集聚。作为对照,先考虑一个自回归模型。为此,用信息准则来确定自回归模型的阶数。

2) 模型定阶与 LM 检验

将 $AR(p)$ 视为 1 维 $VAR(p)$,则可以使用下述 VAR 系列的命令。

. varsoc rise,maxlag(8)

varsoc 命令结果见表 8.13。

表 8.13　varsoc 命令结果

Lag	LL	LR	df	p	FPE	AIC	HQIC	SBIC
0	−181.637				2.852 0	3.885 9	3.896 8	3.913 0
1	−148.419	66.436 *	1	0.000	1.437 0 *	3.200 4 *	3.222 3 *	3.254 5 *
2	−148.404	0.029 9	1	0.863	1.467 4	3.221 4	3.254 1	3.302 5
3	−146.513	3.781 1	1	0.052	1.439 9	3.202 4	3.246 1	3.310 6
4	−146.513	2.4e−09	1	1.000	1.471 0	3.223 7	3.278 3	3.359 0
5	−146.01	1.007 5	1	0.315	1.486 7	3.234 3	3.299 8	3.396 6

续表

Lag	LL	LR	df	p	FPE	AIC	HQIC	SBIC
6	−145.379	1.260 2	1	0.262	1.498 6	3.242 1	3.318 6	3.431 5
7	−145.294	0.170 0	1	0.680	1.528 2	3.261 6	3.349 0	3.478 0
8	−144.635	1.319 2	1	0.251	1.539 6	3.268 8	3.367 2	3.512 3
∗ optimal lag			Endogenous: rise				Exogenous:_cons	
Lag-order selection criteria			Sample:10 thru 103				Number of obs = 94	

表 8.13 中的 ∗ 号代表最优滞后期数,可以看出大多数准则均选择 AR(1) 模型。因此,用 OLS 估计 AR(1) 模型。

. reg rise L(1/1). rise

reg 回归结果见表 8.14。

表 8.14　reg 回归结果

Source	SS	df	MS		Number of obs = 101
Model	127.821 772	1	127.821 772		F(1,99) = 90.41
Residual	139.971 623	99	1.413 854 78		Prob>F = 0.000 0 R-squared = 0.477 3
Total	267.793 395	100	2.677 933 95		Adj R-squared = 0.472 0 Root MSE = 1.189 1

rise	Coefficient	Std. err.	t	$p>\|t\|$	[95% conf. interval]	
L1.	0.686 2	0.072 2	9.51	0.000	0.543 0	0.829 4
_cons	0.294 3	0.134 9	2.18	0.031	0.026 7	0.561 9

表 8.14 显示,1 阶滞后的系数显著地不为 0。下面,对 OLS 残差是否存在 ARCH 效应进行 LM 检验。

. estat archlm,lags(1/1)

其中,选择项"lags(1/1)"表示检验 1 阶的残差平方滞后项,即 e_{t-1}^2。varsoc 命令结果见表 8.15。(选择项"lags(1/n)"表示检验 1−n 阶的残差平方滞后项。)

表 8.15　varsoc 命令结果

LM test for autoregressive conditional heteroskedasticity(ARCH)			
lags(p)	chi2	df	Prob>chi2
1	31.962	1	0.000 0
H0:no ARCH effects	vs. H1:ARCH(p) disturbance		

表 8.15 显示,对 ARCH(1) 的检验结果表明,结果强烈拒绝"不存在 ARCH 效应"的原假设,即存在显著的 ARCH 效应。

下面,通过画图更直观地考察 OLS 的残差平方是否存在自相关。

. predict e1 , res

. gen e2 = e1^2

画残差平方的自相关图,结果如图 8.4 左图所示。

. ac e2

画残差平方的偏自相关图,结果如图 8.4 右图所示。

. pac e2

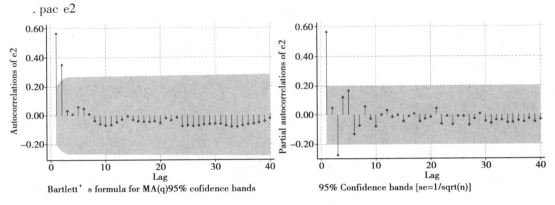

图 8.4 残差平方的自相关图(左)和偏自相关图(右)

. corrgram e2 , lags(10)

corrgram 命令结果见表 8.16。

表 8.16 corrgram 命令结果

LAG	AC	PAC	Q	Prob>Q	−1	0	1	−1	0	1
					\[Autocorrelation\]			\[Partial autocor\]		
1	0.565 1	0.565 6	33.222	0.000 0						
2	0.352 5	0.049 3	46.276	0.000 0						
3	0.031 9	−0.272 7	46.384	0.000 0						
4	0.008 8	0.121 6	46.392	0.000 0						
5	0.060 8	0.165 4	46.793	0.000 0						
6	0.049 5	−0.128 3	47.061	0.000 0						
7	0.010 4	−0.714	47.073	0.000 0						
8	−0.037 0	0.056 6	47.227	0.000 0						
9	−0.059 3	−0.024 9	47.625	0.000 0						
10	−0.068 4	−0.077 8	48.16	0.000 0						

从残差平方的自相关图中可以看出,在第 1、2 个滞后期,自相关系数的值显著高于 0。偏自相关图中,前几个滞后期偏自相关系数显著。

从以上结果可以看出,无论是自相关图、偏自相关图,还是 Q 检验,均显示 OLS 残差之

平方序列 $\{e_t^2\}$ 存在自相关，故扰动项存在条件异方差，即波动性集聚。此结论与 LM 检验的结果一致。为此，考察 ARCH(p) 模型。为确定 p，估计序列 $\{e_t^2\}$ 的自回归阶数。

. varsoc e2

varsoc 命令结果见表8.17。

表8.17　varsoc 命令结果

Lag	LL	LR	df	p	FPE	AIC	HQIC	SBIC
0	−294.141				25.726 2	6.085 4	6.096 1	6.111 9
1	−275.361	37.56	1	0.000	17.830 5	5.718 8	5.740 3	5.771 9 *
2	−275.232	0.257 1	1	0.612	18.154 1	5.736 8	5.769 0	5.816 4
3	−271.411	7.643 5 *	1	0.006	17.128 4 *	5.678 6 *	5.721 5 *	5.784 7
4	−270.684	1.454 3	1	0.228	17.225 9	5.684 2	5.737 9	5.816 9
* optimal lag			Endogenous：e2				Exogenous：_cons	
Lag-order selection criteria			Sample：7 thru 103				Number of obs＝97	

表8.17 显示大多数准则均显著（上表中打星号者），应考虑 ARCH(3) 模型。

3) 模型估计与预测

. arch rise L(1/1). rise, arch(1/3)

arch 命令结果见表8.18。

表8.18　arch 命令结果

	Coefficient	std. err.	z	$p>\|z\|$	[95% conf. interval]	
rise						
L1.	0.777 1	0.020 6	37.69	0.000	0.736 7	0.817 6
_cons	−0.009 8	0.012 3	−0.80	0.423	−0.033 9	0.014 2
arch						
L1.	1.895	0.327 9	5.78	0.000	1.252 5	2.537 8
L2.	0.688 3	0.134 9	5.10	0.000	0.423 9	0.952 7
L3.	−0.032 1	0.062 9	−0.51	0.610	−0.155 4	0.091 1
_cons	0.002 1	0.001 3	1.69	0.091	−0.000 3	0.004 6
ARCH family regression					Number of obs＝101	
Sample：3 thru 103					Wald chi2(1)＝1 420.33	
Log likelihood＝−94.967 63					Prob>chi2＝0.000 0	

表 8.18 的 p 值显示,L1 与 L2 的 ARCH 项均显著。下面估计更为简洁的 GARCH(1,1)模型。

. arch rise L(1/1). rise,arch(1)garch(1)

arch 命令结果见表 8.19。

表 8.19　arch 命令结果

	Coefficient	std. err.	z	$p>|z|$	[95% conf. interval]	
rise						
L1.	0.692 7	0.045 6	15.18	0.000	0.603 3	0.782 3
_cons	−0.000 9	0.025 9	−0.04	0.971	−0.051 8	0.049 9
arch						
L1.	1.105 9	0.282 8	3.91	0.000	0.551 7	1.660 2
garch						
L1.	0.398 7	0.062 7	6.36	0.000	−0.275 7	0.521 7
_cons	0.001 3	0.000 6	2.27	0.023	0.000 2	0.002 5
ARCH family regression					Number of obs=101	
Sample:3 thru 103					Wald chi2(1)=230.35	
Log likelihood=−95.338 38					Prob>chi2=0.000 0	

表 8.19 的 p 值显示,ARCH(1)与 GARCH(1)项均很显著。

在以上的 ARCH、GARCH 估计中,均假设扰动项服从正态分布。但涨跌幅可能存在厚尾。为此,将月涨幅的核密度图与正态分布进行对比。

. kdensity rise,normal lpattern("−")

图 8.5 显示,月度涨幅的核密度图很可能存在厚尾,尤其在分布的右端。

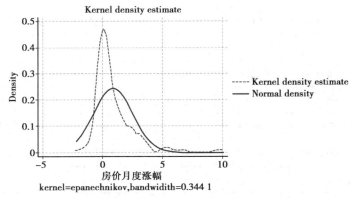

图 8.5　月波动率的核密度与正态密度

下面对扰动项的正态性进行严格的统计检验。

. quietly var rise,lag(1/1)

varnorm 命令用于检验向量自回归中扰动项分布是否符合正态分布。

. varnorm

varnorm 命令结果见表 8.20。

表 8.20   varnorm 命令结果

Test	Equation		chi2	df	Prob>chi2
Jarque-Bera test	rise		478.808	2	0.000 0
	ALL		478.808	2	0.000 0
Skewness test	rise	−0.007 38	0.001	1	0.975 8
	ALL		0.001	1	0.975 8
Kurtosis test	rise	13.667	478.807	1	0.000 0
	ALL		478.807	1	0.000 0

其中,Jarque-Bera 检验与 Skewness 检验均强烈拒绝"扰动项服从正态分布"的原假设,即扰动项并不服从正态分布。为此,假设扰动项服从 t 分布,重新用 GARCH(1,1) 进行估计。

. arch rise L(1/1). rise,arch(1)garch(1)dist(t)

arch 命令结果见表 8.21。

表 8.21   arch 命令结果

	Coefficient	std. err.	z	p>|z|	[95% conf. interval]	
rise						
L1.	0.781 9	0.049 9	15.66	0.000	0.684 0	0.879 8
_cons	−0.003 8	0.010 9	0.34	0.731	−0.017 7	0.025 2
arch						
L1.	1.829 2	1.018 5	1.80	0.072	−0.167 0	3.825 4
garch						
L1.	0.289 5	0.105 0	2.76	0.006	0.083 7	0.495 2
_cons	0.000 9	0.000 9	1.02	0.307	−0.000 8	0.002 6
/lndfm2	0.277 1	0.954 9	0.29	0.772	−1.594 5	2.148 8
df	3.319 3	1.259 9			2.203 0	10.574 1
ARCH family regression				Number of obs = 101		
Sample:3 thru 103				Wald chi2(1) = 245.24		
Log likelihood = −86.759 42				Prob>chi2 = 0.000 0		

最后,对 GARCH(1,1)模型的条件方差进行预测。

. quietly arch rise L(1/1). rise,arch(1)garch(1)

. predict h,variance

画出条件方差的时间趋势,结果如图 8.6 所示。

. line h t

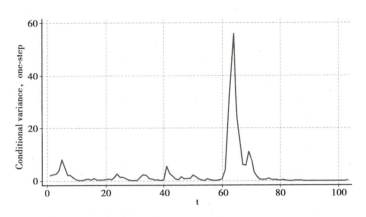

图 8.6　条件方差的时间趋势

图 8.6 显示,月度涨幅的条件方差时有波动,有时甚至急剧上升。如果使用 OLS 估计,则无法得到这些信息(OLS 将方差假定为常数,即一条水平线)。

综上所述,对深圳市 2010 年 6 月至 2018 年 12 月房价的月均波动率序列进行 OLD、ARCH、GARCH 模型的比较分析,可以发现 ARCH 与 GARCH 模型的引入能够捕获 OLS 模型忽视的异方差性,这为模型建立提供了更严谨的准确性。相比 ARCH 模型,GARCH 模型能以较少的滞后项捕捉波动的持久性,模型设立更为简洁与灵活。

8.2.5　基于 DCC-GARCH 的中国房地产与股票市场分析拓展案例[①]

房地产市场与股票市场之间的动态关系历来是受到广泛关注的热点问题。本节基于2005—2017 年中国股票市场和房地产市场数据,运用 DCC-GARCH 模型,重点考察两个市场间关系的动态特征。

本节选择常用的上证综指代表股票市场指数。选择全国房地产开发业综合景气指数(国房景气指数)作为房地产市场指数。该指数是国家统计局研制的一套针对行业发展趋势和变化走势的综合指数,根据经济周期波动理论和景气指数原理编制而成,可以从资金、土地、市场需求以及开发量等角度显示全国房地产业运行状况,采用 8 大类分类综合指标合成计算而得。

1)模型构建

本节运用动态条件相关系数(Dynamic Conditional Correlation)GARCH 模型(简称 DCC-GARCH 模型)估计股票市场和房地产市场之间的动态关系。DCC-GARCH 模型认为多元时

①　蒋彧,陈鹏. 中国股票市场与房地产市场的动态相关性及其驱动因素研究[J]. 上海经济研究,2020,32,(11):92-103.

间序列的波动及其相关性会受到前期信息的影响,相关系数矩阵会随着时间推移发生变化,以此刻画时间序列间相关性的动态特征。

在实证研究中,DCC(1,1)-GARCH(1,1)模型通常能够较好地刻画时间序列间的动态相关系数,具体表述如下:令 $r_{1,t}$ 和 $r_{2,t}(t=1,\cdots,T)$ 分别表示上证综指和国房景气指数在 t 时刻的收益率,假设

$$\begin{cases} r_{1,t} = \mu_{1,t} + a_{1,t} \\ r_{2,t} = \mu_{2,t} + a_{2,t} \end{cases} \tag{8.63}$$

其中,$\mu_{1,t}$ 和 $\mu_{2,t}$ 表示在 t 时刻收益率的均值方程,采用向量自回归(VAR)模型以刻画收益率滞后项对当期收益率的影响,$a_{1,t}$ 和 $a_{2,t}$ 表示在 t 时刻的随机误差项,条件于 t 时刻信息集 Ω_{t-1},其服从均值为 0、协方差矩阵为 $\boldsymbol{H}_t$ 的二元 GED 分布为

$$a_t \mid \Omega_{t-1} = \begin{pmatrix} a_{1,t} \\ a_{2,t} \end{pmatrix} \mid \Omega_{t-1} \sim \mathrm{GED} \left[\begin{pmatrix} 0 \\ 0 \end{pmatrix}, \begin{pmatrix} h_{11,t} & h_{12,t} \\ h_{21,t} & h_{22,t} \end{pmatrix} \right] \tag{8.64}$$

$a_{1,t}$ 和 $a_{2,t}$ 的方差 $h_{11,t}$ 和 $h_{22,t}$ 分别由 GARCH(1,1)描述为

$$\begin{cases} h_{11,t} = \omega_1 + \delta_1 a_{1,t-1}^2 + \theta_1 h_{11,t-1} \\ h_{22,t} = \omega_2 + \delta_2 a_{2,t-1}^2 + \theta_2 h_{22,t-1} \end{cases} \tag{8.65}$$

式中,$\omega_i, \delta_i, \theta_i (i=1,2)$ 是待估系数。

令 $D_t = \mathrm{diag}(\sqrt{h_{11,t}}, \sqrt{h_{22,t}})$,则 $\varepsilon_t = (\varepsilon_{1,t}, \varepsilon_{2,t})' = D_t^{-1} a_t$,式中 $\varepsilon_{1,t}$ 和 $\varepsilon_{2,t}$ 是均值是 0、方差为 1 的标准化误差。

借助 D_t,协方差矩阵 $\boldsymbol{H}_t$ 可以表示为 $\boldsymbol{H}_t = D_t \boldsymbol{R}_t D_t$,其中 $\boldsymbol{R}_t$ 为相关系数矩阵,其动态变化特征由 DCC(1,1)过程描述。

$$\begin{cases} \boldsymbol{R}_t = \mathrm{diag}(Q)^{-1} \boldsymbol{Q}_t \mathrm{diag}(\boldsymbol{Q}_t)^{-1} \\ \boldsymbol{Q}_t = \overline{\boldsymbol{Q}}(1 - \alpha - \beta) + \alpha(\varepsilon_{t-1}\varepsilon_{t-1}') + \beta \boldsymbol{Q}_{t-1} \end{cases} \tag{8.66}$$

式中,α 和 β 是待估系数,满足 $\alpha, \beta > 0$,且 $\alpha + \beta < 1$,$\overline{\boldsymbol{Q}}$ 是 ε_t 的无条件相关系数矩阵。

将 $\boldsymbol{R}_t, \boldsymbol{Q}_t, \overline{\boldsymbol{Q}}$ 表示为

$$\boldsymbol{R}_t = \begin{bmatrix} 1 & \rho_{12,t} \\ \rho_{12,t} & 1 \end{bmatrix}, \boldsymbol{Q}_t = \begin{bmatrix} q_{11,t} & q_{12,t} \\ q_{12,t} & q_{22,t} \end{bmatrix}, \overline{\boldsymbol{Q}} = \begin{bmatrix} 1 & \bar{\rho}_{12} \\ \bar{\rho}_{12} & 1 \end{bmatrix} \tag{8.67}$$

则式(8.66)可以表示为

$$\begin{cases} \rho_{12,t} = q_{12,t} / \sqrt{q_{11,t}q_{22,t}} \\ q_{12,t} = (1 - \alpha - \beta)\bar{\rho}_{12} + \alpha \varepsilon_{1,t-1}\varepsilon_{2,t-1} + \beta q_{12,t-1} \end{cases} \tag{8.68}$$

式中,$\rho_{12,t}$ 是上证综指和国房景气指数收益率 $r_{1,t}$ 和 $r_{2,t}$ 在 t 时刻的相关系数。

运用极大似然法,DCC(1,1)-GARCH(1,1)模型的参数估计可以通过以下两个步骤实现。

①估计单变量 GARCH(1,1)模型,即对式(8.65)中的 $\omega_i, \delta_i, \theta_i(i=1,2)$ 进行估计,进而得到条件方差序列 $h_{11,t}$ 和 $h_{22,t}$ 以及标准化误差序列 $\varepsilon_{1,t}$ 和 $\varepsilon_{2,t}(t=1,\cdots,T)$。

②根据第一步中估计得到的标准化误差序列 $\varepsilon_{1,t}$ 和 $\varepsilon_{2,t}(t=1,\cdots,T)$,对式(8.66)中或式(8.68)中的 α 和 β 进行估计,进而得到动态相关系数矩阵 R_t 和动态相关系数 $\rho_{12,t}(t=1,\cdots,T)$。

2)实证分析

样本的时间范围设定为 2005—2017 年,其中 2005 年为我国实施股权分置改革的起始

年份。该项改革使得股票市场的流通性得到显著提升,资本在不同市场之间流动更加顺畅。本研究中,上证综合指数和实际有效汇率指数的数据来源是 Wind 资讯平台,而国家住房市场景气指数、国内生产总值(GDP)以及货币供应量(M2)的数据则来自国家统计局。5 年期及以上贷款的利率数据获自中国人民银行。用于实证研究的上证综指和国房景气指数收益率为对数收益率,GDP 和 M 增速为环比变化,样本频率为月度,共计 156 个观测值。

表 8.22 给出了上证综指和国房景气指数收益率的描述性统计结果。结果显示,两个序列的标准大于均值,偏度不接近于 0,Jarque-Bera 检验统计量在 1% 的水平下显著,Ljung-Box 在 1% 的水平下显著,ARCH 效应检验统计量在 1% 的水平下显著,表明收益率序列存在波动大、非对称、尖峰厚尾、自相关以及条件异方差等特点。单位根检验显示两个序列不存在单位根,可以进行进一步研究。图 8.7 显示了上证综指和国房景气指数走势。

表 8.22　上证综指和国房景气指数收益率的描述性统计

	均值	标准差	偏度	峰度	JB	LB	ARCH	ADF
上证综指	0.006 2	0.085	−0.649	4.587	27.33***	19.75**	2.87**	−11.02***
国房景气	−0.000 1	0.007	1.106	7.048	138.28***	118.09***	4.60***	−6.06***

注:JB 是 Jarque-Bera 检验统计量,LB 是 Ljung-Box 检验统计量,ARCH 是 ARCH-LM 检验统计量,ADF 是 Augmented Dickey-Fuller 单位根检验统计量。

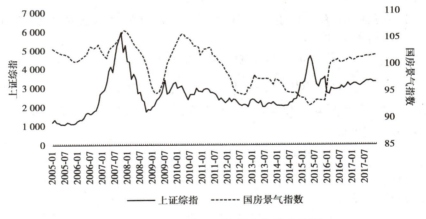

图 8.7　上证综指和国房景气指数走势图

3) 结果分析

表 8.23 报告了 DCC-GARCH 模型的参数估计结果。单变量估计结果表明上证综指收益波动受到条件方差和前期波动的影响,国房景气指数收益波动主要受到条件方差的影响。DCC 估计结果表明:ARCH 项和 GARCH 项前的系数显著为正,说明整体上证综指和国房景气指数收益间的相关系数呈现显著的动态变化特征,相关系数受到前期波动和前期相关系数的显著影响,两个市场间的动态关系存在持续性和集聚效应,其中 GARCH 项的系数较大,说明受到前期波动的影响更大。

表8.23　DCC-GARCH模型估计结果

	上证综指	国房景气	DCC
ARCH项	0.266***	0.801***	0.058***
	(0.105)	(0.282)	(0.014)
GARCH项	0.733***	0.010	0.935***
	(0.061)	(0.080)	(0.011)

图8.8显示了上证综指和国房景气指数收益率的动态相关系数。从整体趋势而言,股票市场和房地产市场间动态关系存在较大的波动,在2014年前,除个别时点外,两者基本呈现正相关关系,说明两个市场的走势较为同步,财富效应、信贷扩张效应以及金融危机冲击是导致2014年前两个市场正相关关系的主要原因。2014年以来,我国经济发展进入"新常态",股票市场和房地产市场的走势开始出现明显的背离,两个市场间的相关系数由正转负,并不断下降。房地产市场的消费属性不断增强,投资属性相对淡化。在"房住不炒"的大背景下,股票市场资金流入房地产市场时受阻,两个市场的财富效应弱化,挤占效应逐渐显现。与此同时,信贷政策趋于偏紧,M2低增速成为常态,信贷扩张效应逐渐弱化。

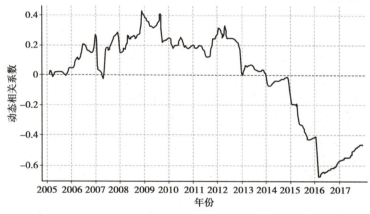

图8.8　上证综指和国房景气指数收益率的动态相关系数

8.3　本章小结

本章详细介绍了ARCH和GARCH模型及其在房地产市场波动风险分析中的应用。首先,讲解了ARCH(自回归条件异方差)和GARCH(广义自回归条件异方差)模型的基本原理,详细讨论了如何构建和检验这些模型,包括参数估计和模型优化。随后,本章探讨了这些模型在捕捉时间序列数据中的波动聚集现象方面的有效性,并介绍了如何通过引入解释变量来扩展基本模型。在实际应用方面,本章展示了ARCH和GARCH模型在房地产价格波动风险分析中的应用,通过实际案例,详细讲解了如何建立模型、进行参数估计和模型检验,并应用于实际数据分析。通过理论与实践相结合的方式,本章不仅帮助读者掌握了ARCH和GARCH模型的基本原理和应用方法,还展示了其在解决实际问题中的具体操作。下一章将探讨房地产市场的空间溢出分析。

习 题

1. 在刻画房地产价格异方差性特征时，ARCH 模型与 GARCH 模型有何异同点？GARCH 模型如何通过引入 ARMA 过程，克服 ARCH 模型在处理长期记忆特性方面的局限？

2. 在为房地产价格数据拟合 ARCH 或 GARCH 模型时，研究者应如何根据信息准则（如AIC、BIC）与显著性检验选择模型的最佳阶数？在何种情形下考虑采用更复杂的数理模型结构？

3. 本章案例显示，房地产价格波动具有波动性聚集现象。请分析为何在建模房地产市场风险时必须考虑这种特性，并阐述 ARCH 或 GARCH 模型在实际房地产波动分析中的作用与效果。

9

房地产市场的空间溢出分析

　　空间计量模型在房地产数据分析领域的广泛应用源于其能够有效考虑地理位置因素对房地产市场的影响。房地产的价格和需求不仅仅受到其自身各方面属性的影响，还受到其地理位置和周边环境的重要影响。空间计量模型出于对空间依赖性的考虑，提供了对房地产市场更深入的分析和预测能力。具体而言，该模型能够分析房产价格或租金与其地理位置之间的关系，并识别是否存在空间自相关现象，即一个地区的房地产价格可能会受到其邻近地区价格的影响。这种分析有助于识别不同区域之间的房地产市场差异，包括供需状况、价格水平和增长趋势，为投资者寻找潜在的投资机会和政府制定区域发展政策提供了重要参考。总体而言，空间计量模型通过考虑房地产数据的空间特性，为房地产市场的分析和预测提供了一种强有力的工具。

　　相较于截面数据的模型，空间面板模型增加了时间维度，使其能够更好地捕捉房地产市场的空间相关性。首先，空间面板模型利用面板数据中存在更多信息和变异性的特性，可以提高估计的效力，使得对房地产市场的预测和决策更加准确可靠。不同地区可能存在固有的特点，如购房偏好，天气因素等，个体固定效应能够将这些因素纳入考虑，减少了模型中的遗漏变量偏误，提高了模型的准确性。其次，房地产市场往往受到季节性、周期性等因素的影响，时间固定效应能够将这些因素纳入模型，使得对趋势的分析更为准确。因此，本章主要关注空间面板模型。

　　本章介绍空间计量模型及其在房地产市场分析中的应用。具体而言：第1节讲解空间权重矩阵、空间自相关检验和面板空间计量模型的原理与方法。第2节通过实际案例，展示空间计量模型在房地产价格空间溢出效应分析中的应用，帮助读者掌握如何利用空间计量模型进行房地产市场的空间分析。

9.1 空间计量模型的原理

9.1.1 空间权重矩阵

地理学第一定律强调了各地经济之间的联系,Tobler[①] 提出"事物间都相互关联,但较近的事物比较远的事物更有关联性"。这一法则被称为地理学第一定律(First Law of Geography)。在这一背景下,空间计量经济学作为计量经济学的一个分支应运而生,其专注于处理不同地理单位之间的空间关联性。这些地理单位可以包括市、省、区域、国家等,具体取决于研究的性质。除研究地理单位之间的关系外,空间计量经济学还用于解释经济主体(如个体、企业或政府)之间通过空间网络相关的行为。

与时间序列模型关注不同时间点观测值的依赖性不同,空间计量经济学更关注观测值在空间上的依赖关系。它使用空间权重矩阵来描述样本中地理单位的空间排列。需要强调的是,空间计量经济学不仅仅是简单地将时间序列计量经济学扩展到二维。明显的区别在于,两个地理单位可以相互影响,而在时间序列模型中两个观测值间则不具有这种互动性。

空间权重矩阵在空间计量分析中的作用是度量区域之间的距离。给定包含 n 个区域的空间数据为 $\{x_i\}_{i=1}^n$,其中,下标 i 表示区域 i,区域 i 与区域 j 之间的距离记为 w_{ij}。这引入了"空间权重矩阵"概念,其定义如下

$$W = \begin{pmatrix} w_{11} & \cdots & w_{1n} \\ \vdots & & \vdots \\ w_{n1} & \cdots & w_{nn} \end{pmatrix} \tag{9.1}$$

空间权重矩阵 W 是对称矩阵,主对角线上元素为 0(表示同一区域的距离为 0)。而最常用的距离函数是"相邻"关系,即如果区域 i 与区域 j 有共同的边界,则 $w_{ij}=1$。相邻关系包括车相邻、象相邻和后相邻。车相邻表示两个区域有共同的边,象相邻表示两个区域有共同的顶点但没有共同的边,后相邻表示两个区域有共同的边或顶点。

在实践中,对空间权重矩阵进行行标准化(Row Standardization),即将矩阵中每个元素除以所在行元素之和,将得到行随机矩阵(Row-Stochastic Matrix)。行标准化后的矩阵 W 在计算中可得到每个区域受邻居影响的平均值,这称为空间滞后(Spatial Lag)。然而,行标准化后的矩阵可能不再是对称矩阵,且由于每行元素之和均为 1,这意味着区域 i 受邻居影响之和与任意区域 j 受其邻居影响之和相等,这一假设可能显得过于严格,这些是行标准化方法的局限性。其他定义相邻关系的方法包括基于区域间距离的定义和直接以距离的倒数作为空间权重的定义。这些方法在实际应用中允许更灵活的空间关系定义。

---

① TOBLER W R. A computer movie simulating urban growth in the Detroit region [J]. Economic geography, 1970, 46 (sup1):234-240.

9.1.2　空间自相关的检验

在考虑是否应用空间计量方法时,首先需要检查数据是否表现出空间依赖性。如果不存在空间依赖性,则可以采用标准计量方法;然而,若存在空间依赖性,则考虑使用空间计量方法。与时间序列(Time Series)相比,空间数据有时被称为空间序列(Spatial Series),因为它体现了在空间上分布的随机过程。时间序列具有一个重要的特征,即可能存在时间自相关,尤其是一阶自相关。空间序列的自相关情况更为复杂,因为它不仅可以在时间上相互关联(过去影响现在,但现在无法影响过去),还可以在空间上相互关联。空间自相关(Spatial Auto-Correlation)表示相邻区域具有相似的变量取值。正空间自相关意味着高值与高值聚集在一起,低值与低值聚集在一起;而负空间自相关则表示高值与低值相邻,这相对较少见。如果高值和低值以完全随机的方式分布,则不存在空间自相关。文献中提出了多种度量空间自相关的方法。其中,最为流行的方法之一是莫兰指数(Moran's I),由 Moran 于 1950 年提出。该指数用于衡量空间序列中相邻区域之间的自相关关系。莫兰指数用于检验全局空间自相关,其取值介于$-1 \sim 1$。正值表示正空间自相关,负值表示负空间自相关,而接近零则意味着空间分布是随机的。莫兰检验的原假设为模型中不存在空间自相关,备择假设为模型中存在(正或负)空间自相关。

$$I = \frac{\sum_{i=1}^{n} \sum_{j=1}^{n} w_{ij}(x_i - \bar{x})(x_j - \bar{x})}{S^2 \sum_{i=1}^{n} \sum_{j=1}^{n} w_{ij}} \tag{9.2}$$

式中,$S^2 = \dfrac{\sum_{i=1}^{n}(x_i - \bar{x})^2}{n}$ 是样本方差。w_{ij} 是空间权重矩阵。$\sum_{i=1}^{n} \sum_{j=1}^{n} w_{ij}$ 是所有空间权重之和。标准化后的莫兰指数遵循渐近标准正态分布,可通过标准正态的临界值进行检验。最后需要注意两个问题:其一,莫兰指数的结果依赖于空间权重矩阵 W 的设定;其二,莫兰指数隐含着观测值的期望值为常数,不存在趋势的假设,因此在存在趋势时可能导致检验结果出现偏差。

以上莫兰指数为"全局莫兰指数",因为它考察整个空间序列的集聚情况。若要了解某一特定区域的集聚情况,可使用"局部莫兰指数"。局部莫兰指数的正负值表示该区域的高(低)值是否被周围高(低)值所包围。

$$I_i = \frac{(x_i - \bar{x})}{S^2} \sum_{j=1}^{n} w_{ij}(x_j - \bar{x}) \tag{9.3}$$

9.1.3　面板空间计量模型的建模和检验

1)模型构建

面板空间计量模型涵盖了多种形式,包括空间杜宾模型(SDM),空间自回归模型(SAR),以及空间误差模型(SEM)等。一般面板空间计量如下所示:

$$\begin{cases} y_{it} = \rho w_i^T y_t + x_{it}^T \beta + d_i^T X_t \theta + u_i + \gamma_t + \varepsilon_{it} \\ \varepsilon_{it} = \lambda m_i^T \varepsilon_t + v_{it} \end{cases}$$

(9.4)

式中, y_{it} 是被解释变量; $d_i^T X_t \delta$ 是解释变量的空间滞后; d_i^T 是相应空间权重矩阵的第 i 行; u_i 是个体固定效应; γ_t 是时间固定效应; m_i^T 是相应空间权重矩阵的第 i 行。

如果 $\lambda = 0$,则模型为"空间杜宾模型"(SDM),如果 $\lambda = 0, \theta = 0$ 则为"空间自回归模型"(SAR);如果 $\rho = 0, \theta = 0$,则为"空间误差模型"(SEM)。不同面板空间依赖模型之间的关系如图 9.1 所示,为了选择最适用于特定数据的模型,需要进行一系列的检验进行验证。

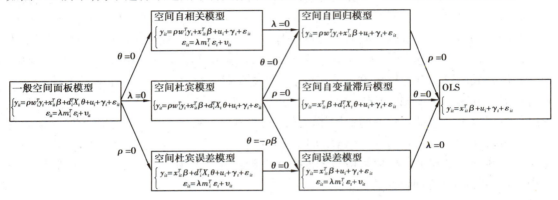

图 9.1　不同面板空间依赖模型之间的关系

2) 模型检验

为了验证模型中是否存在被解释变量的空间滞后项 $\rho w_i^T y_t$ 与空间自相关误差项 $\lambda m_i^T \varepsilon_t$,Burridge[1] 和 Anselin[2] 提出了拉格朗日乘子(LM)检验法,在此基础上 Anselin 等人[3]进一步提出了稳健的 LM 检验,主要用于探究在局部存在空间自相关误差项时检验是否存在被解释变量的空间滞后项,以及在局部存在被解释变量的空间滞后项时检验是否存在空间自相关误差项。这些检验在实证研究中得到广泛应用。随着空间计量的发展,Anselin 等人[4]与 Elhorst[5] 分别将传统 LM 检验与稳健 LM 检验推广到空间面板模型。传统和稳健的 LM 检验都基于带有(或没有)空间固定效应和(或)时间固定效应的非空间模型的残差,因此在进行 LM 检验前需要对模型使用何种固定效应进行确认,可以使用 LR 检验与 F 检验对固定效应进行选择。LM 检验服从自由度为 1 的卡方分布。LM 空间滞后检验的原假设为模型中没有被解释变量的空间滞后项,备择假设为模型中存在被解释变量的空间滞后项。LM 空间误差检验的原假设为模型中没有空间自相关误差项,备择假设为模型中存在空间自相关误差项。

① BURRIDGE P. On the Cliff-Ord test for spatial correlation[J]. Journal of the Royal Statistical Society: Series B(Methodological),1980,42(1):107-108.

② ANSELIN L. Spatial econometrics: methods and models[M],1988.

③ ANSELIN L,BERA A K,FLORAX R,et al. Simple diagnostic tests for spatial dependence[J]. Regional science and urban economics,1996,26(1):77-104.

④ ANSELIN L,LE GALLO J. Interpolation of air quality measures in hedonic house price models: spatial aspects[J]. Spatial Economic Analysis,2006,1(1):31-52.

⑤ ELHORST J P. Dynamic panels with endogenous interaction effects when T is small[J]. Regional Science and Urban Economics,2010,40(5):272-282.

在完成 LM 检验后需进一步进行退化检验,似然比(LR)与 Wald 检验都是常用的方法。检验过程包括两个方面,即对空间滞后模型和空间误差模型的退化检验。首先,通过原假设为空间杜宾模型能简化为空间滞后的模型($\theta=0$)以及备择假设为空间杜宾模型不能简化为空间滞后的模型($\theta\neq0$)的 LR/Wald 检验,我们可以确定空间杜宾模型是否能够简化空间滞后的模型。其次,通过原假设为空间杜宾模型能够简化为空间误差模型($\theta+\rho\beta=0$)以及备择假设为空间杜宾模型不能够简化为空间误差模型($\theta+\rho\beta\neq0$)的 LR/Wald 检验,我们可以确定空间杜宾模型是否能够简化为空间误差的模型。如果拒绝了退化检验的两个假设,则可以认为使用空间杜宾模型能够最好地拟合数据。反之,如果拒绝了第一个原假设且 LM 检验支持采用空间滞后模型,那么空间滞后模型可能更适用;同理,如果拒绝了第二个原假设且 LM 检验支持采用空间误差模型,那么空间误差模型可能更适用。建议读者考虑使用空间杜宾模型,该模型能够把空间滞后模型与空间误差模型包括进来进行一般化。最后是 Hausman 检验,其原假设是随机效应与固定效应结果无明显差异,备择假设为随机效应与固定效应结果有明显差异。若拒绝原假设则使用固定效应模型。

空间计量文献通常可以划分为两大类。一类采用从具体到一般的方法,另一类采用从一般到具体的方法。在前文提到的检验中,这两种方法被融合在一起。首先,对非空间模型进行 LM 检验探究是否需要采用空间滞后模型或空间误差模型,这属于从具体到一般的方法。在拒绝了非空间模型的情况下,接下来通过估计空间杜宾模型来检验其是否能够退化为空间滞后模型或空间误差模型,这则是从一般到具体的方法。图 9.2 为空间计量模型建模与检验的流程图。

表 9.1 详细列出了几种常见统计检验的原假设和备择假设。这些检验用于面板空间计量建模的合理性检验。

(1)莫兰检验

莫兰检验用于检测模型中是否存在空间自相关。原假设为模型中不存在空间自相关,备择假设为模型中存在(正或负)空间自相关。

(2)固定效应(LR)检验

固定效应(LR)检验用于判断模型中是否存在个体或时间固定效应。原假设为模型存在个体/时间固定效应,备择假设为模型不存在个体/时间固定效应。

(3)LM_lag 检验

LM_lag 检验用于检测模型中是否存在被解释变量的空间滞后项。原假设为模型中没有被解释变量的空间滞后项,备择假设为模型中存在被解释变量的空间滞后项。

(4)LM_error 检验

LM_error 检验用于检测模型中是否存在空间自相关误差项。原假设为模型中没有空间自相关误差项,备择假设为模型中存在空间自相关误差项。

(5)LR/Wald_lag 检验

LR/Wald_lag 检验用于判断空间杜宾模型是否可以简化为空间滞后模型。原假设为空间杜宾模型能简化为空间滞后模型,备择假设为空间杜宾模型不能简化为空间滞后模型。

(6)LR/Wald_error 检验

LR/Wald_error 检验用于判断空间杜宾模型是否可以简化为空间误差模型。原假设为空间杜宾模型能简化为空间误差模型,备择假设为空间杜宾模型不能简化为空间误差模型。

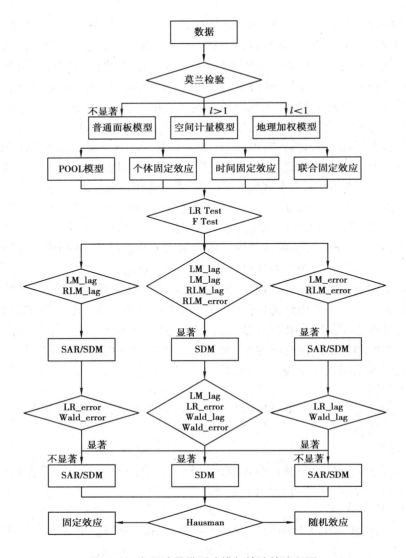

图 9.2　空间计量模型建模与检验的流程图

（7）Hausman 检验

Hausman 检验用于比较随机效应和固定效应模型。原假设为随机效应与固定效应结果无明显差异,备择假设为随机效应与固定效应结果有明显差异。

表 9.1　检验的原假设,备择假设汇总表

检验名称	原假设	备择假设
莫兰检验	模型中不存在空间自相关	模型中存在(正或负)空间自相关
固定效应检验	模型存在个体/时间固定效应	模型不存在个体/时间固定效应
LM_lag 检验	模型中没有被解释变量的空间滞后项	模型中存在被解释变量的空间滞后项
LM_error 检验	模型中没有空间自相关误差项	模型中存在空间自相关误差项

续表

检验名称	原假设	备择假设
LR/Wald_lag 检验	空间杜宾模型能简化为空间滞后的模型	空间杜宾模型不能简化为空间滞后的模型
LR/Wald_error 检验	空间杜宾模型能简化为空间误差模型	空间杜宾模型不能简化为空间滞后模型
Hausman 检验	随机效应与固定效应结果无明显差异	随机效应与固定效应结果有明显差异

9.1.4　空间计量模型的 Stata 命令

在实际操作中,经常用到各种软件对面板数据进行空间计量建模,本节列出了在 Stata 软件中进行空间计量建模的基本命令,见表9.2。

表9.2　空间计量建模在 Stata 中的基本命令

命令	含义
spwmatrix import using matrix. gal, wname(W)rowstand	导入空间权重矩阵"matrix. gal"并且命名为"W"
regress Y X	非空间计量建模,"Y"表示被解释变量,"X"表示解释变量,可以使用"i. year"或"i. index"进行时间/个体固定效应的控制
spatgsa e,weights(W)moran	计算莫兰指数,对"e"进行计算,并使用名称为"W"的空间权重矩阵
xsmle Y X, fe model(sdm/sem/sar) wmat(W)nolog noeffects type(both/ind/time)	空间计量建模,"fe"表示使用固定效应,"wmat(W)"表示使用矩阵名称为"W"的空间权重矩阵,"type(both)"表示双固定效应,还可以选择"ind"个体固定效应,"time"时间固定效应
hausman fe re	豪斯曼检验 "fe"表示固定效应结果,"re"表示随机效应结果

1)安装命令

首先使用以下代码安装所需的第三方包。

. ssc install xsmle

. ssc install spwmatrix

. findit spatgsa

2)导入面板数据

接着使用以下代码导入面板数据,并设置数据为面板格式。

. clear all

. import excel using " ",firstrow clear

. xtset index year,y

3) 残差莫兰检验

在进行空间回归分析前,我们需要检验模型的残差是否存在空间自相关,残差莫兰指数用于检验回归后残差的空间自相关性,其值为-1 ~ 1,接近 0 表示无空间自相关。由于 Stata 无法对面板数据进行残差莫兰检验,因此需要将数据拆分为截面数据进行计算。

载入矩阵". gal rowstand"表示行标准化。

. spwmatrix import using XXX. gal,wname(W)rowstand

截面回归。

. reg Y X

保存残差。

. predict e,res

全局空间自相关系数计算。

. spatgsa e,weights(W)moran

4) 基准回归

在空间计量模型的建模中,我们要建立基准回归模型。首先,基准回归模型提供了一个基础框架,用于比较和评估更复杂模型(如空间计量模型)的表现,通过基准模型的结果可以判断引入空间依赖性或其他复杂因素是否显著提高了模型的解释力和拟合度。其中基准回归中有四种不同的固定效应,需要使用 LR 检验进行判断哪个是最适合的。

pool 回归"vce(robust)"表示使用聚类稳健标准误差,用于处理模型可能存在的异方差。

. eststo:reg Y X,vce(robust)

个体固定效应,fe 表示个体固定效应。

. eststo:xtreg Y X,fe vce(robust)

时点固定效应,i. year 表示时间固定效应。

. eststo:xtreg Y X i. year,vce(robust)

双固定效应。

. eststo:xtreg Y X i. year,fe vce(robust)

格式化输出。

. esttab

5) LR 检验

使用 LR(似然比)检验来判断使用何种固定效应模型,其可以用来检验固定效应是否显著,从而决定个体或时间效应在模型中是否不可忽视。通过这种方法可以选择最适合的固定效应。

. reg Y X

. estimates store POOL1F

. gen rss_r＝e(rss)

调用 Pool 回归的残差平方和。

. display rss_r

. gen ll_r＝e(ll)

调用 Pool 回归的对数似然函数值。

. display ll_r

这里用"i. index"表示个体固定效应,用"i. year"表示时间固定效应。

. reg Y X i. index

. estimates store FE1F

. gen rss_u1 = e(rss)

调用残差平方和。

. di rss_u1

. gen ll_u1 = e(ll)

调用对数似然值。

. di ll_u1

LR 检验。

. gen LR1 = −2 * (ll_r−ll_u1)

LR 检验值。

. display LR1

个体卡方分布临界值。

. di invchi2tail(N,0. 05)

时间卡方分布临界值。

. di invchi2tail(T,0. 05)

6) LM 检验

在空间计量模型中,进行 LM(Lagrange Multiplier)检验的主要原因是为了检测模型中是否存在空间相关性。这有助于确保所选择的模型能够正确捕捉数据中的空间依赖性,从而提高模型的准确性和解释力。Stata 命令及步骤如下所示。

导入空间权重矩阵文件。

. spwmatrix import using digital30. gal,wname(W)rowstand

查看导入的权重矩阵。

. mat list W

将权重矩阵保存为数据集。

. use W,clear

将交叉面数据扩展为面板数据。

包含所有省份变量,并设置时间维度。

. spcs2xt XXX matrix(X)time(X)

导入案例数据。

. import excel using " XXX ",firstrow clear

设置面板数据。

. xtset index year,y

进行普通回归。

. reg Y X

导入扩展后的空间权重矩阵。

. spatwmat using Wxt , name(Wxt)

进行 LM 检验。

. spatdiag , weights(Wxt)

然而,现阶段 Stata 无法对带有固定效应的模型进行 LM 检验,而这会导致检验的模型与实际使用的模型不一致的问题,使得检验失效。本教材建议使用 Matlab 进行 LM 检验,后续实验部分也将使用 Matlab 做 LM 检验。Matlab 命令及步骤如下

. clear ; clc ;

. A = csvread('XXX' , 1 , 0);

. w1 = csvread('XXX');

. T = X ;

. N = X ;

. W = normw(w1);

. y = A(: , x);

. x = A(: , [x , x]);

这里代表了不同的固定效应,model = 1 表示个体固定效应,model = 2 表示时间固定效应,model = 3 表示双固定效应。

. model = 3 ;

方程两边减去均值保证 ols 无偏估计。

. [ywith , xwith , meanny , meannx , meanty , meantx] = demean(y , x , N , T , model);

results = ols(ywith , xwith);

. vnames = char(XXX);

. prt_reg(results , vnames , 1);

. LMsarsem_panel(results , W , y , x);

7) Wald 检验

接下来我们需要进一步进行 Wald 检验来判断是否会出现模型退化现象。Wald 检验能够帮助我们确定 SDM/SEM 模型是否过于复杂,通过 Wald 检验,我们可以对模型的有效性和解释能力进行进一步的提升。

. spwmatrix import using X. gal , wname(W) rowstand

. xsmle Y X , fe model(sdm) wmat(W) nolog noeffects type(both)

Wald Test for SAR。

. test [Wx] X = [Wx] X = 0

Wald Test for SEM。

. testnl([Wx] X = − [Spatial] rho * [Main] X)([Wx] X = − [Spatial] rho * [Main] X)

8) Hausman 检验

使用 Hausman 检验的主要目的是在固定效应模型和随机效应模型之间做出选择,以确保选择的模型更适合研究数据的结构和特性。

随机效应。

. xtreg Y X , re

. est store re

固定效应。

. xtreg Y X i. year,fe

. est store fe

Hausman 检验。

. hausman fe re,sigmamore

9)空间计量建模

. eststo:xsmle Y X,fe model(sdm)wmat(W1)nolog effects type(both)

在进行空间计量建模时,我们以双固定 SDM 模型为例。"type(both)"表示我们同时考虑了个体效应和时间效应,这意味着模型会控制个体和地区的固定特征,从而减少模型中的遗漏变量偏误,提高模型的准确性和可信度;"Model"指的是所用的空间计量模型,这里以 SDM 为例;"Effects"指的是效应分解,其可以将效应分解为总效应、直接效应与间接效应,以便更清楚地理解不同因素对结果的影响。

9.2 基于空间计量模型的房地产数据分析应用

9.2.1 房地产价格空间溢出机制理论

1)房价空间溢出的涓流效应与虹吸效应

房价溢出效应是房地产经济学中一个重要的概念,它描述了区域之间房价的传导和联系。在区域经济增长理论中,涓流效应和虹吸效应这两个概念与房价的溢出效应密切相关,由此出发可以帮助我们更好地理解房价溢出效应的内在机制。在区域经济增长理论中,涓流效应指的是经济发达区域的发展会对周边区域产生正面的辐射和带动作用。具体来说,核心区域的经济发展会对周边区域形成正面积极的影响,如带来就业机会增加、促进技术向外围区域的传播、带动投资水平的提高等。虹吸效应则指的是核心区域的发展会对周边区域形成负面影响。发达区域的快速发展可能会过度吸引周边区域的资本和人口等生产要素向核心区域流入,导致周边区域资源和人口流失;核心区域的产业发展也可能挤占周边区域的市场份额等。这些都是虹吸效应的负面表现。

房价溢出的涓流效应指的是房价上涨会从较发达区域向邻近较不发达区域传导的现象。当一个区域的房价上涨时,由于资本和人口流动等原因,会使得周边区域的房价也受到正向影响而上涨。举例来说,如果北京和上海等大区域的房价出现明显上涨,其周边区域如天津、南京、杭州等区域也会出现不同程度的房价上涨。这种区域间的正向联系,可以促进周边区域房价的增长,从而缩小区域之间房价水平的差距。如果没有房价的溢出效应,原先房价水平差异较大的区域之间的差距会持续存在或进一步扩大。涓流效应的存在,可以带动较不发达区域房价的增长,推动区域房价的趋同。虹吸效应则相反,其是指当一个区域的房价上涨时,由于资本和人口的流动,会导致周边较不发达区域的房地产资金被吸引和转移至上涨区域,从而推动其房价上升的现象。虹吸效应更加强调资金和资源的集中流动。以成都为例,如果成都的房价显著上涨,由于其区域的经济活力和吸引力,周边较不发达的区域,可能会经历房地产资金的外流。投资者和购房者可能会将资金转移到成都,以追逐更高的房产价值和投资回报率。这种流动不仅限于个体购房者,还包括开发商、投资机构等房地产相关的主体。虹吸效应的存在将导致成都区域的房价上升,同时周边区域的房价可能会受到影响而下降。这种现象会加剧区域间的房价差距,使得相对富裕区域更加繁荣,而相对贫困区域则可能陷入房地产资金外流的困境。不论是涓流还是虹吸效应的发生,都可能会对于周边区域的房地产市场和经济发展都产生深远的影响。

2) 不完全信息与非理性因素

在考察房价的空间溢出时,必须明确房地产市场的特殊性。房地产资产交易频率低、单位价值高,导致市场波动具有显著的滞后性和路径依赖性。此外,开发商和中介机构的生产调整需要时间,个体之间匹配房源和需求的搜索成本较大,这都会延缓房价对信息的反应,使房价动态具有明显的黏性。在不完全信息框架下,个体获取的信息存在局限,难以准确判断市场状态。即使处于市场重要节点的决策者,其获取的信息也不可避免地存在局限性。信息的不完全性可能导致区域间房价出现关联,因为个体只能根据有限信息个别作出决策,再通过市场行为体现出来。个体在面对不确定性时,更多关注本地和相邻区域的历史价格,强化了局部区域内的房价相关性。

此外,在房价上涨周期,区域之间还会出现通过心理传染效应传播的过度乐观情绪。具体来说,当一个区域房价上涨后,购房者和投资者会产生期望房价会继续上涨的心理预期。这种预期可以通过观察学习、口口相传等方式快速在周边区域和整个市场中传播,使更多人产生同样的乐观情绪,加速购房和投机性投资的热情。在这种羊群效应的影响下,区域之间的房价会快速齐涨,偏离基本面合理水平。因此对于房地产市场而言,除可观察因素之外,区域之间还存在着微观中难以观察的效应。正确识别和评估这种效应,对于科学判断市场风险和制定监管政策具有重要意义。

9.2.2　基于空间杜宾模型分析房地产价格

本章分析中国 30 个省级行政区(西藏数据缺失)的房价部分数据表(9.3),研究期限为 2005 到 2019 年,因变量为商品房平均销售价格,自变量为人均可支配收入与对外贸易依存度。数据采集于国家统计局的《中国统计年鉴》。数据集整理为"9_空间计量模型.dta"。

表 9.3　中国大陆 30 个省级行政区商品房平均销售价格部分数据

province	year	price	open	income
Anhui	2005	2 220.2	0.133 7	4 777
	2006	2 321.89	0.150 2	5 573
	2007	2 664.37	0.150 7	6 724
	2008	2 949	0.142 7	7 893
	2009	3 420	0.098 4	8 683
	2010	4 205	0.119 5	9 955

续表

province	year	price	open	income
Anhui	2011	4 776.1	0.120 3	11 873
	2012	4 824.95	0.113 4	13 593
	2013	5 080	0.117 1	15 154
	2014	5 394	0.117 8	16 796
	2015	5 457	0.111 1	18 363
	2016	5 924	0.103 4	19 998
	2017	6 375	0.116 0	21 863
	2018	7 049.86	0.115 6	23 984
	2019	7 393	0.119 4	26 415
Beijing	2005	6 788.09	0.612 8	16 853
	2006	8 279.51	0.669 7	19 296
	2007	11 553.26	0.598 4	21 458
	2008	12 418	0.558 8	24 371
	2009	13 799	0.461 1	26 571
	2010	17 782	0.500 8	29 228
	2011	16 851.95	0.485 9	33 176
	2012	17 021.63	0.426 9	36 817
	2013	18 553	0.385 5	40 830
	2014	18 833	0.383 5	44 489
	2015	22 633	0.328 7	48 458
	2016	27 497	0.300 5	52 530
	2017	32 140	0.274 8	57 230
	2018	34 142.89	0.254 7	62 361
	2019	35 905	0.218 5	67 756

1）残差莫兰检验

载入矩阵".gal rowstand"表示行标准化。

. spwmatrix import using digital30.gal,wname(W)rowstand

截面回归。

. reg price income open

保存残差。

. predict e1,res

残差莫兰检验。由于目前 stata 无法对面板数据计算莫兰 I,因此需要根据需求将数据拆分为截面数据。可以将以下循环代码在 do 文件中执行。

```
forvalues year = 2005(1)2019 {
    preserve
    keep if year == 'year'
    spatgsa e1,weights(W)moran
    restore
}
```

在进行空间回归分析前,我们要检验模型的残差是否存在空间自相关。残差莫兰指数就是用于检验模型回归后的残差之间是否还存在空间自相关的指标。具体来说,残差莫兰指数的计算公式与普通的莫兰指数相同,只是将原始数据替换为模型拟合后的残差。其取值为−1 ~ 1,接近 0 表示残差之间不存在空间自相关。如果残差莫兰指数显著不同于 0,说明模型存在空间溢出效应,需要考虑在使用空间计量模型,以更好地控制空间效应,否则无空间溢出效应。

表9.4 莫兰结果

年份	莫兰指数
2005	0.126*
2008	0.313***
2011	0.204**
2014	0.228**
2017	0.339***
2019	0.201**

注:t statistics in parentheses $* p<0.05$, $** p<0.01$, $*** p<0.001$

结果显示多年的残差中全局莫兰显著为正,表明在研究居民收入与对外贸易依存度对房价的影响时存在着明显的空间溢出效应。这说明房价的变动不仅受到局部因素影响,还受到相邻地区的影响,因此需要使用空间计量经济学模型来更准确地分析这种复杂的地理关联关系。如果不考虑空间计量模型,则可能会忽视残差自相关的问题,从而影响到模型的准确性和可靠性。

2) 基准回归

先进行 pool 回归。

. eststo:reg price income open,vce(robust)

个体固定效应。

. eststo:xtreg price income open,fe vce(robust)

时点固定效应。

. eststo：xtreg price income open i. year,vce(robust)

然后,进行双固定效应。

. eststo：xtreg price income open i. year,fe vce(robust)

最后,进行格式化输出,结果见表9.5。

. esttab

表9.5　基准回归结果

	Pool 模型	个体固定	时间固定	双固定
income	0.382***	0.304***	0.528***	0.572***
	(17.67)	(8.57)	(6.64)	(5.1)
open	1 139.1***	−2 384	26.94	1 438.4
	(4.13)	(−1.55)	(0.04)	(0.81)
截距	−951.2***	1 483.3	−932.3	−1 787.3
	(−3.64)	(1.72)	(−1.35)	(−1.18)
时间固定	否	否	是	是
个体固定	否	是	否	是
N	450	450	450	450

注：t statistics in parentheses ＊$p<0.05$, ＊＊$p<0.01$,＊＊＊$p<0.001$

此为基准回归结果,我们发现除了 pool 模型,其他固定效应模型中收入与对外贸易依存度均不显著。在不同的固定效应模型中,结果存在差异。面对这种情况,为了确定最适合的模型,需要进行 LR 检验。LR 检验能够帮助我们比较不同模型之间的拟合优度,并确定哪个模型更适合解释收入与对外贸易对房价的影响。

3) LR 检验

. reg price income open

. estimates store POOL1F

. gen rss_r=e(rss)

调用 Pool 回归的残差平方和。

. display rss_r

. gen ll_r=e(ll)

调用 Pool 回归的对数似然函数值。

. display ll_r

用"i. index"表示个体固定效应,用"i. year"表示时间固定效应。

. reg price income open i. index

. estimates store FE1F

. gen rss_u1=e(rss)

调用残差平方和。

. di rss_u1

. gen ll_u1 = e(ll)

调用对数似然值。

. di ll_u1

生成 LR 检验。

. gen LR1 = −2 ∗ (ll_r−ll_u1)

查看 LR 检验值,结果见表9.6。

. display LR1

个体卡方分布临界值。

. di invchi2tail(29 ,0.05)

时间卡方分布临界值。

. di invchi2tail(14 ,0.05)

表9.6　LR 检验结果

固定效应	LR 检验统计量
时间固定效应	164.769***
个体固定效应	460.857***

　　LR 检验结果表明使用双固定效应模型,即固定效应模型同时考虑了个体(地区)固定效应和时间固定效应。这一选择的原因在于,居民收入与对外贸易依存度对房价的影响往往受到多种因素的影响,而固定效应模型能够有效地控制这些固定不变的个体特征和时间趋势,减少了模型中的遗漏变量偏误,并提高了分析的准确性和可靠性。因此,LR 检验结果支持采用双固定效应模型进行研究分析。

4) LM 检验(Matlab)

LM 检验结果见表9.7。

. clear ; clc ;

. A = csvread(' XXX ' ,1 ,0);

. w1 = csvread(' XXX ');

. T = 15;

. N = 30;

. W = normw(w1);

. y = A(: ,4);

. x = A(: ,[8 ,6]);

空间固定效应。

. model = 3;

方程两边减去均值保证 ols 无偏估计。

. [ywith ,xwith ,meanny ,meannx ,meanty ,meantx] = demean(y ,x ,N ,T ,model);

. results = ols(ywith ,xwith);

. vnames = char(' price ' ,' income ' ,' open ');

. prt_reg(results, vnames, 1);

. LMsarsem_panel(results, W, y, x);

表9.7　LM 检验结果

LM 检验	LM 检验统计量
LM test no spatial lag	0.246 6
r LM test no spatial lag	0.143 0
LM test no spatial error	18.783 5***
r LM test no spatial error	18.679 9***

LM 检验结果表明使用 SDM/SEM 模型。接下来,我们需要进行 Wald 检验来判断是否会出现模型退化现象。Wald 检验能够帮助我们确定 SDM/SEM 模型是否过于复杂,通过 Wald 检验,我们可以对模型的有效性和解释能力进行进一步的提升。

5) Wald 检验

Wald 检验结果见表9.8。

. spwmatrix import using digital30. gal, wname(W) rowstand

. xsmle price income open, fe model(sdm) wmat(W) nolog noeffects type(both)

SAR 的 Wald 检验。

. test [Wx] income = [Wx] open = 0

SEM 的 Wald 检验。

. testnl ([Wx] income = −[Spatial] rho ∗ [Main] income) ([Wx] open = −[Spatial] rho ∗ [Main] open)

表9.8　Wald 检验结果

Wald 检验的模型	Wald 检验统计量
Wald test for SAR	61.81***
Wald test for SEM	42.73***

Wald 检验的结果表明,SDM 模型不会退化为 SAR 或 SEM 模型,因此最终我们选择使用 SDM 模型。SDM 模型在解释居民收入与对外贸易依存度对房价的影响时具有较好的适用性和解释能力,能够更准确地捕捉到空间相关性和异质性。

6) 模型构建与估计

随机效应。

. xtreg price income open, re

. est store re

固定效应。

. xtreg price income open i. year, fe

. est store fe

Hausman 检验。

. hausman fe re,sigmamore

Hausman 检验的结果为"6.90**"表明应该使用固定效应模型。这意味着在研究居民收入与对外贸易对房价的影响时,固定效应模型比随机效应模型更适合。固定效应模型能够更好地控制个体或地区固定特征,从而减少了模型中的遗漏变量偏误,提高了模型的准确性和可信度。"fe"表示固定效应,"model"表示使用的模型,"effects"表示对效应进行分解,"type(both)"表示双固定效应。

. eststo:xsmle price income open,fe model(sdm)wmat(W1)nolog effects type(both)

空间计量模型见表9.9。

表9.9 空间计量模型

		price
Main	income	0.571***
		(−26.41)
	open	938.3
		(−1.6)
Wx	income	−0.317***
		(−6.41)
	open	−5 811.0***
		(−7.10)
Spatial	rho	0.255***
		(−4.24)
Variance	sigma2_e	689 667.6***
		(−14.86)
Direct	income	0.560***
		(−25.42)
	open	533.7
		(−0.98)
Indirect	income	−0.222***
		(−4.42)
	open	−7 008.5***
		(−5.59)

续表

Total	income	price
	income	0.338***
		(-6.05)
	open	-6 474.8***
		(-4.15)
	N	450

注:t statistics in parentheses $*p<0.05$, $**p<0.01$, $***p<0.001$

采用面板双固定效应空间杜宾模型(SDM)对房价的影响因素进行了回归分析。结果表明,对外贸易依存度的总效应对房价存在显著的负向影响,而人均可支配收入的总效应对房价存在显著的正向影响。对外贸易依存度的负向影响说明,与以内需为主的经济体相比,依赖外贸的经济体在房价方面具有抑制效应。这可能是因为出口导向型的经济增长模式导致了产业结构的改变,房地产业所占比重降低,从而限制了房价的上涨空间。此外,出口主导的经济增长往往依赖于廉价劳动力和土地等要素,这些要素价格的低位运行也间接抑制了房价。再者,依赖出口的经济增长存在较大的周期性波动,导致居民收入和企业效益更加不稳定,从而无法形成持续的房价上涨趋势。最后,依赖对外贸易也导致了区域经济的同质化竞争,减缓了房地产市场的升温。因此,这些因素共同导致了对外贸易依存度负向影响房价。人均可支配收入的正向影响则表明,收入水平的提高是支撑房价的重要力量。居民收入增加,购房能力得到提升,对商品住房的需求增加,从而推动房价上涨。此外,收入效应还通过提高居民对生活质量的要求而影响房价,高收入群体会追求更优质的住宅,从而带动高端房屋的需求。由于房地产供给是短期内较为有限的,需求的增长会引起房价的涨幅。更为重要的是,收入水平的持续增长让购房者对未来收入的预期更为乐观,从而提高了购房意愿和承受能力。因此,收入的增长从多个方面促进房地产市场的繁荣,并最终反映到房价的上涨。

进一步分解房价影响的直接效应和间接效应,可以看出本区域自身条件变化和对周边区域的溢出效应。就直接效应而言,人均可支配收入的正向影响表明,本地区内生条件的变化是影响本地区房价的重要因素。本地区居民收入水平的提高,直接带动了本地购房需求和支付能力,从而推升了本地区的房价。而对外贸易依存度的直接效应不显著,说明经济外向性本身并不能直接对本地区的房价产生显著影响,其负向作用更多的是通过间接效应进行的。间接效应方面,人均可支配收入和对外贸易依存度的负向影响都表明,本地区收入与对外贸易依存度的变化会对周边区域产生虹吸效应,最终抑制周边区域的房价上涨。这是因为本地区经济条件的改善,会吸引周边区域的要素流入,包括人才、资本等,从而削弱周边区域的房价增长动力,减缓周边区域的房地产市场需求,并最终通过区域间的相互作用影响形成房价的间接效应。

综上所述,本研究的实证结果表明,经济增长模式的内外向性与收入会对区域房价产生复杂的影响。在制定区域发展战略时,应当兼顾本地区发展需要和周边区域的协调发展。

9.2.3　基于空间计量模型的景观对房价影响效应拓展案例①

城市景观在构建生活环境形象中扮演重要角色,带来环境效益和社会效益。房地产行业的快速发展往往以牺牲自然资源为代价。随着生活质量的提升,城市居民越来越重视居住环境质量,城市景观成为居住地选择的关键因素。重庆作为"山水之城",其发展目标是实现生活环境与自然资源的紧密融合。理解和挖掘城市景观的价值,尤其是其与房地产价格的关系,是实现可持续城市化的关键。鉴于城市景观的价值在时空尺度上是动态变化的,本节将探讨"山水"景观的空间溢出效应,同时讨论了其在市场周期繁荣与衰退中的价值变化。

1) 变量选择与数据准备

（1）数据来源

研究区域（图9.3）集中在重庆市主城区的"两江四岸"。重庆是一座风景城市,由两条大河和众多山岳构成,形成了具有景观特色的宜居城市。城市东临铜锣山,西接中梁山,围绕长江和嘉陵江形成了多核心城市空间格局。两江的岸线总长度为 180 km,沿江腹地面积近 231 km²。居民偏爱居住在"两江四岸"区域,尤其是拥有景观视野的高档住宅。

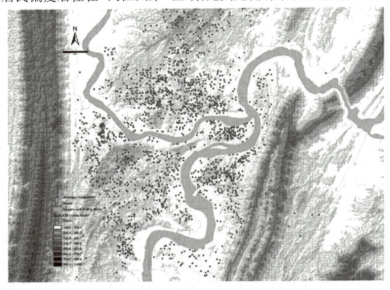

图9.3　研究区域

（2）变量说明

本研究样本来自链家网站公开交易数据,数据包括 2015 年第一季度至 2017 年第四季度期间重庆市城区 14 789 宗公寓交易。影响房价形成的因素是复杂的,因此在享乐价格法和空间计量经济模型中使用的解释变量通常分为三类属性:景观属性、结构属性和位置属性,还包括时间虚拟变量。详细说明见表 9.10。

---

① LIU G,WANG X,GU J,et al. Temporal and spatial effects of a 'Shan Shui' landscape on housing price:A case study of Chongqing,China[J]. Habitat International,2019,94:102068.

表9.10　主要变量描述

	变量名称	变量描述	预期符号
景观属性	Distance to the Yangtze or Jialing River	距离长江或嘉陵江的距离(m)	−
	Mountain view	窗外可见山景	+
	Peninsula landscape view	窗外可见半岛景观	+
	Distance to urban park	距离市区公园的距离(m)	−
结构属性	Building age	公寓的年龄	
	Elevator	1＝有电梯,0＝没有电梯	+
	Floor area	公寓的面积(m²)	+
	Quality of developer	1＝前十大房地产开发商,0＝其他	+
位置属性	Distance to subway station	距离地铁站的距离(m)	−
	Distance to railway station	距离火车站的距离(m)	−
	Distance to bridge entrance	距离桥梁入口的距离(m)	−
社区属性	Quality of property management	1＝前十大物业管理公司,0＝其他	+
	Distance to government service center	距离政务服务中心的距离(m)	−
	Distance to CBD	距离中央商务区的距离(m)	−
	Time	根据交易年份的虚拟变量	+

2)模型构建

首先,应用标准的享乐价格模型估计"山水"景观的景观价值。

$$\ln(P_i) = \alpha + \beta \text{landscape}_i + X_i \lambda + \varepsilon_i \tag{9.5}$$

其中,"P_i"为采用自然对数对房屋总价格;"landscape"是研究的主要变量,包括河流、山脉和半岛景观;"X_i"为控制变量,控制包括基于位置的变量、住房结构变量、社区变量和时间虚拟变量。"β"和"λ"是相应的系数,"ε_i"表示随机误差项。首先,基于享乐价格模型,利用单一景观(包括河流景观、山脉景观和半岛景观)对住房价格的景观效益进行估计,进而通过设置基于距离的虚拟变量来确定河流对住房价格的影响范围。

由于住房是基于位置的商品,空间自相关的影响可能会影响估计结果。因此,如果存在空间自相关,应考虑空间效应。比较四个空间模型来估计城市景观的景观价值与住房价格相关,包括空间滞后模型(SLM)、空间误差模型(SEM)、空间杜宾模型(SDM)和空间自相关模型(SAC)。空间滞后模型(SLM)假设一个地区的因变量值受到相邻地区因变量值的影响。该模型包括空间滞后效应的考虑,如式(9.6)所示。W 是一个 $n \times n$ 的空间权重矩阵,表示位置 i 和位置 j 之间的潜在交互强度,d_{ij} 是位置 i 和位置 j 之间的距离。术语 WP_i 是空间滞后因变量,ρ 是空间依赖参数。如果 $\rho = 0$,空间滞后等同于标准的享乐价格模型,而 ρ 越大,房屋受附近房屋价格影响越大。

$$\ln(P_i) = \rho WP_i + \beta landscape_i + X_i\lambda + \varepsilon_i \tag{9.6}$$

其中 $W_{ij} = \begin{cases} \dfrac{1}{d_{ij}}, i \neq j \\ 0, i = j \end{cases}$ 。

空间误差模型（SEM）在误差项中考虑空间依赖性，模型为

$$\ln(P_i) = \beta landscape_i + X_i\lambda + u \rightarrow u = \eta W_{ij} + \varepsilon_i \tag{9.7}$$

分离空间滞后相关和空间误差相关的估计可能会导致系数估计偏差。空间自相关模型（SAC）同时考虑残差和因变量的空间自相关，模型为

$$\ln(P_i) = \rho W_{ij}P_i + \beta landscape_i + X_i\lambda + u \rightarrow u = \eta W_{ij} + \varepsilon_i \tag{9.8}$$

空间杜宾模型（SDM）考虑依赖变量的空间效应以及独立变量的空间自相关，模型为

$$\ln(P_i) = \rho W_{ij}P_i + \beta landscape_i + X_i\lambda + u \rightarrow u = \eta W_{ij} + \varepsilon_i \tag{9.9}$$

3）结果分析

（1）基准回归结果分析

基础结果显示，位置、结构和景观变量均在1%显著水平上显著，且估计系数的实际符号与预期符号一致。调整后的 R 平方值为0.7377，证明式（9.5）是有效的。方差膨胀因子（VIF）检验结果显示所有变量的 VIF 均小于7，平均 VIF 为2.1，表明本文选择的变量不存在多重共线性问题。根据表9.11中报告的景观变量系数，我们获得了河流景观、山岳景观和半岛景观的边际隐含价格。表中长江或嘉陵江距离的对数系数为负，并在99%置信水平上显著，表明房屋距离河流每接近10%，人们愿意多支付0.92%的费用。山景的估计结果显示，它可以使房价增加14.33%，而半岛景观的系数为0.0682，表明半岛景观可以使房屋总价增加6.82%。

表9.11　基准结果

	变量	回归系数	t 统计量	p-value	VIF
景观属性	Distance to the Yangtze or Jialing River	−0.0092	−4.24	0	1.14
	Mountain view	0.1433	15.75	0	1.18
	Peninsula landscape view	0.0682	4.04	0	1.09
	Log distance to urban park	−0.0293	−9.48	0	1.45
结构属性	Building age	−0.0244	−33.12	0	1.72
	Elevator	0.0393	3.68	0	1.16
	Floor area	0.0093	179.05	0	1.15
	Quality of developer	0.0246	3.24	0.001	1.84
位置属性	Log distance to subway station	−0.0434	−12.74	0	1.43
	Log distance to railway station	−0.0346	−12.62	0	1.15
	Log distance to bridge entrance	−0.0365	−10.87	0	1.59

续表

	变量	回归系数	t 统计量	p-value	VIF
社区属性	Quality of property management	0.091 4	11.97	0	1.85
	Log distance to government service center	−0.012 7	−3.49	0	2.28
	Log distance to CBD	−0.016 8	−5.65	0	2.11
时间虚拟变量	Time2016	0.052 8	5.19	0	6.21
	Time2017	0.290 1	28.52	0	6.26
	Constant	13.897 8	315.35	0	
N = 14 789					
R-Square = 0.737 7					
Mean VIF = 2.1					

城市河流景观的空间模式不同于其他城市景观;城市河流贯穿整个城市,导致城市河流对房价的影响与房屋距离呈负相关。通过设置基于房屋位置的虚拟变量,估计景观的宜居价值,以检验城市景观对房价的空间效应影响。

为检验长江和嘉陵江对房价的正面影响范围并定义"河景房",研究区域根据房屋与长江或嘉陵江的距离被分为 4 个子市场,包括<200 m、200~400 m、400~600 m 和 600~800 m。每个子市场的估计结果见表 9.12。在列(1)中,距离长江或嘉陵江<200 m 的虚拟变量系数为正,并在 99% 置信水平上显著,表明当房屋位于河流 200 m 以内时,长江或嘉陵江可以使房屋总价增加 8.51%。距离长江或嘉陵江 200~400 m 的系数为 0.025,也显著。然而,400~600 m 和 600~800 m 的系数为负,暗示当房屋位于河流 400 m 以外时,长江或嘉陵江对房价有负面影响。比较列(1)到列(5)的结果,城市河流距离与房价之间的关系是非单调的,长江和嘉陵江对房价的正面影响范围为 400 m 以内。因此,位于河流 400 m 以内的房屋被定义为"河景房"。

表 9.12　距离异质子市场回归结果

	变量	(1)	(2)	(3)	(4)	(5)
景观属性	200 m distance to the River	0.085 1***				0.077 7***
	200~400 m distance to the River		0.025 0***			0.020 9**
	400~600 m distance to the River			−0.053 9***		−0.046 6***
	600~800 m distance to the River				−0.050 2***	−0.047 4***
	Mountain view	0.148 8***	0.145 8***	0.143 6***	0.145 6***	0.148 5***
	Peninsula landscape view	0.065 8***	0.063 6***	0.083 9***	0.070 0***	0.080 9***
	Log distance to urban park	−0.029 1***	−0.029 4***	−0.029 6***	−0.028 8***	−0.030 0***

续表

	变量	(1)	(2)	(3)	(4)	(5)
结构属性	Building age	−0.024 5***	−0.024 4***	−0.024 6***	−0.024 6***	−0.024 7***
	Elevator	0.034 1***	0.039 8***	0.041 9***	0.037 4***	0.033 8***
	Floor area	0.009 3***	0.009 3***	0.009 3***	0.009 3***	0.009 3***
	Quality of developer	0.023 1***	0.026 2***	0.024 9***	0.023 9***	0.023 9***
位置属性	Log distance to subway station	−0.043 6***	−0.042 6***	−0.040 4***	−0.042 2***	−0.040 6***
	Log distance to railway station	−0.036 2***	−0.034 5***	−0.036 7***	−0.035 7***	−0.036 1***
	Log distance to bridge entrance	−0.034 5***	−0.037 3***	−0.043 6***	−0.042 5***	−0.037 3***
社区属性	Quality of property management	0.088 6***	0.091 9***	0.091 5***	0.091 4***	0.086 1***
	Log distance to government service center	−0.015 2***	−0.012 8***	−0.010 6***	−0.011 1***	−0.013 5***
	Log distance to CBD	−0.015 1***	−0.016 8***	−0.017 9***	−0.016 7***	−0.016 7***
时间虚拟变量	Time2016	0.051 8***	0.052 7***	0.053 1***	0.051 6***	0.050 8***
	Time2017	0.287 6***	0.290 2***	0.290 7***	0.289 2***	0.285 7***
	Constant	13.850 4***	13.840 4***	13.886 2***	13.877 5***	13.863 6***
	N	14 789	14 789	14 789	14 789	14 789
	R-Square	0.738 8	0.737 6	0.738 2	0.737 9	0.740 0

注：* 代表 $p<0.1$，** 代表 $p<0.05$，*** 代表 $p<0.01$。

(2)城市景观的空间效应分析

由于空间自相关会导致估计结果的偏差，本文使用空间模型来测量房价从一个区域向周边区域的溢出效应。我们依次运行了包括空间滞后模型(SLM)、空间误差模(SEM)、空间杜宾模型(SDM)和空间自相关模型(SAC)在内的四种空间模型，以估计靠近城市河流景观的价值，具体见表9.13。

表9.13　空间计量结果

变量	SEM	SLM	SDM	SAC
River housing	0.040 7***	0.039 2***	0.039 3***	0.039 2**
Mountain view	0.062 6***	0.038 6***	0.019 6***	0.019 9
River housing * Mountain view	0.052 9***	0.059 4***	0.068 8***	0.063 9***
Peninsula landscape view	0.043 0**	0.009 2***	−0.006 9	0.021 1
Log distance to urban park	0.062 6***	−0.027 4	−0.010 4	0.019 9**

变量	SEM	SLM	SDM	SAC
Building age	−0.023 5∗∗∗	−0.023 2∗∗∗	−0.022 2∗∗∗	−0.022 0∗∗∗
Elevator	0.017 2∗	0.032 9∗∗∗	0.005 2∗∗∗	−0.012 3
Floor area	0.009 1∗∗∗	0.009 0∗∗∗	0.009 0	0.009 0
Quality of developer	0.023 6∗∗∗	0.004 0	0.024 6∗∗∗	0.034 4∗∗
Log distance to subway station	−0.042 5∗∗∗	−0.046 9∗∗∗	−0.022 6∗∗∗	−0.040 9∗∗∗
Log distance to railway station	−0.026 5∗∗∗	−0.027 1∗∗∗	0.013 0∗∗∗	−0.001 3
Log distance to bridge entrance	−0.031 2∗∗∗	−0.046 7∗∗∗	0.012 3∗∗∗	−0.011 3∗∗
Quality of property management	0.083 7∗∗∗	0.083 1∗∗∗	0.095 2∗∗∗	0.066 9∗∗∗
Log distance to government service center	−0.002 1	−0.010 6∗∗∗	0.013 5∗∗∗	0.000 8
Log distance to CBD	−0.012 2∗∗∗	−0.018 0∗∗∗	0.000 7	−0.001 4
Time2016	0.040 2∗∗∗	0.041 0∗∗∗	0.042 1∗∗∗	0.037 1∗∗
Time2017	0.249 6∗∗∗	0.250 4∗∗∗	0.253 2∗∗∗	0.247 5∗∗
W ∗ River housing			−0.088 3∗∗∗	
W ∗ Mountain view			−0.710 1∗∗∗	
W ∗ River housing ∗ Mountain view			1.983 0∗∗∗	
W ∗ Peninsula landscape view			0.534 6	
W ∗ Log distance to urban park			0.103 0	
W ∗ Building age			−0.047 7	
W ∗ Elevator			2.992 9∗∗∗	
W ∗ Floor area			0.003 2	
W ∗ Quality of developer			−0.580 1∗∗∗	
W ∗ Log distance to subway station			−0.193 1∗∗∗	
W ∗ Log distance to railway station			−0.145 9∗∗∗	
W ∗ Log distance to bridge entrance			−0.167 3∗∗∗	
W ∗ Quality of property management			0.833 2∗∗∗	
W ∗ Log distance to government service center			−0.027 0	
W ∗ Log distance to CBD			−0.469 9∗∗∗	
W ∗ Time2016			2.677 4∗∗∗	

续表

变量	SEM	SLM	SDM	SAC
W * Time2017			1.868 7***	
Constant	12.148 4***	0.442 1***	−0.086 0***	3.656 1***
ρ		0.990 0***	0.988 0***	0.701 0***
H	0.990 0***			2.713 5***
N	14 789			
Log-likelihood	5 918.374 9	6 080.680 0	6 712.922 1	6 787.676 7

表 9.13 中的 SDM 和 SAC 结果显示,本研究选择的房价数据存在空间自相关。为了进一步选择最适合的模型,我们进行了一系列检验,包括 Moran's I 检验、拉格朗日乘数滞后检验、拉格朗日乘数误差检验、稳健 LM 滞后检验和稳健 LM 误差检验,所有检验均具有统计显著性。Moran's I 在 99% 置信水平上为 0.080 1,显著大于 0,表明数据中的房屋之间存在正相关:随着空间分布位置(距离)的聚集,相关性增加(表 9.14)。

表 9.14　空间计量检验

检验	统计量	p-value
Moran's I test	547.069 4(0.080 1)	0.000 0
Lagrange Multiplier-lag test	8 040.391 5	0.000 0
Robust LM-lag test	1 032.372 8	0.000 0
Lagrange Multiplier-error test	183 085.050 1	0.000 0
Robust LM-error test	176 077.031 4	0.000 0
Likelihood-ratio test(SAC-SEM)	−869.301 8	0.000 0
Likelihood-ratio test(SAC-SLM)	−706.996 7	0.000 0

比较表 9.13 的列(1)到列(4)的对数似然值,空间自相关模型(SAC)的值最大。我们进一步使用 LR(似然比)检验选择模型。LR 检验(SAC-SEM)和 LR 检验(SAC-SLM)的结果分别为−869.301 8 和−706.996 7,在 99% 置信水平上均具有统计显著性。参数 ρ 和 η 也在 1% 水平上显著。LR 检验表明数据误差最小的模型是 SAC。因此,使用 SAC 的估计结果进一步探讨景观的空间效应。

直接效应是解释变量变化对该区域本身的影响,而间接效应指的是潜在影响周边区域的效应。从表 9.15 可以看出,大多数变量的结果在统计上显著,表明房屋特征中大部分特征存在显著的直接和间接效应,影响房价。从景观属性变量组来看,河景房、山景和半岛景观的空间效应对房价具有重要影响。除景观视野外,为了检验"山水"景观(河流景观和山岳景观)的空间互动效应对房价的影响,设置了河景房和山景的交互项。

表 9.15 效应分解结果

	变量	回归系数	统计量	p-value
直接效应	River housing	0.039 1	6.996 3	0.000 0
	Mountain view	0.020 0	1.645 2	0.100 0
	River housing * Mountain view	0.063 7	4.271 2	0.000 0
	Peninsula landscape view	0.021 3	1.413 5	0.157 5
	Log distance to urban park	−0.013 0	−4.918 9	0.000 0
	Building age	−0.022 0	−34.071 5	0.000 0
	Elevator	−0.012 1	−1.281 5	0.200 0
	Floor area	0.009 0	189.279 5	0.000 0
	Quality of developer	0.034 6	5.104 5	0.000 0
	Log distance to subway station	−0.041 0	−13.213 7	0.000 0
	Log distance to railway station	−0.001 3	−0.518 7	0.604 0
	Log distance to bridge entrance	−0.011 4	−4.037 4	0.000 1
	Quality of property management	0.067 0	9.771 5	0.000 0
	Log distance to government service center	0.000 9	0.264 3	0.791 5
	Log distance to CBD	−0.001 5	−0.561 2	0.574 7
	Time2016	0.037 0	4.050 2	0.000 1
	Time2017	0.247 5	23.584 7	0.000 0
间接效应	River housing	0.092 1	5.584 8	0.000 0
	Mountain view	0.046 7	1.624 2	0.104 3
	River housing * Mountain view	0.150 1	3.886 8	0.000 1
	Peninsula landscape view	0.050 2	1.399 9	0.161 6
	Log distance to urban park	−0.030 7	−4.240 0	0.000 0
	Building age	−0.051 9	−8.638 1	0.000 0
	Elevator	−0.028 6	−1.248 9	0.211 7
	Floor area	0.021 3	8.841 1	0.000 0
	Quality of developer	0.081 6	4.548 2	0.000 0
	Log distance to subway station	−0.096 7	−7.015 7	0.000 0
	Log distance to railway station	−0.003 0	−0.515 4	0.606 3
	Log distance to bridge entrance	−0.027 0	−3.618 6	0.000 3

续表

	变量	回归系数	统计量	p-value
间接效应	Quality of property management	0.158 0	6.691 5	0.000 0
	Log distance to government service center	0.002 1	0.267 0	0.789 5
	Log distance to CBD	−0.003 6	−0.554 4	0.579 3
	Time2016	0.087 3	3.653 1	0.000 3
	Time2017	0.584 0	8.214 4	0.000 0
总效应	River housing	0.131 2	6.214 4	0.000 0
	Mountain view	0.066 7	1.638 4	0.101 4
	River housing * Mountain view	0.213 8	4.083 8	0.000 0
	Peninsula landscape view	0.071 5	1.409 1	0.158 8
	Log distance to urban park	−0.043 8	−4.536 4	0.000 0
	Building age	−0.073 9	−11.983 5	0.000 0
	Elevator	−0.040 7	−1.262 7	0.206 7
	Floor area	0.030 3	12.618 5	0.000 0
	Quality of developer	0.116 2	4.851 6	0.000 0
	Log distance to subway station	−0.137 7	−8.693 5	0.000 0
	Log distance to railway station	−0.004 3	−0.517 2	0.605 0
	Log distance to bridge entrance	−0.038 5	−3.809 3	0.000 1
	Quality of property management	0.225 0	7.882 1	0.000 0
	Log distance to government service center	0.002 9	0.266 6	0.789 8
	Log distance to CBD	−0.005 1	−0.557 4	0.577 2
	Time2016	0.124 3	3.837 6	0.000 1
	Time2017	0.831 5	11.035 6	0.000 0

结果表明,人们偏爱城市景观,包括河流、山岳和半岛景观,并愿意为此支付更多费用。结果还显示,房产距离长江和嘉陵江在400 m以内时,会增加房产价格13.12%。山岳景观的总体效应显示,如果房屋有山景,价值将增加6.67%;如果有半岛景观,人们愿意支付7.15%的溢价。河景房和山景交互项的总效应估计结果显示,河流和山岳景观是显著变量,山景和河景都影响房价,河景和山景的互动效应可以使房价上涨21.38%,而间接效应对房价影响为70.21%(0.150 1/0.213 8)。结果表明,邻近房屋的"山水"景观会使目标房价增值15.01%。对"山水"景观的高度敏感性反映了消费者愿意为拥有山景的河景房支付更多费用。类似地,城市公园的溢出效应使房价提高3.07%,贡献了总效应的70.09%以上(−0.030 7/−0.043 8)。地铁站的间接效应约占房价的70.23%(−0.096 7/−0.137 7),地铁

站距离的对数系数（-0.096 7）大于桥梁入口距离的对数系数（-0.027 0），表明重庆居民更倾向于购买靠近地铁站的房屋，而不是靠近桥梁入口的房屋。这一结果可归因于重庆频繁的交通堵塞情况，导致人们更倾向于乘坐地铁以节省通勤时间，而不是驾车跨河。相反，随着建筑年龄每增加一年，房屋总价下降7.51%，反映出消费者愿意支付更多费用购买新房。此外，开发商的质量也受到更多关注，优质开发商可以获得11.27%的溢价。因此，河岸地区的住宅用地对投资者来说极具价值，因为人们愿意为更优质的物业支付额外费用，这可能导致投资者更关注景观视野和房产面积而非物业质量。

9.3　本章小结

本章主要阐述了空间计量模型在房地产数据分析中的应用。首先，介绍了空间计量模型的基本原理，包括空间权重矩阵的构建、空间自相关性的检验等。空间权重矩阵反映了不同地理单位之间的相对位置关系，是实现空间计量模型的关键。随后，详细讲解了空间面板模型的建立、检验和选择过程，系统地论述了基于拉格朗日乘子检验、似然比检验等方法判断最优空间计量模型的思路。通过这些内容，读者能够全面掌握空间计量模型的理论基础。在实践部分，本章结合房地产领域的特点，讨论了基于空间计量模型分析房价溢出效应的理论机制，引入了区域经济学中的"涓流效应"和"虹吸效应"这两个概念，用以描述正向和负向的房价空间溢出过程，拓宽了传统模型的视角。通过建立空间杜宾模型，本章对中国30个省份的房价影响因素进行了实证分析，并详细附上了所需代码作为研究案例，使读者能够直接运行和复现。此外，本章还以重庆为例，运用空间视角考察了景观的空间溢出效应对房价影响效应。本章通过列举完整的空间计量模型建模案例，包括模型设置、变量定义、结果分析等过程，深入且全面地呈现了空间计量模型在房价影响因素研究中的具体应用。下一章将探讨基于匹配的房地产市场政策效应评估。

习　题

1. 在房地产市场的空间计量分析中，空间权重矩阵的构建是关键环节。针对基于距离与相邻关系等不同构建方式，试讨论其对模型估计结果的影响，并说明应如何根据研究问题选择最为恰当的空间权重矩阵。

2. 在房地产市场研究中，空间自相关性对数据分析与结果解释至关重要。请结合莫兰指数的计算公式与实际案例，阐述如何利用这一指标判断房地产价格数据是否存在空间自相关现象。

3. 房价溢出效应中，"涓流效应"与"虹吸效应"是两种不同的经济现象。请分析哪些因素可能引发这两种效应，并讨论如何利用空间计量模型对这两种效应进行实证识别与验证。

第四篇

房地产市场的政策效应评估

  因果效应推断在房地产数据分析中的作用主要体现在能够帮助分析师、投资者和政策制定者理解和评估特定因素对房地产市场的影响。这种分析方法试图超越简单的相关性分析,寻找变量之间的因果关系,从而为决策提供更准确的依据。政策效应评估在房地产数据分析中是一项重要任务,旨在理解和量化政府政策对房地产市场的影响。这包括了解政策如何影响房价、租金、供给、需求以及其他市场动态。计量经济学方法在此过程中扮演着核心角色,它们帮助分析师从经验数据中估计政策变化的因果效应。例如,分析住房补贴政策对房价和住房需求的实际影响,从而帮助政策制定者优化政策设计。因果效应推断在房地产数据分析中的应用提供了一种强有力的工具,用于深入理解市场动态和制定基于证据的决策。分析师通过使用先进的统计和计量经济学方法,如匹配法、双重差分法等,可以更有效地识别和量化因果关系,从而在房地产市场的复杂环境中做出更加明智和有效的决策。

  本篇将对倾向匹配得分法、双重差分法、合成控制法和断点回归的原理,及其在房地产数据分析中应用进行介绍。

基于匹配的房地产政策效应评估

倾向得分匹配(Propensity Score Matching，PSM)是一种统计技术，用于估计处理效应(例如政策干预、经济事件等)在非随机控制实验环境中的因果效应。在房地产数据分析中，PSM可以用来评估某一政策或特定因素对房地产市场(如房价、租金水平、开发活动等)的影响。通过将受到政策影响的房产(处理组)与未受影响但在其他方面相似的房产(对照组)进行匹配，PSM旨在减少因变量选择偏差带来的估计误差，提供更准确的因果关系估计。利用PSM可以分析特定区域发展政策(如城市更新、基础设施建设、税收优惠等)对房地产价值的影响。例如，通过比较基础设施改善前后相似房产的价格变化，可以评估基础设施建设对周边房产价值的提升效应。或者通过比较政策变化前后相似属性的房产，可以揭示税收政策对房价、交易量等的影响。投资者和开发商可以使用PSM来评估特定区域投资的风险和回报。通过匹配分析，可以更准确地预测投资项目的潜在价值和风险，从而做出更加明智的投资决策。政府和研究机构可以通过PSM方法评估宏观经济政策(如利率变动、货币政策等)对整个房地产市场的影响。这有助于理解宏观经济变化如何通过房地产市场传导至经济其他部分。总之，PSM在房地产数据分析中的应用提供了一种强有力的工具，以更准确地估计政策和市场变化的因果效应。这种方法通过尽量减少实验组和对照组在干预前的系统差异，帮助分析师得到更接近实验条件下的因果推断结果，为房地产市场的决策提供科学依据。

如果将房地产市场调控政策视为对房价的一种处理(干预、介入)，房地产市场政策调控效应研究就属于一种典型的观察性研究。不同于实验研究，研究者可以对实验组和控制组进行随机分配，以减少混杂变量的影响，房地产市场调控政策由政府或相关机构基于实际需求、经济状况等因素制定和实施，研究者只能通过观察政策实施后的数据变化来评估处理效应。在此类观察性研究之中，研究者很难控制所有可能的混杂变量，这就可能导致政策的调控效应的估计受到其他因素的影响。由此，需要研究者借助匹配等统计学方法来尽量减小混杂变量的干扰，以更准确地评估房地产市场政策的调控效应及其他的处理效应。更进一步讲，匹配是统计学领域一项常见的用于解决观察性研究中存在的选择偏差问题的方法，基本思想是将处理组和对照组(又称控制组)在可观测特征上进行匹配，保证二者的可观测特征分布一致，以便更准确地估计处理效应。

但值得注意的是,PSM 只能控制观测到的变量的偏差。如果存在未观测到的混杂变量,PSM 无法控制这些变量带来的偏差。在房地产市场中,很多重要的影响因素(如购买者的偏好、期望等)往往是不可观测的,这可能导致匹配后的结果依旧存在偏差。另外,PSM 的效果高度依赖于良好的匹配。在房地产数据中,由于数据的复杂性和多样性,找到质量高的匹配可能很困难,这可能会导致匹配不完全,影响结果的可靠性。

本章就主要针对匹配这一统计学方法的原理与建模步骤展开讨论,具体而言:第 1 节主要介绍匹配的原理及 PSM 匹配模型的建立与检验过程,重点在于帮助读者形成对于匹配方法的直观认识。第 2 节具体讨论 PSM 匹配方法在房地产数据分析领域的应用与实践,并选取"高速路开通对房价影响效应"实例展开具体建模与分析,以助于加深读者关于利用 PSM 匹配方法评估房地产市场政策调控效应这一过程的理解。

10.1 倾向得分匹配的原理

在观察性研究中,研究者无法通过随机分配来确定处理组和控制组,因此可能存在一些混杂变量导致研究结果不准确,需要研究者采用匹配等统计学方法来尽量减小混杂变量的干扰,提高评估的准确度。当可观测特征只包含少数几个非连续变量时,研究者可以对所有可观测特征进行直接精确匹配,这是最理想的匹配方法,因为它保证了处置组和观测组的可观测特征是一致的。但是,当可观测特征维数增加时,要在多维上进行直接匹配就变得十分困难。假如可观测特征 X 包含 2 个变量,每个变量包含 10 个值,那么就存在着 100 个需要匹配的特征组合。面对如此众多的特征组合,研究者可能无法同时找到对应的处理组和控制组样本。而且,当可观测特征还包含连续变量时,变量的取值空间通常是无限的,直接匹配就变得更加不可能了。

为了解决这些问题,统计学家 Rosenbaum 和 Rubin[①] 提出了倾向得分匹配法,也称 PSM 匹配。PSM 匹配通过评估每个个体被分配到处理组的概率(即倾向得分),然后选择控制组中与处理组相似的个体,从而使得处理组和控制组在混杂变量上更加平衡。目前,PSM 匹配是实际运用中最普遍使用的匹配方法。

PSM 匹配的原理是,通过函数关系将多维变量 X 变换为一维的倾向得分(Propensity Score)$\mathrm{ps}(X_i)$ 之后,再根据倾向得分进行匹配。倾向得分是可观测特征为 $X_i = x$ 的个体接受处理的概率,表示为

$$\mathrm{ps}(X_i = x) = P(D_i = 1 \mid X_i = x) \tag{10.1}$$

其中,虚拟变量 $D_i = \{0,1\}$ 又称"处理变量"(Treatment Variable),表示个体 i 是否得到了"处理"。而使用倾向得分 $\mathrm{ps}(X_i = x)$ 作为匹配依据之所以能够起到降低匹配维度的效果,依据在于 Rosenbaum 和 Rubin 所证明的一条重要结论,如式 10.2 所示。

$$[Y_i(1), Y_i(0)] \perp D_i \mid X_i \Leftrightarrow [Y_i(1), Y_i(0)] \perp D_i \mid \mathrm{ps}(X_i) \tag{10.2}$$

等价符号左边为"条件独立假设",表示给定 $X_i = x$,潜在结果 Y_i 独立于处理状态。等价符号右边则表示给定 $\mathrm{ps}(X_i = x)$,潜在结果独立于处理状态。换句话讲,倾向得分 $\mathrm{ps}(X_i)$ 总

---

① ROSENBAUM P R, RUBIN D B. The central role of the propensity score in observational studies for causal effects[J]. Biometrika, 1983, 70(1): 41-55.

结了变量 X_i 中包含的所有相关信息，当在 X_i 上的匹配有效时，在 $ps(X_i)$ 上的匹配也是有效的。这意味着要达到处理组和控制组"一样"的目的，研究者不需要对多维的 X_i 进行匹配，而只需要对一维的 $ps(X_i)$ 进行匹配即可。

同时，因为倾向得分是均衡得分，意味着处理组和控制组在观测到的混杂变量（即用于估算倾向得分的那些预测变量）上的分布差异被最小化或消除了。如果此时处理组和控制组的个体有相同的倾向得分，则这两组的可观测特征分布就是均衡的，表示为

$$X_i \perp D_i \mid ps(X_i) \tag{10.3}$$

即给定相同的倾向得分，可观测特征独立于处置变量。这也意味着当处理组和控制组倾向得分相同时，它们的可观测特征分布就不存在差异。由于处理效应为随机变量，故关心其期望值，上式变为

$$E(X_i \mid D_i = 1, ps(X_i)) = E(X_i \mid D_i = 0, ps(X_i)) \tag{10.4}$$

即当处理组和控制组的个体倾向得分相同时，则这两组个体的可观测特征值相等。

同时，不同于随机试验分配里倾向得分是已知的，在观测数据中，倾向得分是未知的，需要研究者对其进行估计。利用 PSM 匹配计算给定多维可观测特征 x 的处理效应 $ATT(x)$，可以简化为计算给定一维倾向得分 $ps(x)$ 的处理效应，即

$$
\begin{aligned}
ATT(x) &= E(Y_i(1) \mid D_i = 1, X_i = x) - E(Y_i(0) \mid D_i = 1, X_i = x) \\
&= E(Y_i(1) \mid D_i = 1, X_i = x) - E(Y_i(0) \mid D_i = 0, X_i = x) \\
&= E(Y_i(1) \mid D_i = 1, ps(X_i = x)) - E(Y_i(0) \mid D_i = 0, ps(X_i = x)) \\
&= E(Y_i \mid D_i = 1, ps(X_i = x)) - E(Y_i \mid D_i = 0, ps(X_i = x))
\end{aligned} \tag{10.5}
$$

其中，第二个等式是通过条件独立假设得到的，第三个等式是通过 Rosenbaum 和 Rubin 的结论所表述的等价结果得到的。

最后，对所有的 $ATT(x)$ 进行加权平均，可得到 ATT（参与者平均处理效应，Average Treatment Effect on the Treat）。

$$ATT = E_{ps(x) \mid D_i = 1}(ATT(x)) = \sum_x ATT(x) P(ps(X_i = x) \mid D_i = 1) \tag{10.6}$$

其中，$P(ps(X_i = x) \mid D_i = 1)$ 表示在接受处理的样本中，倾向得分为 $ps(X_i = x)$ 的个体的比率，ATT 则为 $ATT(x)$ 以 $P(ps(X_i = x) \mid D_i = 1)$ 为权重的加权平均值。

10.1.1　PSM 匹配的建模

1）估计倾向得分

使用 PSM 匹配的第一个关键步骤是估计个体接受处理的概率。由于倾向得分是均衡得分，必须满足均衡条件，因此倾向得分估计和均衡检验步骤是缺一不可的。

（1）模型的选择

由于处理选择（是否接受处理）通常是一个二分变量（接受处理，$D_i = 1$；未接受处理，$D_i = 0$），因此在估计样本的倾向得分时，通常使用 Probit 模型或者 Logit 模型来估计每个样本接受处置的概率，得到的概率即为匹配得分。

Probit 模型估计方程为

$$\Pr(D_i = 1 \mid X) = \Phi(\beta X) \tag{10.7}$$

其中，$\Phi(\bullet)$ 为正态分布的累积概率函数。

Logit 模型估计方程为

$$\Pr(D_i = 1 \mid X) = F(\beta X) \qquad (10.8)$$

其中，$F(\beta X) = e^{\beta X} / (1 + e^{\beta X})$ 为 Logistic 分布的累积概率函数。

（2）变量的选择

变量选择是一个关键而困难的问题。一方面，缺失重要变量会导致严重误差，Rubin 和 Thomas[1] 认为，只有当确定某变量与结果无关或者确定其为一个不合适的变量时，才可以删除，否则都应该被包括在倾向得分的估计中。另一方面，变量也不是越多越好，Bryson、Dorsett 和 Purdon[2] 指出，加入统计不显著的变量将导致估计方差增加。

由此可见，关于变量选择问题目前并不存在一个绝对正确的标准答案，需要研究者依靠经济理论和实证研究对模型进行不断修正。但在实践中，研究者在选取变量时可以参考以下三个原则。

①倾向得分中应包含能够同时影响处理选择和处理结果的变量。

②倾向得分不应包括受处理选择影响的变量，因此特征变量应使用参与处理前的值。

③倾向得分的估计虽然通常使用 Probit 或 Logit 模型，但其根本目的并不是要准确地估计参与处置的概率，而是达到令处理组和控制组的可观测特征均衡，倾向得分也因此被称为均衡得分。在实际研究中，研究者可以考虑在 Probit 或 Logit 模型估计里加入一些变量（如高阶变量和交叉项等），以达到通过匹配倾向得分令处理组和控制组的可观测特征均衡的目的。

2）匹配前均衡检验

倾向得分匹配的目的是使得处理组和控制组的可观测特征没有差异。Rosenbaum 和 Rubin 把 ps(X) 称为均衡得分，认为当两组个体的 ps(X) 相同时，它们的可观测特征 X 分布就没有差异。由此，在计算倾向得分后，研究者要对评估匹配的质量进行评估，即检验可观测特征 X 是否均衡。通常情况下，可以检验具有相同倾向得分的处理组控制组的可观测均值的情况，检验其可观测均值是否相同，表示为

$$E(X_i \mid D_i = 1, \mathrm{ps}(X_i)) = E(X_i \mid D_i = 0, \mathrm{ps}(X_i)) \qquad (10.9)$$

匹配前的均衡检验通常是使用 Dehejia 和 Wahba[3] 提出的分块均衡检验法。分块均衡检验法根据匹配得分的高低将样本分成若干个区间（块），利用 t 统计量来检验每个区间内处理组和控制组的平均匹配得分是否有差异。如果有差异，就把区间进一步细分，直到在每个区间内两组的平均得分没有差异。

当每个细分区间内的倾向得分不存在显著差异后，再检验每个区间内处理组和控制组的可观测特征均值是否相同。如果存在显著差异，就需要重新调整倾向得分的估计方程，如加入高阶变量和交叉项，然后重新分块。循环这个步骤，直到每个细分区间内可观测特征均

① RUBIN D B, THOMAS N. Matching using estimated propensity scores: relating theory to practice[J]. Biometrics, 1996: 249-264.

② BRYSON A, DORSETT R, PURDON S. The use of propensity score matching in the evaluation of active labour market policies[J]. 2002.

③ DEHEJIA R H, WAHBA S. Causal effects in nonexperimental studies: Reevaluating the evaluation of training programs [J]. Journal of the American statistical Association, 1999, 94 (448): 1053-1062.; Dehejia R H, Wahba S. Propensity score-matching methods for nonexperimental causal studies[J]. Review of Economics and statistics, 2002, 84 (1): 151-161.

值没有显著差异为止。

3）评估共同支撑域条件

在计算倾向得分后，研究者需要先评估处理组和控制组倾向得分的分布。如果两组样本没有重合的倾向得分，或者重合的样本量太小，就会导致无法匹配或匹配偏差较大。此时研究者可以考虑通过观察处理组和控制组倾向得分的分布，了解共同支撑域条件满足的情况。在图10.1的例子中，横轴上划分了倾向得分的区间，纵轴上每个柱形的高度表示相应区间中处理组（深色）和控制组（浅色）倾向得分的概率。

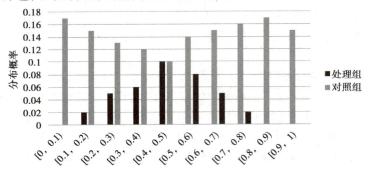

图10.1　倾向得分分布图

从图10.1的例子中可以看到，处理组在倾向得分$[0,0.1)$区间内的分布为0，而控制组在倾向得分$[0.8,1)$区间内的分布为0，即这两个区间内没有"共同支撑域"。同时，在倾向得分低的样本中，控制组的样本数量比处理组的多；在倾向得分高的样本中，处理组的样本数量比控制组的多，这种情况可被称为"薄的共同支撑域"。在倾向得分中间部分，控制组的样本数量和处理组的样本数量最为接近，这种情况可被称为"厚的共同支撑域"。

考虑到共同支撑是使用匹配方法的前提条件，在实际运用中，研究者应该考虑只使用有共同支撑域的数据，并检验如果只使用"厚的共同支撑域"样本数据，结果是否稳健。

4）选择匹配方法

（1）分块匹配法（Stratification and Interval Matching）

分块匹配法先把样本按倾向得分划分为Q个区间，使得每个区间内处理组和控制组的平均倾向得分和可观测特征都达到均衡，然后通过每个区间内处理组和控制组观测结果的差异得到每个区间的处置效应，即

$$\text{ATT}(q) = \overline{Y}_q^{\text{Treatment}} - \overline{Y}_q^{\text{Control}} \tag{10.10}$$

其中，ATT 为区间 q 的处理效应，$\overline{Y}_q^{\text{Treatment}}$ 和 $\overline{Y}_q^{\text{Control}}$ 分别为处理组和控制组在区间 q 的平均观测结果值。

如果一共有 Q 个区间，最后对 $\text{ATT}(q)$ 取加权平均，得到平均处理效应如下

$$\text{ATT} = \sum_{q=1}^{Q} \text{ATT}(q) \frac{N_q^{\text{Treatment}}}{N^{\text{Treatment}}} \tag{10.11}$$

其中，权重为每个区间内的处理组人数 $N_q^{\text{Treatment}}$ 占样本中总处理组人数 $N^{\text{Treatment}}$ 的比率。

分块匹配法的缺点在于需要确定区间（块）的数量。对于单变量，Cochrane 和 Chambers[①] 认为，用 5 个块就可以去掉 95% 的误差。但是对于多变量而言，块数就不好确定了。虽然可以通过上文介绍的分块均衡法确定应该如何分块，但实际操作中很难保证每个变量在每块中都均衡，有时候需要接受个别不重要的不均衡，需要研究者做出一些主观的判断。

（2）近邻匹配法（Nearest Neighbor Matching）

近邻匹配法是对处置组中的样本，选择控制组中倾向得分最为接近的 n 个样本作为其匹配样本（如取最近的 5 个，则 $n = 5$）。

使用这个方法要确定控制组样本是否可以重复使用（可重复使用是指控制组里的样本可以多次使用作为匹配）。如果不允许重复使用，控制组里的样本只能被用于匹配一次。如果允许重复使用，匹配的平均质量将增加，偏差（Bias）会减少，但代价是估计的方差（Variance）会变大。这是研究过程中通常会遇到的在选择估计变量时必须在偏差与方差之间权衡（Trade-off Between Bias and Variance）的问题，在实际运用中，可重复使用是比较常用的方法。

临近匹配法的缺点在于，即使可以重复使用，也存在着处理组样本的倾向得分和最近控制组样本的倾向得分相差较大的可能。

（3）卡尺匹配法（Caliper Matching）

为了解决紧邻匹配法可能匹配到倾向得分差异较大的近邻，卡尺匹配法要求近邻匹配得分差异需要在一定的容忍程度（"卡尺"）内。卡尺匹配法的缺点在于，容忍度越大，匹配样本越多，但也越容易把匹配差异大的样本包括进来。

（4）半径匹配法（Radius Matching）

不同于卡尺匹配法指用最接近的 n 个样本作为其匹配样本，半径匹配法允许容忍程度（"半径"）内的所有样本作为匹配样本。这种方法的优点在于如果半径内的样本（匹配较好的样本）多，就都可以用作匹配，缺点则是它也必须确定最大容忍度。容忍度越大，匹配样本就越多，但也越容易把匹配差异大的样本包括进来。

（5）核匹配法（Kernel Matching）

核匹配法对更接近处理组样本倾向得分的控制组样本赋予更大的权重。如果处理样本 i 的匹配控制组样本有 N_i^{Control} 个，对其中控制样本 j 赋予的权重为

$$w_{i,j} = \frac{K\left[\dfrac{\text{ps}(x)_j - \text{ps}(x)_i}{h}\right]}{\sum_{j=1}^{N_i^{\text{Control}}} K\left[\dfrac{\text{ps}(x)_j - \text{ps}(x)_i}{h}\right]} \tag{10.12}$$

其中，$\text{ps}(x)_j - \text{ps}(x)_i$ 是控制组样本 j 和处理组样本 i 的倾向得分差异；$K(\bullet)$ 是一个核函数，h 是核函数中需要的平滑参数，也称为带宽（Bandwidth）。

核函数 $K(\bullet)$ 通常是一个非负、对称并只有单一最大值的密度函数，如图 10.2 中显示的 Epanechnikov 密度函数和 Triangle 密度函数。

核函数的特点是，当输入值为 0 时，它的输出值最大，并随着输入值的绝对值增加而下

---

① COCHRAN W G, CHAMBERS S P. The planning of observational studies of human populations[J]. Journal of the Royal Statistical Society. Series A (General), 1965, 128(2): 234-266.

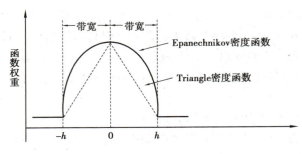

图 10.2　核函数

降。在式(10.12)中,当控制组样本 j 和处理组样本 i 的倾向得分相同,即输入值 $ps(x)_j -ps(x)_i = 0$ 时,K 值就较小。因此,通过核函数 $K(\bullet)$ 可以达到对倾向得分距离较远的样本赋予较小权重的目的。同时,因为分母把所有 K 值加总,权重和为 1。

核函数可以选择 Epanechnikov 密度函数或 Triangle 密度函数,缺点在于带宽 h 的选择比较困难。加大带宽可以让密度函数更平滑,这可以降低估计密度函数的方差,但过度平滑可能把密度函数的不平滑特点消除,造成密度函数的估计偏差。在实际研究中,检验核匹配结果需要检验结果对带宽选择的敏感度。

(6)匹配方法的优缺点

以上几种匹配方法各有优缺,在实际运用中,几种常见方法通常都可以使用,以检验结果的稳健性。如果结果类似,那么说明匹配方法的选择并不影响结果;但如果结果差异较大,则要进一步检查造成差异的原因。除了分块匹配法,各种匹配方法的运用也要面对不同参数的选择,这些选择取决于偏差(Bias)与方差(Variance)之间的取舍。表 10.1 总结了各种方法的取舍。

表 10.1　常见匹配方法对偏差和方差的取舍

匹配方法	特点	偏差(bias)	方差(variance)
近邻匹配	增加近邻数	+	−
	可重复使用	−	+
卡尺匹配	容忍度增加	+	−
半径匹配	容忍度增加	+	−
核匹配	带宽增加	+	−

10.1.2　PSM 匹配的检验

1)匹配后均匀检验

根据倾向得分找到处置个体对应的匹配个体后,我们需要检验匹配后处理组和控制组的特征是否均衡。如果处理组和控制组仍然存在显著差异,就说明倾向得分匹配没有达到均衡观测特征的目的,研究者需要重新进行倾向得分匹配。匹配后的平衡性检验通常使用以下 3 种方法。

（1）标准化偏差（Standardized Bias，SB）

这个方法是通过比较匹配前后处理组和控制组可观测特征标准化偏差的变化来衡量匹配的效果。在匹配之前，处理组和控制组的特征 X_i 的标准化偏差为

$$\text{SB}_i^{\text{before}} = 100\,\frac{\overline{X}_{i,\text{treatment}}^{\text{before}} - \overline{X}_{i,\text{control}}^{\text{before}}}{\sqrt{0.5\left(\text{Var}(\overline{X}_{i,\text{treatment}}^{\text{before}}) + \text{Var}(\overline{X}_{i,\text{control}}^{\text{before}})\right)}} \tag{10.13}$$

其中，$\overline{X}_{i,\text{treatment}}^{\text{before}}$ 和 $\overline{X}_{i,\text{control}}^{\text{before}}$ 分别是处理组和控制组的特征 X_i 在匹配前的均值；$\text{Var}(\overline{X}_{i,\text{treatment}}^{\text{before}})$ 和 $\text{Var}(\overline{X}_{i,\text{control}}^{\text{before}})$ 分别是处理组和控制组的特征 $\text{Var}(\overline{X}_{i,\text{treatment}}^{\text{before}})$ 在匹配前的方差。匹配之后，特征 X_i 的标准化偏差为

$$\text{SB}_i^{\text{after}} = 100\,\frac{\overline{X}_{i,\text{treatment}}^{\text{after}} - \overline{X}_{i,\text{control}}^{\text{after}}}{\sqrt{0.5\left(\text{Var}(\overline{X}_{i,\text{treatment}}^{\text{after}}) + \text{Var}(\overline{X}_{i,\text{control}}^{\text{after}})\right)}} \tag{10.14}$$

其中，$\overline{X}_{i,\text{treatment}}^{\text{after}}$ 和 $\overline{X}_{i,\text{control}}^{\text{after}}$ 分别是处理组和控制组的特征 X_i 在匹配后的均值；$\text{Var}(\overline{X}_{i,\text{treatment}}^{\text{after}})$ 和 $\text{Var}(\overline{X}_{i,\text{control}}^{\text{after}})$ 分别是处理组和控制组的特征 X_i 在匹配后的方差。

通过比较每个观测特征 $\text{SB}_i^{\text{before}}$ 到 $\text{SB}_i^{\text{after}}$ 的变化，可以得到倾向得分匹配的效果。偏差下降度（Bias Reduction，BR）计算为

$$\text{SB}_i = 1 - \frac{\text{SB}_i^{\text{after}}}{\text{SB}_i^{\text{before}}} \tag{10.15}$$

然而，这个方法并没有指出偏差要降低到多少才是效果好的匹配。Rosenbaum 和 Rubin 认为，当 $\text{SB}_i^{\text{after}}$ 小于 20 时，可被认为标准化偏差是"小"的，即匹配后的处理组和控制组的特征偏差是可接受的。

（2）t 值检验

另一个比较直接的方法是，用 t 统计值直接检验处理组和控制组的每个特征 X_i 在匹配后的均值是否存在显著偏差。这个方法通常和标准化偏差值一起使用，这样可以看到匹配降低了多少可观测特征偏差，并且可以检验匹配后偏差是否还显著存在。

（3）F 值检验

前面的检验是针对每个观测特征单独进行检验。也可以使用 F 统计值对所有观测特征在匹配后是否还存在偏差进行共同检验。

2）计算处理效应

在匹配以及检验平衡特征后，可以计算平均处理效应。除分块匹配法（前文已单独介绍）外，其他的匹配方法最后使用的计算 ATT 表达式原则上都是以下公式。

$$\text{ATT} = \frac{1}{N^{\text{Treatment}}} \sum_{i \in I^{\text{Treatment}} \cap S_P} \left\{ Y_i - \sum_{j \in I^{\text{Control}} \cap S_P} w_{ij} Y_j \right\} \tag{10.16}$$

其中，$N^{\text{Treatment}}$ 为处理组样本个数，$I^{\text{Treatment}}$ 是处理组集，S_P 是共同支撑域集；$I^{\text{Treatment}} \cap S_P$ 是有共同支撑域的处理组样本；Y_i 是处理组里的样本 i 的观测值；I^{Control} 是控制组集；$I^{\text{Control}} \cap S_P$ 是有共同支撑域的控制组样本；Y_j 是处理组里的样本 j 的观测值；w_{ij} 是匹配的权重。不同匹配方法的区别在于赋予的权重不同。例如对于 $n=1$ 的近邻匹配法，最近的一个权重等于 1，其他权重都为 0。在半径匹配法中，容忍度内包含的 n 个控制组样本，每个权重为 $1/n$；容忍度外的控制组样本，权重为 0。核匹配法则按照核函数赋予权重。

10.1.3 PSM 匹配的 Stata 命令

在实际操作中,经常用到各种软件进行 PSM 匹配,本节列出了在 Stata 软件中进行 PSM 匹配的基本命令,见表 10.2。

表 10.2 PSM 在 Stata 中的基本命令

命令	含义
D	处理变量
x1 x2 x3	协变量
outcome(y)	指定变量"y"为结果变量
logit	使用 Logit 来估计倾向得分,默认方法为 Probit
ties	包括所有倾向得分相同的并列个体,默认按照数据排序选择其中一位个体
ate	同时汇报 ATE、ATU 与 ATT,默认仅汇报 ATT
common	仅对共同取值范围内个体进行匹配
odds	使用概率比进行匹配,默认使用倾向得分 p 进行匹配
pscore(varname)	指定某变量作为倾向得分
quietly	不汇报对倾向得分的估计过程

1) 外部命令安装

PSM 匹配可通过下载非官方命令"psmatch2"来实现,命令为
. net install psmatch2. pkg

2) PSM 匹配模型的构建与估计

PSM 匹配的一般命令格式为
. psmatch2 D x1 x2 x3, outcome(y) logit ties ate common odds pscore(varname) quietly
另外,针对不同的匹配方法,命令"psmatch2"提供了一系列选择项。
. psmatch2 D x1 x2 x3, outcome(y) neighbor(k) noreplacement
其中,选择项"neighbor(k)",表示进行 k 近邻匹配(k 为正整数),默认 $k=1$,即一对一匹配;选择项"noreplacement"表示无放回匹配,默认为有放回,该选项只能用于一对一匹配。
. psmatch2 D x1 x2 x3, outcome(y) radiuscaliper(real)
其中,选择项"radius"表示进行半径匹配(也称卡尺匹配) ; "caliper(real)"用来指定卡尺 ε,必须为正实数。
. psmatch2 D x1 x2 x3, outcome(y) neighbor(k) caliper(real)
其中,选择项"neighbor(k)"与"caliper(real)"表示进行卡尺内的 k 近邻匹配。
. psmatch2 D x1 x2 x3, outcome(y) kernel kerneltype(type) bwidth(real)
其中,选择项"kernel"表示进行核匹配;"kerneltype(type)"用来指定核函数,默认使用

二次核（Epan Kernel）；"bwidth（real）"用来指定带宽，默认带宽为 0.06。

. psmatch2 D x1 x2 x3，outcome（y）llr kerneltype（type）bwidth（real）

其中，选择项"llr"表示进行局部线性回归匹配；"kerneltype（type）"用来指定核函数，默认使用三三核（Tricubic Kernel）；"bwidth（real）"用来指定带宽，默认带宽为 0.8。

. psmatch2 D x1 x2 x3，outcome（y）spline

其中，选择项"spline"表示进行样条匹配。

. psmatch2 D x1 x2 x3，outcome（y）mahal（varlist）ai（m）

其中，选择项"mahal（varlist）"表示进行马氏匹配，并指定用于计算马氏距离的协变量；选择项"ai（m）"表示使用 Abadie 和 Imbens[1] 提出的异方差稳健标准误，该选项仅适用于使用马氏距离的 k 近邻匹配，其中 m 须为正整数，表示用于计算稳健标准误的近邻个数（一般可让 $m=k$）；使用此命令进行马氏匹配时，无法使用选择项"ties"或"common"。

3）后估计的 Stata 命令

命令"psmatch2"还带有以下两个"估计后命令"（Post-Estimation Commands），分别用来检验匹配后数据是否平衡，以及画图显示倾向得分的共同取值范围。

（1）检验自变量在匹配后是否平衡

检验变量"x1 x2 x3"在匹配后是否平衡，命令为

. pstest x1 x2 x3，both graph

其中，选择项"both"表示同时显示匹配前的数据平衡情况，默认仅显示匹配后情形；选择项"graph"表示图示各变量匹配前后的平衡情况。

（2）倾向得分的共同取值范围

画直方图，显示倾向得分的共同取值范围，命令为

. psgraph，bin（#）

其中，选择项"bin（#）"用来指定直方图的分组数，默认为 20 组（处理组与控制组各分为 10 组）。

10.2 基于倾向得分匹配的房地产数据分析应用

10.2.1 基于 PSM 匹配评估限购政策对房价影响效应

限购政策是一种常见的房地产调控手段，其目的在于调节市场需求、稳定房价。通常情况下，限购政策会采取多种方式，如限制投资性购买需求、影响开发商策略以及改变房价预期等机制，从而对房价产生影响。政府实施限购政策的决定通常基于一系列特定的条件和因素，然而，可能存在一些无法观测或难以测量的潜在变量。这些潜在变量可能同时影响政策的实施和房价水平。若未对这些潜在变量进行控制，就可能导致对限购政策影响的误导

① ABADIE A，IMBENS G W. Large sample properties of matching estimators for average treatment effects [J]. Econometrica，2006，74（1）：235-267.

性估计。PSM 匹配方法则致力于通过在处理组和对照组之间创建类似的倾向分数,以减小潜在的选择偏差效应。该方法的目标是尽可能消除潜在的干扰因素,使得对限购政策影响的评估更加准确和可靠。本节利用从国家统计局中收集到的 2010 年实行限购政策前后北京市以及深圳市房屋平均销售价格、销售面积和竣工面积数据,整理为数据集"10_PSM 匹配. dta",研究限购政策对于房价的影响,并借此演示 PSM 匹配的一些基本操作。

1)变量选择与数据准备

本节所使用的数据来自国家统计局收集到的,2010 年实行限购政策前后北京市以及深圳市房屋平均销售价格、销售面积和竣工面积数据,以此研究限购政策对于房价的影响,并借此演示 PSM 匹配的一些基本操作。

2)模型构建与估计

首先,安装命令。

. net install psmatch2. pkg

导入数据后,对数据进行描述性分析,结果见表 10.3。

. describe t y x1 x2

表 10.3　变量描述统计

Variable name	Storage type	Display format	Variable label
t	byte	%10.0g	是否限购
y	double	%10.0g	平均销售价格
$x1$	double	%10.0g	销售面积
$x2$	double	%10.0g	竣工房屋面积

其中,被解释变量"y"代表房屋平均销售价格;销售面积"$x1$"、竣工房屋面积"$x2$"则被作为协变量,用于计算倾向分数;是否限购"t"则是一个二进制变量的处理变量,1 代表实行限购政策(接受处理行为),0 代表没有实行限购政策(没有接受处理行为)。

接着,进行倾向得分匹配,采取一对一近邻匹配。

. psmatch2 t x1 x2,outcome(y)n(1)

估计结果包含 3 个部分,第 1 部分是 Probit 回归的结果,见表 10.4。

表 10.4　Probit 回归结果

t	Coefficient	Std. err.	z	$p>z$	[95% conf. interval]	
$x1$	−0.001 9	0.000 7	−2.680 0	0.007 0	−0.003 3	−0.000 5
$x2$	0.000 1	0.000 3	0.300 0	0.762 0	−0.000 4	0.000 6
_cons	2.465 4	0.822 7	3.000 0	0.003 0	0.853 0	4.077 9

此时默认使用 Probit 模型来计算倾向得分,如果想要使用 Logit 模型来计算倾向得分,即在原指令后面添加"logit"选项。

. psmatch2 t x1 x2,outcome(y)logit

第 2 部分是处理组和控制组在匹配前后的差异及其显著性,由表 10.5 可以看出,ATT 的估计值为 3 124.845 45,说明实行限购政策的房价与没有实行限购政策的房价之间有较大的差异。而且虽然对应的 T 值比匹配前减小了,但仍大于 2.022,说明限购政策对房价的影响作用仍然在 5% 水平上显著。

表 10.5 平均处理效应

Variable	Sample	Treated	Controls	Difference	S. E.	T-stat
y	Unmatched	22 769.637 8	9 849.862 4	12 919.775 5	3 124.845 5	4.13
	ATT	22 769.637 8	13 887.007 8	8 882.630 0	3 714.867 1	2.39

观测值共同取值范围见表 10.6。

表 10.6 观测值共同取值范围

psmatch2:Treatment assignment	psmatch2:Common Support Onsupport	Total
Untreated	17	17
Treated	23	23
Total	40	40

3) 平衡性检验

由图 10.3 可以简单看出,在匹配之后,$x1$ 与 $x2$ 处理组与对照组之间的差异均有所减少。表 10.7 则展示了更为详细的平衡性检验信息,由表可得匹配前处理组与对照组两组数值的平均值及其之间的差异十分显著,匹配后两组间的差异分别减少 85.3% 和 89.1%,匹配效果较好。

. pstest x1 x2,bothgraph

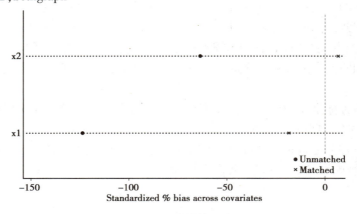

图 10.3 平衡性检验结果

表 10.7　平衡性检验结果

Variable	Unmatched Matched	Mean		% bias	% reduct |bias|	t-test		$V(C)/V(T)$
		Treated	Control			t	$p>\|t\|$	
$x1$	U	1 081.5	1 665	−123.6	85.3	−4.01	0.000	0.39*
	M	1 081.5	1 167.2	−18.2		−0.93	0.355	1.80
$x2$	U	2 599.4	3 251.6	−63.5	89.1	−1.98	0.055	1.14
	M	2 599.4	2 528.6	6.9		0.21	0.837	0.71

注：*$p<0.5$；**$p<0.1$；***$p<0.005$，U(Unmatched)，M(Matched)。

10.2.2　基于 PSM 匹配的交通政策对房价影响效应拓展案例[①]

高速公路的开通对于区域内的房价有着多方面的影响。一方面,新建的高速公路会大大提升当地的交通便利性,缩短了通勤时间,增加了地区的可达性,这往往会吸引更多的投资和商业活动进入该区域,促进了地方经济的发展,进而带动了房地产市场的活跃,导致房价水平上升。另一方面,高速公路的开通也可能伴随着环境问题,比如交通噪声和尾气排放。这些问题可能会影响到周边居民的生活质量,降低他们对该地区居住的兴趣,从而抑制了房价的上涨趋势。因此,高速公路的通车对于房价的影响是一个复杂而多变的过程,需要综合考量各种因素的作用。本节利用 PSM 匹配模型来估计高速铁路开通对于城市住宅价格的平均处理效应,主要研究思路如下:首先,参考高速铁路开通资料,将我国各地级市分为处理组和对照组,通过 Logit 模型估计每个城市开通高速铁路的倾向得分值;其次,检验数据是否满足倾向得分匹配法得平行性假设和共同支撑假设;最后,计算分析处理组得处理效应,并进行稳健性检验。

1)变量选择与数据准备

在高速铁路的开通这一单一差异的影响给城市住宅价格带来的效应差异有多大之时,由于无法同时观测到同一个城市开通高速铁路和未开通高速铁路的情况,这时就需要利用 PSM 匹配法,通过共同影响因素选取相近的城市来代替实际已经开通高速铁路的城市。从而比较实验组和匹配出的对照组之间的差异来对高速铁路开通对城市住宅价格的影响效应进行评估。

由于本节的目标是运用倾向值匹配模型(PSM)考察高速铁路开通对城市住宅价格的影响,所以需要关注影响高速铁路开通的因素和影响城市住宅价格的因素,以此作为进行匹配的协变量。以下相关变量是影响城市住宅价格的一组控制变量,这些变量不仅影响城市的住宅价格,也是影响城市是否建设高铁的协变量。

---

① 陈立文,王荣,杜泽泽.基于倾向得分匹配法的高速铁路开通对城市住宅价格的影响[J].管理现代化,2018,38(2):84-87.

· 254 ·

协变量及含义见表10.8。

表 10.8 协变量及含义

协变量名	定义	说明
gdp	人均国内生产总值	在一般的情况下,一个城市的 GDP 水平越高,说明该城市发展得越迅速,其开通高速铁路的可能性也会更大
investment	城市固定资产投资	一个城市的固定资产投资水平也代表着城市的物质资产水平,城市的固定资产投资水平也是影响高速铁路是否开通的一个重要因素
interest	利率	利率水平的高低不仅会对城市的住宅价格有一定影响,也会对城市的发展进程和发展速度产生一定的影响,从而影响高速铁路的开通。本节选用中国银行网站的 5 年期以上利率按时间加权平均计算
people	人口规模	现有实证研究结果显示,城市的人口规模对城市的住宅价格有显著的正向影响,会扩大城市的住宅需求。在一定程度上,高速铁路站点的选择也受到城市人口规模的影响
savings	储蓄存款	储蓄存款在一定程度上可以代表城市的购买力
books	城市基础设施	本节选用每百人公共图书馆藏书数代表城市的文化发展水平

此外,本节以各个城市的商品房住宅价格(hd)作为反映城市住宅价格的指标,在进行 PSM 匹配的基础上,考察有无开通高速铁路的城市在住宅价格指标上的差异。

本节基于我国 285 个地级市 2008—2015 年的相关城市数据进行研究。采用的数据来源于 wind 数据库、中国人民银行网站及中国城市统计年鉴。本节的研究目标是运用倾向值匹配模型(PSM)考察高速铁路开通对城市住宅价格的影响。各因素指标具体数据来源见表 10.9。

表 10.9 结果变量和共同影响因素变量来源

变量名	定义	单位	数据来源
hd	商品房住宅价格	万元	Wind 数据库
gdp	人均 GDP	元/人	Wind 数据库
investment	市辖区固定资产投资	亿元	Wind 数据库
interest	5 年期以上贷款利率	百分数	中国人民银行网站
people	市辖区人口数量	万人	中国城市统计年鉴
savings	储蓄存款	亿元	Wind 数据库
books	每百人公共图书馆藏书数	册/百人	中国城市统计年鉴

在选取变量的基础上对实验组和对照组数据进行初步的统计分析,其分析结果见表 10.10。

表 10.10　匹配变量的描述性统计

变量名	实验组		对照组		归一化差值
	均值	标准差	均值	标准差	
hd	1.016 1	2.121 6	0.338 1	0.196 8	0.323 6
gdp	49 266.730 0	29 852.010 0	33 752.540 0	27 579.200	0.381 7
investment	2 269.010 0	1 979.501	596.085 6	454.336 2	0.823 7
interest	0.063 5	0.005 4	0.063 5	0.005 4	0.000 0
people	281.688 2	301.460 8	84.467 9	57.765 2	0.642 5
savings	3 273.658 5	4 409.856	603.234	416.487 6	0.602 8
books	162.709 2	197.956 1	72.159 1	356.290 1	0.222 1

本节使用归一化差值来比较实验组与对照组的差别。归一化差值可以直观地呈现变量的差异,当其大于 0.25 时,说明实验组与对照组数据有显著的差异。表 10.10 中,除利率变量外,其余变量的归一化差值均大于 0.25,说明在匹配之前,实验组和对照组之间有显著的差异。

2)模型构建、估计与检验

(1)倾向值估计

使用 logit 回归对匹配变量进行筛选。

$$\text{Logit}(T_{ij} = 1) = \beta_0 + \beta_i X_{ij} \varepsilon_{ij} \tag{10.17}$$

其中,Logit 回归的初始解释变量"X_{ij}"为所有协变量,包括国内生产总值、城市固定资产投资、利率、人口、储蓄存款、每百人拥有图书数量,"T_{ij}"为虚拟变量,表示城市是否开通高速铁路。表 10.11 给出了根据 Logit 模型进行回归的结果。

表 10.11　Logit 回归结果

变量名	定义	回归系数	标准差	$p > |z|$
gdp	国内生产总值	0.000 0***	6.80e-06	0.000
investment	固定资产投资	0.002 4***	0.000 3	0.000
interest	利率	56.263 4***	18.695 3	0.003
people	人口	0.000 3**	0.001 5	0.077
savings	储蓄存款	0.000 5***	0.000 2	0.033
books	每百人图书数	0.000 1	0.000 3	−0.653

注: * $p<0.5$; ** $p<0.1$; *** $p<0.005$。

由表 10.11 可以看出,除每百人公共图书馆藏书数(books)的变量系数并不显著外,国内生产总值、固定资产投资、储蓄存款、人口、都是显著地提高了城市高速铁路的开通的概率。该 Logit 回归的 PSE-R^2 为 0.437 7,说明拟合度较好。因此,在后续具体分析中选取 gdp、investment、interest、people 和 saving 这 5 个变量作为共同影响因素,进行 PSM 匹配。

（2）匹配质量的统计检验

本节将分别采用最近邻匹配法、半径匹配法、核匹配法进行匹配平均处理效应的分析,以便更好地保证结果的准确性。而匹配之后的结果是否是有效的前提是需要利用平行性假设和共同支撑假设来进行检验。

①数据的平行性假设检验。数据的平行性假设就是要求"实验组"与"对照组"的各个变量在匹配后没有显著的差异。本节利用最近邻匹配、半径匹配和核匹配对数据进行了匹配并进行了平行性假设,在此,列示了核匹配得到的质量检验结果。

匹配前后,除利率变量外,其他变量的标准化偏差均有所变小（表 10.12）。Rosenbaum 和 Rubin 认为,匹配后变量的标准偏差值的绝对值显著小于 20% 就说明该匹配方法合适且效果较好,本节匹配后大多数 t 检验的结果表明实验组与对照组的差异已经不显著,且绝对值都小于 10%,说明匹配质量较好。

表 10.12　条件变量匹配质量检验

变量名	样本	实验组均值	对照组均值	$p<|t|$	标准化偏差/%	标准化偏差降低率/%
gdp	U（未匹配）	49 267.0	33 753.0	0.00	54.0	95.6
	M（匹配上）	31 724.0	28 515.0	0.749	2.3	
investment	U（未匹配）	2 269.0	596.09	0.00	116.5	97.6
	M（匹配上）	991.56	927.14	0.493	−2.8	
interest	U（未匹配）	0.64	0.64	1.000	0.00	−7.0
	M（匹配上）	0.06	0.06	0.532	7.0	
people	U（未匹配）	281.69	84.47	0.00	90.0	96.2
	M（匹配上）	118.01	124.21	0.278	−3.5	
savings	U（未匹配）	3 273.7	603.23	0.00	85.3	99.3
	M（匹配上）	1 009.8	973.36	0.753	−0.6	

注:其中 U（Unmatched）代表匹配前变量,M（Matched）代表匹配后变量。

②共同支撑假设检验。共同支持条件要求实验组和对照组在匹配后在共同的取值范围内,剔除未包含在共同范围内的样本值,在本节中,在处理软件 Stata 中利用"Command"命令进行剔除筛选,来满足共同支撑的假设,使得每个实验组样本在匹配后都能在对照组中找到匹配的个体。

（3）平均处理效应结果分析

经过上述的分析和处理,实验组和对照组除高速铁路是否开通这一差异外,在其他因素上已经基本相同。实验组和对照组在住宅价格上的差异即为高速铁路开通的处理效应。本节利用核匹配方法进行分析,其他方法作为稳健性检验。表 10.13 给出了核匹配的估计效应处理结果。在表 10.13 中可以看出,ATT 的估计值为 0.678 1,说明开通高速铁路的城市的住宅价格与没有开通高速铁路的城市的住宅价格之间有较大的差异,而且虽然对应的 T 值比匹配前减小了,但仍大于 2.76,说明高速铁路开通对城市住宅价格的影响作用仍然在 1% 水平上显著。

表 10.13　PSM 匹配的处理效应

变量	样本	实验组均值	对照组均值	差异	T-stat
hp	Unmatched	1.016 1	0.338 1	0.678 1***	7.97
	ATT	0.963 7	0.340 3	0.623 4***	3.34

注:* $p<0.5$;** $p<0.1$;*** $p<0.005$。

(4)稳健性检验

仅使用一种方法可能会导致结果具有较大的误差,本节利用一对一匹配、一对四匹配和半径匹配方法对所分析数据进行稳健性检验,结果见表 10.14。

表 10.14　PSM 稳健性检验

变量	一对一匹配		一对四匹配		半径匹配	
	ATT	T-stat	ATT	T-stat	ATT	T-stat
Inno	0.610 8***	3.34	0.621 3***	3.35	0.492 9***	3.16

注:* $p<0.5$;** $p<0.1$;*** $p<0.005$。

由表 10.14 中的检验结果可以看出,这几种匹配方法的分析结果较为相似,说明该结果有较高的可信性。

10.3　本章小结

本章详细介绍了 PSM 匹配的原理、模型建立和检验过程,旨在帮助读者形成对匹配方法的直观认识。首先,本章讨论了 PSM 匹配方法在观察性研究中解决选择偏差问题的基本思想,通过将处理组和对照组在可观测特征上进行匹配,以确保它们的可观测特征分布一致,从而更准确地估计处理效应。随后,本章详细介绍了 PSM 匹配模型的建立过程,包括匹配算法的选择、匹配质量的评估和匹配结果的检验。在实战部分,本章通过三个实例,展示了 PSM 匹配方法在房地产数据分析中的具体应用。通过实例"高速路开通对房价影响效应"进行具体建模与分析,帮助读者加深对利用匹配方法评估房地产市场政策调控效应的理解。通过这些内容,读者可以全面掌握 PSM 匹配方法在实际研究中的应用,并能够有效减少选择性偏倚,提高研究结果的可信度。下一章将探讨双重差分法(DID)在房地产市场政策效应分析中的应用。

习　题

1. 在分析限购政策对房地产市场的影响时,为何在观察性研究中使用 PSM 匹配方法是必要的？倾向得分如何减少选择偏差对政策评估的影响？

2. 在利用 PSM 方法研究限购政策对房价的因果效应时,应根据何种原则选择协变量？若遗漏关键协变量或纳入无关变量,将对研究结果带来何种偏差影响？

3. 在完成限购政策影响研究的匹配后,如何利用平衡性检验(如标准化偏差、t 检验)评估匹配结果的质量？当平衡性检验结果不理想时,应如何重新调整倾向得分的估计方程？

11

基于双重差分法的房地产政策效应评估

双重差分法(Difference-in-Differences,DID)通过比较政策或事件介入前后的变化,来估计该介入的因果效应。在房地产数据分析中,DID方法特别适用于评估特定政策、经济事件或其他变化对房地产市场的影响,如房价、租金、开发活动及其他市场指标。这种方法依赖于一个重要假设:在没有介入的情况下,处理组和对照组的变化趋势将是平行的。DID可以用来评估各种政策变更(例如土地使用法规、税收优惠政策、住房补贴)对房地产市场的影响。通过比较政策实施区域(处理组)与未实施区域(对照组)的房价或租金变化,可以估计政策的直接影响。使用DID方法可以帮助分析基础设施改善对房地产价格和交易量的具体影响,如新的公交线路或公园的建设,对提升周边地区的房地产价值可能有显著影响;可以用于研究经济事件(如金融危机、重大投资项目)对特定地区或整个房地产市场的影响。比较事件发生前后的市场变化,可以更好地理解这些事件对房地产市场的影响。

成功的DID分析依赖于处理组和对照组在介入前的相似性,以及它们遵循平行趋势的假设。分析时需要控制可能影响结果的时间效应和其他外部变量,以确保估计的准确性。使用多期数据进行DID分析可以提高估计的稳健性和可靠性。

本章将介绍双重差分法(DID)及其在房地产市场政策效应分析中的应用。具体而言:第1节主要讲解DID的原理、假设条件和PSM-DID模型的构建与检验。第2节通过实例展示了DID在限购限贷政策、房地产税试点政策及学区房政策效应分析中的应用,帮助读者理解如何运用双重差分法进行政策效应评估。

11.1 双重差分法的原理

在做随机实验或自然实验时,实验的效果常常需要一段时间才能显现出来,而我们关心的恰恰是被解释变量实验前后的变化。为此,考虑以下两期面板数据。

$$y_{it} = \alpha + \gamma D_t + \beta x_{it} + u_i + \varepsilon_{it}(i = 1,\cdots,n;t = 1,2) \tag{11.1}$$

其中，D 为实验期虚拟变量（$D_t=1$，如果 $t=1$，为实验后；$D_t=0$，如果 $t=1$，为实验前），u_i 为不可观测的个体特征，而政策虚拟变量（Policy Dummy）为

$$x_{it} = \begin{cases} 1,若 i \in 实验组，且 t=2 \\ 0,其他 \end{cases} \tag{11.2}$$

因此，当时（第一期），实验组与控制组并没有受到任何不同对待，都等于 0。当 $t=2$ 时（第二期），实验组 $x_{it}=1$，而控制组也依然等于 0。如果该实验未能完全地随机化（比如观测数据），则可能与被遗漏的个体特征相关，从而导致 OLS 估计不一致。由于是面板数据，可以对方程（11.1）进行一阶差分（即第二期减去第一期），以消掉 u_i。

$$\Delta y_i = \gamma + \beta x_{i2} + \Delta \varepsilon_i \tag{11.3}$$

用 OLS 估计上式，即可得到一致估计。根据与差分估计量（Differences Estimator）同样的推理可知

$$\hat{\beta}_{OLS} = \Delta \bar{y}_{treat} - \Delta \bar{y}_{control} = (\bar{y}_{treat,2} - \bar{y}_{treat,1}) - (\bar{y}_{control,2} - \bar{y}_{control,1}) \tag{11.4}$$

因此，这个估计法称为"双重差分估计量"（Difference-in-Differences Estimator，简记 DD），记为 $\hat{\rho}_{DD}$，即实验组的平均变化与控制组的平均变化之差，从图 11.1 中可以直观地看出，双重差分估计量已经剔除了实验组与控制组"实验前差异"（Pretreatment Differences）的影响。

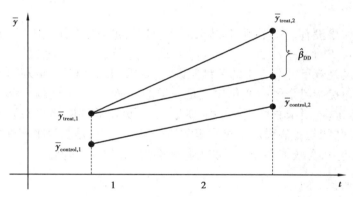

图 11.1　双重差分示意图

DID 的主要思想是通过构建合适的对照组并进行差分来消除时间趋势因素对结果的影响，从而得出更为准确的政策效应估计。

DID 的基本定义是明确定义处理组和对照组、干预前后两个时间段。处理组在政策实施后受到干预，对照组未受干预。根据这一基本设定构建 DID 模型。双重差分方法适用于事前所有个体都没有受到政策干预，而事后只有一组个体受到政策干预，受到政策干预的组称为干预组，没有受到政策干预的组称为控制组。政策实施的时间点和是否受到政策干预这两个变量将样本分成了四组群体（表 11.1）。

表 11.1　四个群体

	$T=0$	$T=1$
$D=1$	干预组（干预未实施）	干预组（干预实施）
$D=0$	控制组	控制组

DID 的原理机制是 DID 方法的原理基于"平行趋势"假设,即在没有治疗的情况下,处理组和对照组的结果变化趋势应该是相同的。DID 模型通过区分政策效应和时间效应来识别政策的因果影响。

DID 的模型框架为

$$Y = \beta_0 + \beta_1 \text{Treat} + \beta_2 \text{Post} + \beta_3 \text{Treat} \times \text{Post} + \varepsilon \tag{11.5}$$

其中,"Treat"表示处理组,"Post"表示时间,"Treat×Post"为交互项,反映了政策效应。

在社会科学研究中,双重差分法是用来估计政策干预和事件处置效应的一个常用方法。这些政策或事件的特点是,它们并不在同一时间影响所有个体,或者对个体的影响并不相同。例如,A 省在 2014 年通过了新税法,B 省没有通过。使用双重差分法估计新税法对企业业绩影响的基本思路很直观:处置组(A 省的企业)在 2014 年前后的平均业绩变化包含了新税法和其他因素的影响;控制组(B 省的企业)在 2014 年前后的平均业绩变化只包含了其他因素的影响,当其他因素对处置组和控制组的影响一样时,我们可以通过二者相减来估计新税法对业绩的处置效应。

11.1.1　DID 的假设条件

1) 共同趋势假设

干预组个体如果没有接受干预,其结果的变动趋势将与控制组的变动趋势相同,即

$$E[Y_{0it} - Y_{0it-1} | X_{it}, D_{it} = 1] = E[Y_{0it} - Y_{0it-1} | X_{it}, D_{it} = 0] \tag{11.6}$$

共同趋势假设是双重差分方法的关键假设,它要求如果没有受到政策影响的话,干预组个体的变化模式与控制组个体的变化模式是一样的。换言之,未观测因素对两组个体的影响是相同的,当然,这一要求总体上不一定满足,一个更弱的共同趋势假设是要求控制可观测变量 X_{it} 后满足共同趋势假设。不过这里的协变量 X_{it} 必须是在政策实施之前取值或不受政策干预影响的变量,受政策影响的观测变量将会造成样本选择偏差。

2) 共同区间假设

$$\Pr[D_i = 1] > 0 \text{ 且 } \Pr[D_i T_i = 1 | X_{it}] < 1 \tag{11.7}$$

3) 外生性假设

$$X_{1it} = X_{0it} = X_{it} \tag{11.8}$$

这里 X_{1it}、X_{0it} 类似潜在结果的符号,表示可以观测的协变量外生于政策干预,不会受到政策干预的影响。如果协变量受到政策干预的影响,那么控制它将可能产生样本选择偏差,因而,协变量 X_{it} 应该是发生在政策干预实施之前或者不随政策干预而变化的变量。

4) 政策只影响干预组假设

政策干预只影响干预组,不会对控制组产生交互影响,或政策干预不会有溢出效应。

如果政策对干预组产生影响,并且干预组的影响会对控制组个体产生外溢效应,从而使政策干预也会对控制组产生一定程度的影响,那 DID 识别策略将无法识别出真正的政策效应,因为控制组的趋势变化中也包含了政策的部分影响,从而不能用控制组的变化趋势作为构成干预组反事实趋势的基础。

11.1.2 PSM-DID 模型的构建

PSM-DID 模型是由倾向得分匹配模型(Propensity Score Matching,PSM)和双重差分模型(Differences-in-Differences,DID)结合而成。其中,前端 PSM 模型负责为受处理个体筛选对照对象;在此基础上,后端 DID 模型负责识别政策冲击所产生的影响。

1)建模步骤

在实践中,PSM-DID 建模流程一般分为以下几个步骤。

(1)假设与变量选择

明确问题,确定假设,确定研究对象、研究问题、研究假设和研究方法。明确要评估哪种政策或干预对哪些个体或单位有什么样的影响,并选择合适的数据来源、样本范围、时间跨度、结果变量和协变量。

(2)数据准备

数据获取、清洗,基于第一步确认好需要获取的变量后,进行数据的获取与清洗、整理、描述和可视化,检查数据质量、数据特征、数据分布等。

(3)倾向得分计算与样本匹配

计算倾向得分,基于得分进行样本匹配,根据协变量估计每个个体接受处理的概率,得分通常用一个二元回归模型来估计,如逻辑回归、Probit 回归。

(4)双重差分模型构建、估计与检验

双重差分回归,利用匹配后的数据构建双重差分回归模型,选择合适的回归方法、回归函数、回归控制等进行回归,估算平均处理效应。回归后要检验回归效果,包括显著性检验、平行趋势检验、稳健性检验等。

(5)结果分析

评价结果,给出建议,根据回归结果估算策略或干预对处理组相对于控制组的平均处理效应 ATT,并与研究假设进行比较和分析。讨论结果可能存在的局限性、不确定性、偏误等,并提出改进方向或政策建议。

2)PSM 的使用有一些条件

①样本量尽量大,如果样本太小,会导致处理组许多样本在控制组中找不到能匹配的样本,或者能匹配,但是距离很远,也就是控制组的这个样本与处理组的这个样本相对是最匹配的,但是绝对匹配度依然不高。

②处理组与控制组的倾向得分有较大共同取值范围,否则会丢失较多样本,导致匹配的样本不具备代表性。

11.1.3 PSM-DID 的检验

在适用范围方面,PSM 模型适用于截面数据,DID 模型适用于面板数据,二者适用范围并不相同,应用中可能会存在一些问题。在国内外文献中,可以很容易地搜寻到该模型的身影,学者们通常采用 PSM-DID 模型处理面板数据,而在面板数据中,前端 PSM 模型为后端 DID 模型筛选的对照组是否合理有效,则是一个值得深入探讨的问题。

针对二者适用范围不同的问题,学者们一般有两种解决方案。一是将面板数据直接转化为截面数据进行处理;二是在面板数据的每期截面上进行逐期匹配。而这两种方法会存在以下 3 个问题。

①"自匹配"问题。将面板数据直接转化为截面数据处理,会产生不同期样本匹配的问题,这使得最终的识别结果中掺杂了大量时间趋势信息。而且,匹配变量 x 越多,给予的约束越强,发生"自匹配"的概率就越大。

②逐期匹配的不足。如果选择逐期匹配的方案,即在每期截面上都进行一次匹配,虽较好地解决了样本不同期匹配的问题,但可能还会受到其他问题的困扰。

③对照组的不稳定性(处理组个体的匹配对象在冲击前后发生了变化)也会产生部分匹配偏误。对照对象在冲击前后同样发生了较大改变。如果 PSM 模型筛选所得的对照组兼具可比性和稳定性,则 PSM-DID 模型的识别结果将更加稳健可靠。

11.1.4 PSM-DID 的 Stata 命令

由于"psmatch2"为外部命令,因此第一次使用该命令时需要键入如下代码进行安装。具体安装方法和命令的语法格式见 10.1.4 节的内容。其中,"psmatch2"自带两个估计后检验命令,一个是"pstest",用于进行平衡性检验;一个是"psgraph",用柱状图的方式直观呈现出两组间满足共同支撑假设(即倾向得分值在共同取值范围内)样本的分布情况。

"psmatch2"之后我们可以得到以下三部分结果。

①Logit 回归结果。

②ATT,ATU 和 ATE 的值。我们主要关注 ATT 的 t-stat,只要 t 的绝对值大于 1.64 即可说明匹配结果显著。

③报告两组在共同取值范围内的样本量。一般论文不展示此结果。

之后使用"pstest"进行平衡性检验意味着检查数据集中的变量是否在不同组之间平衡。在这里,使用"pstest"命令来检验变量 $xlist 是否平衡,并生成匹配质量图。结果主要参考匹配前后的 %bias 是否大幅下降,一般来说,这些值越接近 100%,表示匹配质量越好。

11.2 基于双重差分法的房地产数据分析应用

11.2.1 基于 PSM-DID 评估限购限贷政策对技术创新影响效应[①]

随着中国经济迈入新常态,实体经济产能过剩及资本回报率低的问题凸显。另外,各地对房地产政策的松绑导致房地产投资及居民房贷爆发式增长,诸多一、二线城市房价涨幅呈现出非理性化趋势。2016 年 7 月的信贷资金结构显示,99% 的信贷资金流入了房地产领域。加上在房地产业高回报的吸引下,实体经济部门将资金大量投入高利润的房地产行业,进一步挤占了实体经济部门的资本。资本的"脱实向虚"不仅加剧了泡沫破裂的金融风险,更严重制约着实体经济的复苏。结合目前中国经济发展模式亟待转变的迫切需要,创新驱动无

---

① 余泳泽,张少辉. 城市房价、限购政策与技术创新[J]. 中国工业经济,2017,(6):98-116.

疑是破解当前经济"虚实失衡"难题的关键。

假设实施限购政策可以缓解房价上涨对技术创新的负面影响,具体体现在通过限制房地产市场的投机性需求并调整投资结构,使资金更多流向生产性和创新活动。这些政策间接通过调整信贷资源分配,减少对高回报房地产投资的偏好,从而促进技术创新。

1)变量选择与数据准备

（1）被解释变量

因变量的作用是用来度量城市和企业技术创新活动的水平,选取度量技术创新活动的指标是关键一步。本节从创新活动产出角度出发度量技术创新活动水平,使用中国各地市本地单位从业人员的发明专利授权量来度量城市整体技术创新水平。数据来源于中国知网的专利数据库。使用这一变量来度量技术创新活动的原因在于:一方面房价的形成是叠期累积的过程,对应地将使用发明专利授权量衡量产出水平,两者的比较分析在经济学的动态概念上更具合理性;另一方面采用单位从业人员数做人均处理,可以消除不同地区之间的面积大小和人口规模差异带来的不可比因素。

（2）核心解释变量

自变量采用了城市房价变量代理。房价数据来自《中国区域经济统计年鉴》。此外,房价又区分了总体房价和住宅市场房价。《中国区域经济统计年鉴》中能获得名义商品房价格,这里采用了城市所在省份的 CPI 指数进行了平减。本节选取了 2004—2013 年数据。对于城市房价和技术创新活动因果关系的实证检验只有在控制了一系列相关变量之后才能得到。

（3）控制变量

从地区宏观层面来看,本节选择了货运周转量代理交通基础设施水平;采用 FDI 的比重代理 FDI 技术外溢效应,具体采用了外商投资工业企业总产值与该地区工业总产值的比值作为代理变量。此外,本节还选择了财政自主权、人均 GDP、城市的产业结构等控制变量,用以控制经济发展程度、产业结构变化等因素对技术创新活动的影响。本节还加入了时间和城市的虚拟变量来控制时间及地区差异对技术创新活动的外部冲击。从微观企业层面来看,根据已有企业技术创新活动的相关研究和企业层面的数据情况,本节选取了企业规模、企业年龄、企业经营性现金流及所有制等控制变量,并且在地区和时间维度上进行控制。

模型的各个变量描述性统计见表 11.2。

表 11.2　描述性统计

变量类型	变量符号	变量名称	处理方法	均值	最小值	最大值
因变量	$Innovation_{it}$	城市技术创新活动指标	发明专利授权量/从业人员	0.919 0	0.000 0	90.108 3
自变量	HP	房价（取对数）	商品房销售总额/商品房销售面积	7.920 0	5.381 7	10.102 4
	Infrastructure	人均货运总量	货运总量/总人口	27.636 4	0.227 2	2 918.20
	FDI	外商投资（%）	外商投资工业企业总产值/地区工业总产值	0.641 8	0.000 0	4.929 0

续表

变量类型	变量符号	变量名称	处理方法	均值	最小值	最大值
城市变量	FD	财政自主权	财政预算内支出/财政预算内收入	0.510 5	0.055 5	1.541 0
	Agdp	人均 GDP	人均 GDP	11.482 7	0.773 3	47.371 2
	Industry	产业结构(%)	第二产业产值/GDP 比重	50.017 8	15.700 0	85.920 0

2) 模型构建、估计与检验

$$\text{Innovation}_{it} = \eta_0 + \eta_1 \text{Quota}_{it} \times \text{time}_{it} + \delta_i + \theta_i + \gamma_j \sum Z_{jit} + \varepsilon_{it} \tag{11.9}$$

其中，虚拟变量"Quota_{it}"表示城市是否属于实验组，若城市 i 在 2004—2013 年内实施了限购政策取 1，否则为 0。虚拟变量"time_{it}"表示限购政策实施前后，若城市 i 在 t 年实施限购，则从 t 年到 2013 年均为 1，否则为 0。上文中提到由于无法定义一个对于每个城市而言都相同的政策发生时间，因此，在该模型中不再控制 Quota_{it} 或者 time_{it} 的虚拟变量，改为控制城市固定效应和时间固定效应。"Z_{jit}"为城市层面的控制变量，"ε_{it}"为误差项。

接下来，先使用 DID 模型在 Stata 中进行基准回归。

设置面板数据结构，id 表示横截面单位，year 表示时间维度。

. xtset id year

交互项 quota_time 捕捉了限购政策和时间的交互效应。

该交互项可以帮助我们理解在不同时间点上，政策干预对某一结果变量的影响是如何变化的。在 DID 模型中，交互项 quota_time 可以用于估计政策在不同时间点的平均处理效应。

. gen quota_time = quota * time

创新变量与限购-时间交互项之间的关系，年份作为虚拟变量。

. gen quota_time_lnTP = quota_time * clnTP

. xtreg innovation quota_time i. year, fe vce(cluster id)

存储模型 m1 的结果。

. est store m1

加入 agdp、industry、fd、fdi 和 infra 变量。

. xtreg innovation quota_time agdp industry fd fdi infra, vce(cluster id)

存储模型 m2 的结果。

. est store m2

增加年份虚拟变量的回归分析，控制其他变量。

. xtreg innovation quota_time agdp industry fd fdi infra i. year, fe vce(cluster id)

存储模型 m3 的结果。

. est store m3

加入 lnTP 变量。

. xtreg innovation quota_time lnTP agdp industry fd fdi infra i. year, fe vce(cluster id)

存储模型 m4 的结果。

. est store m4

交互项 quota_time_lnTP 作为解释变量。

. xtreg innovation lnTP quota_time_lnTP agdp industry fd fdi infra i. year,fe vce(cluster id)

存储模型 m5 的结果,结果见表 11.3。

. est store m5

. esttab m1 m2 m3 m4 m5,b(%9.3f) se(%9.3f) mtitle(Static Model) star(* 0.1 ** 0.05 ** 0.01) modelwidth(9)

表 11.3　限购政策对技术创新活动影响的回归结果

模型	(1)	(2)	(3)	(4)	(5)
	Innovation	Innovation	Innovation	Innovation	Innovation
Quota×time	2.577 0***	3.376 1***	2.506 0**	2.492 0**	
	(2.871 8)	(4.048 8)	(2.424 9)	(2.406 4)	
HP				−0.407 6**	−0.441 0**
				(−2.445 3)	(−2.461 9)
Quota×time×HP					1.053 4**
					(2.504 9)
Agdp		0.040 2	−0.048 6**	−0.054 1**	−0.053 3**
		(1.435 4)	(−2.096 0)	(−2.211 3)	(−2.153 7)
Industry		−0.002 5	0.004 8	0.007 2	0.006 4
		(−0.167 5)	(0.093 2)	(0.136 9)	(0.124 5)
FD		1.821 9**	0.243 8	0.239 0	0.162 8
		(3.917 7)	(0.393 8)	(0.390 0)	(0.253 1)
FDI		−0.047 5	−0.410 3**	−0.402 0**	−0.422 3**
		(−0.519 8)	(−2.529 5)	(−2.446 1)	(−2.407 0)
Infrastructrue		0.008 1	0.007 5	0.007 5	0.007 5
		(0.947 0)	(0.874 2)	(0.873 9)	(0.869 0)
城市固定	YES	NO	YES	YES	YES
年份固定	YES	NO	YES	YES	YES
聚类到城市	YES	YES	YES	YES	YES
Observations	2 295	2 295	2 295	2 263	2 263
R-squared	0.140 3	0.252 9	0.203 9	0.203 8	0.193 1
Number of id	230	230	230	230	230

注: * 、** 、*** 分别代表通过 10%、5% 和 1% 的显著性检验。括号内为 t 值。

表 11.3 中报告了回归结果,可以发现在不加入和加入控制变量的情况下,限购政策的系数均为正值且分别通过了 1% 和 5% 的显著性水平,表明限购政策的实施对城市的技术创新活动产生了显著的正向影响。另外,根据同时加入限购政策和房价后的模型结果来看,限购政策对技术创新活动的系数值显著为正,房价的系数值仍显著为负,但是其绝对值为 0.41,小于之前 OLS 下的回归系数(-0.46)。在加入房价以及房价与限购政策的交互项的情况下,房价与限购的交互项系数显著为正(1.05),可以看出限购政策的实施有效地缓解了房价上涨带来的负面影响。

针对以上双重差分法估计的结果,保证其满足无偏性的一个前提条件是实验组和控制组之间需要满足平行趋势假设,如果实验组和控制组在事件发生之前存在时间趋势差异,就会质疑产生变化不是由限购政策所致,而是由于事前时间趋势不同所引起。因此,为了验证本节 DID 模型的适当性,需要验证在限购政策实施之前限购城市与非限购城市的技术创新活动产出是否存在平行趋势。具体代码如下

计算每年每个配额组的创新指标平均值。

```
. egen meanp2 = mean(innovation), by(year quota)
```

按年份进行排序,以便接下来的绘图操作。

```
. sort year
```

绘制时间序列图,以连线表示实验组和对照组的创新平均值。

```
. twoway (connect meanp2 year if quota == 1&year <= 2013&year >= 2004, lpattern
(longdash) lwidth(thick)) (connect meanp2 year if quota == 0&year <= 2013&year >= 2004,
lwidth(thick)) if year <= 2013&year >= 2004, xline(2010, lpattern(longdash) lwidth(medium
thick)) ytitle("人均发明专利授权量") xtitle("年份") legend(label(1 "实验组") label(2 "对照组"))
xscale(range(2004 2013)) xlabel(2004(1)2013) graphregion(color(white))
```

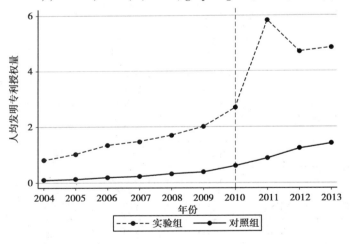

图 11.2　平行趋势检验结果

在限购政策实施之前,实验组和控制组(即限购城市和非限购城市)的人均发明专利授权量大致保持相同增长趋势,而在限购政策实施之后,实验组和控制组人均发明专利授权量的增长趋势出现明显变化,如图 11.2 所示。所以本节使用的 DID 的模型符合平行趋势假设的前提条件。

稳健性检验使用 PSM-DID 模型检验限购政策对技术创新活动的影响,通过近邻匹配的

方法,与具有相似协变量值的控制组进行匹配,确保实验组和对照组具有可比性。具体代码如下:

运行近邻 1 对 10 匹配,根据匹配宽度 0.05,将每个处理组单元与 10 个控制组单元进行匹配。

首先需要安装命令 psmatch2 。

. ssc install psmatch2

. psmatch2 quota agdp industry fd fdi infra,outcome(innovation)logit n(10)cal(0.05)

进行平衡性检验,得到如图 11.3 所示结果。

. pstest agdp industry fd fdi infra,both graph

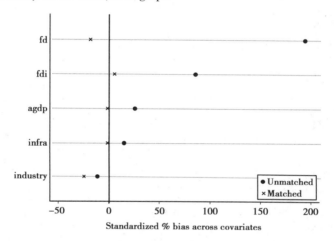

图 11.3　PSM 平衡性检验

fdi 和 industry 在匹配前的偏差最大,但匹配后都得到了显著改善。infra 和 agdp 即使在匹配前偏差也相对较小,匹配后几乎达到了零偏差。fdi 平衡性也得到显著改善。

运行 PSM-DID 模型。该命令删除了未成功匹配的观测值,确保分析只包含有匹配权重的观测值。

. keep if _weight! =.

使用固定效应模型估计变量 quota_time 对创新的影响,同时控制其他协变量,并聚类标准误差以处理可能的序列相关性。

. xtreg innovation quota_time agdp industry fd fdi infra,fe vce(cluster id)

. est store m6

此模型在之前的基础上加入年份固定效应,以控制不随时间变化的影响因素。

. xtreg innovation quota_time agdp industry fd fdi infra i. year,fe vce(cluster id)

. est store m7

. esttab m6 m7,b(%9.3f)se(%9.3f)mtitle(Static Model)star(* 0.1 ** 0.05 *** 0.01)modelwidth(9)

得到 PSM-DID 回归结果见表 11.4。

表 11.4 PSM-DID 回归结果

	（1）	（2）
	innovation	innovation
Quota×time	2.583***	1.529 *
	（3.94）	（2.16）
agdp	−0.032 1	−0.173
	（−0.37）	（−1.83）
industry	−0.008 98	0.001 12
	（−0.10）	（0.01）
fd	0.911	0.522
	（0.89）	（0.47）
fdi	−0.797***	−0.568 *
	（−3.59）	（−2.40）
infra	0.039 8	0.039 0
	（1.50）	（1.46）
_cons	0.825	1.426
	（0.24）	（0.42）
城市固定	YES	YES
年份固定	NO	YES
Observations	975	975
R-squared	0.459 7	0.478 9
Number of id	187	187

注：t statistics in parentheses；* $p<0.05$，** $p<0.01$，*** $p<0.001$。

根据该 PSM-DID 回归稳健性结果可以得到模型（1）和模型（2）中限购政策显著正向影响创新，系数分别为 2.583 和 1.529，分别在 1% 水平下显著和 5% 水平下显著，结果具有稳健性。这两个模型的结果具有稳健性，因为即使在不同的模型设定下限购政策对创新的正向影响仍然得到了一致的支持。

11.2.2　基于 PSM-DID 的房地产税试点政策影响效应拓展案例[①]

1) 变量选择与数据准备

（1）数据来源

使用 2006—2015 年 35 个大中城市的平衡面板数据来实证分析房产税征收对重庆和上海产业转移的影响,数据来源于历年《中国城市统计年鉴》和国家统计局网站。本节的实证目标是用其他城市的加权平均来模拟房产税政策实施城市未征收房产税时的产业转移情况,然后与征收房产税后真实的产业转移情况进行对比来估计房产税征收对产业转移的影响。由于中国产业主要分布在省会和中心城市,以及 PSM-DID 要求其他样本城市的经济特征尽可能与上海相似,所以本节选取国家统计局确定的 35 个大中城市作为样本,其中,上海为处理组,其余 34 个城市作为参照组。

（2）变量说明

产业产值和就业的变动包括两方面的内容:一方面是企业在区域间的迁移导致地区产值和就业的变动,代表产业在地区间的转移;另一方面是企业在不同部门之间的投资变动导致的变化,代表产业份额在部门之间的转换。这两方面的变化在学术界的实证研究中统归入广义上的产业转移。由于中国缺乏完善的企业区位变动信息的相关数据,一般将产业转移定义为产业份额或就业人员份额的变化,研究的是相对产业转移。本节借鉴之前研究的做法,使用相对产值和相对就业率来衡量产业转移的变化情况,分别用城市工业和服务业(第三产业)的产值或从业人数除以所有样本城市的平均值计算得到。

为了考虑拟合效果以及结果的稳健性,尽可能加入一些影响产业转移的重要因素作为预测控制变量,包括相对工资、人均 GDP、财政支出占 GDP 比重、人口密度、年末金融机构存款余额、医院卫生院床位数、国际互联网用户数。其中,相对工资代表企业的劳动力成本;人均 GDP 用来代表城市的劳动生产率;财政支出占 GDP 比重表示政府对市场的干预程度;人口密度代表城市产生的集聚效应;年末金融机构存款余额、医院卫生院床位数和国际互联网用户数分别代表城市的金融、医疗卫生情况和信息基础设施情况。

2) 模型构建、估计与检验

本节可以通过双重差分法估计房产税对上海工业转移的影响。房产税对上海工业相对产值的影响。由于使用上海的工业相对产值作为预测变量时,合成控制法无法找到合适的控制对象,为了估计房产税对上海工业转移的影响,本节使用双重差分法,计量模型设定如下

$$I_{it} = a_0 + a_1 \text{Tax}_i + \alpha_2 \text{Year} + \beta_1 \text{Tax}_i \times \text{Year} + \eta X + \delta_i + \gamma_t + \varepsilon \qquad (11.10)$$

其中,"I"是反映产业转移的变量;"Tax"是房产税政策变量,上海取值为 1,参照组的城市取值为 0;"Year"是年份虚拟变量,2011 年开始取值为 1,2011 年前取值为 0;"β_i"即为房产税政策对产值影响的净效应。"X"为控制变量的集合,"δ_i"为个体固定效应,"γ_t"为时间固定效应。

[①]　刘友金,曾小明. 房产税对产业转移的影响:来自重庆和上海的经验证据[J]. 中国工业经济,2018,(11):98-116.

表 11.5 展示了在没有控制变量的情况下，房产税对上海工业产值的影响。交互项系数显著为正，表明房产税的实施对上海工业相对产值具有显著的正向影响。

表 11.5　无控制变量下回归结果

工业相对产值	Coef.	St. Err.	t-value	p-value	[95% Conf Interval]	
gd	2.657***	0.4	6.65	0	1.871	3.444
年份 2	0	0.211	0.00	1	−0.414	0.414
年份 3	0	0.211	0.00	1	−0.414	0.414
年份 4	0	0.211	0.00	1	−0.414	0.414
年份 5	0	0.211	0.00	1	−0.414	0.414
年份 6	−0.076	0.211	−0.36	0.719	−0.491	0.339
年份 7	−0.076	0.211	−0.36	0.719	−0.491	0.339
年份 8	−0.076	0.211	−0.36	0.719	−0.491	0.339
年份 9	−0.076	0.211	−0.36	0.719	−0.491	0.339
年份 10	−0.076	0.211	−0.36	0.719	−0.491	0.339
Constant	1***	0.149	6.72	0	0.707	1.293

注：* $p<0.05$，** $p<0.01$，*** $p<0.001$。

表 11.6 包括控制变量，仍然观察到财产税对工业产值的积极影响，尽管影响的幅度有所降低。人均 GDP、政府支出占 GDP 的比例、互联网用户等控制变量的纳入，突显了除财产税效应之外影响工业产出的多方面经济因素。

表 11.6　有控制变量的回归结果

工业相对产值	Coef.	St. Err.	t-value	p-value	[95% Conf Interval]	
gd	0.879***	0.209	4.20	0	0.467	1.290
相对工资	0.159 *	0.089	1.78	0.076	−0.016	0.334
ln 人均 GDP	0.933***	0.099	9.44	0	0.738	1.127
财政支出占 GDP 比重	4.734***	0.749	6.32	0	3.260	6.208
ln 人口密度（人/km²）	0.182***	0.050	3.66	0	0.084	0.280
ln 年末金融机构存款余额(万元)	0.105	0.097	1.08	0.281	−0.086	0.296
ln 医院卫生院床位数（张）	0.129	0.085	1.51	0.132	−0.039	0.297

工业相对产值	Coef.	St. Err.	t-value	p-value	[95% Conf Interval]	
ln 国际互联网用户数（户）	0.308***	0.052	5.97	0	0.206	0.409
年份2	−0.227**	0.102	−2.24	0.026	−0.427	−0.027
年份3	−0.477***	0.104	−4.58	0	−0.682	−0.272
年份4	−0.693***	0.108	−6.44	0	−0.905	−0.481
年份5	−0.950***	0.112	−8.49	0	−1.171	−0.730
年份6	−1.187***	0.117	−10.11	0	−1.417	−0.956
年份7	−1.339***	0.123	−10.93	0	−1.580	−1.098
年份8	−1.672***	0.136	−12.26	0	−1.940	−1.404
年份9	−1.605***	0.132	−12.16	0	−1.865	−1.346
年份10	−1.755***	0.137	−12.86	0	−2.024	−1.487
Constant	−17.639***	0.773	−22.83	0	−19.158	−16.119

注：* $p<0.05$，** $p<0.01$，*** $p<0.001$。

表11.7 提供了前两表观察效应的比较总结,强化了在考虑控制变量时房产税对工业产出的显著正向影响。不同规格下正面效应的一致性,凸显了房产税对上海工业转型影响的稳健性。

表11.7 模型回归结果

	（1）	（2）
gd	1.75***	0.59
	(0.46)	(0.40)
年份2	−0.09	−0.16
	(0.54)	(0.29)
年份3	−0.23	−0.36
	(0.54)	(0.31)
年份4	−0.41	−0.49
	(0.54)	(0.31)
年份5	−0.43	−0.68*
	(0.54)	(0.35)

续表

	(1)	(2)
年份6	−0.86	−0.78**
	(0.54)	(0.38)
年份7	−1.01*	−0.92**
	(0.54)	(0.41)
年份8	−1.10**	−0.95
	(0.54)	(0.66)
年份9	−1.14**	−1.15**
	(0.54)	(0.48)
年份10	−1.15**	−1.08**
	(0.54)	(0.52)
相对工资		0.28
		(0.48)
ln 人均 GDP		−0.19
		(0.55)
财政支出占 GDP 比重		2.25
		(3.13)
ln 人口密度（人/km²）		1.00***
		(0.27)
ln 年末金融机构 存款余额（万元）		−0.24
		(0.31)
ln 医院卫生院床位数（张）		−0.27
		(0.35)
ln 国际互联网用户数（户）		0.65***
		(0.22)
常数	2.89***	−4.64
	(0.38)	(5.60)
N	60	60
R^2	0.299	0.860

注：* $p<0.05$，** $p<0.01$，*** $p<0.001$。

上述表格共同揭示了房产税对工业产出的微妙影响,强调了包括控制变量以理解更广泛经济背景的重要性。

11.2.3 基于 PSM-DID 的学区房政策对房价影响效应拓展案例①

在推进基本公共服务均等化的进程中,具有代表性的事件之一是广州市于 2017 年 7 月发布的《广州市加快发展住房租赁市场工作方案》。该方案首次赋予符合条件的承租人子女就近入学等公共服务权益,削弱了公共服务与房产所有权之间由来已久的关联,在社会上引发了广泛而热烈的讨论。本节研究构建了购房市场和租房市场联动的购租理论模型,讨论租售同权政策如何影响住房市场上房价与租金的变化。模型中假设住房市场上存在两类对教育资源偏好程度强弱不同的消费者,由于学区教育资源水平的差异,呈现出对租售同权政策的不同反应。

1) 变量选择与数据准备

本节研究数据主要来自三部分。第一部分住房交易与租房成交信息来源于链家网站提供的广州二手房交易及租房成交记录(公开交易数据)。该数据包括已成交的二手房和租房所在小区名称、房屋类型、房屋面积、房屋朝向、有无电梯、房屋楼层、房屋建造时间、所属行政区域、成交时间、成交价格等信息。第二部分广州市小学名录和学区信息来源于广州市教育局和百度地图,并通过地理地址解析手段,计算出每套房屋一定距离内公办小学学位数量。根据广州市人民政府网站文件,我们采集到 2018 年广州市公办小学官方的教育局学位计划班级数量。根据广州市教育局规定,每个班级的学位数量统一规定范围在 40~45 名学生,因此利用班级数量衡量实际学位数量是等同的。第三部分广州市各街道的人口特征则来源于 2015 年人口普查数据,在稳健性检验中该数据被用来衡量各区域对学位需求端的影响。

租售同权政策主要保障的是"就近入学"权益,倘若一所住房的位置在就近距离区域内拥有更多的学位数量,意味着该住房就近入学的机会越大。尽管官方政策划定学区原则上在 3 km 以内,但是对于本节广州市主城区住房而言,普遍存在学校较多、住房密集的情况,除少量观测以外,样本中售房与租房观测值距离所有公办小学最近的距离均在 1 600 m 以内。本节区分政策通过住房就近区域的学位数量对其价格产生影响,采用最远距离取值的一半,即 800 m 作为就近距离,以保证政策效应对就近拥有不同学位数量的每套住房具有一定区分度。

借鉴文献思路并结合本节数据情况,本节计算了每套住房附近,即 800 m"缓冲区"内的所有学校班级数之和,作为处理变量,后文统称为"就近学位数"。表 11.8 汇报了售房和租房分析样本的描述性统计情况。

① 叶菁菁,谢尚,余建宇,等. 租售同权政策与住房租购市场联动[J]. 世界经济,2022,45(3):161-184.

表11.8　描述性统计

变量	平均值	标准差	最小值	最大值
房价（万元/m²）	3.8	0.8	2	6
租金（元/m²）	55	15	30	100
面积（m²）	98	25	50	150
卧室数量	2.5	0.6	1	4
厅数量	1.5	0.5	1	3
房屋楼层	12	8	1	30
房屋建造时间	2005	10	1980	2020

2）模型构建、估计与检验

$$\ln \text{Price}_{ijt} = \alpha + \beta_1 \text{Post}_t + \beta_2 \text{Exposure}_{id} + \beta_3 \text{Exposure}_{id} \times \text{Post}_t + \gamma X_{ij} + \delta U_j + \tau_t + \varepsilon_{ijt}$$

$$(11.11)$$

其中，"Price_{ijt}"为成交于月份 t 位于社区 j 住房 i 的对数住房成交价或月租价格，"Exposure_{id}"为住房 i 的"就近学位数"对数，具体定义为就近距离内缓冲区内存在的计划招生班级数或学位数的对数，本节取 $d = 800$ m。若该交易发生在"租售同权"政策后，"Post_t"取值为 1，否则为 0。根据倍差法模型理论设定，本文识别 $\text{Exposure}_{id} \times \text{Post}_t$ 前系数 β_3 为租售同权政策对住房市场房价资本化的处理效应。

根据方程的模型设定，本节对房价和房租的自然对数进行倍差法回归分析。在基准模型回归中，我们首先控制了房屋楼栋特征和月份固定效应，然后分别控制行政区固定效应、街道固定效应和社区固定效应来验证回归结果的稳健性。基准回归结果见表11.9。

表11.9　基本结果:租售同权政策带来的租购住房市场反应

	(1)	(2)	(3)	(4)
Panel A 住房交易价格（万元/m²）对数（售房样本）				
班级数（对数）× 政策后	−0.015**	−0.022***	−0.012*	−0.027***
	(0.007)	(0.007)	(0.007)	(0.007)
班级数（对数）	0.081***	0.060***	0.055***	0.062***
	(0.005)	(0.006)	(0.007)	(0.007)
R^2	0.780	0.812	0.803	0.822
样本量	11 858	11 858	11 858	11 858

	（1）	（2）	（3）	（4）
Panel B 租房交易价格（元/m²）对数 （租房样本）				
班级数（对数）× 政策后	0.020***	0.006*	0.010***	0.008**
	（0.005）	（0.004）	（0.004）	（0.004）
班级数（对数）	−0.023***	−0.010***	0.004	0.005
	（0.004）	（0.004）	（0.004）	（0.004）
R^2	0.739	0.847	0.852	0.855
样本量	20 186	20 186	20 186	20 186
房屋楼栋特征	控制	控制	控制	控制
行政区固定效应	控制	未控制	未控制	未控制
街道固定效应	未控制	控制	未控制	未控制
社区固定效应	未控制	未控制	控制	控制
月份固定效应	控制	控制	未控制	控制

注：1. 班级数：以交易住房为中心 800 m 缓冲区范围内 2018 年计划招生班级数，即"就近学位数"；

2. *、**、*** 分别表示在 10%、5%、1% 水平上显著，括号内为稳健标准误；

3. 房屋楼栋特征包括面积、卧室数量、客厅数量、房屋的朝向、楼层位置、楼层是否有电梯、楼层高度、楼栋年龄和年龄平方。

Panel A 中结果表明，在分别控制行政区固定效应、街区固定效应和社区固定效应的情形下，租售同权对房价的政策效应显著为负。在租售同权政策发布以后，房价下降了 2.2% 左右。Panel A 中班级数（对数）一行的回归结果表明，随着住房的就近学位数每增加 1%，房价会显著上升 0.06% 左右。Panel B 中对房租的政策效应进行了衡量，在分别控制行政区固定效应、街区固定效应和社区固定效应的情形下，租售同权对房租的政策效应也显著为负。在租售同权政策发布以后，房租上升了 1%～2%。Panel B 中班级数（对数）一行的回归结果表明，随着就近学位数每增加 1%，房租会下降 0.01% 左右，但是控制社区固定效应之后，房租变化不显著。

回归结果验证了同权政策会带来房价下降，同时房租会受到较大的上升压力的观点，同时又否定了租售同权政策直接带来房价继续上涨的观点。这说明住房市场同时存在两类消费者，租售同权政策的实施使一部分消费者由买转租，提升了房租的同时调节了房价。整体来看，该政策的实施效果与政府"稳定房价和促进租赁市场繁荣发展"的初衷相符。

接着，验证倍差法的平行趋势假设。具体做法是在方程（11.1）中加入一系列季度虚拟变量和就近学位对数的交乘项注来验证这个效应。

图 11.4 中展示了政策前后各个季度中的政策效应差异趋势。图 11.4（左）给出了政策发布前后一年交易房价平行趋势检验结果，每条垂直线表示每个季度的房价变化趋势。结果显示在政策发布之前，房价变化趋势是没有显著差异的，但是在政策发布之后的第二个季度，房价呈现了较显著的下降趋势。在 2017 年 7 月之前，房价的变化趋势满足平行趋势假设，但房价的改变具有一定的时滞性。同理，图 11.4（右）给出了政策发布前后一年房租平行趋势检验结果，结果显示，在政策发布前半年，房租变化都是符合平行趋势的，在政策发布

后租金呈现显著的升高趋势,这说明租售同权政策对房租的政策影响是持续而显著的。总体而言,无论是房价还是房租的变化在政策发布前都是满足平行趋势假设的,这加强了基本分析结果的可信度。

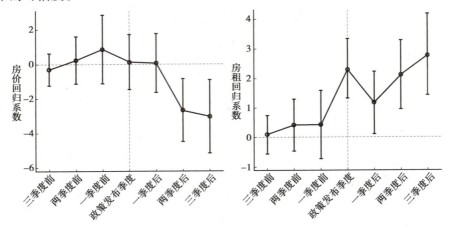

图 11.4　平行趋势检验

11.3　本章小结

　　本章介绍了双重差分法(DID)的原理、假设条件和 PSM-DID 模型的构建与检验方法。首先,详细讨论了 DID 方法在政策评估中的应用,通过比较受政策影响和未受政策影响的两组样本的差异,来评估政策的效果。随后,本章介绍了 DID 方法的基本假设条件和检验步骤,并结合 PSM 匹配方法,展示了如何通过 PSM-DID 模型控制选择偏差和时间效应,从而获取更为稳健的因果估计。在实战部分,本章通过实例分析,展示了 DID 方法在限购限贷政策、房地产税试点政策及学区房政策效应分析中的应用。读者通过具体的建模和分析步骤,可以深入了解如何利用 DID 方法评估房地产市场政策的效果。读者通过这些内容,不仅能够掌握 DID 方法的基本原理和应用方法,还能在实际研究中有效运用 DID 方法进行政策效应评估。下一章将探讨合成控制法在房地产市场政策效应分析中的应用。

习　题

　　1. 在利用 DID 方法对某项房地产调控政策进行分析时,若存在政策溢出效应,应如何识别与判断这一问题? 若确有溢出效应,研究者应如何重新界定控制组以降低干扰,提高政策效应估计的精准度?

　　2. 在 DID 分析中,稳健性检验对结论的可信度至关重要。对于房地产市场政策评估研究,PSM-DID 等方法能否增强估计结果的稳健性? 除匹配方法外,还有哪些常见的稳健性检验方式可用于加强研究结果的可靠性?

　　3. 双重差分法在房地产市场政策影响评估中存在哪些局限性? 面对这些不足,研究者可以采取何种模型扩展或将 DID 与其他方法(如合成控制法)相结合,以实现更全面与稳健的政策效应识别?

12

基于合成控制法的房地产政策效应评估

　　合成控制（Synthetic Control）是一种经济学或统计学中的方法，用于评估政策变化、政府干预或其他干预措施对某个实体（通常是国家、地区或组织）的影响。

　　经济学家在评估某政策或事件的效应时，通常假想政策实施地区未受政策干预将会怎样，并与事实上受到干预的实际数据进行对比，二者之差被称为"处理效应"（Treatment Effect），用来评估政策实施的效应。常用方法比如 DID（Difference-in-Difference）是寻找适当的控制组，即在各方面都与受干预地区相似却未受干预的其他地区，与受到干预的处理组进行对比。DID 对用于比较的两个组有着很高的要求，如平行趋势假设，要求处理组与控制组在没有干预的情况下其时序趋势是相似的。但很多时候很难找到两个带有相同趋势的测试单元，并且选择控制组通常存在主观随意性，

　　为此，Abadie 和 Gardeazabal[①] 提出"合成控制法"，可以认为是对 DID 方法的进一步改良。其基本思想是通过对与处理组相似的几个测试单元赋予不同的权重进行线性组合，构造出一个虚拟的控制组，使得该组在干预前的特征与实际接受干预的实体相似，从而使研究者能够更准确地估计干预的效果。合成控制法的一大优势是，可以根据数据来选择线性组合的最优权重，避免了研究者主观选择控制组的随意性。合成控制法可以用来评估特定房地产政策的影响，如土地使用规划、房产税变更或住房补贴政策。例如，研究者可以创建一个合成的控制组，模拟在没有实施特定政策的情况下的房地产市场表现，与实际实施政策的市场进行比较。

　　本章探讨合成控制法及其在房地产政策效应分析中的应用。具体而言：第 1 节介绍合成控制法的原理、建模和检验方法。第 2 节通过实例展示国际旅游岛政策对房价影响效应分析中的应用，帮助读者理解如何运用合成控制法进行复杂的政策效应评估。

---

　　① ABADIE A，GARDEAZABAL J. The economic costs of conflict：A case study of the Basque Country［J］. American economic review，2003，93（1）：113-132.

12.1　合成控制法的原理

合成控制法的基本思想是,尽管控制组中的任何个体与处理组个体都不相似,但是可以通过为每个控制组个体赋予一个权重,加权平均后构造出一个合成的控制组。权重的选择使得合成控制组的行为与处理组政策干预之前的行为非常相似,从而期望事后处理组如果没有受到政策干预,其行为仍然与合成控制组非常相似,即合成控制组事后的结果可以作为处理组个体的反事实结果,两组事后结果的差异就是政策干预的影响。

合成控制法的适用场景类似于双重差分法,某一时刻起一项政策影响了处理组,但对控制组个体没有产生影响,从而事前两组个体均没有受到政策的影响,而事后只有处理组个体受到政策影响。与双重差分法不同的地方在于合成控制法中处理组只有一个个体,往往是一个城市、地区或国家。

合成控制法基本的设定如下:假设有 $N+1$ 个地区,区域 1 在 T_0 期后受到政策干预,其他 N 个地区没有受到政策干预。沿用以前的符号,Y_{1it} 表示个体 i 在 t 期接受政策干预时的潜在结果,Y_{0it} 表示个体 i 在 t 期没有受到政策干预时的潜在结果,从而个体因果效应为

$$\tau_{it} = Y_{1it} - Y_{0it}, i = 1, \cdots, N+1, t = 1, \cdots, T \tag{12.1}$$

D_{it} 表示个体 i 在 t 期的干预状态,个体 i 在 t 期受到政策干预,$D_{it}=1$,其他取 0。个体 i 在 t 期的观测结果为

$$Y_{it} = D_{it}Y_{1it} + (1 - D_{it})Y_{0it} = Y_{0it} + \tau_{it}D_{it} \tag{12.2}$$

假设第 1 个个体在 $T_0(1 \leqslant T_0 < T)$ 期后受到政策干预,而其他 N 个个体所有时期均没有受到政策影响,即

$$D_i = \begin{cases} 1 \text{ if } i = 1, t < T_0 \\ 0, \text{其他} \end{cases} \tag{12.3}$$

我们的目标是估计政策影响 $(\tau_{1T_0+1}, \cdots, \tau_{1T})$,对于 $t > T_0$,

$$\tau_{1t} = Y_{11t} - Y_{01t} = Y_{1t} - Y_{01t} \tag{12.4}$$

第 1 个个体受到政策干预,因而,在 $t > T_0$ 期,我们可以观测到潜在结果 Y_{11t},但无法观测到如果它没有受到政策干预时的潜在结果 Y_{01t},因而,政策评价的关键是如何估计出个体 1 T_0 期后的反事实结果 Y_{01t}。为了估计个体 1 的反事实结果,假设 Y_{0it} 可以用下列模型表示。

$$Y_{0it} = \delta_t + \theta_t Z_i + \lambda_t \mu_i + \varepsilon_{it}, i = 1, \cdots, N+1, t + 1, \cdots, T \tag{12.5}$$

其中,δ_t 是一未知的公共因子,对所有个体具有相同的影响,Z_i 是 $K \times 1$ 维(不受政策影响的)可观测协变量向量(可能是混杂因素),θ_t 是 $1 \times K$ 维未知系数向量,λ_t 是 $1 \times F$ 维的未观测公共因子,μ_i 是 $F \times 1$ 维系数向量,ε_{it} 是未观测的暂时性冲击,假设在地区层面满足零均值。

考虑 $N \times 1$ 的权重向量 $W = (\omega_2, \cdots, \omega_{N+1})$,满足 $\omega_j \geqslant 0, j = 2, \cdots, N+1$,并且 $\omega_2 + \cdots + \omega_{N+1} = 1$。这里将权重限制为非负,相当于用控制组个体的凸组合来合成控制组,是为了避免外推造成的可能偏差。每个特定的权重向量 W 代表一个特定的合成控制,对于权重 W,合成控制模型为

$$\sum_{j=2}^{N+1} \omega_j Y_{jt} = \delta_t + \theta_t \sum_{j=2}^{N+1} \omega_j Z_j + \lambda_t \sum_{j=2}^{N+1} \omega_j \mu_j + \sum_{j=2}^{N+1} \varepsilon_{jt} \tag{12.6}$$

假设存在权重向量 $W^* = (\omega_2^*, \cdots, \omega_{N+1}^*)$,使得

$$\sum_{j=2}^{N+1} \omega_j^* Y_{j1} = Y_{11}, \sum_{j=2}^{N+1} \omega_j^* Y_{j2} = Y_{12}, \cdots, \sum_{j=2}^{N+1} \omega_j^* Y_{jT_0} = Y_{1T_0}, \sum_{j=2}^{N+1} \omega_j^* Z_j = Z_1 \qquad (12.7)$$

Abadie 等人[①]在其附录 B 中证明，如果 $\sum_{t=1}^{T_0} \lambda_t' \lambda_t$ 是非奇异的，则有

$$Y_{01t} - \sum_{j=2}^{N+1} \omega_j^* Y_{jt} = \sum_{j=2}^{N+1} \omega_j^* \sum_{s=1}^{T_0} \lambda_t \left(\sum_{n=1}^{T_0} \lambda_n' \lambda_n \right)^{-1} \lambda_s' (\varepsilon_{js} - \varepsilon_{1s}) - \sum_{j=1}^{N+1} \omega_j^* (\varepsilon_{jt} - \varepsilon_{1t}) \qquad (12.8)$$

可以证明，当干预之前时期足够长（$T_0 \to \infty$），上式趋近于零，从而处理组个体 1 的反事实结果近似可以用合成控制组来进行表示，即

$$\hat{Y}_{01t} = \sum_{j=2}^{N+1} \omega_j^* Y_{jt} \qquad (12.9)$$

因而处理组个体 1 的政策干预效应可以表示为

$$\hat{\tau}_{1t} = Y_{1t} - \sum_{j=2}^{N+1} \omega_j^* Y_{jt}, t = T_0 + 1, \cdots, T \qquad (12.10)$$

条件 $\sum_{j=2}^{N+1} \omega_j^* Y_{jT_0} = Y_{1T_0}$，$\sum_{j=2}^{N+1} \omega_j^* Z_j = Z_1$ 是关键，如果存在权重向量 $\boldsymbol{W}^*$，使得干预前各期合成控制组的观测结果与处理组观测结果相等，所有可观测因素相同，从而意味着事前合成控制组的未观测因素也会与干预组未观测因素相同，即 $\sum_{j=2}^{N+1} \omega_j^* \mu_j = \mu_1$。这意味着合成控制组与处理组将非常相似，从而可以将合成控制组的行为模式作为处理组个体反事实结果的估计。事实上，该条件中的等式一般不会完全相等，除非处理组事前信息 $(Y_{11}, \cdots, Y_{1T_0}, Z_1')$ 在 $\{(Y_{21}, \cdots, Y_{2T_0}, Z_2'), \cdots, (Y_{N+1,1}, \cdots, Y_{2N+1,T_0}, Z_{N+1}')\}$ 的凸包内。在应用中，很难保证该条件等号恰好成立，一般是保证等号近似成立，如果处理组向量 $(Y_{11}, \cdots, Y_{1T_0}, Z_1')$ 在控制组凸包之外，可能无法找到合适的权重向量，这时，将无法找到合适的合成控制组，需要使用其他的方法，比如允许权重为负（回归合成方法）。

与双重差分法类似，合成控制法也有一些暗含的假设。首先，处理组和控制组无交互影响，如果政策干预对处理组的影响会溢出到控制组，那么，控制组就会受到污染，控制组事后的结果就部分地体现了政策的影响，因而，合成控制组的事后结果就不是处理组很好的反事实结果的估计，得到的因果效应也将产生偏差。其次，构造合成控制组时，两组个体特征变量 $Z_1, \cdots, Z_{N+1}$ 必须是干预前的变量或不受政策干预影响的变量。如果有事后变量，则可能会受到政策干预的影响，从而造成样本选择性偏差。

合成控制法实施的关键是找到满足条件 $\sum_{j=2}^{N+1} \omega_j^* Y_{jT_0} = Y_{1T_0}$，$\sum_{j=2}^{N+1} \omega_j^* Z_j = Z_1$ 的权重向量 $\boldsymbol{W}$。

$$\boldsymbol{W} = (\omega_2, \cdots, \omega_{N+1}), \omega_j \geq 0, j = 2, \cdots, N+1 \qquad (12.11)$$

且 $\sum_{j=2}^{N+1} \omega_j = 1$，即合成控制组是控制组个体的一个凸组合。令 X_1 是处理组个体事前的特征，包括可观测协变量 Z_1 和事前结果的若干线性组合，为 $M \times 1$ 维的向量。同样地，令 X_0 为控制组的事前特征，为 $M \times N$ 的矩阵。合成控制权重 $\boldsymbol{W}^* = (\omega_2^*, \cdots, \omega_{N+1}^*)'$ 最小化下面距离，

① ABADIE A, DIAMOND A, HAINMUELLER J. Synthetic control methods for comparative case studies: Estimating the effect of California's tobacco control program[J]. Journal of the American statistical Association, 2010, 105(490): 493-505.

$$\|X_1 - X_0 W\| = \sqrt{(X_1 - X_0 W)' V (X_1 - X_0 W)}$$

$$= \sqrt{\sum_{m=1}^{M} v_m (X_{1m} - X_{0m} W)^2} \tag{12.12}$$

其中,V 是一个 $M \times M$ 的对称正定矩阵,通常是对角矩阵,对角元素为 $v_m, m=1, \cdots, M, v_m$ 是一个权重,反映了在处理组和控制组协变量差异中的相对重要性,X_{jm} 是个体 j 的第 m 个协变量。V 的选择很重要,合成控制 W^* 将依赖于 V 的选择,不同的 V 将得到不同的合成控制组 W^*。合成控制 $W^*(V)$ 的目的是复制处理组在没有受到政策干预时的行为,因而,$v_1, \cdots, v_M$ 的选择应该反映协变量的预测能力。$v_1, \cdots, v_M$ 的选择可以根据研究者对各协变量预测力的主观评价,也可以利用回归分析看看哪些协变量具有更强的预测能力。一个较好的办法是选择使事前均方预测误差(Mean Squared Predicted Error, MSPE)最小的矩阵 V,即选择最小化 V。

$$\sum_{t=1}^{T_0} \left(Y_{1t} - \sum_{j=2}^{N+1} \omega_j^*(V) Y_{jt} \right)^2 \tag{12.13}$$

综上所述,合成控制法的基本特征是清楚地知道控制组内每个经济体的权重,即每个经济体根据各自数据特点的相似性构成"反事实"事件中所做的贡献;按照事件发生之前的预测变量来衡量对照组和处理组的相似性。合成控制法提供了一个根据数据选择对照组来研究政策效应的方法,具有以下两个优点。

①扩展了传统的双重差分法,是一种非参数的方法;

②在构造控制组的时候,通过数据来决定权重的大小从而减少了主观判断。该方法是通过所有控制组的数据特征构造出反事实状态(Counterfactual State),可以明确地展示处理组和合成地区政策实施之前的相似程度,这一反事实状态是根据控制组各自贡献的一个加权平均,权重的选择为正数并且之和为 1,这样就避免了过分外推。

12.1.1 合成控制法的建模

假设我们观测到 $N+1$ 个地区的某项数据,其中第 1 个地区在 T_0 受到了某项政策的影响,其他 N 个地区未受到政策影响。P_{it}^N 表示没有该政策时地区 i 在时间 t 的数据,P_{it}^I 表示有该政策时的数据。

设定模型 $P_{it} = P_{it}^N + D_{it} a_{it}$,$P_{it}^N$ 是处理组地区没有受到该政策干预时的情况,D_{it} 为是否受到政策干预的虚拟变量,如果地区 i 在时刻 t 受到政策干预,那么该变量等于 1,否则等于 0。对于不受政策干预的地区,有 $P_{it} = P_{it}^N$。因为只有第 1 个地区在时刻 T_0 后开始受到政策干预,我们的目标就是估计 a_{it}。在 $t > T_0$ 时,$a_{it} = P_{it}^I - P_{it}^N = P_{it} - P_{it}^N$。$P_{it}$ 是可以观测到的,处理组该项数据的均值。为了得到 a_{it},需要估计 P_{it}^N,通过构造"反事实"的变量表示 P_{it}^N。

$$P_{it}^N = \delta_t + \theta_t Z_i + \lambda_t \mu_i + \varepsilon_{it} \tag{12.14}$$

其中 Z_i 是不受该政策影响的控制变量,δ_t 是时间趋势,λ_t 是一个 $(1 \times F)$ 维观测不到的共同因子,μ_i 则是 $(F \times 1)$ 维观测不到的地区固定效应误差项,ε_{it} 是每个地区观测不到的暂时冲击,均值为 0。为了评估该政策的影响,我们必须估计处理组假设没有实施该政策时的 P_{it}^N,解决方案是通过控制组地区的加权来模拟处理组的特征。为此我们需要求出一个 $(N \times 1)$ 维权重向量 $W^* = (\omega_2^*, \cdots, \omega_{N+1}^*)$,满足对任意的 $N, W_N \geq 0$,并且 $\omega_2 + \cdots + \omega_{N+1} = 1$。

$$\sum_{j=2}^{N+1} \omega_j P_{it} = \delta_t + \theta_t \sum_{j=2}^{N+1} \omega_j Z_j + \lambda_t \sum_{j=2}^{N+1} \omega_j \mu_j + \sum_{j=2}^{N+1} \omega_j \varepsilon_{jt} \qquad (12.15)$$

假设存在一个向量组 $\boldsymbol{W}^* = (\omega_2^*, \cdots, \omega_{N+1}^*)'$ 满足

$$\sum_{j=2}^{N+1} \omega_j^* P_{jt} = P_{11}, \cdots, \sum_{j=2}^{N+1} \omega_j^* P_{jT_0} = P_{1T_0} \text{ 并且 } \sum_{j=2}^{N+1} \omega_j^* Z_j = Z_1 \qquad (12.16)$$

如果 $\sum_{t=1}^{T_0} \lambda_t' \lambda_t$ 非奇异, 就有

$$P_{it}^N - \sum_{j=2}^{N+1} \omega_j^* P_{jt} = \sum_{j=2}^{N+1} \omega_j^* \sum_{s=1}^{T_0} \lambda_t \left(\sum_{s=1}^{T_0} \lambda_t' \lambda_t \right)^{-1} \lambda_s' (\varepsilon_{js} - \varepsilon_{is}) - \sum_{j=2}^{N+1} \omega_j^* (\varepsilon_{jt} - \varepsilon_{it}) \quad (12.17)$$

Abadie 等证明在一般条件下上式右边将趋近于 0。因此, 对于 $T_0 < t \le T$, 我们可以用 $\sum_{j=2}^{N+1} \omega_j^* P_{jt}$ 作为 P_{it}^N 的无偏估计来近似 P_{it}^N, 从而 $\hat{a}_{1t} = P_{it} - \sum_{j=2}^{N+1} \omega_j^* P_{jt}$ 就可以作为 a_{1t} 的估计。

12.1.2　合成控制法的检验

在利用合成控制法进行比较研究中, 一般个体数不会太多, 因而, 基于大样本的假设检验方法往往不合适。Abadie 等[①]提出了一种类似于置换检验(Permutation Test)的推断方法。为了检验合成控制法得到的参数估计是否显著, 原假设是政策效应不显著, 即假设政策干预对个体没有因果影响, 将干预组个体放到控制组个体中, 随机抽出一个个体, 利用上文的合成控制方法, 估计出相应的政策效应。这样, 对应于 N 个控制组个体, 会得到 N 个相应的政策效应的估计, 从而可以得到政策效应估计的一个具体分布(Exact Distribution)。然后检测估计的干预组个体因果效应在整个分布中所处的位置, 如果处于分布的尾部, 比如处于尾部的 5%, 则说明如果原假设成立, 那么观测到估计的政策效应的可能性低于 5%, 原假设可能为假, 如果设定 5% 的显著性水平, 则可以拒绝没有政策影响的原假设, 从而说明估计是显著的。如果发现估计的政策效应参数在整个精确分布的中间位置, 则意味着随机抽取一个个体作为干预组就可以以较大的概率得到观测到的因果效应, 说明无法拒绝原假设, 从而估计的因果效应参数不显著。

这种检验方法实际上是一种安慰剂检验(Placebo Test)或证伪检验(Falsification Test)。为了检验估计的政策效应是否显著, 随机从控制组中抽出一个个体作为一个伪干预组, 利用同样的合成控制方法去估计政策效应。对伪干预个体, 它事实上没有受到政策干预, 如果估计的结果发现也有较大的政策效应, 则说明前面的分析可能存在着问题, 因为没有受到政策影响的个体作为伪干预组也可以发现类似于利用真实干预组得到的政策效应, 从而说明这一效应可能不是政策干预的影响, 而是其他因素造成的影响。相反, 利用所有控制组个体作为伪干预组, 均无法得到类似于利用真实干预组得到的政策效应, 则证明得到的政策效应是显著的。

上面的类置换检验实际上是在截面个体上进行的安慰剂检验。如果事前时期很长, 还可以构造另一种形式的安慰剂检验, 根据时间随机置换的安慰剂检验, 称为伪干预时间检验(Pseudo Treatment)。因为所使用的数据都是干预之前的信息, 所有个体都没有受到真正的

---

① ABADIE A, DIAMOND A, HAINMUELLER J. Synthetic control methods for comparative case studies: Estimating the effect of California's tobacco control program[J]. Journal of the American statistical Association, 2010, 105(490): 493-505.

干预,利用同样的合成控制方法,如果得到显著的政策效应,则说明,前面的估计可能存在着问题。相反,如果发现没有显著的政策效应,则证明,前面的合成控制方法可能是有效的,未观测的混杂因素利用合成控制法基本得到充分控制。

12.1.3　合成控制法的 Stata 命令

1) 外部命令安装

在 Stata 命令窗口中输入如下命令即可自动安装"synth"命令。
. ssc install synth,replace

2) 合成控制法模型的构建与估计

基本语法格式如下
. synth y predictorvars(x1 x2 x3),trunit(#)trperiod(#)[counit(numlist)xperiod(numlist) mspeperiod( ) resultsperiod( ) nested allopt unitnames(varname) figure keep(file) customV (numlist)optsettings]

其中,"y"为结果变量;"$x1$ $x2$ $x3$"为预测变量;必选项"trunit(#)"用于指定处理地区;必选项"trperiod(#)"用于指定政策干预开始的时期;选择项"counit(numlist)"用于指定潜在的控制地区,默认为数据集中的除处理地区以外的所有地区;选择项"xperiod(numlist)"用于指定将预测变量进行平均的期间,默认为政策干预开始之前的所有时期;选择项"mspeperiod( )"用于指定最小化均方预测误差(MSPE)的时期,默认为政策干预开始之前的所有时期;选择项"figure"表示将处理地区与合成控制的结果变量画时间趋势图,而选择项"resultsperiod( )"用于指定此图的时间范围(默认为整个样本期间);选择项"nested"表示使用嵌套的数值方法寻找最优的合成控制(推荐使用此选项),这比默认方法更费时间,但可能更精确。在使用选择项"nested"时,如果再加上选择项" allopt "(即"nested allopt"),则比单独使用"nested"还要费时间,但精确度可能更高;选择项"keep(filename)"将估计结果(比如,合成控制的权重、结果变量)存为另一 Stata 数据集(filename.dta),以便进行后续计算。

12.2　基于合成控制法的房地产数据分析应用

12.2.1　基于合成控制法评估房产税试点对房价的影响效应

自 2000 年以来,中国的住房价格一度持续走高,国家多次出台调控政策以缓和房价的上涨势头。为了能够建立一个长期稳定的房地产市场,国家开始考虑对房地产的持有环节征税。由于商品房价格的增速远远高于 CPI 的增长率和银行利率,加上普通居民的投资渠道有限,住房不仅是消费品,而且更多的是投资品,对持有环节进行征税能够使得投资需求成本上升,降低房地产投资的收益,进而在长期中抑制房价的上涨。

1) 变量选择与数据准备

2011 年 1 月 28 日,国务院在上海和重庆开始试点房产税的征收。本案例把 2011 年在重庆实施的房产税试点看作自然实验,基于 2006 年到 2014 年 35 个大中城市的面板数据,采用合成控制法估计了房产税对试点城市房价的影响。数据来自中国指数研究中心、《中国城市统计年鉴》以及各城市统计局网站。数据集为"12_合成控制.dta"。变量定义和说明见表 12.1。

表 12.1 变量定义和说明

变量名称	变量含义	单位	Storage Type
name	城市		str15
id	序号		byte
year	年份	年	int
y	房价	元/m^2	long
$x1$	人均 GDP 对数	元	long
$x2$	相对工资	元	float
$x3$	医院卫生院床位数对数	张	long
$x4$	人口密度对数	人/km^2	float

2)模型构建与估计

假设我们观测到 $N+1$ 个地区的房价增长情况,其中第 1 个地区在 T_0 受到了房产税改革的影响,其他 N 个地区未收到政策影响。P_{it}^N 表示没有房产税改革时地区 i 在时间 t 的数据,P_{it}^I 表示有该政策时的数据。

设定模型 $P_{it} = P_{it}^N + D_{it} a_{it}$,$P_{it}^N$ 是试点城市没有进行房产税改革时的房价增长情况,D_{it} 为是否是试点城市的虚拟变量,如果地区 i 在时刻 t 受到政策干预,那么该变量等于 1,否则等于 0。对于不受政策干预的地区,有 $P_{it} = P_{it}^N$。因为只有第 1 个地区在时刻 T_0 后开始受到政策干预,我们的目标就是估计 a_{it}。根据上节中式(12.14)到式(12.17)的推导,我们可以得到 $\hat{a}_{1t} = P_{it} - \sum_{j=2}^{N+1} \omega_j^* P_{jt}$ 作为 a_{1t} 的估计。

根据合成控制法原理,需要用其他城市的加权平均来模拟没有进行房产税改革的重庆市潜在房价,然后与真实的重庆市房价进行对比来估计房产税改革对其房价波动的影响。根据合成控制法的思想,我们选择权重时要使得在房产税改革前,合成重庆各项决定房价的因素和重庆尽可能一致。我们选择的预测控制变量包括人均 GDP、人口密度、相对工资、医院卫生院床位数以及被解释变量城市住宅均价作为当地房价的代理变量。

基于 2006—2014 年 35 个大中城市的面板数据,设置个体和时间变量。

. tsset id year

删除其他进行了房产税改革的城市。

. drop if name＝＝"上海"

输入以下合成控制命令。

. synth y y(2006(1)2010) x1 x2 x3 x4 y(2006) y(2008) y(2010), trunit(26) trperiod (2011) nested fig

其中,"trunit(26)"用于指定处理地区为数据集中编号 26 的城市,即重庆。"trperiod(2011)"指定政策干预开始的时期为 2011 年。

通过执行合成控制法的计算命令,可以得到构成合成重庆的城市及其权重,表 12.2 展示了构成合成重庆的权重组合,共选取 3 个城市,其中石家庄为权重最大城市。表 12.3 给出了在 2011 年重庆房产税改革之前真实重庆和合成重庆的一些重要经济变量的对比,可以看出差异较小,合成控制法较好地拟合了重庆在房产税改革之前的特征。

表 12.2　合成重庆的城市权重

城市	石家庄	长沙	乌鲁木齐
权重	0.45	0.182	0.368

表 12.3　预测变量的拟合与对比

城市	重庆市	重庆的合成组
$x1$	9.82	10.39
$x2$	1.62	0.88
$x3$	11.27	10.23
$x4$	5.98	5.93
2006 年房价/元	2 269	2 208.89
2008 年房价/元	2 785	2 966.71
2010 年房价/元	4 281	4 215.36

图 12.1 展示了重庆与合成重庆 2006—2014 年的房价变动趋势图,从图中我们可以看到,在房产税改革之前,合成重庆和真实重庆的房价路径几乎能够完全重合,说明合成控制法非常好地复制了房产税改革之前重庆房价的增长路径。在房产税改革之后,二者的差距逐步拉大。两者之间的差距意味着相对于没有实施房产税改革的重庆,开征房产税降低了重庆的住宅样本均价。

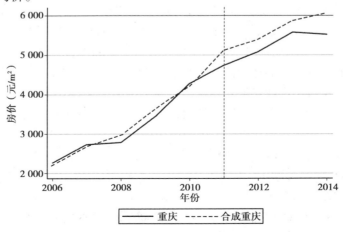

图 12.1　重庆实际和合成的样本房价均值

我们借鉴 Abadie 等①②在稳健性检验中的安慰剂检验方法(Placebo Test),这一方法类似于虚假实验(Falsification Test),基本思想如下:选择一个没有房产税改革的城市进行同样的分析,如果发现该城市的实际样本房价均值和合成样本房价均值之间有很大的差距,并且和重庆的情况一样,那就说明合成控制法并没提供一个有力的证据来说明房产税改革对重庆市房价的影响。

这里我们考虑合成重庆权重最大的城市石家庄,权重最大说明在所有的城市中,石家庄与重庆最为相似,将石家庄作为处置组来检验房产税改革前后,实际样本房价均值和合成样本房价均值的情况,输入以下命令。

去除重庆本身。

. drop if name = = "重庆市"

输入以下合成控制命令。

. synth y y(2006(1)2010) x1 x2 x3 x4 y(2006) y(2008) y(2010) , trunit(3) trperiod(2011) nested fig

图 12.2 显示了对石家庄进行的安慰剂检验结果。我们可以看到,对于石家庄在房产税改革前后,实际样本房价均值始终沿着合成样本房价均值的走势变化,即使有所波动也是围绕着合成样本房价上下波动。这说明合成控制法非常好地拟合了房价走势,在一定程度上证明了是房产税改革影响了重庆的实际住宅样本均价,而不是其他共同的偶然因素。

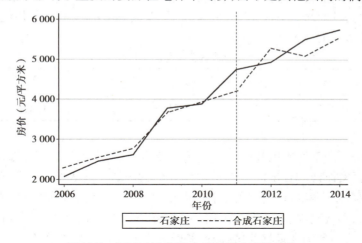

图 12.2　石家庄实际和合成的样本房价均值

12.2.2　基于合成控制法的旅游政策对房价的影响效应拓展案例③

2010 年 1 月 4 日,国务院正式颁布了《关于推进海南国际旅游岛建设发展的若干意

①　ABADIE A, GARDEAZABAL J. The economic costs of conflict: A case study of the Basque Country[J]. American economic review, 2003, 93(1): 113-132.

②　ABADIE A, DIAMOND A, HAINMUELLER J. Synthetic control methods for comparative case studies: Estimating the effect of California's tobacco control program[J]. Journal of the American statistical Association, 2010, 105(490): 493-505.

③　杨克文, 李光勤, 崔书会. 是谁动了海南的房价? ——国际旅游岛政策对海南房价的影响研究[J]. 旅游科学, 2019, 33(3): 64-80.

见》，要求海南旅游业在 2015 年要实现"国际化水平显著提高"，到 2020 年的时候，则要"初步建成世界一流的海岛休闲度假旅游胜地"，这意味着海南省的旅游资源禀赋未来将得到巨大改善，进而会推动房价上涨。

首先，国际旅游岛战略的实施会提升海南旅游资源禀赋的经济价值，有利于推动海南经济发展，拉动就业并促进收入增长。收入增加会直接提高对住房的有效需求，从而推动房价上涨。其次，该战略的实施能够直接扩大公共品供给规模并提升公共品质量。公共品的差异是人们选择居住地的重要影响因素。随着海南省生态环境的改善，宜居性将会显著提高，将会吸引更多的人来此工作、居住和生活，增加对房地产的需求，推动房价上涨。公园、绿地等公共品供给的增加会占用更多的城市土地，导致住宅等建设土地供给减少。这会提高城市土地的稀缺性，从而推动地价上涨。作为房价的重要组成部分，地价的上涨能够直接推动房价上涨。从政府角度来看，依托于海南优质的旅游资源发展房地产业，有利于提升政府财政收入，这为房价的上涨提供了有利条件。

本案例使用 1999 年至 2015 年 31 个省份的面板数据，采用合成控制法研究了国际旅游岛政策的实施对海南房价的影响。案例数据为 1999—2015 年 31 个省份的面板数据，其中房价数据来自《中国统计年鉴》《中国区域经济统计年鉴》，其他控制变量的数据，人均 GDP、人均消费支出、职工平均工资和产业结构数据等来自《中国统计年鉴》，政府财政收支和银行存贷款数据来自"中国金融数据库"，消费价格指数来自"中国宏观经济数据库"。

合成控制法的计算结果见表 12.4，结果表明，合成海南的权重组合共包括 6 个省市，其中四川省是权重最大的省份。

表 12.4　合成海南的省份权重

城市	北京	浙江	福建	四川	贵州	西藏
权重	0.125	0.301	0.031	0.365	0.168	0.011

表 12.5 给出了海南实施国际旅游岛政策之前真实海南和合成海南的重要变量的对比结果，可以看出真实海南和合成海南的房价差异仅为 -2%，这表明合成海南的房价时间变化趋势很好地拟合了真实海南的房价增长趋势。从影响房价的预测变量来看，金融效率、人均消费支出对数、财政支出、第三产业占比、人均 GDP 对数、职工平均工资对数，以及不同年份房价的真实变量和预测变量均非常接近，差距最大的变量是人均消费支出对数，相差 4%。综合来看，合成控制法对国际旅游岛政策实施之前的海南的拟合效果比较好，该方法适用于估计国际旅游岛政策的实施对海南房价的影响。

表 12.5　海南与合成海南的指标数据对照表

指标	海南	合成海南	差异度
金融效率/%	0.77	0.77	0%
人均消费支出对数/元	8.75	9.07	-4%
财政支出/%	2.00	1.99	1%
第三产业占比/%	41.78	41.82	0%
人均 GDP 对数/元	9.18	9.39	-2%

续表

指标	海南	合成海南	差异度
职工平均工资对数	9.53	9.68	-2%
1999 年商品房均价对数/(元·m^{-2})	7.49	7.50	0%
2003 年商品房均价对数/(元·m^{-2})	7.66	7.59	1%
2007 年商品房均价对数/(元·m^{-2})	8.22	8.17	1%
商品房均价/(元·m^2)	2 888.92	2 958.77	-2%

图 12.3 为真实海南和合成海南的房价时间趋势图。可以看出,在 2010 年海南国际旅游岛政策实施之前,真实海南和合成海南的房价走势基本相同,这表明合成海南的房价的时间变化趋势能够很好地拟合真实海南的房价走势。在海南国际旅游岛政策实施当年,真实海南的房价立马上升,而合成海南的房价还在沿着以往的时间路径变化,两者之间的房价走势出现了显著的背离。2010 年,真实海南的房价为 7 006 元/m^2,比合成海南的房价高 1 225 元/m^2,这表明国际旅游岛政策的实施确实推高了海南的房价。2011 年至 2013 年,真实海南的房价围绕合成海南走出了"V"字形趋势,"V"字形的底部低于合成海南的房价,大约低了 477 元/m^2,但在 2014 年超过合成海南房价之后又恢复到了共同增长路径,2014 年至 2015 年,真实海南的房价大约高出合成海南 320 元/m^2。可能原因是,2011 年 2 月,海南推出并实施了本省的房地产限购政策,从而在一定程度上降低了国际旅游岛政策的房价推涨效应。总体来说,国际旅游岛政策的实施,能够在短期内促进海南房价的上涨,但从长期来看,由于限购政策的实施,国际旅游岛政策对房价的推升作用受到一定程度的抑制,但是海南的真实房价仍然高于合成海南的房价。

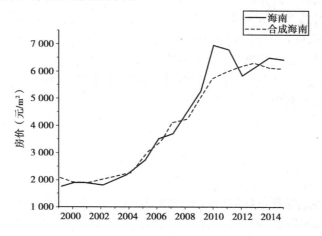

图 12.3 真实海南与合成海南的房价

我们选择一个没有国际岛旅游政策的省份进行同样的分析作为安慰剂检验,在此处选用合成海南中权重最大的四川省作为处置组来检验,权重最大意味着和海南最相似。

图 12.4 是对四川省进行安慰剂检验的结果,从中可以看出,四川省在国际旅游岛政策实施前,实际房价均值和合成房价均值的时间变化趋势基本相同,这表明在国际旅游岛政策

实施之前,模型的拟合效果很好。在国际旅游岛政策实施之后,四川省的实际房价和合成房价在 2012 年之后开始出现分离,但是实际房价低于合成房价。这表明海南国际旅游岛政策的实施具有房价推涨作用,而不是其他共同的偶然原因引起的。

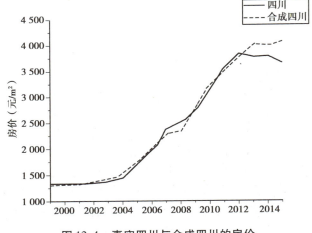

图 12.4 真实四川与合成四川的房价

12.3 本章小结

本章深入探讨了合成控制法在房地产政策效应分析中的应用。首先,介绍了合成控制法的基本原理,解释了如何通过构建一个合成的对照组来评估政策或干预措施的效果。随后,详细讲解了合成控制法的建模过程,包括数据的预处理、合成控制组的构建和模型的检验,并提供了 Stata 软件中的操作指南。在实际应用方面,本章通过三个实例展示了合成控制法在房地产市场政策效应分析中的具体应用。通过实例"国际旅游岛政策对海南房价影响效应",读者可以深入了解如何利用合成控制法评估不同政策的效果,掌握其在实际研究中的应用方法。通过理论与实践的结合,本章不仅帮助读者掌握了合成控制法的基本原理和应用方法,还展示了其在复杂政策评估中的广泛适用性和实际操作步骤。下一章将探讨断点回归在房地产政策效应分析中的应用。

习 题

1.在利用合成控制法评估房地产政策(如限购或房产税改革)影响时,与双重差分法相比,合成控制法在核心原理上有何区别?其在构造控制组时如何减少主观性偏差?

2.在利用合成控制法研究国际旅游岛政策对当地房价的影响时,安慰剂检验有何作用?研究者应如何通过安慰剂检验判断政策效应的显著性?

3.合成控制法假设处理组与控制组间无政策溢出效应。当房地产政策(如土地供应紧缩政策)存在溢出效应时,研究者应采取何种策略减小偏差并改进结果的可信度?

13

基于断点回归的房地产政策效应评估

随机实验是进行因果关系推断的理想方法。但由于成本和伦理等方面的限制,在社会科学研究中很少使用随机试验方法。我们通常只能依赖非随机实验产生的观测数据来推断因果关系,因此那些接近随机实验产生的观测数据就有特殊的价值。断点回归法(Regression Discontinuity Design,RDD)是一种非实验性的统计方法,用于估计某个干预措施的因果效应。在房地产数据分析中,断点回归法可以用来评估各种政策、经济因素或市场动态对房地产市场的影响,尤其是在无法进行随机控制试验的情况下。通过分析在某个特定阈值附近的房产数据(如价格、成交量等),研究人员可以了解市场对于特定事件或条件变化的反应。例如,如果一个地区实施了新的房地产税政策,该政策仅适用于市值超过一定金额的房产,断点回归可以帮助分析这一政策对房价、销售量或投资行为的影响;又例如,分析某个区域内是否因为进入优质学区的边界而导致房价有显著变化。RDD 依赖于一个自然的、非人为设定的断点,它可以在一定程度上模拟随机实验的条件,从而提高研究结果的可信度。

尽管 RDD 是一个强大的工具,但它也有局限性。首先,它完全依赖于断点的选择。如果断点的设置不是基于客观标准,那么分析结果可能会受到偏差。其次,RDD 需要足够的数据量在断点附近,以确保统计结果的稳定性。此外,如果处理效应在断点附近变化不大,或者如果断点附近的数据不足以支持强有力的统计分析,那么 RDD 可能难以检测到显著的效应。

本章重点介绍断点回归设计(RDD)及其在房地产市场政策效应分析中的应用。具体而言:第 1 节讲解 RDD 的原理、建模和检验方法。第 2 节通过实例展示 RDD 在限购政策对房价影响效应分析中的应用,帮助读者掌握如何利用断点回归设计进行政策效应分析。

13.1　断点回归的原理

依可测变量选择的一种特殊情形是,有时处理变量 D_i 完全由某连续变量 x_i 是否超过某断点(Cut-off Point)决定。据以进行分组的变量称为"分组变量"(Assignment Variable,Forcing Variable 或 Running Variable)。比如,考察限购政策对房价的影响,并假设购房资格有无(D_i)取决于两次购房相隔时间 x_i 是否超过 2 年。

$$D_i = \begin{cases} 1 & \text{if } x_i \leqslant 2 \\ 0 & \text{if } x_i < 2 \end{cases} \tag{13.1}$$

记无购房资格与有购房资格的两种潜在结果分别为(y_{0i}, y_{1i})。由于 D_i 是 x_i 的确定性函数,故在给 x_i 的情况下,可将 D_i 视为常数,不可能与任何变量有关系,因此 D_i 独立于(y_{0i}, y_{1i}),满足可忽略性假定。但此时,并不能使用倾向得分匹配法,因为重叠假定完全不满足,对于所有处理组成员,都有 $x \geqslant 2$;而所有控制组成员都有 $x < 2$,二者完全没有交集。因此,匹配估计量此路不通,需另辟蹊径。

显然,处理变量 D_i 为 x_i 的函数,记为 $D(x_i)$。由于函数 $D(x_i)$ 在 $x = 2$ 处存在一个断点(Discontinuity),这提供了估计 D_i 对 Y_i 因果效应的机会。因此,由于制度原因,仿佛对间隔年份在小邻域 $[2-e, 2+e]$ 之间的购房者进行了随机分组,故可视为准实验(Quasi Experiment)。由于存在随机分组,故可一致地估计在 $x = 2$ 附近的局部平均处理效应(Local Average Treatment Effect,LATE),即

$$\begin{aligned} \text{LATE} &\equiv E(y_{1i} - y_{0i} \mid x = 2) \\ &= E(y_{1i} \mid x = 2) - E(y_{0i} \mid x = 2) \\ &= \lim_{x \to 2+} E(y_{1i} \mid x) - \lim_{x \to 2-} E(y_{0i} \mid x) \end{aligned} \tag{13.2}$$

其中,$\lim\limits_{x \to 2+}$ 与 $\lim\limits_{x \to 2-}$ 分别表示从 2 的右侧与左侧取极限(即右极限与左极限)。在上式最后一步推导中,假设条件期望函数 $E(y_{1i} \mid x)$ 与 $E(y_{0i} \mid x)$ 为连续函数,故其极限值等于函数取值。

更一般地,断点可以是某常数 c,而分组规则为

$$D_i = \begin{cases} 1 & \text{if } x_i \leqslant c \\ 0 & \text{if } x_i < c \end{cases} \tag{13.3}$$

假设在实验前(Pretreatment)结果变量 y_i 与 x_i 之间存在如下线性关系:

$$y_i = \alpha + \beta x_i + \varepsilon_i (i = 1, \cdots, n) \tag{13.4}$$

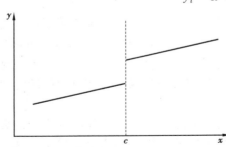

不失一般性,假设 $D_i = 1(x_i \geqslant c)$ 的处理效应为正,则 y_i 与 x_i 之间的线性关系在 $x = c$ 处就存在一个向上跳跃(Jump)的断点,如图 13.1 所示。由于在 $x = c$ 附近,个体在各方面均无系统差别,故造成条件期望函数 $E(y_{1i} \mid x)$ 在此跳跃的唯一原因只可能是的处理效应。基于此逻辑,可将此跳跃视为在 $x = c$ 处 D_i 对 y_i 的因果效应。

图 13.1 断点回归示意图

我们知道,在方程中引入虚拟变量的效果就是在不同的子样本中产生不同的截距项。因此,为了估计此跳跃,可将方程(13.4)改写为

$$y_i = \alpha + \beta(x_i - c) + \delta D_i + \gamma(x_i - c)D_i + \varepsilon_i (i = 1, \cdots, n) \tag{13.5}$$

在上式中,变量($x_i - c$)为 x_i 的标准化,使得($x_i - c$)的断点为 0。引入互动项 $\gamma(x_i - c)D_i$ 是为了允许在断点两侧的回归线斜率可以不同。对式(13.5)进行 OLS 回归,所得 $\hat{\delta}$ 就是在 $x = c$ 处局部平均处理效应(LATE)的估计量。由于此回归存在一个断点,故称为"断点回归"

(Regression Discontinuity，RD)或"断点回归计"(Regression Discontinuity Design，RDD)。需要注意的是，在有互动项的情况下，如果在方程(13.5)使用 x_i 而非标准化变量($x_i - c$)，则虽然度量断点两侧回归线的截距之差，但并不等于这两条回归线在 $x = c$ 处的跳跃距离。

由于在断点附近仿佛存在随机分组，故一般认为断点回归是内部有效性(Internal Validity)比较强的一种准实验。在某种意义上，断点回归可视为"局部随机实验"(Local Randomized Experiment)；而且，可通过考察协变量在断点两侧的分布是否有显著差异来检验此随机性。另一方面，断点回归仅推断在断点处的因果关系，并不一定能推广到其他样本值，故外部有效性(External Validity)受局限。

断点回归由 Thistlewaite 和 Campbell[1] 首次使用，但直到 20 世纪 90 年代末才引起经济学家的重视。他们使用断点回归研究奖学金对于未来学业成就的影响。由于奖学金由学习成绩决定，故成绩刚好达到获奖标准与差一点达到的学生具有可比性。Angrist[2] 在研究班级规模对成绩的影响时，利用以色列教育系统的一项制度进行断点回归；该制度限定班级规模的上限为 40 名学生，一旦超过 40 名学生(比如 41 名学生)，则该班级将被一分为二。Hahn 等[3]提供了断点回归的计量经济学理论基础。目前，断点回归在教育经济学、劳动经济学、健康经济学、政治经济学以及区域经济学等领域的应用仍方兴未艾。

13.1.1　RDD 的模型构建与估计

断点回归可分为两种类型。一种类型是上述介绍的"精确断点回归"(Sharp Regression Discontinuity，SRD)，其特征是在断点处，个体得到处理的概率从 0 跳跃为 1。另一种类型为"模糊断点回归"(Fuzzy Regression Discontinuity，FRD)，其特征是在断点 $x - c$ 处，个体得到处理的概率从 a 跳跃为如 $0 < a < b < 1$。下面将分别介绍这两种类型的断点回归。

1) 精确断点回归

使用式(13.5)来估计精确断点回归，存在两个问题。首先，如果回归函数包含高次项，比如二次项$(x - c)^2$，则会导致遗漏变量偏差。其次，既然断点回归是局部的随机实验，则原则上只应使用断点附近的观测值，但式(13.5)却使用了整个样本。为了解决这两个问题，可在式(13.5)中引入高次项(比如二次项)，并限定 x 的取值范围为($c - h, c + h$)

$$y_i = \alpha + \beta(x_i - c) + \delta D_i + \gamma(x_i - c)D_i + $$
$$+ \beta(x_i - c)^2 + \gamma_2(x_i - c)^2 D_i + \varepsilon_i \qquad (c - h < x < c + h) \qquad (13.6)$$

其中，$\hat{\delta}$ 为对 LATE 的估计量，并可使用稳健标准误来控制可能存在的异方差。但上式并未确定 h 的取值，而且仍然依赖于具体的函数形式。为此，研究者开始转向非参数回归。与前面的参数回归相比，非参数回归的优点在于不依赖于具体的函数形式，而且可以通过最小化均方误差(MSE)来选择最优带宽 h。直观来看，h 越小，则偏差(Bias)越小，但离 $x = c$ 很近的

① THISTLETHWAITE D L，CAMPBELL D T. Regression−discontinuity analysis：An alternative to the ex post facto experiment[J]. Journal of Educational psychology，1960，51(6)：309.

② ANGRIST J D. Lifetime earnings and the Vietnam era draft lottery：evidence from social security administrative records [J]. The american economic review，1990：313-336.

③ HAHN J，TODD P，VAN DER KLAAUW W. Identification and estimation of treatment effects with a regression-discontinuity design[J]. Econometrica，2001，69(1)：201-209.

点可能很少,导致方差变大;反之 h 越大,则方差越小,但由于包含了离 $x=c$ 较远的点导致偏差变大。

最简单的非参数方法就是比较 y 在两个区间 $(c-h,c)$ 与 $[c,c+h)$ 的均值。但这种方法缺乏效率,且要求在这两个区间有较多观测值。另一种非参数方法为核回归(kernel Regression),即以核函数计算权重,对带宽 h 范围内的观测值进行加权平均。但核回归的边界性质并不理想,而我们关心的恰恰是回归函数在端点的取值。为此,一般推荐使用局部线性回归(Local Linear Regression),即最小化目标函数如下所示。

$$\min_{\alpha,\beta,\delta,\gamma} \sum_{i=1}^{n} K[(x_i-c)/h][y_i - \alpha - \beta(x_i-c) - \delta D_i - \gamma(x_i-c)D_i]^2 \qquad (13.7)$$

其中,$K(\cdot)$ 为核函数。局部线性回归的实质是,在一个小邻域 $(c-h,c+h)$ 内进行加权最小二乘法估计,此权重由核函数来计算,离 c 越近的点权重越大。针对断点回归,较常用的核函数为三角核(Triangular Kernel)与矩形核(Rectangular Kernel,即均匀核)。如果使用矩形核,则为标准 OLS 回归,等价于上文的参数回归。此估计量也称为"局部沃尔德估计量"(Local Wald Estimator)。

下面考察最优带宽的选择。记 $m_1(x) \equiv E(y_1|x)$,$m_0(x) \equiv E(y_0|x)$,则 $\delta = m_1(c) - m_0(c)$,$\hat{\delta} = \hat{m}_1(c) - \hat{m}_0(c)$。Imbens 和 Wooldridge[1] 提出通过最小化两个回归函数在断点处的均方误差来选择最优带宽如下所示。

$$\min_h E\{[\hat{m}_1(c) - m_1(c)]^2 + [\hat{m}_0(c) - m_0(c)]^2\} \qquad (13.8)$$

另外,也可在式(13.6)或式(13.7)加入影响结果变量 y_i 的其他协变量 w_i,可通过 Stata 命令"rd"的选择项"cov(varlist)"来实现。由于断点回归可视为局部随机实验,故是否包括协变量 w_i 并不影响断点回归估计量的一致性。加入协变量 w_i 的好处在于,如果这些协变量对于被解释变量 y_i 有解释力,则可以减少扰动项方差,使得估计更为准确。然而,如果所加入的协变量 y_i 内生变量,与扰动项相关,则反而会干扰对 LATE 的估计。

另外,如果协变量 w_i 在 $x=c$ 处的条件密度函数也存在跳跃,则不宜将片全部归功于该项目的处理效应。事实上,断点回归的一个隐含假设是,协变量 w_i 的条件密度在 $x=c$ 处连续。为了检验此假设,可将 w_i 中每个变量作为被解释变量,进行断点回归,考察其分布是否在 $x=c$ 处有跳跃;这可通过 Stata 命令"rd"的选择项"x(varlist)"来实现。

在进行断点回归时,还应注意可能存在"内生分组"(Endogenous Sorting)。如果个体事先知道分组规则,并可通过自身努力而完全控制分组变量(Complete Manipulation),则可自行选择进入处理组或控制组,导致在断点附近的内生分组而非随机分组,引起断点回归失效。另一方面,如果个体事先不清楚分组规则,或只能部分地控制分组变量(Partial Manipulation),则一般不存在此担忧。对于内在分组的可能性,可从理论上讨论,也可根据数据进行检验。假设存在内生分组,则个体将自行选择进入断点两侧,导致在断点两侧的分布不均匀,即分组变量 x 的密度函数在断点 $x=c$ 处不连续,出现左极限不等于右极限的情形。为此,McCrary[2] 提出检验以下原假设

① IMBENS G W,WOOLDRIDGE J M. Recent developments in the econometrics of program evaluation[J]. Journal of economic literature,2009,47(1):5-86.

② MCCRARY J. Manipulation of the running variable in the regression discontinuity design:A density test[J]. Journal of econometrics,2008,142(2):698-714.

$$H_0: \theta \equiv \ln \lim_{s \to c+} f(x) - \ln \lim_{s \to c-} f(x) \equiv \ln f^+ - \ln f^- = 0 \qquad (13.9)$$

通过计算 $\hat{\theta}$ 及其标准误,即可检验密度函数 $f(x)$ 是否 $x=c$ 处连续。另外,根据同样的逻辑,内生分组也可能使得协变量 w_i,在两侧分布不均匀;故检验协变量 w_i 的条件密度在 $x=c$ 处是否连续也有帮助。

由于断点回归在操作上存在不同选择,故在实践中,为了保证结果的稳健性一般,建议同时汇报以下各种情形。

①分别汇报三角核与矩形核的局部线性回归结果(后者等价于线性参数回归);

②分别汇报使用不同带宽的结果(比如,最优带宽及其二分之一或两倍带宽);

③分别汇报包含协变量与不包含协变量的情形;

④进行模型设定检验,包括检验分组变量与协变量的条件密度是否在断点处连续。

2)模糊断点回归

模糊断点回归的特征是,在断点 $x=c$ 处,个体得到处理的概率从 a 跳跃为 b,其中 $0<a<b<1$,如图13.2所示。这意味着,即使 $x>c$,也不一定得到处理,只不过得到处理的概率在 $x=c$ 处有一个不连续的跳跃。显然,所谓"模糊断点回归",其断点并不模糊(断点很明确地在 $x=c$ 处),只不过分组变量 x 跨

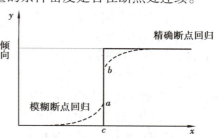

图 13.2 精确断点回归与模糊断点回归

过断点 c 的后果并非泾渭分明,只是得到处理的概率存在跳跃。在某种意义上,精确断点回归可视为模糊断点回归的特例或极限情形。

在模糊断点的情况下,处理变量 D 并不完全由分组变量 x 所决定。一般来说,影响处理变量 x 的其他因素也会影响结果变量 y,导致在式(13.5)或(13.7)中处理变量 D 与扰动项 ε 相关,故 OLS 估计量不一致。比如,虽然成绩上线却因志愿不妥而落榜者多有较深实力,而这种不可观测的实力可以影响结果变量 y。

为了在模糊断点的情况下识别平均处理效应,需要引入以下条件独立假定。

假定 13.1 给定 x,则 $(y-y_0)$ 独立于 D,即 $(y_{1i}-y_{0i}) \perp D_i \mid x_i$

此假定意味着,在给定分组变量 x 的情况下,D 可以与 y_0 相关,但不能与参加项目的收益 $(y_{1i}-y_{0i})$ 相关。由于 $y=y_0+D(y-y_0)$,故

$$E(y \mid x) = E(y_0 \mid x) + E(D(y_1 - y_0) \mid x)$$
$$= E(y_0 \mid x) + E(D \mid x) \times E[(y_1 - y_0) \mid x] \qquad (13.10)$$

其中,$E[(y-y_0) \mid x]$ 是我们想要估计的平均处理效应,而 $E[D \mid x]$ 为倾向得分。在上式的第二步使用了条件独立假定。对上式两边从 c 的右边取极限可得

$$\lim_{x \to c+}(y \mid x) = \lim_{x \to c+}(y_0 \mid x) + \lim_{x \to c+}(D \mid x) \times \lim_{x \to c+} E[(y_1 - y_0) \mid x] \qquad (13.11)$$

同理,对上式两边从 C 的左边取极限可得

$$\lim_{x \to c-}(y \mid x) = \lim_{x \to c-}(y_0 \mid x) + \lim_{x \to c-}(D \mid x) \times \lim_{x \to c-} E[(y_1 - y_0) \mid x] \qquad (13.12)$$

假设函数 $E[D \mid x]$,$E[y_0 \mid x]$ 与 $E[y_1 \mid x]$ 在 $x=c$ 处连续,则其左极限等于右极限,也等于其函数值,故 $\lim_{x \to c+} E(y_0 \mid x) = \lim_{x \to c-} E(y_0 \mid x)$,而且 $\lim_{x \to c+} E[((y_1-y_0) \mid x)] = \lim_{x \to c-} E[((y_1-y_0) \mid x)] = E[((y_1-y_0) \mid x)] = c$。因此,将式(13.11)减去(13.12)可得

$$\lim_{x \to c+}(y_0 \mid x) - \lim_{x \to c-}(y_0 \mid x) = [\lim_{x \to c+} E(D \mid x) - \lim_{x \to c-} E(D \mid x)] \times \lim_{x \to c+} E[((y_1 - y_0) \mid x)]$$

$$(13.13)$$

根据模糊断点回归的定义可知,$\lim\limits_{x \to c+} E(D \mid x) - \lim\limits_{x \to c-} E(D \mid x) = b - a \neq 0$,故可将其作为分母如下

$$\text{LATE} \equiv E\left[(y_1 - y_0) \mid x = c\right] = \frac{\lim\limits_{x \to c+} E(y \mid x) - \lim\limits_{x \to c-} E(y \mid x)}{\lim\limits_{x \to c+} E(D \mid x) - \lim\limits_{x \to c-} E(D \mid x)} \tag{13.14}$$

显然,上式的分子就是精确断点回归的 LATE,而分母为得到处理的概率(即倾向得分)在断点 c 处的跳跃($b-a$)。表达式(13.14)是精确断点回归表达式(13.12)的推广,因为在精确断点的情况下,$b-a=1$,将其代入式(13.14)即可得到式(13.12)。

由于表达式(13.14)的分子就是精确断点回归的 LATE,故可用精确断点回归(比如,局部线性回归)来估计此分子。而且,分母在形式上与分子完全一样,故也可用精确断点回归来估计,只要将结果变量 y 换为处理变量 D 即可。

进行模糊断点回归的另一方法为工具变量法。定义 $Z_i = 1(x_i \geq c)$(即分组变量是否大于或等于断点 c),则 Z_i 显然与处理变量 D_i 相关,满足相关性。另一方面,$Z_i = 1(x_i \geq c)$ 在断点 c 附近相当于局部随机实验,故只通过 D_i 而影响结果变量了 y_i 与扰动项 ε_i 不相关,满足外生性。因此,Z_i 为 D_i 的有效工具变量,可使用 2SLS 进行估计。可以证明,如果使用相同的带宽 h,则此 2SLS 估计量在数值上正好等于使用矩形核的局部线性回归估计量。

以上介绍的断点回归均假设在断点附近仿佛存在局部随机分组。但如果分组变量为年龄(时间)或地理区域,则这种解释一般行不通,被 Lee 和 Lemieux[①] 称为"非随机断点设计"(Nonrandomized Discontinuity Design)。在房地产相关分析中,可能会面临地理区域作为分组变量的情况,应进行具体分析,才能得到令人信服的结论。这种非随机断点设计使用地理区域作为分组变量,以某种区域分界线作为断点,进行"地理断点回归"。比如,Black[②] 通过比较在学区分界线两侧的房价来测算居民对高质量小学教育的支付意愿。由于个体一般可以选择住在学区分界线的哪一侧,故很难视为局部随机分组。此时,需要说明的是,在分界线两侧,除处理变量不同外(一侧的学生去一所学校,而另一侧的学生去另一所学校),在其他方面几乎均没有差别。为了保证分界线两侧的可比性,Black 剔除了分界线为主要街道或高速公路的部分分界线(主要街道或高速公路两侧的社区可能有较大差别,尽管距离很近)。

3)断点回归的数据要求

我们通过一个简单的例子来理解断点回归的数据要求。假设政府有一个针对低收入人群的购房福利政策。政府会根据购房者的收入情况给每个人评分,分数越高,代表收入越高。同时购房者的持有固定资产情况用固定资产指数衡量,指数越高说明固定资产越多。政府规定只对收入指数低于或等于 50 的购房者提供这项福利,收入指数高于 50 的购房者不能接受这项福利,那么收入指数 50 就成为购房者是否获得福利的划分值,也称为断点 c。对于收入指数低于或等于 50 的人,我们观测到了他们获得福利的潜在固定资产指数;对于收入指数高于 50 的人,我们观测到了他们没有获得福利的潜在固定资产指数。作为一个依靠观测数据(而非随机实验数据)的研究方法,如果要通过断点回归来估计因果关系,就需要

① LEE D S, LEMIEUX T. Regression discontinuity designs in economics[J]. Journal of economic literature, 2010, 48(2): 281-355.

② BLACK S E. Do better schools matter? Parental valuation of elementary education [J]. The quarterly journal of economics, 1999, 114(2): 577-599.

满足以下前提条件。

（1）包含 3 个基本变量

①配置变量（Assignment Variable）。

配置变量也称作驱动变量（Forcing Variables，Running Variables）。配置变量是个体的一个连续特征变量，匹配变量的值是否大于断点将决定个体是否接受处置。在该例子中，配置变量为收入指数。

②断点（Cut-Point）。

断点用于决定个体是否接受处置的阈值。在例子中，收入指数 50 为断点。

③观测结果。

个体接受处置或未接受处置的观测结果。在例子中，个体的观测固定资产指数为观测结果。

（2）配置变量"无法被准确操纵"

配置变量的值在断点附近无法被准确操纵。"无法被准确操纵"的意思是，存在一些随机因素，导致配置变量的值大于或小于断点存在偶然性。本例中，出于某些原因，如果有购房者为了获得福利而能够将收入指数降低到 50，或者有购房者不愿意接受福利而能够将收入指数增加超过 50，那么收入指数稍微低于 50 的人和收入指数稍微高于 50 的人就不是局部随机分配的，可能存在系统性差异，也就不具备可比性。二者观测结果的差异就不能反映处置效应。

（3）断点的选择不受配置变量的影响

在本例中，如果有个购房者收入是 52，由于某种原因，为了能够让这个购房者获得福利，政府将断点设为 52，这时断点的选择就受到了配置变量（收入）的影响。这种情况同样造成，在断点左右的个体不是局部随机形成的。

（4）其他未处置的个体特征变量在断点处没有显著差异

除处置状态在断点处发生跳跃式变化外，其他未处置的个体特征变量在断点处没有显著差异。如果其他特征变量在断点处也有显著差异，则观测结果在断点处的变化不一定是由处置状态变化造成的。在本例中，如果收入指数略低于 50 的购房者比收入指数略高于 50 的购房者在未获得福利的时期内进行其他投资行为，那么前者在获得福利后的固定资产水平可能会比后者高，原因可能是前者其他投资行为获得的额外收益，而非福利效果。

在实际研究中，我们需要检验这些条件是否满足，这需要对配置变量和断点的产生进行充分的了解，进而确定断点选择不受配置变量的影响、配置变量不会被准确操纵，而且其他未处置的特征变量在断点处没有显著差异。

13.1.2　RDD 的检验

RDD 估计因果效应时需要满足连续性假设。也就是说，作为驱动变量函数的预期潜在结果在越过断点时需要平稳地变化。换句话说，这意味着导致结果在 c 处突然改变的唯一因素是受处理与否。但是，如果出现下列任何一项的情况，那么这一假设在实践中都有可能被违反。

①处理的分配规则事先已知；

②行为人对调整感兴趣；

③行为人有时间进行调整；

④断点内生于某些导致潜在结果改变的因素；

⑤在驱动变量的某些取值下数据存在非随机堆置（Nonrandom Heaping）；

⑥诸如重新参加考试、自我报告收入等都是其例。

在阈值处一些不可观测的其他特征可能会发生变化，而这对结果有直接影响。换句话说，这一断点是内生的。政策中使用的地理区域就是一个例子，比如是否入读高质量小学取决于该学生的户籍是否在划分的学区分界线内。但家长可以花费高价购入学区分界线内的房产，将孩子的户籍迁移到学区分界线内。那么这个断点就不是内生的。

1）麦克拉里密度检验（McCrary 密度检验）

麦克拉里密度检验用于检验个体是否在驱动变量上进行了分类。想象一下，假设现在有两个学区，A 学区和 B 学区。A 学区的小学是全市排名靠前的小学，B 学区的小学是全市排名靠后的小学，两个学区的适龄入学的小学生正在准备入学。在 A 学区入学的小学生将接受质量更高的教育，而在 B 学区入学的小学生在知情的情况下将接受质量更低的教育。如果你是 B 学区的即将入学的小学生的家长，你会怎么做呢？假设大部分家长希望孩子得到高质量教育，那么可能会愿意在 A 学区购买房产，然后让孩子入读教育质量高的小学。B 学区的小学生是有自然动机进入 A 学区的小学，唯一能阻止 B 学区的小学生转移到 A 学区的方法是他们无法主动进入 A 学区。

让我们想象一下，B 学区的家长已经成功地让他们的孩子进入了 A 学区的小学，那么在一个局外人看来，这是什么样子的呢？如果他们成功了，那么 A 学区的小学会比 B 学区的小学有更多的小学生。事实上，在极端情况下，假设小学的入学人数没有限制，A 学区的小学会很拥挤，而 B 学区的小学却空着。这就是麦克拉里密度检验的核心，当我们在断点处看到类似的景象时，就有一些暗示性证据表明人们对驱动变量进行了分类。这有时也被称为操纵（Manipulation）。

之前说过，我们应该把连续性看作原假设（the Null），因为自然不会发生跳跃。密度也是如此。如果原假设是断点左右的密度连续，那么在断点处密度聚集就意味着有人正在移动到断点处——很可能是为了利用这里的某些优势。在原假设为连续密度的情况下，对分类变量进行分类是一个可检验的预测。假设个体是连续分布的，对驱动变量进行分类意味着个体在断点的另一边移动。正式地说，如果我们假设一个受欢迎的处理方法 D 和分配规则 $x \geq c$，那么我们可以预期，只要他们有能力，每个个体都将通过选择 x 的值（如 $x \geq c$）对 D 进行选择。如果他们这样做了，那么这就说明存在选择偏差，因为他们的分类本身就是潜在结果的函数。

调查操纵是否发生所需的检验类型是检验在断点处是否存在个体的聚集。换句话说，我们需要进行一个密度检验。McCrary 提出一个正式的检验，在原假设下，密度应该在断点处连续。在备择假设下，密度应在结点（Kink）处增加。我一直很喜欢这个检验，因为基于人类会在约束条件下进行优化这一理论，它是一个非常简单的统计检验。如果人类进行了优化，就会产生可检验的预测——比如在断点处出现密度的不连续。建立在行为理论基础上的统计学可以让我们走得更远。

为了实现麦克拉里密度检验，我们需要将分配变量分成若干段，并计算每一段中的频率（即观测次数）。将频率计数作为局部线性回归中的因变量。如果你可以估计条件期望，你就有了基于驱动变量的数据，所以从原理上来说，密度检验总是可以做的。密度检验的 Stata

命令详见下一节 RDD 估计步骤的第三步。这是一个高效力的检验。我们需要在断点 c 附近获取大量的观测值来区分密度的不连续和噪声。

2）协变量平衡和其他安慰剂（Covariate Balance and Other Placebos）

为了使 RDD 在研究中有效，在断点附近合理选择的协变量的平均值中一定不能存在一个可观测到的不连续的变化。由于这些是处理之前（Pretreatment）的特征，所以它们在分配处理状态时应该是不变的。

还有一种检验通常被称为安慰剂检验。也就是说，你正在寻找一个没有效应且不应该存在任何效应的地方。所以第三种检验是它的延伸——就像在处理之前的值在断点处不应该有效应一样，在任意选择的断点上，也不应该存在对我们感兴趣结果的效应。Imbens 和 Lemieux 建议观察不连续点的一侧，取这一段驱动变量的中值，且假装这个点 c 是不连续点。然后检验 c 处是否有不连续的结果。在这个检验中，我们不希望找到任何不连续的结果。

3）驱动变量上的非随机堆置（Nonrandom Heaping on the Running Variable）

假设某个城市规定，根据房屋售价的不同，可以享受不同程度的税收优惠或补贴。而在某一售价临界点附近，例如 100 万元，房屋的定价策略可能出现非随机的集中现象。举例来说，因为 100 万元是一个整数，卖家可能更倾向于将房屋定价在这一整数附近（例如 99 万元或 101 万元），而不是其他价格。这种现象可能导致在这个临界值附近出现非均匀的房屋定价分布，而不是在该范围内均匀分布。这违反了独立性，如果处理的内生性足够深，很有可能直接对选择进行控制都将是难以实现的。这种非随机的干预会导致令人困惑的相关性。违反直觉的关系可能只不过是选择偏差。

由于在 RDD 中，当我们从任意一边接近阈值时，估计都需要比较平均值，因此估计不应该对阈值本身的观测结果敏感。他们的解决方案是所谓的"甜甜圈"RDD（"Donut Hole" RDD）即移除邻近 100 万元的个体，并重新估计模型。在个体减少的情况下，我们在断点处估计的参数已经变成了一种更不寻常的局部平均处理效应，对于决策者迫切想知道的平均处理效应，其可以提供的信息更少，但这一规则的优势在于，它允许了一种可能性，即由于选择偏差，堆置处的个体与周围区域的个体有显著差异。

这个例子可以帮助我们更好地理解选择偏差在 RDD 中出现的一些方式。堆置并不是世界末日，这对面临这一问题的研究人员来说是个好消息。"甜甜圈"RDD 可以用来规避一些问题。但最终这个解决方案涉及删除观测值，如果样本容量相对于堆置个体的数量较小，甜甜圈方法可能是不可行的。这一方法还改变了我们感兴趣的参数，以可能难以理解或解释的方式对这些参数进行了估计。对沿着驱动变量的非随机堆置保持警惕，可能是一件好事情。

13.1.3　RDD 的 Stata 命令

目前使用的 Stata 软件 RDD 命令基本上为非官方命令。表 13.1 总结了常用的 RDD 命令及其功能。

表 13.1　常用的 Stata RDD 命令和功能

命令	功能
rd	局部线性回归来估计断点回归模型
twoway scatter	绘制结果变量和配置变量散点图
rdplot	绘制结果变量和配置变量拟合图
DCdensity	McCrary 检验

1）外部安装命令

（1）RDD 拟合图的外部命令安装

"rdplot"命令为外部命令，可用下列命令安装：

. net install st0366_1. pkg

（2）RDD 的外部命令安装

断点回归可通过非官方 Stata 命令"rd"来实现。安装命令如下所示：

. ssc install rd,replace

（3）McCrary 检验的外部命令安装

McCrary 检验可通过非官方 Stata 命令"DCdensity"来实现（其中，DC 表示 Discontinuity）。Windows 系统:将该网页的"DCdensity. ado"文件下载到文件夹"\\ado\plus\d"即可（在 Stata 中输入命令"sysdir"即可显示此文件夹的位置）;Mac 系统:将该网页的"DCdensity. ado"文件下载到"/Applications/Stata/ado/base/d"即可（在应用程序 Stata 文件夹中可以找到这个位置）。

2）绘制散点图和拟合图

观察结果变量在断点处是否有明显的跳跃。具体执行如下。

（1）用散点图显示结果变量和配置变量的关系

. twoway(scatter y x)

（2）用拟合图显示结果变量和配置变量的关系

. rdplot y x [,option]

其中，"[,option]"包括"nbins(J−,J+)"是指定截止点左侧使用的条柱数（表示为 J−）和截止点右侧使用的条柱数（表示为 J+）;"binselect( )"是选择分箱的方法。常见的方法包括 esmv（等间隔分箱）和 qsmv（等数量分箱）;"c(#)"是指定断点;"p(#)"是指定用于近似控制单元和处理单元的总体条件均值函数的（全局）多项式拟合的顺序。默认值为 4。

3）断点回归模型的构建与估计

（1）未加入协变量的断点回归

. rd y D x,zO(real)strineq mbw(numlist)kernel(rectangle)

其中，"y"为结果变量，"D"为处理变量，而"x"为分组变量。选择项"zO(real)"用来指定断点位置，默认值为"zO(0)"，即断点为原点。如果省略处理变量 D，则默认为精确断点回归,并根据分组变量 x 来计算处理变量,即如果 x 大于或等于断点 z_0,则 D 为 1;反之,D 取值为 0。选择项"strineq"表示根据严格不等式来计算处理变量,即如果 x 大于断点 z_0,则 D 取值为 1;反之,D 取值为 0。选择项"mbw(numlist)"用来指定最优带宽的倍数,默认值为"mbw(50 100 200)",即根据最优带宽的 0.5,1 与 2 倍进行局部线性回归。

（2）加入协变量的断点回归

. rd y D x,z0(real)strineq mbw(numlist)kernel(rectangle)cov(varlist)

其中,选择项"cov(varlist)"用来指定加入局部线性回归的协变量。

4）模型检验

（1）估计值对带宽依赖性检验

. rd y D x,z0(real)strineq mbw(numlist)graph bdep oxline kernel(rectangle)

其中,选择项"graph"表示根据所选的每一带宽,画出其局部线性回归图。选择项"bdep"表示通过画图来考察断点回归估计量对带宽的依赖性,而选择项"oxline"表示在此图的默认带宽(即最优带宽)上画一条直线,以便识别。

（2）协变量连续性检验

. rd y D x,z0(real)mbw(numlist)x(varlist)

其中,选择项"x(varlist)"表示检验这些协变量是否在断点处有跳跃(估计跳跃值及其显著性)。

（3）McCrary 密度检验

. DCdensity x,breakpoint(#)generate(Xj Yj r0 fhat se_fhat)graphname(filename)b(#)h(#)

其中,"x"为分组变量,必选项"breakpoint(#)"用来指定断点位置,必选项"generate(Xj Yj r0 fhat se_fhat)"用来指定输出变量名,而选择项"graphname(filename)"用来指定密度函数图的文件名。

13.2 基于断点回归的房地产数据分析应用

13.2.1 基于 RDD 评估限购限贷对房价的影响效应

我国自 2003 年起对快速增长的房价先后出台国八条、国十五条等政策文件,采取了多个基于货币、信贷、税费的调控政策,调整土地供应、交易市场、住房信贷和交易税费等环节,以"降温"为主要目标,分别约束了供给面以及需求面的增长。但房价的持续快速上涨表明,2003—2008 年的收缩政策对刚性需求的抑制效果可能有限,中国住房市场依旧长期处于供不应求的状态。

回顾我国限购、限贷政策的实施历程,在历经 2009 年房价大涨之后,2010 年开始实施的调控政策明显以抑制住房需求为目标导向,而在 2014 年因经济下行以及三四线城市去库存的要求下,限购逐渐放开,房价再经历了 2016 年的大涨,直到 2017 年 3 月各城市开始实行最严厉的调控手段,房价快速上涨的势头才逐渐减缓。从房价波动的情况可以看出,调控政策的力度在实际实施中是根据国家及市场的需要而动态调整的。

限购政策是当前住房市场调控的主要手段,验证了限购政策对高质量实现住房供需均衡的调控作用,对力争实现"房住不炒"的政策主基调有较大的实践意义。基本的房价理论也表明,通过供需平衡的调整能够有效地稳定房价,因此自2010年起实施限购后,房价上涨的速度开始减缓,表明需求受到约束的强制效果可能已经奏效,市场转向高质量的供需均衡发展,房价上涨的速度因而开始减缓。

1)变量选择与数据准备

本节以国家统计局中收集的北京房屋平均销售价格、销售面积和竣工面积数据为例,演示断点回归在 Stata 中的操作。该数据集以2010年为断点进行回归。被解释变量是北京房屋平均销售价格;解释变量是限购政策;协变量为销售面积和竣工面积。使用数据集"13_RDD. dta"。

先来看一下数据集中的变量,见表13.2。
. d

表 13.2　变量详情

Variable name	Storage type	Display format
年份	int	%10.0g
平均销售价格	double	%10.0g
销售面积	double	%10.0g
竣工房屋面积	double	%10.0g
是否限购	byte	%10.0g

2)绘制散点图和拟合图

制作关于配置变量"年份"和结果变量"平均销售价格"的散点图,见图13.3。
. twoway(scatter 平均销售价格 年份)

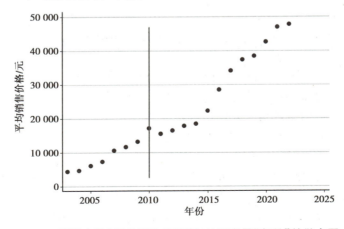

图 13.3　配置变量"平均销售价格"和结果变量"年份"的散点图

图中断点左边(年份 ≤ 2010)的点是没有限购政策的平均销售价格,断点右边(年份>

2010）是实施限购政策的平均销售价格。从图中我们可以看到是否实施限购政策对平均销售价格有一定的影响，在2010年处有一个向下的跳跃。

然后，用拟合图显示结果变量和配置变量的关系。

. rdplot 平均销售价格 年份,nbins(10 10)binselect(es)c(2010.00001)p(2)

从图13.4中可以看出，在2010年处有一个明显向下的跳跃。

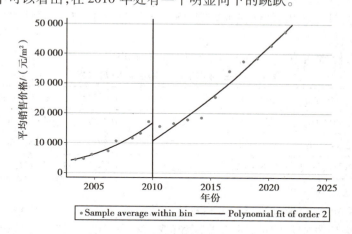

图 13.4　结果变量和配置变量的关系图

3）模型构建与估计

（1）未加入协变量的断点回归

首先，使用最优带宽以及默认的三角核进行精确断点回归。

. rd 平均销售价格 年份,mbw(100)z0(2010.0001)

表 13.3　精确断点回归结果

平均销售价格	Coefficient	Std. err.	z	p>∣z∣	[95% conf. interval]	
lwald	−2 400.012	867.054 7	−2.77	0.006	−4 099.408	−700.615 6

从上表可知，局部沃尔德估计值（Local Wald Estimate）为负，且显著。这表明处理效应，即限购限贷政策，具有显著性。显著的局部沃尔德估计意味着在接近断点处，处理变量的变化（比如越过断点）与结果变量的变化之间存在着显著的关联。换句话说，越过了断点的一侧（本例中是实行了限购限贷政策的房价）与未越过断点的另一侧（本例中是没有实行限购限贷政策的房价）相比，结果变量的平均差异很可能不是由随机因素引起的，而是确实与断点处的处理状态有关。

（2）加入协变量的断点回归

加入协变量再次回归。

. rd 平均销售价格 年份,mbw(100)z0(2010.0001)cov(销售面积 竣工房屋面积)

表 13.4　加入协变量之后的精确断点回归结果

平均销售价格	Coefficient	Std. err.	z	p>∣z∣	[95% conf. interval]	
lwald	−2 827.379	1 158.345	−2.44	0.015	−5 097.693	−557.064

上表显示 LATE 估计值为负,且显著。在 RDD 的有效性前提下,显著地加入协变量之后的局部沃尔德估计进一步支持了因果效应的存在性。

4)模型检验

(1)估计值对带宽依赖性检验

再次去掉协变量,但同时估计三种带宽,回归结果见表 13.5,并画出估计值对带宽的依赖性[图 13.5(d)]。

.rd 平均销售价格 年份,gr bdep oxline z0(2010.0001)

表 13.5 三种带宽的精确断点回归结果

平均销售价格	Coefficient	Std. err.	z	$p > \|z\|$	[95% conf. interval]	
lwald	−2 400.012	867.054 7	−2.77	0.006	−4 099.408	−700.615 6
lwald50	−2 446.961	558.034 5	−4.38	0.000	−3 540.689	−1 353.234
lwald200	−6 151.539	1 899.679	−3.24	0.001	−9 874.84	−2 428.237

从表 13.5 可知,改变带宽虽然对 LATE 估计值有一定影响,但三个估计值均为负,且显著。这表明处理效应具有稳健性,不论带宽如何变化,估计结果都保持显著,这在一定程度上表明所识别的因果效应相对稳定和可靠,不受局部样本容量变化的影响。还表明断点附近的结构稳定,不同带宽下结果依然显著可能反映出在断点附近存在一个较为稳定的因果效应,即跨越断点时处理变量对结果变量的影响无论是在更狭窄还是更宽泛的邻域内都是显著的。从图 13.5 也可以看出,估计值对于带宽的依赖性似乎不大。

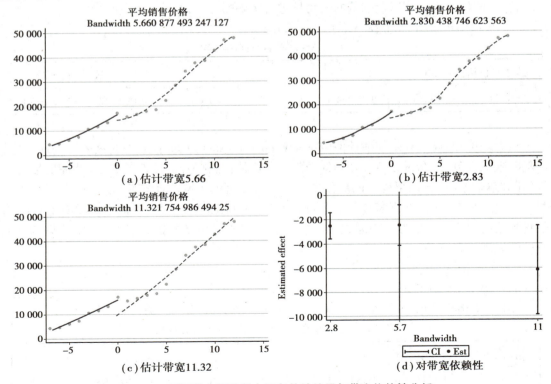

图 13.5 不同带宽下的断点回归估计结果与带宽依赖性分析

（2）协变量连续性检验

进行断点回归后，还需要对其设定进行检验。下面检验协变量在断点处的条件密度是否存在跳跃。如果没有跳跃，说明没有选择偏误，且一致性假设得到满足。回归结果见表13.6。

. rd 平均销售价格 年份, mbw(100) x(销售面积 竣工房屋面积) z0(2010.0001)

表13.6　检验协变量

平均销售价格	Coefficient	Std. err.	z	$p>|z|$	[95% conf. interval]	
销售面积	−89.739 18	336.087 7	−0.27	0.789	−748.459	560.980 6
竣工房屋面积	−322.029	125.201 4	−2.57	0.010	−567.419 4	−76.638 72
lwald	−2 400.012	867.054 7	−2.77	0.006	−4 099.408	−700.615 6

上表显示，除变量"竣工房屋面积"外，所有协变量的条件密度函数在断点处都是连续的。下面，使用 McCrary 的方法检验分组变量的密度函数是否在断点处不连续。

（3）McCrary 检验

将"DCdensity"命令应用于分组变量"年份"，运行结果如图13.6所示。

. DCdensity 年份, breakpoint(2010.00001) generate(Xj Yj rO fhat se_fhat) b(2) h(10)

结果显示 $\hat{\theta}=-0.161\ 268\ 148$，而标准误为 0.92，故可接受密度函数在 c 处连续的原假设。从图13.6中可以看出，断点两侧密度函数估计值的置信区间有很大一部分重叠，故断点两侧的密度函数不存在显著差异。这表明无内生性。个体在接近断点时并未显示出集中分布的现象，即靠近断点的个体并不是因为预期的处理效应而系统性地聚集成堆。这个结果还增强了 RDD 的有效性，也使处理效应的估计更加可靠。

综上所述，回归结果显示在北京实行的限购限贷政策后，在2010年处的房价存在显著跳跃，并通过 McCrary 检验。因此，限购限贷政策可能是北京房价在2010年处跳跃的原因。

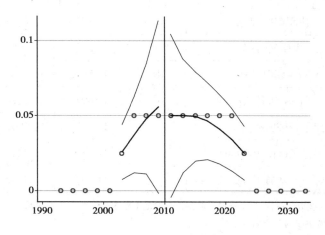

图13.6　McCrary 密度检验结果

13.2.2　基于 RDD 的限购政策对房价的影响效应拓展案例①

1）变量选取与数据准备

研究选取从链家网收集的廊坊市环京五县 11 597 套二手房的数据,包括房屋面积、楼层、朝向、装修、地址、成交时间等信息。为描述二手房的区位特征,从百度地图中收集了廊坊地区公园、医院等公共服务设施的信息,然后利用高德的应用程序编程接口对所有二手房及公共服务设施进行地理编码,计算样本点到最近公园和医院的距离。通勤因素对人们的日常生活影响显著,因此以二手房与主要交通干道的最短距离为衡量标准。变量详细说明见表 13.7。

表 13.7　变量描述和统计数据

变量	定义	类型	观察个数	均值	标准差
price	二手房价格(元/m²)	cv	11 597	19 157.48	7 209.60
house_area	房屋建筑面积(m²)	cv	11 597	81.31	30.97
fl_ground	楼层:首层	dv	11 597	0.04	0.20
fl_low	楼层:低层	dv	11 597	0.26	0.44
fl_middle	楼层:中层	dv	11 597	0.36	0.48
fl_high	楼层:高层	dv	11 597	0.27	0.45
fl_top	楼层:顶层	dv	11 597	0.06	0.24
or_northeast	房屋朝向:东北	dv	11 597	0.04	0.19
or_west	房屋朝向:西	dv	11 597	0.06	0.24
or_north	房屋朝向:北	dv	11 597	0.09	0.28
or_southwest	房屋朝向:西南	dv	11 597	0.43	0.20
or_east	房屋朝向:东	dv	11 597	0.08	0.27
or_southeast	房屋朝向:东南	dv	11 597	0.05	0.21
or_south	房屋朝向:南	dv	11 597	0.60	0.49
d_park	距最近公园距离(m)	cv	11 597	2 290.19	1 008.60
d_hospital	距最近医院距离(m)	cv	11 597	1 722.72	5 025.57
d_road	距最近主要交通干道距离(m)	cv	11 597	210.53	113.87

注:cv 为连续变量;dv 为虚拟变量;反映房屋楼层的变量是以地下室为参考生成的 5 个虚拟变量;反映房屋朝向的变量是以西北为参考生成的 7 个虚拟变量。

---

① LI Y,ZHU D,ZHAO J,et al. Effect of the housing purchase restriction policy on the Real Estate Market:Evidence from a typical suburb of Beijing,China[J]. Land Use Policy,2020,94:104528.

2）绘制散点图和拟合图

2014—2019 年二手房价格时间分布如图 13.7 所示。从图 13.7 可知在限购政策出台前二手房价格逐年上涨，限购政策出台后则逐渐下降。限购政策实施后的一段时间内，黑色样本点明显稀疏，说明限购政策可能降低了二手房交易量。

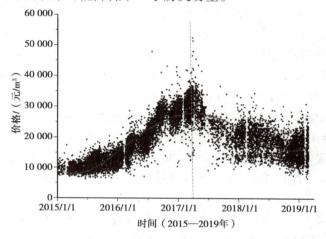

图 13.7　2015 年至 2019 年二手房价格的时间分布图

注：黑色点代表不同时点的二手房价；竖直虚线为廊坊限购政策出台日期（2017.03.21）。

要确保限购政策实施截止时房价出现明显上涨，对此，我们利用限购政策实施前后二手房价格的拟合曲线进行简单判断，如图 13.8 所示。从图 13.8 可以看出，在 2017 年 3 月 21 日这一截止点，二手房价格出现了明显的跳涨，因此采用精确 RDD 是合理的。

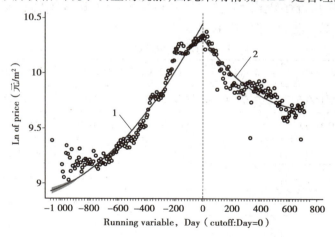

图 13.8　基于 RDD 的二手房价格跳涨情况

注：曲线 1 为政策实施前二手房均价走势；曲线 2 为政策实施后二手房均价走势。

3）模型构建与估计

研究采用精确 RDD 模型对廊坊市限购政策的实施效果进行分析，通过观察限购政策实施前后房价是否出现跳涨现象来判断政策的有效性。以廊坊市限购政策出台时间为截止点,即 2017 年 3 月 21 日,建立模型如下

$$\ln(p_i) = \beta_0 + \beta_1 HPR_i + \sum_{k=1}^{K} \boldsymbol{\beta}_{2k} Day_i^k + \sum_{k=1}^{K} \beta_{3k} Day_i^k HPR_i + \sum_{m=1}^{M} \beta_{4m} X_{mi} + \varepsilon \quad (13.15)$$

其中 "p_i" 为二手房样本点单价;"HPR_i"(Housing Purchase Restriction)为二值选择变量,如果样本点发生在 2017 年 3 月 21 日之后则该变量等于 1,否则为 0;"β_1" 是反映限购政策效果的主要系数,当其为正数时,这意味着该政策推高了二手房的价格;"Day_i" 是采样点 i 的交易日期与截止日期之间的天数;向量 "$\boldsymbol{\beta}_2$" 使用 K 阶多项式捕获任何预先存在的时间趋势;然后构造了 "Day_i" 和 "HPR_i" 的交乘项;"X_{mi}" 为包括采样点基本特征的协变量。根据方程 $\Delta p(\%) = e^{\beta_1} - 1$ 可以计算出 HPR 政策对房价的影响方向和程度。

带宽选择对 RDD 的估计结果有显著影响。本研究以最小化均方误差为最优带宽选取准则,利用局部线性回归的参数估计方法得到最优带宽条件下的估计结果。低阶多项式往往有较好的回归效果[1],因此本研究选取最高控制三阶多项式进行研究。另外需要强调的是,回归模型中加入了截断变量与时间多项式变量的交叉项,以保证截断前后有不同的截距。

随后对限购政策对房价影响的 RDD 结果进行检验,发现在无控制变量的二阶多项式回归模型中,政策效应系数在 10% 水平上显著,即限购政策的实施导致房价下降了 2.90%;此外,其余多项式的政策效应系数均不显著,但均表现为负向效应,说明限购政策对廊坊市房价的抑制作用并不稳定。限购政策失效的原因可能是廊坊市房地产市场整体刚性需求较大,投资性需求较小。此外,表 13.8 给出了部分协变量的估计结果,其中,房屋面积、公园距离、医院距离的估计系数显著为负,道路距离的估计系数显著为正。结果显示,廊坊五个区县二手房价格随着建筑面积的增加、到公园、医院距离的增加而下降,且随着到最近交通干线距离的增加,二手房价格呈上升趋势。推测相较于公园、医院等公共服务设施,交通干线附近会存在噪声干扰、空气污染等影响。

表 13.8　限购政策对房价的影响

	Model 1	Model 2	Model 3	Model 4	Model 5	Model 6
Policy effect	−0.000 3	−0.029 4*	−0.027 3	−0.002 6	−0.020 5	−0.020 6
	(0.016)	(0.018)	(0.021)	(0.016)	(0.018)	(0.019)
house_area				−0.001 2***	−0.001 2***	−0.001 2***
				(0.000)	(0.000)	(0.000)
d_park				−0.009 3**	−0.009 0**	−0.009 0***
				(0.004)	(0.004)	(0.004)
d_hospital				−0.030 3***	−0.030 2***	−0.030 5***
				(0.008)	(0.008)	(0.008)

---

[1]　GELMAN A, IMBENS G. Why high-order polynomials should not be used in regression discontinuity designs[J]. Journal of Business & Economic Statistics, 2019, 37(3): 447-456.

续表

	Model 1	Model 2	Model 3	Model 4	Model 5	Model 6
d_road				0.157 8***	0.154 0***	0.154 3***
				(0.034)	(0.034)	(0.034)
多项式阶数	1	2	3	1	2	3
政策和多项式的交集	Yes	Yes	Yes	Yes	Yes	Yes
协变量	No	No	No	Yes	Yes	Yes
N	1 214	1 214	1 214	1 214	1 214	1 214
R^2	0.02	0.02	0.03	0.14	0.14	0.14

注：* 在10%的水平上显著，** 在5%的水平上显著，*** 在1%的水平显著。

4) 模型检验

（1）估计值对带宽依赖性检验

上述模型以廊坊限购政策出台时间为 2017 年 3 月 21 日，考虑政策出台到政策效果的时滞，分别以 2017 年 4 月 21 日、5 月 21 日、6 月 21 日为截止点，构建滞后时间为 1、2、3 个月的 RDD。模型结果见表 13.9。从总体来看，不同滞后模型的政策效应系数显著性和一致性仍不稳定，因此无法有效证明廊坊限购政策能够降低二手房价格。

表 13.9 不同截止点的模型结果

Cutoff	Model 1	Model 2	Model 3	Model 4	Model 5	Model 6
2017.3.21	−0.000 3	−0.029 4*	−0.027 3	−0.002 6	−0.020 5	−0.020 6
	(0.016)	(0.018)	(0.021)	(0.016)	(0.018)	(0.019)
2017.4.21	−0.047 7**	−0.044 4*	−0.040 3	−0.039 8*	−0.034 7	−0.053 7*
	(0.022)	(0.029)	(0.036)	(0.022)	(0.029)	(0.035)
2017.5.21	0.004 6	0.067 6**	0.041 3	−0.013 8	0.039 3	0.016 6
	(0.021 4)	(0.032)	(0.040)	(0.022)	(0.033)	(0.040)
2017.6.21	−0.102 5	−0.152 2	0.045 7	−0.093 5	−0.160 7	0.022 8

注：* 在10% 水平上显著；** 在5% 水平上显著。

对比不同滞后模型的 AIC 和 BIC 信息准则发现，滞后一个月的模型中 AIC 和 BIC 最小，但加入协变量后 AIC 和 BIC 均显著增大（表 13.10）。此外，相较于其他滞后模型，滞后一个月的模型具有最稳定的显著效应。结果显示，廊坊二手房均价在政策实施一个月后下降了 4.25%。事实上，由于 RDD 的局部随机约束，很难有效估计限购政策的动态效应。限购政策是否存在时间滞后以及政策效应能持续多久，仍需要利用更广泛的数据和更合适的方法进行深入研究。

表 13.10 不同截止点的模型结果

Cutoff		2017.3.21	2017.4.21	2017.5.21	2017.6.21
Model 1	AIC	−1 264.87	−5 462.14	−372.84	−255.65
	BIC	−1 244.46	−5 432.71	−355.74	−240.84
Model 2	AIC	−1 267.27	−6 006.25	−374.86	−253.66
	BIC	−1 236.66	−5 962.10	−349.21	−231.43
Model 3	AIC	−1 264.06	−6 746.78	−372.42	−252.92
	BIC	−1 223.25	−6 702.63	−338.22	−223.29
Model 4	AIC	−1 390.45	−1 415.13	−409.17	−261.44
	BIC	−1 293.51	−1 317.80	−327.95	−191.07
Model 5	AIC	−1 389.19	−1 411.20	−409.83	−259.72
	BIC	−1 282.05	−1 303.61	−320.06	−181.94
Model 6	AIC	−1 386.20	−1 408.04	−409.10	−258.79
	BIC	−1 268.86	−1 290.21	−310.78	−173.60

（2）协变量连续性检验

RDD 可以看作一个"局部随机实验"，通过考察截断点两侧协变量的分布是否不同，可以检验其随机性。采用均匀核函数估计各协变量的核密度，见表 13.11。所有的协变量在非参数估计结果中都没有拒绝截断点前后变量分布为连续的假设，因此截断点两侧协变量的分布没有出现明显的跳跃，模型满足随机性的要求。

表 13.11 协变量的连续性检验

Control variable	Conventional	Bias-corrected	Robust
house_area	0.140 2	−0.484 9	−0.484 9
	(2.046)	(2.046)	(2.288)
floor	−0.054 3	−0.036 9	−0.036 9
	(0.057)	(0.057)	(0.065)
orientation	0.007 0	0.016 0	0.016 0
	(0.151)	(0.151)	(0.175)
d_park	−0.003 8	−0.026 5	−0.026 5
	(0.066)	(0.066)	(0.073)
d_hospital	0.029 0	0.021 2	0.021 2
	(0.053)	(0.053)	(0.060)

续表

Control variable	Conventional	Bias-corrected	Robust
d_road	0.005 9	0.008 8	0.008 8
	(0.008)	(0.008)	(0.008)

（3）McCrary 检验

与廉租房政策、经济适用房政策等房地产市场的渐进式调控措施不同,限购政策有非常明确的起止时间,且地方部门无法左右限购政策的实施时间。为进一步说明个体无法操纵驱动变量,我们进行了 McCrary 检验。图13.9 显示了驱动变量的密度分布。驱动变量的密度分布曲线在截断点处基本重合,没有出现明显的跳跃。个体没有精确控制驱动变量的能力。

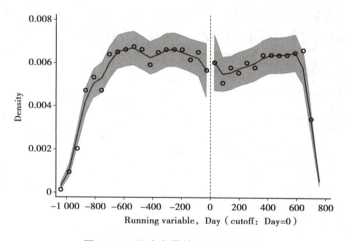

图 13.9 驱动变量的 McCrary 检验

以上结果显示,廊坊限购政策的实施并没有有效降低环京五县的二手房价格。限购政策的初衷是为了控制房地产市场的过度投机。从某种程度上可以断定,限购政策已经失效,政府对廊坊的干预并没有带来房地产市场的降温。失灵的原因可能是廊坊限购政策因未充分考虑区域发展差异而失败。政府适当干预房地产市场需尊重市场和城市发展规律。还有可能的原因是仅靠限购政策难以抑制投机行为,投机者常利用政策漏洞规避限制,导致政策效果减弱。

13.3   本章小结

本章重点介绍了断点回归设计（RDD）的原理、建模和检验方法。首先,介绍了 RDD 方法在政策评估中的基本思想,通过在某个断点处进行分组比较,评估政策或干预措施的效果。随后,详细讲解了 RDD 模型的构建过程,包括断点的确定、模型的设定和参数估计,并讨论了 RDD 模型的有效性检验方法。在实际应用方面,本章通过实例分析,展示了 RDD 方法在评估限购政策对房价影响效应中的具体应用,帮助读者掌握如何利用 RDD 方法进行政策效应分析。通过这些内容,读者能够深入理解 RDD 方法在处理政策效应分析中的独特优势和适用条件,并能够在实际研究中有效应用 RDD 方法进行因果推断。通过理论和实践的结合,本章不仅帮助读者掌握了 RDD 方法的基本原理和应用方法,还展示了其在房地产市场政策评估中的实际操作。

习　题

1. 在房地产政策(如限购线)评估中,断点的设定可能影响 RDD 结果的稳健性。请讨论断点选择的潜在误区,并说明研究者应如何避免断点位置设定偏差对结论产生的影响。

2. 当利用 RDD 评估房地产限购政策效应时,如果在断点附近的观测数据较为稀缺,该如何改进模型结构或数据处理方法,以提高 RDD 分析的精度与稳健性?

3. 在房地产政策效果的 RDD 研究中,如何确定最优带宽范围? 若使用不同带宽导致结果出现显著差异,这一现象对结论的解释与模型稳健性意味着什么?